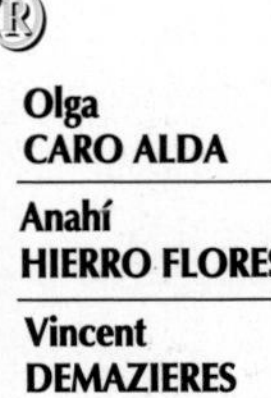
Olga
CARO ALDA

Anahí
HIERRO FLORES

Vincent
DEMAZIERES

Des livres différents pour combattre l'échec

Le logo qui figure sur la couverture de ce livre mérite une explication. Son objet est d'alerter le lecteur sur la menace que représente pour l'avenir de l'écrit le développement massif du photocopiage. Le code de la propriété intellectuelle du 1er juillet 92 interdit en effet expressément la photocopie à usage collectif sans autorisation des ayants droit. Or, cette pratique s'est généralisée dans les établissements d'enseignement supérieur, provoquant une baisse brutale des achats de livres, au point que la possibilité même pour les auteurs de créer des oeuvres nouvelles et de les faire éditer correctement est aujourd'hui menacée. Nous rappelons donc que toute reproduction, partielle ou totale, du présent ouvrage est interdite sans autorisation de l'auteur, de son éditeur ou du Centre français d'exploitation du droit de copie. CFC, 3, rue Hautefeuille - 75006 Paris.

ISBN 2-904218-23-8

MARTORANA EDITEUR est une marque de Pédagog International

Siège social et Direction éditoriale

103 rue de Sèvres
75006 PARIS
Tél./Fax. 01 45 48 60 50
Mél. pedagog@club-internet.fr
www.martorana-editeur.com

COLLECTION

Le Kiosque européen®

Lyxo® et Lyxie® sont les mascottes de cette nouvelle collection qui répond aux exigences pédagogiques impératives de clarté, de concision et de rigueur.
Pourquoi un lynx ?
Parce que le lynx est réputé pour sa vue perçante et son ouïe extrêmement fine. Lyxo®, notre lynx mâle, et Lyxie®, notre lynx femelle, ont donc exploré toutes les pages de Claridad® pour focaliser l'attention sur un point important en civilisation (Lyxo® et sa loupe), montrer la règle grammaticale essentielle à retenir (Lyxie®) ou le piège à éviter (Lyxo®) et ainsi permettre aux élèves plus "auditifs" de mieux comprendre ce qu'ils voient …

Lyxo®
Mise en garde contre une difficulté caractéristique, un piège classique de la langue espagnole pour les Français.

Lyxie®
Mise en relief frappante de la règle grammaticale essentielle à retenir !

Lyxo®
Attention ! Cette information est importante.

Calendrier
Repères chronologiques.

NI CHAT, NI LOUP, LE LYNX EST DE RETOUR !

• Après la Yougoslavie, l'Allemagne, la Suisse, l'Italie et l'Autriche, la France a décidé de réintroduire le lynx. Ce projet, soutenu par le Ministère de l'Environnement, l'Office National de la Chasse et le WWF a débuté en mai 1983 avec l'introduction de trois lynx dans les Vosges …

• Le lynx est un félin à la queue courte, aux longues pattes et aux oreilles terminées par un pinceau de poils noirs. Il pèse 18 à 30 kg, et son pelage sable en hiver, roux en été est joliment taché de noir.

Prefacio

Ignacio BOSQUE
Real Academia Española
Universidad Complutense de Madrid

El texto que sigue constituye un compendio de la lengua y la cultura española que se ajusta muy adecuadamente a su título: CLARIDAD. El lector tiene ante sí en unas pocas páginas un panorama, necesariamente breve pero sumamente pedagógico, de la lengua y la civilización de la España peninsular y de la América hispana.

Se le muestran cuadros sinópticos de la historia y la civilización española, resúmenes y esquemas de literatura, geografía, arte (sin excluir el cine), economía, deportes y hasta fiestas populares y platos regionales. La mitad del libro se dedica a la cultura y la civilización, y en la otra mitad se expone un resumen de la gramática y se añade un vocabulario sucinto. Con todo ello no se pretende, como es natural, que el lector adquiera la formación que corresponde al especialista, ni siquiera la que podría obtener estudiando por separado cada una de estas cuestiones en tratados o manuales más prolijos y documentados. **Se pretende únicamente que conozca lo fundamental: lo mínimo que es necesario conocer para asomarse al hispanismo en la actualidad; lo esencial para hacerse una idea (general, pero precisa y adecuada) de la cultura, la lengua y la civilización contemporánea en el mundo hispánico.**

Aun siendo tan abarcador, este texto está muy lejos de aquellas enciclopedias escolares que hubimos de estudiar los españoles en nuestros años mozos, y no sólo porque aquellos textos estaban muy marcados ideológicamente, sino sobre todo porque la información comparativa era escasa, casi nula, y porque hasta los conocimientos menos susceptibles de ser analizados a través del prisma político se presentaban tan alejados del mundo al que el estudiante pertenecía que casi parecían ajenos.

Este compendio de lengua y literatura es, además de claro, actual: el estudiante encontrará, desde luego, referencias a la España medieval o a la literatura del siglo de Oro, pero -frente a otros textos- también encontrará las tasas de inflación o de paro de España comparadas con las de Francia y con las de la Comunidad Europea, hallará datos demográficos sobre natalidad o esperanza de vida, y otras muchas informaciones sobre la población, los partidos políticos, los sindicatos, las comunidades autónomas, la organización del sistema educativo o las tiradas de los periódicos. Encontrará, ciertamente, un resumen con la información esencial sobre los descubrimientos y las civilizaciones precolombinas (lo que es esperable en cualquier libro de estas características), pero también hallará informaciones sobre la vida en la España contemporánea que no es normal encontrar en los libros de texto: desde el Rastro madrileño hasta los canales actuales de televisión, pasando por la última película de Pedro Almodóvar. También se le proporcionan direcciones y teléfonos de organismos e instituciones que pueden ser útiles al estudiante interesado por España y por lo español.

En suma, los autores han construido un texto moderno, muy bien ordenado, ilustrado y presentado; breve y compendiado (no podría ser de otro modo), pero sumamente informativo: un excelente panorama de la lengua y la cultura españolas al que debemos dar la bienvenida. Su éxito será el nuestro: ojalá sirva para despertar en unos y acrecentar en otros el interés de los estudiantes franceses por España, por el español y por el mundo hispánico.

•••

Olga CARO ALDA, Maître de Conférences, est par ailleurs l'auteur de :
- ***"l'Accentuation"*** *(Martorana Editeur 1992),*
- ***"480 exercices de grammaire espagnole"*** *(Martorana Editeur 1994).*

Elle a publié de nombreux articles en littérature latinoaméricaine.

Remerciements à :

Alberto PINEAU*, Docteur ès lettres, co-auteur du "Diccionario de Hispanoamericanismos ausentes de la Real Academia" (Madrid, ed. Cátedra 1997),*
Jacqueline CUJO*, enseignante à Madrid,*
Dominique KNOCHEL et Hélène GERARD*, enseignantes dans l'Académie de Paris - Créteil - Versailles,*
Gaël MENS CASAS*, enseignant dans l'Académie d'Aix - Marseille.*

Préface

Ignacio BOSQUE
Membre de l'Académie Royale Espagnole

Cet ouvrage est un précis de la langue et de la culture espagnoles dont le titre est tout à fait approprié : CLARIDAD. Le lecteur a devant lui, concentré en quelques pages, un panorama volontairement court mais extrêmement pédagogique de la langue et de la civilisation de l'Espagne et de l'Amérique latine. (…)

La première partie du livre est consacrée à la culture et à la civilisation, et l'autre partie constitue un précis de grammaire, suivi d'un vocabulaire concis. *Naturellement, l'ouvrage n'a pas pour ambition de former des spécialistes, ni d'amener l'apprenant au niveau qu'il pourrait atteindre en étudiant chacune de ces matières dans des essais ou des manuels plus prolixes ou documentés.* ***Il ambitionne modestement de lui faire connaître ce qui est fondamental*** *: le minimum qu'il est nécessaire de savoir pour aborder l'actualité du monde hispanique ; l'essentiel pour se faire une idée (certes générale mais précise et pertinente) de sa culture, sa langue et sa civilisation contemporaines.* ***(…)***

Ce précis de langue et de littérature, outre sa clarté, se caractérise par son actualité : l'étudiant trouvera, bien sûr, des références à l'Espagne médiévale ou la littérature du siècle d'Or, mais (à la différence d'autres textes), il sera aussi renseigné sur les taux d'inflation ou de chômage de l'Espagne comparés à ceux de la France et de l'Union Européenne. ***(…)***
Il disposera, assurément, d'une synthèse des informations essentielles sur les découvertes et les civilisations précolombiennes (ce qui est souhaitable dans tout ouvrage de ce type, quel qu'il soit). ***(…)***

En résumé, les auteurs ont élaboré un texte moderne, très bien organisé, illustré et présenté; court et condensé (il ne pouvait en être autrement), mais extrêmement riche en informations : c'est un excellent panorama de la langue et de la culture que nous devons saluer. Son succès sera le nôtre : nous souhaitons qu'il puisse éveiller ou accroître l'intérêt des étudiants français pour l'Espagne, l'espagnol et le monde hispanique.

Hiérarchies, structures et niveaux de lecture

Tous les textes de Claridad® ont été structurés de telle sorte qu'ils puissent être accessibles aussi bien au débutant qu'à l'apprenant avancé. Il faut en effet pouvoir identifier et mémoriser des notions de base solides pour être en mesure, dans un deuxième temps, d'y greffer des connaissances plus complètes. Cette structuration a été réalisée à l'aide d'une hiérarchisation codifiée.

HIERARCHIES VISUELLES

	STRUCTURATION TYPOGRAPHIQUE	STRUCTURATION SYMBOLIQUE
CIVILISATION	*REPÉRAGE VERTICAL* • ***Titre*** : en gros caractères gras • ***Sous-titre 1*** : en caractères gras soulignés • ***Sous-titre 2*** : idem mais en caractères plus petits • ***Petit point*** • ***Texte normal*** en drapeau avec mot et idée importants en gras. ***NB*** : Les caractères des titres et sous-titres ont un dessin différent de celui du texte	*BORNAGE* • ***Filets*** des colonnes • ***Tramé jaune*** : idée importante • ***Cartouche jaune*** : zoom sur un point important en marge de la synthèse principale *MISE EN RELIEF PAR LA COULEUR ROUGE* des mots clés, des idées clés (visibilité optimale) *PICTOGRAMMES* • ***Lyxo® et sa loupe*** focalisent l'attention sur un point essentiel • ***Calendrier*** : repères chronologiques
GRAMMAIRE	*REPÉRAGE VERTICAL* • ***Titre de la leçon*** : en gros caractères et numéroté • ***Sous-titre 1*** : en caractères gras et numéroté • ***Sous-titre 2*** : en caractères soulignés et numéroté *REPÉRAGE HORIZONTAL* • A gauche ***Exemples*** : caractères bâton gras ***Règle*** : idem mais caractères maigres plus petits • A droite ***Traduction*** : caractères italiques	*BORNAGE* • ***Fond de page jaune*** sur un papier blanc mat pour un confort de lecture optimal • ***Filet rouge*** : permet d'identifier les étapes importantes de la leçon • ***Encadré vert*** : regroupe les exemples d'un même point de grammaire • ***Tramé orangé*** : met en évidence le moule syntaxique de l'exemple type *MISE EN RELIEF PAR LA COULEUR ROUGE* (visibilité optimale) Mot(s) sur le(s)quel(s) porte la difficulté grammaticale *PICTOGRAMMES* • ***Lyxie®*** : indique la règle générale essentielle à mémoriser • ***Lyxo®*** : identifie les pièges

El español en el mundo

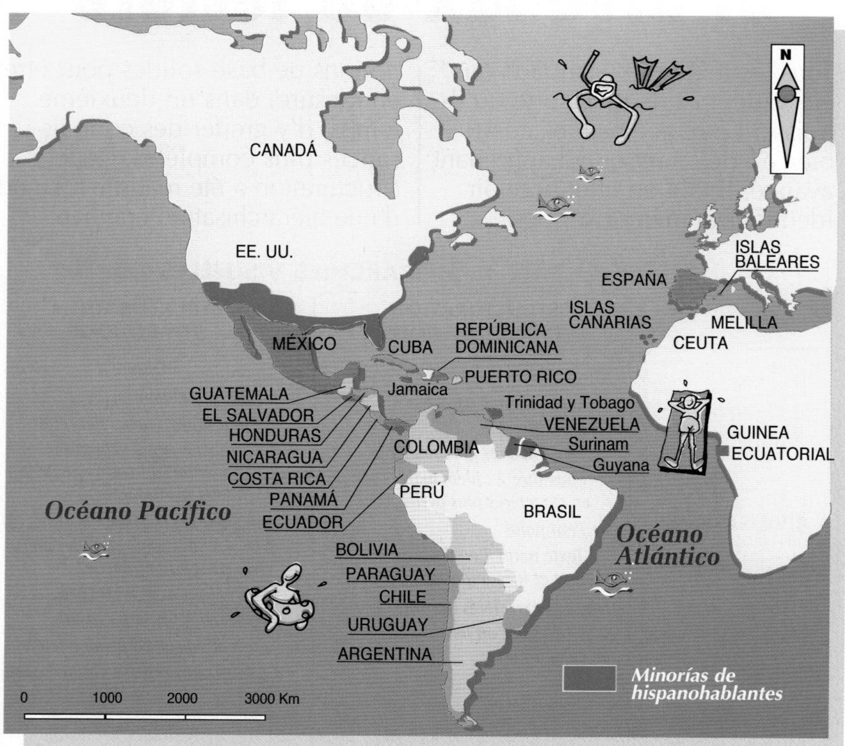

Unos 390 millones de personas hablan español. Más de 500 millones lo hablarán dentro de veinte años. Debido a la explosión demográfica de América Latina, los hispanohablantes podrían volverse entonces más numerosos que los anglófonos.

El español es el verdadero **rival del inglés como lengua internacional de comunicación**.

- El español es la lengua oficial de **21 países** (en Europa, América y África), o sea **uno de cada siete Estados del mundo.**
- En la Organización de las Naciones Unidas (O.N.U.), es una de las 7 lenguas utilizadas.

El Primer Congreso Internacional de la Lengua Española tuvo lugar en 1997. Reunió en Méjico a lingüistas, escritores, periodistas, cineastas, editores y profesores.

Minorías de hispanohablantes se encuentran en:

- Trinidad y Tobago,
- Jamaica,
- Guyana,
- Filipinas,
- Surinam.

En los Estados Unidos viven 20 millones de hispanos*. En California, Tejas y Nuevo Méjico son más de la mitad de la población.* ***¡Miami es la primera ciudad española del mundo!*** *En los EE.UU., donde el español es la primera lengua extranjera enseñada, nació una nueva lengua: el "****spanglish****".* ***En Puerto Rico*** *las dos lenguas oficiales son el español y el inglés.*

Sommaire Général

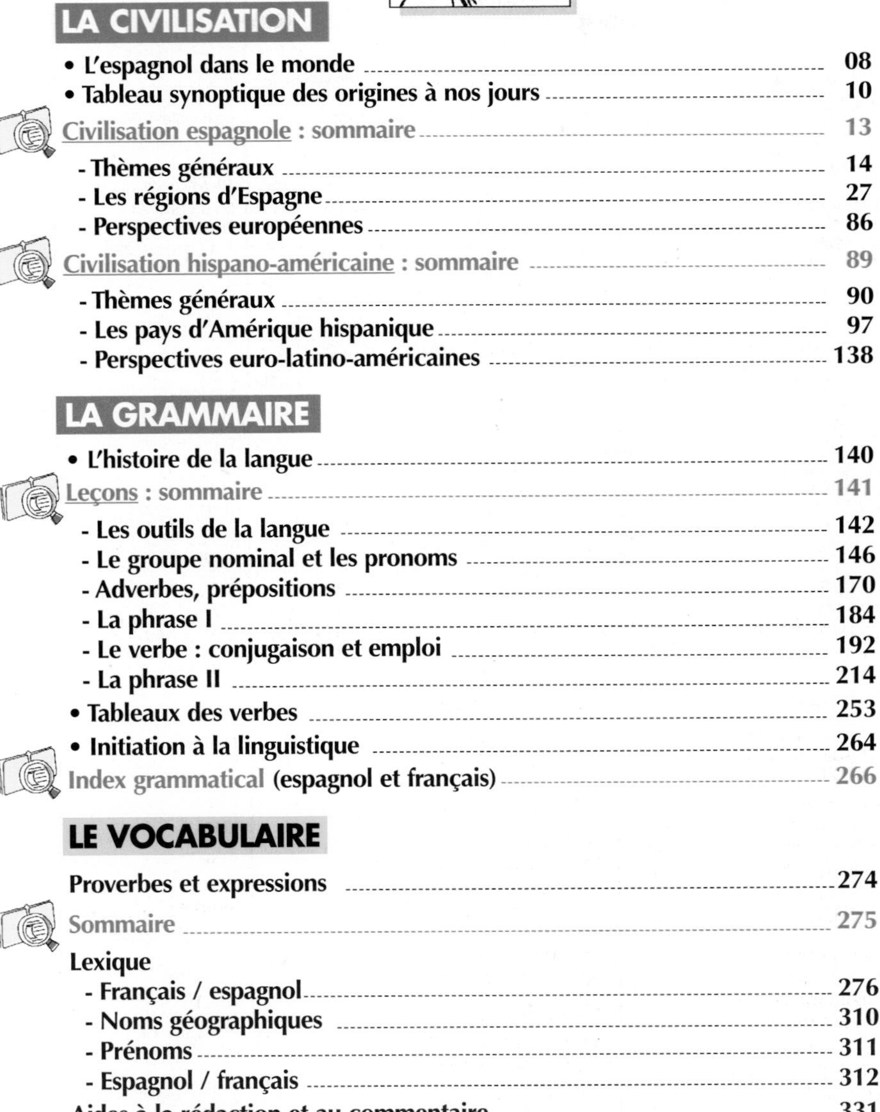

LA CIVILISATION

LA GRAMMAIRE

LE VOCABULAIRE

Tableau Synoptique

HISPANOAMÉRICA		ESPAÑA		FRANCE	
a.C.		*a.C.*		*av. J.C.*	
	LAS CIVILIZACIONES PRECOLOMBINAS		LOS ORIGENES		
siglo XI	Los olmecas	**siglo XI - VI**	Los íberos y los celtas forman el pueblo de **los celtíberos**		
			Tartesios, fenicios, griegos y cartagineses		
			Las Cuevas de Altamira. La Dama de Elche		
			HISPANIA		
		siglo III	Conquista y **dominación romana**.	siglo I	Jules César conquiert la Gaule
			Acueducto de Segovia, teatro de Mérida, murallas de Lugo		
d.C.		*d.C.*		*ap. J.C.*	
siglo II-VI	Civilización de Teotihuacán		INVASIONES DE LOS BÁRBAROS		Invasions
		414	Llegada de **los visigodos**.	481	Clovis
siglo IV	Civilización **maya**	**587**	Conversión del Rey Recaredo	732	Charles Martel victorieux à Poitiers
		711	LA CONQUISTA MUSULMANA		
		718	Victoria de Pelayo en Covadonga		
		756	Emirato de Córdoba		
		822	Unión Aragón / Navarra		
siglo X	Decadencia de la civilización **maya**	**929**	**Califato de Córdoba**		
		siglo XI	Reinos de Taifas		
			LA RECONQUISTA CRISTIANA	1060 1108	Philippe Ier
		1075	*Catedral de Santiago*		
		1085	Conquista de **Toledo** por los cristianos		
		1094	Toma de **Valencia** por el Cid		
			Catedral de Zaragoza. Giralda de Sevilla		
siglo XII	Se extiende el dominio **inca** en Perú y Bolivia	**1137**	**Unión Aragón / Cataluña**		
		1212	Navas de Tolosa	1226 1270	Saint Louis
		1230	**Unión Castilla / León**		
		1236	Reconquista de **Córdoba**		
		1238	Reconquista de **Valencia**		
1325	Fundación de Tenochtitlán (ciudad de México) por los **aztecas**	**1248**	Conquista de **Sevilla** por Fernando III		
			Alhambra de Granada. Catedral de Burgos	1337 1453	Guerre de Cent Ans
		1469	**Unión Aragón / Castilla** (Fernando + Isabel)		
		1479	LOS REYES CATÓLICOS		
		1478	Creación del Santo Oficio (Inquisición)		
1492	EL DESCUBRIMIENTO DEL NUEVO MUNDO	1492	**Caída de Granada. Expulsión de los judíos** **Primer viaje de Colón**		
1494	Tratado de Tordesillas		*Primera gramática castellana*	1498	Guerre d'Italie
	LA CONQUISTA		EL SIGLO DE ORO		
		1499	*La Celestina (F. de Rojas)*		
1519 - 20	Conquista de **Méjico** por Cortés	**1516**	Carlos I, Rey de España. Se convirtió en	1515 1547	François Ier
		1519	**Carlos V**, emperador de Alemania		
1524 - 40	Conquista de **Perú** por Pizarro	**1540**	Loyola fundó la Compañía de Jesús (jesuitas)		
		1554	*Lazarillo de Tormes*		
	LA COLONIZACIÓN	**1556**	**Felipe II**		
1535	Virreinato de **Nueva España**	**1561**	**Madrid** capital de España		
1543	Virreinato del **Perú**	**1563-84**	*El Escorial*		Guerres de religion
		1571	Batalla de Lepanto		
		1588	Derrota de la Armada Invencible	1598	L'Edit de Nantes
		1598	**Felipe III**		
		1605	*El Quijote (Miguel de Cervantes)*		
		1614	*Muerte de El Greco*	1610 1643	Louis XIII
		1621	**Felipe IV**. Guerra contra los Países Bajos		
		1630	*Don Juan (Tirso de Molina)*		
		1635	Guerra contra Francia (30 años)	1648 1653	La Fronde
		1640	Separación de Portugal		
		1660	*Muerte de Diego Velázquez*		
		1700	Muerte de Carlos II: guerra de sucesión		

HISPANOAMÉRICA

1717 Virreinato de Nueva Granada

1776 Virreinato del Río de la Plata
1780 Ejecución de Túpac Amaru

1810-24 INDEPENDENCIA DE LAS COLONIAS: INESTABILDAD POLÍTICA
1846 Guerra Méjico / EE.UU. (California y Nuevo Méjico)
1864-67 Tropas de Napoléon III en Méjico.
1879-84 Guerra del Pacífico
1898 **Independencia de Cuba y Puerto Rico**
1910 Revolución mejicana
1914 Canal de Panamá

1932 Guerra del Chaco

REPÚBLICAS - DICTADURAS
1937 Nicaragua: dictadura Somoza

1941 Conflicto Perú / Ecuador

1944-55 Argentina: J.D. Perón

1954 Paraguay: dictadura de Stroessner

1959 Cuba: F. Castro
1960 **MCCA** Mercado Común de Centroamérica
1962 Bloqueo de Cuba por los EE.UU.
1967 Muerte del Che Guevara
1970 Chile: S. Allende
1973 Chile: dictadura de Pinochet
1976 Argentina: dictadura de Videla
1979 Nicaragua: Frente sandinista

DEMOCRATIZACIÓN
1981 Conflicto Perú / Ecuador

1982 Suspensión de pago de la deuda externa por Méjico
Guerra de las Islas Malvinas
1991 **I Cumbre Iberoamericana**
MERCOSUR
1992 **Entrada de Méjico en el TLC**
1994 Rebelión zapatista en Chiapas
1995 Conflicto Perú / Ecuador
1995 **Comunidad Andina**
El Grupo de los Tres

ESPAÑA

ABSOLUTISMO
1713 Tratado de Utrecht. **Felipe de Borbón, Rey**
1759 **Carlos I**
1767 Expulsión de los jesuitas
1788 Carlos IV
1808 Ocupación francesa. **José Bonaparte**, Rey
1812 Constitución de Cádiz
1814 Fernando VII, nuevo Rey
1834-39 **I Guerra carlista** (Isabel II)
1835 Abolición del tribunal de la Inquisición
1845-49 **II Guerra carlista** (Isabel II)
1851 Concordato con la Iglesia

1873 I REPÚBLICA
1874 RESTAURACIÓN **MONÁRQUICA** (Alfonso XII)
1898 Guerra contra los EE.UU.
1914 **NEUTRALIDAD EN LA I GUERRA MUNDIAL**
1914 Alfonso XIII
1917 Llama a Primo de Rivera
1923-30 DICTADURA **DE PRIMO DE RIVERA**
Concordato rechazado
1926 *Muerte de Antonio Gaudí*

1931 II REPÚBLICA
1933 Fundación de la Falange
1934 La derecha gana las elecciones
1936 **El Frente Popular** gana las elecciones

1936-39 GUERRA CIVIL
1936 Toma del Alcázar de Toledo
1937 Bombardeo de Guernica
1938 Batalla del Ebro.
1939 Toma de Madrid
Concierto de Aranjuez (J. Rodrigo)
NEUTRALIDAD EN LA II GUERRA MUNDIAL

1940 DICTADURA DE FRANCO
El Valle de los Caídos
1953 Acuerdos con los Estados Unidos
Nuevo Concordato con la Iglesia
1955 Ingreso en la O.N.U.
1959 "Boom" económico. Formación de **ETA**

1966 Primeros atentados de ETA
1969 Juan Carlos de Borbón designado sucesor de Franco
1973 *Muerte de Picasso*
1975 **Muerte de Franco**

MONARQUÍA CONSTITUCIONAL
1977 Elecciones democráticas
1978 **Constitución democrática**
1981 Golpe militar impedido por el Rey
España en la OTAN.
1982 Victoria del **PSOE**: F. González Presidente
1983 *Muerte de Joan Miró, muerte de Luis Buñel*
1986 **España entra en el Mercado Común Europeo**
1989 *Muerte de Salvador Dalí*
1992 Juegos Olímpicos estivales en Barcelona
Exposición Universal de Sevilla
Madrid, capital cultural de Europa
1996 Victoria del **P.P.**: J. M. Aznar Presidente del Gobierno
2000 Aznar elegido por segunda vez.
2004 Atentados terroristas del 11 de marzo en Madrid.
Victoria del **PSOE** (14/03/04): J.L. Rodríguez Zapatero Presidente del Gobierno
Boda de S.A.R. el Príncipe de Asturias Don Felipe, heredero de la Corona, con Doña Letizia Ortiz Rocasolano (22/05/04)

FRANCE

1653 Louis XIV
1715 Louis XV
1774 Louis XVI
1789 Révolution Française
1804 Napoléon
1814 Restauration des Bourbons
1852 Napoléon III
1870 3e République
1914 Guerre contre l'Allemagne
1940 Occupation allemande
1945 Libération 4e République
1958 5e République Ch. de Gaulle
1969 Pompidou
1974 G. d'Estaing
1981 F. Mitterrand
1986 Cohabitation avec Chirac
1988 Mitterrand
1993 Cohabitation avec Balladur
1995 Chirac

La Giralda - SEVILLA

El acueducto - SEGOVIA

Patio - CÓRDOBA

Casas colgadas - RONDA

El Capote - SEVILLA

Civilisation espagnole

Histoire

Géographie

Arts, culture et traditions

Vie quotidienne

"PLUS ULTRA"

El escudo de España incluye:

- *el castillo de Castilla,*
- *el león de León,*
- *las barras de Aragón,*
- *las cadenas de Navarra,*
- *la flor de lis de los Borbones,*
- *la granada de Granada.*

El lema significa que no hay nada más allá. Según la leyenda Hércules separó Africa de Europa y colocó en el estrecho de Gibraltar las columnas que señalaban el fin del mundo conocido. Al descubrir América, un nuevo mundo, se convirtió en "plus ultra".

Felipe de Borbón y Grecia es el heredero de la Corona de España. Anunció su compromiso con la periodista asturiana Letizia Ortiz en noviembre de 2003. La boda se celebró el 22 de mayo de 2004 en la catedral de Santa María la Real de la Almudena de Madrid.

Los orígenes Hispania

218 a.C. d.C. 409

Los primeros habitantes

Los primeros habitantes de la Península se establecieron en las costas del Mar Mediterráneo y a lo largo de los grandes ríos (el Ebro y el Guadalquivir).

• Desde 1000 a.C., **los íberos** poblaron la cuenca del Ebro, el Levante y el sur. Al llegar los celtas al noroeste en el siglo VI a.C., formaron un nuevo pueblo: **los celtíberos**.

• En Andalucía vivían **los tartesios**. **Los fenicios** y luego **los griegos** fundaron puertos y colonias. Los fenicios aportaron su alfabeto y los griegos el olivo y la vid.

• **Los cartagineses** llegaron a la Península el año 600 a.C. Acabaron vencidos y expulsados por los romanos.

Los romanos

Necesitaron **dos siglos** para conquistar **la Península Ibérica** (218 - 18 a.C.). Llamada **Hispania**, fue entonces durante 500 años **una de las provincias más ricas del Imperio Romano.** La romanización tuvo éxito. Los diferentes pueblos adoptaron el latín como lengua común.

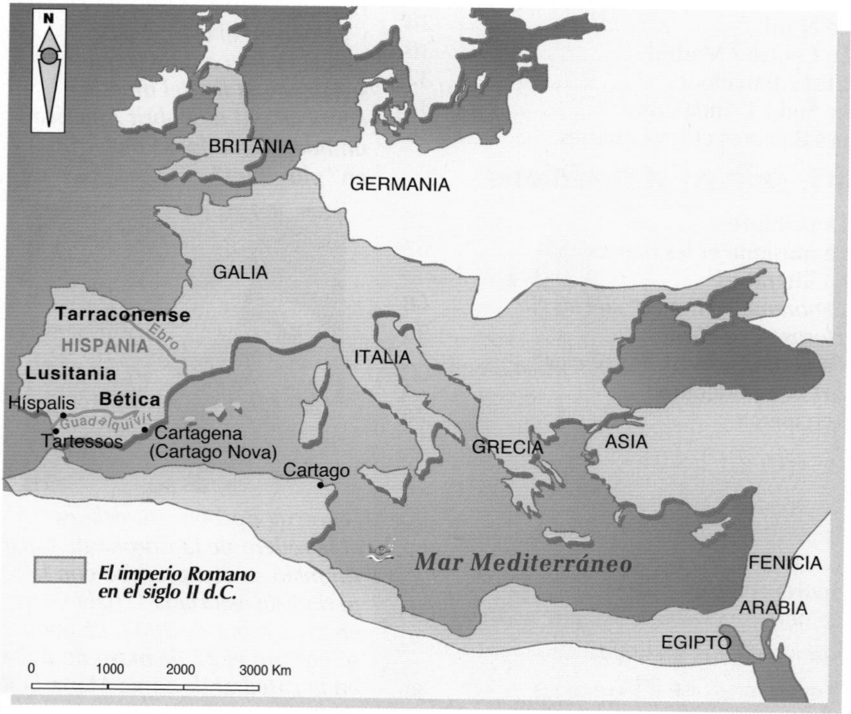

El imperio Romano en el siglo II d.C.

Siglos V-VII Las invasiones germánicas

A principios del siglo V, pueblos bárbaros que venían del norte - los suevos, los alanos y los vándalos - invadieron Hispania.

En 414, **los visigodos** ocuparon la Península e intentaron unificarla. La integración entre visigodos e hispanorromanos fue rápida. Al principio los visigodos, arrianos, no creían en la divinidad de Cristo y se opusieron a la población hispanorromana que era cristiana. Pero el Rey visigodo **Recaredo** se convirtió al cristianismo en **587**. La Iglesia adquirió un papel tanto político como fiscalizador muy importante. Principió una época de paz y prosperidad.

Toledo se convirtió en la capital política y cultural del primer Reino peninsular y cristiano de España.

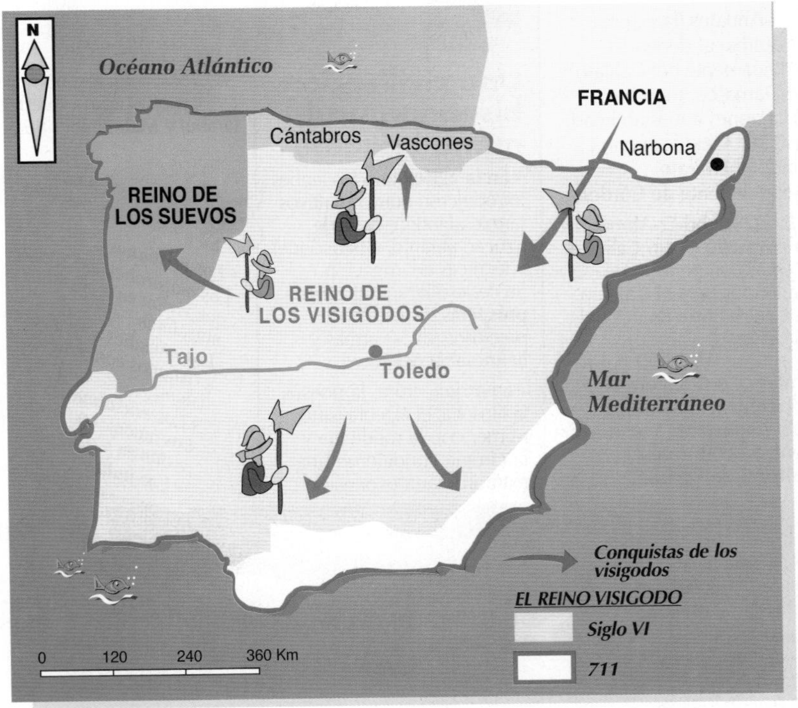

N

Océano Atlántico

FRANCIA

Cántabros

Vascones

Narbona

REINO DE LOS SUEVOS

REINO DE LOS VISIGODOS

Tajo

Toledo

Mar Mediterráneo

Conquistas de los visigodos

EL REINO VISIGODO

Siglo VI

711

0 120 240 360 Km

La España musulmana 711-1492

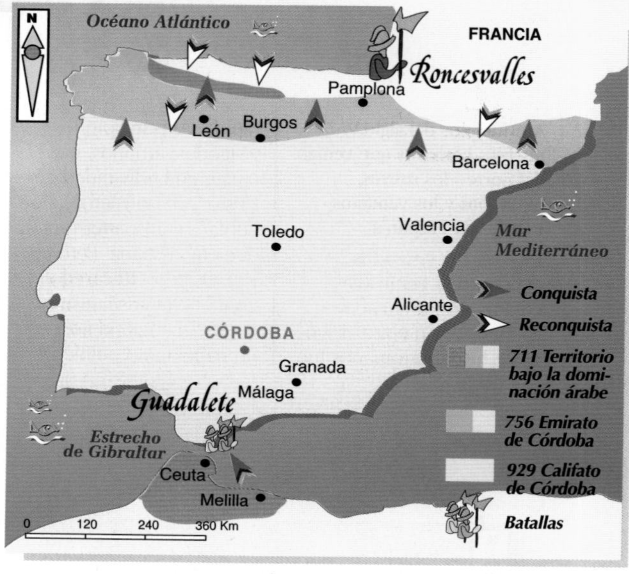

La conquista
(711-758)

En 711, el moro Tarik y sus 12.000 guerreros triunfaron del último Rey visigodo en **la Batalla de Guadalete**. Excepto la región montañosa del norte, la ocupación musulmana se extendió por toda la Península. Sin la intervención de Carlos Martel en 732 los árabes hubieran invadido también Francia.

El Califato de Córdoba
(929-siglo X)

• **Al-Andalus** (la España musulmana) dependía políticamente del Califato de Damasco, foco de agitaciones e inestabilidad. **En 756**, Abd-Er-Ahman I fundó el **Emirato independiente de Córdoba**.

• **En 929, Abd-Er-Ahman III lo convirtió en un Califato.** Empezó un periodo de esplendor para el Califato que duró hasta finales del siglo X.

Con unos 100.000 habitantes, **Córdoba era la concentración urbana más importante y el mayor centro económico y cultural de Europa.**

Una civilización hispanomusulmana brillante

• **En la agricultura** los árabes introdujeron nuevos cultivos (arroz, algodón, caña de azúcar, naranjo, albaricoque) y técnicas de irrigación. Se desarrollaron **industrias prósperas** de los metales preciosos, de las armas y la artesanía del cuero.

• La arquitectura, la poesía, la filosofía, el álgebra (sistema numérico), la medicina y la cirugía conocieron una extraordinaria expansión en Occidente con hombres tan famosos como **Averroes** (árabe) y **Maimónides** (judío).

La convivencia entre los pueblos

• ***Los cristianos***
Los mozárabes: cristianos que vivían en territorio musulmán.
Los muladíes o renegados: cristianos convertidos al islam.

• ***Los musulmanes***
Los mudéjares: árabes que vivían en territorio cristiano.

• ***Los judíos***

El camino de Compostela (o camino francés)

1075: la catedral de Santiago se volvió el centro de peregrinación de todos los cristianos.

El Santo Apóstol, apodado «Matamoros», era invocado antes de las batallas durante la Reconquista.

SANTIAGO DE COMPOSTELA
FRANCIA
Pamplona
Oloron-Sainte-Marie
Jaca
León
Logroño
Burgos

La reconquista (718-1492)

Duró más de 700 años. Empezó en el Reino de Asturias (nunca conquistado) con la victoria del Rey Pelayo en **la batalla de Covadonga en 722**.

En 1002 murió el último Califa: Almanzor.
El desorden y la anarquía se propagaron por el Califato dividiéndolo en **23 Reinos de** Taifas. Esta fragmentación peninsular generó la pérdida completa del poder defensivo contra los cristianos.
La llegada de los ejércitos musulmanes en auxilio del norte de África (los Almorávides y los Almohades) no pudo impedir el avance de las tropas cristianas.
Después de **la derrota de los Almohades en la Batalla de las** Navas de Tolosa **(1212)**, el territorio musulmán fue reduciéndose como piel de zapa.
En 1492 la conquista de Granada **por los Reyes Católicos** marca la desaparición total del dominio musulmán en la Península.

1492

- **Reconquista de Granada.**
- **Descubrimiento de América.**
- **Primera gramática de la lengua castellana (por Nebrija).**
- **Expulsión de los judíos.**

Los Reyes Católicos

- En 1469, **Isabel**, heredera de **Castilla**, y **Fernando**, heredero de **Aragón**, se casaron. Cuando Fernando II sucedió a su padre en **1479**, la unificación peninsular estaba casi acabada.

La corona de Castilla
Galicia, Asturias, Santander, León, La Mancha, Extremadura, Andalucía y Murcia.

La corona de Aragón
Aragón, Cataluña, Valencia, Sicilia, Cerdeña, Nápoles e islas Baleares, Navarra (1512).

Además los Reyes Católicos anexaron nuevos territorios en África (Melilla) e Italia (Milán).

- Los Reyes Católicos impusieron la unidad religiosa en su territorio unificado. En 1478 fue creada **la Santa Inquisición** para defender la fe católica, luchar contra las herejías y reprimir la homosexualidad, la desvergüenza y la brujería.
En 1492 los judíos fueron expulsados.
En 1502 forzaron a todos los mudéjares a convertirse.

- ***Los conversos:*** *judíos convertidos al catolicismo.*
- ***Los moriscos:*** *mudéjares convertidos al catolicismo.*
- ***La limpieza de sangre*** *Para ser «cristiano viejo», era necesario no tener sangre judía ni árabe.*

El Siglo de Oro

Siglos XVI-XVII

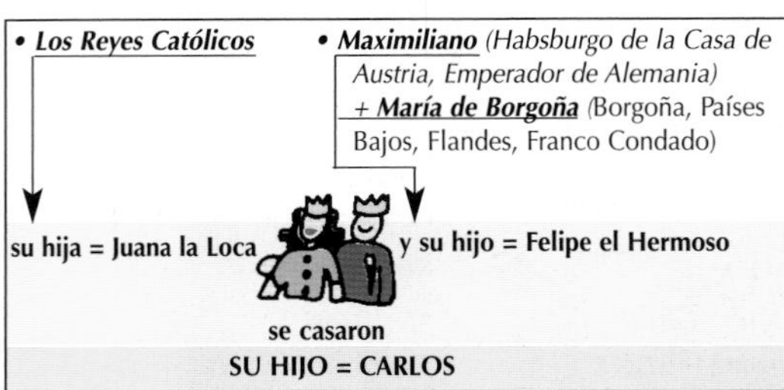

Carlos Quinto
(1500-1558)

«En mi imperio no se pone nunca el sol»

• **En 1516**, **Carlos**, nieto de los Reyes Católicos, llegó a ser **Rey de España**. Criado en Flandes, no conocía el castellano ni los problemas del país. El descontento general se manifestó en Castilla por la «sublevación de los Comuneros» (1520).

• **En 1519,** Carlos I de España fue elegido **Emperador de Alemania**. Llamado **Carlos V** de Alemania, heredó también las posesiones de su abuela María de Borgoña.

Con la conquista de América **dominaba casi la mitad del mundo**.

Las guerras de Carlos V

Carlos V hizo muchas guerras para defender y ensanchar su imperio.

• Luchó contra el Rey de Francia**, Francisco I**, que se alzaba contra su dominación **en Italia**. Por la paz de Cambrai, Francia obtuvo Borgoña pero Carlos V conservó Milán.

• **Gran defensor del catolicismo**, Carlos V se enfrentó a los protestantes de la Reforma y a los turcos de Solimán el Magnífico.

Enfermo, **Carlos V abdicó en 1556,** retirándose hasta su muerte en el monasterio de Yuste.

El Siglo de Oro
(XVI - XVII)

Los sucesores

• Carlos V dejó el Imperio de Alemania a su hermano Fernando y sus otras posesiones a su hijo, **Felipe II** (1556-1598). Católico austero, Felipe II venció a los turcos en la **batalla de Lepanto** (1571). Pero su «Armada Invencible» fue derrotada por la flota inglesa (1588).

• Los Reyes del siglo XVII dejaron el poder en manos de sus «privados». Perdieron los Países Bajos, la Cerdeña y el Franco Condado.

La crisis económica

A pesar del oro y de la plata de América así como del esplendor cultural y artístico de España, empezó la decadencia. Deudas con los banqueros europeos por las guerras, inflación, bancarrotas, una agricultura y una industria poco productivas anunciaron el fin de la hegemonía española.

El imperio de Carlos V

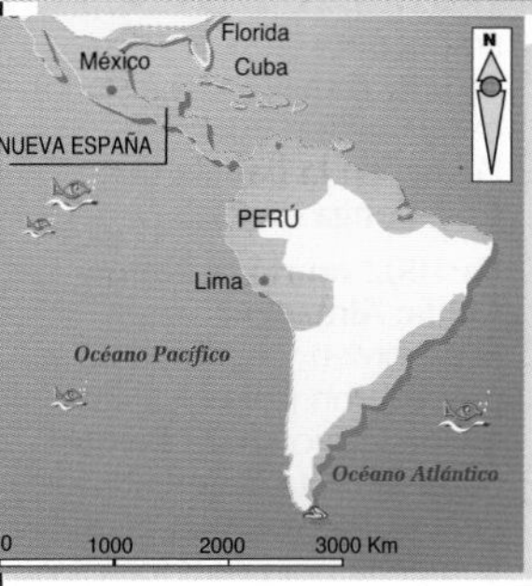

El hidalgo y el pícaro

• ***El hidalgo**, hijo de un guerrero de la Reconquista, se llamaba "**don** + nombre de pila + el nombre de su tierra". Llevaba una espada. Para conservar **su honra**, no debía cuidarse del dinero ni trabajar. Por eso era muy a menudo pobre. Su destino era «Iglesia, mar o casa real».*

• ***El pícaro**, héroe de las novelas picarescas, era un joven sin familia ni dinero que trataba de sobrevivir en las calles. Su obsesión era **el hambre**. Vagabundeaba, mendigaba y robaba.*

Absolutismo, Repúblicas

Siglos XVIII-XX Dictadura

Una dinastía francesa (1700)

El año 1700 Carlos II de Habsburgo, sin descendencia, había elegido al **nieto del Rey de Francia, Luis XIV, Felipe de Borbón**, para sucederle.
Después de una guerra de sucesión de 13 años **Felipe V** fue reconocido Rey de España (Tratado de Utrecht de 1713).

El siglo de las Luces o siglo de la Ilustración (siglo XVIII)

• Las reformas políticas y administrativas impusieron una **centralización** según el modelo francés. El Rey suprimió los fueros de las ciudades.

• Las reformas económicas y monetarias permitieron el desarrollo de la agricultura, de la industria (abolición de la «deshonra» para artesanos) y del comercio (supresión de las aduanas interiores y de los monopolios).
La población española pasó de 6 a 11 millones.

• Las Academias Reales de la Lengua, de la Historia fueron fundadas.

El Despotismo Ilustrado llegó a su apogeo con Carlos III (1759-1788).

La guerra de la Independencia (1808-1814)

• **En 1808, Napoleón Bonaparte** invadió España. Obligó a Carlos IV y luego a su hijo Fernando VII a abdicar. Los reemplazó por su hermano, **José I**.
La rebelión del pueblo de Madrid el 2 de mayo de 1808 marcó el principio de la guerra.
En 1812, por primera vez, una **constitución liberal** fue promulgada por **las Cortes** refugiadas en **Cádiz**. Pero fue rechazada por Fernando VII cuando regresó a España.

• Las colonias españolas de América aprovecharon la guerra en España para lograr su propia independencia.

¿Monarquía o República?

Las guerras carlistas y la Primera República

• En 1833, cuando murió Fernando VII, guerras de sucesión opusieron la hija de Fernando VII, **Isabel**, y el hermano del Rey, **Carlos**. **Los partidarios de Isabel, los liberales, vencieron a los carlistas, absolutistas.** La situación permaneció muy inestable. En 1868, una revolución obligó a Isabel II a huir a Francia.

• **La República** instaurada **en 1873** sólo duró un año.

La restauración monárquica (1874)

• **En 1874**, un pronunciamiento hizo del hijo de Isabel II, **Alfonso XII**, el Rey de España. Alternaron en el poder el partido conservador y el partido liberal.

• **En 1898**, España perdió sus últimas colonias (Cuba, Puerto Rico y Filipinas) en la guerra contra los EE.UU. **Conservó la neutralidad en la I Guerra mundial**.

• Los movimientos nacionalistas (en Cataluña y el País Vasco), obrero, socialista y anarquista así como una huelga general en 1917 indujeron a **Alfonso XIII** a llamar al General **Primo de Rivera**. En 1923, éste instauró **una dictadura**, cuyo fracaso acarreó la caída de la Monarquía.

La Segunda República (1931-36)

Fue proclamada en 1931. El Gobierno de izquierda emprendió las **reformas** esperadas (reforma agraria contra el latifundismo, reducción del ejército, separación Estado / Iglesia, ley del divorcio, derecho de voto para las mujeres). Pero subsistieron **difíciles problemas económicos** (por parte debidos a la crisis mundial de 1929).

En las elecciones de **1934**, **la derecha** volvió al poder y suspendió las reformas. Pero en **1936 el Frente Popular** ganó las elecciones.

Cacique y braceros (siglo XIX)

*• **El cacique** (jefe de pueblo en América) era el hombre poderoso local, muy a menudo **un gran terrateniente**. El **caciquismo** tenía como base **al latifundismo**, un sistema de gran propiedad agrícola.*
*• **Los braceros** alquilaban sus **brazos** por días en los latifundios.*

La Guerra Civil: 1936-1939 las dos Españas

Los orígenes

La polarización política

Los partidos enfrentados a problemas sociales y regionales se radicalizaron. Se desarrollaron partidos extremistas:

- la Falange, partido fascista fundado en 1933 por José Antonio Primo de Rivera (hijo del General);
- el PCE (Partido Comunista Español).

Un ambiente de corrupción y de violencia

Se multiplicaban conspiraciones, asesinatos de hombres políticos, atentados, incendios de iglesias, ocupación de tierras por los campesinos, sublevaciones regionales.

El detonante

El 12 de julio de 1936, Calvo Sotelo, líder de la oposición de derecha, fue **asesinado** por oficiales republicanos. Junto al encarcelamiento de J. A. Primo de Rivera (en marzo), se produjo **un alzamiento militar (17 de julio) en Marruecos** al mando de unos Generales entre los cuales estaba Francisco Franco.

Los protagonistas

- **Los republicanos o «rojos»** (socialistas, comunistas, anarquistas y liberales), apoyaron al Gobierno legal. Su lema era: «¡No pasarán!»
- **Los «rebeldes» o «nacionalistas» o «azules»** (los fascistas, la oligarquía terrateniente y financiera, el ejército, la Iglesia y los monárquicos) atacaban al Gobierno legal. Su lema era: «¡Arriba España!»
- La Italia de Mussolini, la Alemania de Hitler y Portugal mandaron hombres, aviones y material a las tropas nacionalistas. En cambio Francia e Inglaterra no intervinieron. Pero la Unión Soviética y Méjico apoyaron a la República. Además miles de voluntarios del mundo formaron las **Brigadas Internacionales** para luchar en el bando republicano contra el fascismo (Malraux, Neruda, O.Paz, Hemingway).

El desarrollo de la guerra

El primero de octubre de 1936, Franco fue proclamado en Burgos Generalísimo y Jefe del Estado con el título de Caudillo.

A pesar de las resistencias, los franquistas se apoderaron del país ciudad tras ciudad. En 1936 ya dominaban casi la mitad del país. Pero fracasaron ante **Madrid** y el frente se estabilizó.

Episodios principales

- **1936**: la toma del Alcázar de **Toledo**.
- **1937:** el bombardeo de **Guernica**.
- **1938**: la larga batalla del **Ebro**.

El 28 de marzo de 1939, la toma de **Madrid** marcó el final de la guerra que causó casi **500.000 muertos**.

Franco

Del franquismo a la Democracia

"España Una, Grande, Libre" (1939-1975)

La dictadura de Franco

• En un país destrozado por la guerra civil, Franco ejerció una **represión** terrible. Suprimió todas las libertades democráticas, los derechos políticos y sindicales. Casi 200.000 personas fueron ejecutadas o encarceladas.

• Franco era el Jefe del **partido único**, la Falange, llamado **el Movimiento** en 1937. Apoyándose en el ejército y la Iglesia, gobernaba en nombre de los 3 valores tradicionales: **trabajo, familia y religión** (católica). En la España «Una», centralizada, las aspiraciones separatistas de las regiones fueron aplastadas.

Autarquía y aislamiento (1939-1955)

• Para una España «libre» Franco impuso la autarquía económica. El **INI** (Instituto Nacional de Industria creado en 1941) desarrolló la producción de energía, la metalurgia y la siderurgia. Pero **los años 40** fueron los «**años del hambre**». La población sufrió la penuria y el racionamiento.

• **España no participó en la II Guerra Mundial** pero envió en 1941 una División Azul de voluntarios al frente ruso contra los bolcheviques. En consecuencia, en 1945, se encontró aislada diplomática y económicamente de los aliados victoriosos. La ONU condenó la España franquista y decidió un bloqueo económico desastroso para el país.

El «milagro económico» (1959-1975)

• **El fin del aislamiento**: en **1953**, en el contexto de la guerra fría, España firmó un convenio de **cooperación con los Estados Unidos** (ayuda de los EE.UU. en cambio de bases militares norteamericanas en España). En 1955 ingresó en la ONU.

• **El Plan de Estabilización de 1959 marcó el principio del desarrollo económico** de España con créditos de la OECE, del FMI y del Gobierno norteamericano. Se realizaron varios planes de Desa--rrollo Económico y Social.

• **Pero las dos causas esenciales del «boom» económico de los años 60 fueron** el turismo y la fuerte emigración **a Europa** (fuente de divisas).

El renacimiento de la oposición

En los últimos 15 años del régimen de Franco, un movimiento de liberalización acompañó el desarrollo económico. Se fortaleció la oposición al Gobierno: movimientos clandestinos, huelgas en Asturias y en el País Vasco, manifestaciones estudiantiles y atentados de ETA (movimiento separatista vasco armado).

La transición democrática (1975 - 1982)

Franco murió el 20 de noviembre de 1975. Había elegido en 1969 a Juan Carlos, nieto de Alfonso XIII, para sucederle.

• Proclamado Rey, Juan Carlos I pidió a **Adolfo Suárez** que ocupara el cargo de Presidente del Gobierno. Su **Ley de Reforma Política** aprobada por las Cortes franquistas en **1976** respondía al deseo general de libertad y amnistía. Legalizaba los partidos políticos, las organizaciones obreras y las huelgas.

• **En 1977, las primeras elecciones democráticas** dieron la mayoría a una coalición de centro-derecha presidida por A. Suárez. En 1978 la constitución democrática **actual** fue aprobada por las Cortes y por referéndum.

• El fracaso de un golpe militar gracias a la acción del Rey (1981) y el triunfo en las elecciones de **1982** del socialista **Felipe González** aseguraron por fin la democracia.

España hoy día

En 1996, por primera vez desde la muerte de Franco, llegó a la presidencia del Gobierno un derechista: **José María Aznar**.

En 2004, después de los atentados terroristas del 11 de marzo, el PSOE ganó las elecciones. **José Luis Rodríguez Zapatero** prometió su cargo de Presidente del Gobierno ante S.M. el Rey el 17 de abril de 2004.

Geografía física

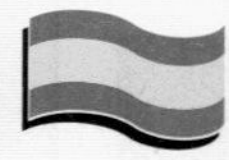

El relieve

Superficie: 505.000 km² (Francia: 550.000 km²)

• España ocupa el 80% de la **Península Ibérica**, los archipiélagos **Baleares y Canarias**. En África del norte, **Ceuta y Melilla** son dos municipios de soberanía española. Pero el Peñón de Gibraltar pertenece al Reino Unido.

• Rodeada por el mar Mediterráneo y el Océano Atlántico, la España peninsular consta de más de **3.000 km de costas**. Está en la encrucijada de dos continentes: Europa y África.

• Por su relieve accidentado y una altitud media elevada (660 m) es **el país más montañoso de Europa después de Suiza**.

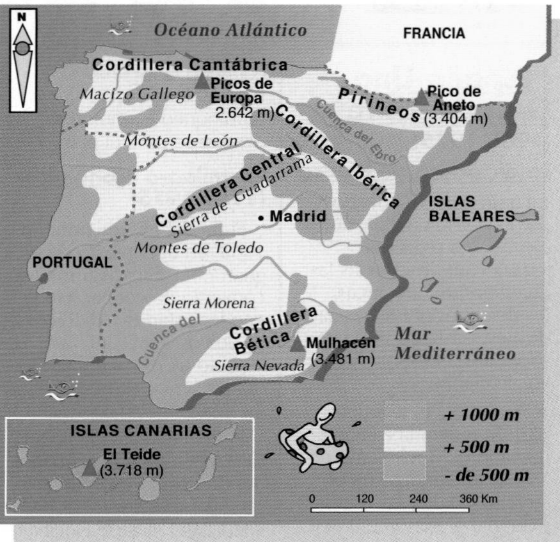

La Meseta Central ocupa las dos terceras partes (2/3) del país. Está encerrada por unas cadenas de montañas.

Por eso las comunicaciones entre el interior y las costas son muy difíciles.

El clima y los ríos

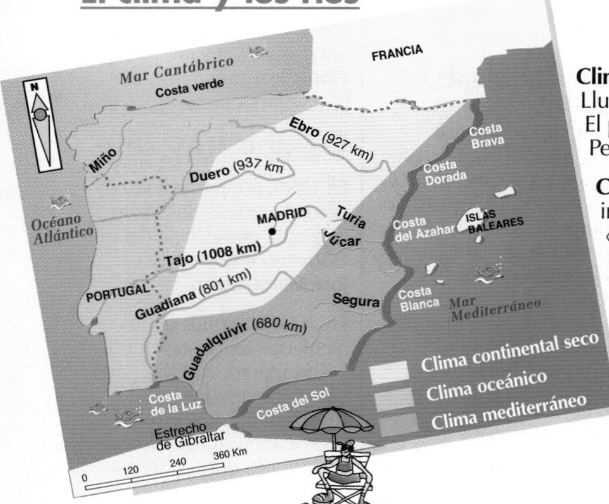

Clima oceánico: templado y húmedo. Lluvias frecuentes. El paisaje es muy verde. Pesca y ganadería bovina.

Clima continental seco: muy frío en invierno, muy cálido en verano. «9 meses de invierno y 3 de infierno». Escasas lluvias. Cultivos de secano. Porcinos y carneros.

Clima mediterráneo: seco y cálido. Cultivos de regadío, huertas fértiles. Caballos y toros.

<u>Desde los años 80</u>, el crecimiento económico anual está por encima de la media europea gracias a las inversiones extranjeras (masivas en los años 1986-91).
<u>Los años 1989-93</u> marcaron un frenazo al crecimiento. La peseta fue devaluada 3 veces. <u>Desde 1994</u> la economía va mejorándose pero aún depende demasiado de los intercambios exteriores, de las inversiones y de las tecnologías extranjeras.
Pero el mayor problema en España son los **2 millones de parados.**

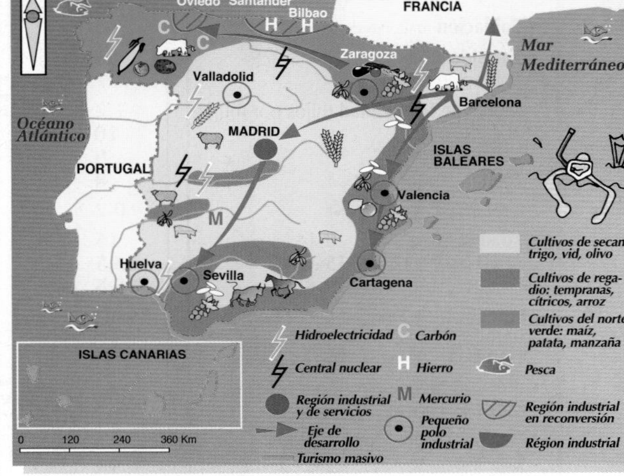

Sectores y actividades

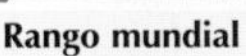

Rango mundial

Aceitunas	2°	Cítricos	5°
Vino	3°	Coches	5°

- **La agricultura** es todavía muy importante.
En la meseta se encuentran <u>los cultivos de secano</u>: los cereales (trigo, cebada para hacer la cerveza), los olivos y la vid.
En las cuencas y las huertas del litoral se practican <u>los cultivos de regadío</u>: ciertos cereales (maíz, arroz), los cítricos, los frutales y las hortalizas tempranas.
En el norte la pesca y la ganadería dominan.
- **La industria** es muy diversificada. España es pobre en energía pero rica en recursos minerales.

En las regiones de tradición industrial, la reconversión de las minas, de la siderurgia y de los astilleros está pendiente.

- **Las empresas españolas** son en gran mayoría **Pymes** (**P**equeñas **y me**dianas empresas). Desde 1994, las privatizaciones se multiplican (Iberia, Telefónica). La presión fiscal es relativa; los servicios públicos y la cobertura social son regulares.
- **La balanza comercial es desequilibrada.** Las importaciones (carne, leche, petróleo, equipamientos) sobrepasan las exportaciones (minería, automóviles, frutas y verduras).
- **El turismo es la primera actividad del país.** Al lado del turismo masivo de playa y sol se desarrolla el turismo cultural, rural y deportivo (golf, esquí).
Se debe modernizar las infraestructuras y proteger el medio ambiente.
- **Los transportes** deberían mejorarse con el túnel del Somport, la adaptación de las vías ferroviarias a las normas europeas y la creación de líneas de alta velocidad (sólo existe la línea Madrid-Sevilla, en servicio desde 1992).
- **La economía informal** representa el 9 % del PIB, ocupa el 4 % de los parados y el 7% de los inactivos.

	España	Francia	U.E.*
• Tasa de crecimiento (% PIB)	4	3	2
• Inflación (%)	3,4	1,7	2,3
• Balanza comercial (mil millones $)	-17	+24,5	+9
• Déficit público (% PIB)	4,8	4,1	3,5
• Paro (%)	11	9,7	9,3

* **U.E.** = Unión Europea

Las mayores empresas
- *Telefónica*
- *El Corte Inglés (comercio)*
- *Iberdrola (electricidad)*
- *Seat-Volkswagen (automóvil)*
- *Repsol (petróleo)*
- *Iberia (transportes)*

La Población

Demografía	ESPAÑA	FRANCIA	EUROPA (U.E.)
• **Población** (millones de habitantes)	43	60	581
• Densidad (hab./ km2)	85	110	102
Población urbana (%)	77	73	73
• **Índice de fecundidad** (hijos por mujer)	1,2 ◄ el más bajo del mundo	1,7	1,5
Natalidad (‰)	10	12,5	11
Mortalidad (‰)	9	9,5	11
Mortalidad infantil (‰)	8	7	10
• Crecimiento anual (%)	0,2	0,5	2,8
• Edad (años) 0-14	15	19	18
(% población total) 15-64	68,5	65,6	67,5
más de 65	16,5	15	14,5
• **Esperanza de vida**: mujer / hombre	79/73	80/72	79/72
Salud y educación			
• Número de habitantes por médico	244	339	369
Sida (tasa por millón de habitantes)	185 ◄ la más alta de Europa	98	75
• Analfabetismo (% población adulta)	3	1	2
Estudios superiores (%)	44	50	42
• Religión católica	99	90	54
Economía			
• PIB /hab.: rango mundial	30	15	–
• Población activa (%):	38	43	44
mujeres	36	44,9	40
agricultura	9	5	7
industria	31	26	29
servicios	60	69	64
• **Paro** (%)	22 ◄ el más alto de Europa	12,4	9
• Equipo (por 1.000 hab.) automóviles	295	420	358
teléfonos	390	690	526
televisores	389	400	390
computadoras	81	134	165
• **Índice de Desarrollo Humano**: rango mundial	11	2	–

Las mujeres

Están conquistando el mercado del trabajo **sólo desde los años 80**. Con el 79% del salario del hombre, las españolas son las mujeres de los países desarrollados que más se acercan a la media del salario de sus compañeros. Pero **el machismo** todavía no ha desaparecido. Peor, se presentan 20.000 quejas de mujeres golpeadas al año y, en 1997, 64 mujeres fueron muertas por sus maridos. Se multiplican las manifestaciones contra el **"terrorismo conyugal"**.

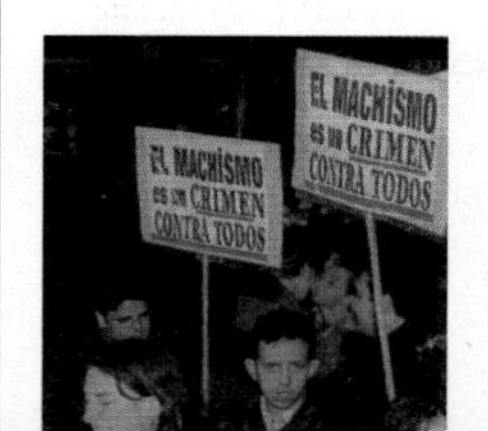

El servicio militar

Es obligatorio para todos los hombres de más de 18 años.

Las tres policías

- **la Policía Nacional** en uniforme azul;
- **la Policía Municipal** en uniforme azul;
- **la Guardia Civil**, en uniforme verde.

Organización Política y Administrativa

La Constitución española

(31/10/1978)

El Reino de España es una Monarquía Parlamentaria.

El Rey elige al Presidente del Gobierno, representativo de las Cortes elegidas por sufragio universal.

El Congreso es la cámara de representación popular mientras que **el Senado** es la cámara de representación territorial. La justicia es independiente.

La constitución proclama la existencia de una «España unida e indisoluble» formada por **17 Comunidades Autonómas (C.A.)**.

Las competencias de cada Comunidad varían según su estatuto (fiscalidad, policía, educación, medias). Todas tienen un Parlamento y un Gobierno. La mayoría cuenta con más de una provincia.

Juan Carlos I de Borbón y Borbón

El Rey, la Reina Sofía y sus hijos, Elena, Cristina y Felipe, forman una familia modelo muy popular en España.

boda de Felipe p. 13

Monarquía parlamentaria

Poder legislativo
LAS CORTES

El Senado — 257 senadores
El Congreso — 300 a 400 diputados

Elecciones legislativas (cada **4 años**)

Los partidos políticos

Poder ejecutivo
EL REY **Jefe del Estado**

El Gobierno
El Presidente + los ministros

Los españoles de 18 años o más

Los partidos políticos

Elecciones autonómicas
- 1.250 diputados de parlamentos autonómicos
- 17 presidentes de C. A.

Elecciones municipales
Los partidos políticos
8.047 alcaldes

Elecciones europeas
60 parlamentarios europeos

Los principales partidos políticos

Izquierda

- PSOE: **Partido Socialista Obrero Español**
- **IU**: Izquierda Unida (mayoría de comunistas)

Partidos nacionalistas
IC: Iniciativa per Catalunya
EA: Euskadiko eskerra (País Vasco)

Derecha

- PP: **Partido Popular** (J.M. Aznar)

Partidos nacionalistas
CiU: Convergència y Unió (Cataluña)
PNV: Partido Nacionalista Vasco (País Vasco)

Partidos separatistas
(País Vasco) : **coalición HB** (Herri Batasuna) **y EH** (Euskal Herritarrok), fachada política del grupo armado ETA (Euskadi Ta Azcatasuna: *Pays Basque et liberté*).

Los sindicatos

- **la CEOE**: Confederación Española de Organizaciones Empresariales
- **la UGT**: Unión General de Trabajadores
- **las CC.OO.**: Comisiones Obreras

La organización territorial

El desequilibrio económico en las Comunidades Autónomas

Densidad de la población y ciudades principales

Las lenguas regionales

17 Comunidades Autónomas
50 provincias

COMUNIDADES AUTÓNOMAS	SUPERFICIE (km²)	POBLACIÓN (habitantes)	CAPITAL (habitantes)	PROVINCIAS
Andalucía p. 34	87.250	7.000.000 andaluces	**Sevilla** 705.000	Almería, Cádiz, Córdoba, Granada, Huelva, Jaén, Málaga, Sevilla
Aragón p. 29	47.650	1.220.000 aragoneses	**Zaragoza** 620.000	Zaragoza, Huesca, Teruel
Asturias p. 28	10.560	1.100.000 asturianos	**Oviedo** 200.000	Asturias
Baleares p. 35	5.000	750.000 baleares	**Palma de Mallorca** 300.000	Islas Baleares
Canarias p. 35	7.242	1.495.000 canarios	**Las Palmas** y **Santa Cruz** (Gran Canaria) (Tenerife) 340.000 200.000	Gran Canaria, Tenerife
Cantabria p. 28	53.000	530.000 cántabros	**Santander** 195.000	Cantabria
Castilla-La Mancha p. 30	79.200	1.700.000 castellanomanchegos	**Toledo** 63.500	Albacete, Ciudad Real, Cuenca, Guadalajara, Toledo
Castilla y León p. 30	94.200	2.560.000 castellanoleoneses	**Valladolid** 345.000	Ávila, Burgos, León, Palencia, Salamanca, Segovia , Soria, Zamora
Cataluña p. 32	31.900	6.100.000 catalanes	**Barcelona** 1.700.000	Barcelona, Gerona, Lérida, Tarragona
Extremadura p. 30	41.600	1.057.000 extremeños	**Mérida** 51.000	Badajoz, Cáceres
Galicia p. 28	29.400	2.700.000 gallegos	**Santiago de Compostela** 100.000	La Coruña, Lugo, Orense , Pontevedra
Comunidad de Madrid p. 30	8.000	5.000.000 madrileños	Madrid 3.100.000	Madrid
Murcia p. 32	11.300	1.040.000 murcianos	**Murcia** 340.000	Murcia
Navarra p. 29	10.400	524.000 navarros	**Pamplona** 190.000	Navarra
País Vasco p. 29	7.260	2.100.000 vascos	**Vitoria-Gasteiz** 200.000	Álava, Guipúzcoa, Vizcaya
La Rioja p. 29	5.000	270.000 riojanos	**Logroño** 190.000	La Rioja
Comunidad Valenciana p. 32	23.300	3.900.000 valencianos	**Valencia** 780.000	Valencia, Alicante, Castellón de la Plana
* **Ceuta**	20	67.615 ceuties	—	—
* **Melilla**	12	56.600 melillenses	—	—

* Estas dos ciudades norteafricanas tienen estatutos autonómicos sólo desde 1995.

El Norte de España

LA ESPAÑA VERDE

Es una región húmeda que bordea el Océano Atlántico. Por su relieve accidentado se quedó mucho tiempo muy aislada y todavía hay que mejorar sus vías de comunicaciones. La gran mayoría de la población vive en la costa. En el interior se desarrolla el «turismo verde».

Galicia

- *Superficie*: 6 %
  Población: 7,3 %
- *Régimen autonómico* (1980): Xunta de Galicia
- *Lengua oficial:* el gallego
- *Ciudades principales:*
  Santiago de Compostela (100.000). Será en el año 2000 una de las capitales europeas de la cultura.
  Vigo (278.000)
  Orense Lugo
  A Coruña Pontevedra
- *Paro:* 19 %

Es la región más lluviosa de España. Con sus colinas verdes y sus rías (entrada del mar dentro de la tierra), hace pensar en la **Bretaña francesa.**

Actividades económicas: maíz, patata y col; bovinos (leche) y porcinos; **pesca** y conservas de pescado. Construcción naval y automóvil (Vigo) en crisis.

Reconversión original en la moda (alta confección: Adolfo Domínguez; confección: Zara).

Galicia fue una tierra de emigración, en particular a Argentina y Chile.

Principado de Asturias

- *Superficie*: 2 %
  Población: 2,8 %
- *Régimen autonómico* (1982): Junta General del Principado de Asturias
- *Ciudades principales:*
  Oviedo (200.000)
  Gijón (260.000)
- *Paro:* 22 %

Región montañosa e industrial: explotación de minas de carbón, siderurgia en reestructuración, conservas de pescado, lecherías, sidra.

Cantabria

- *Superficie*: 1 %
  Población: 1,3 %
- *Régimen autonómico* (1981): Diputación General de Cantabria
- *Capital* : **Santander** (195.000)
- *Paro*: 24,5 %

Llamada **la Montaña**, Cantabria tiene una gran riqueza mineral (cinc, hierro). *Actividades económicas*: ganadería bovina (leche), pesca e industria química.

Galicia
- *Mariscos (mejillones y vieiras).*
- ***La catedral de Santiago,*** *el Santo Patrón de España, y su botafumeiro (un enorme incensario).*

Asturias
- ***Covadonga****, lugar de la victoria del Rey Pelayo sobre los árabes en 722.*
- *La reserva nacional de* ***los Picos de Europa****.*

Cantabria
- *Las pinturas prehistóricas de* ***la cueva de Altamira*** *cerca del pueblo* ***Santillana del Mar****.*
- *Los cursos de verano de la Universidad Internacional de* ***Santander.***

Playa de San Sebastián

Museo Guggenheim - BILBAO

País Vasco (Euskadi)

- *Superficie*: 1,5 %
  Población: 5,5 %
- *Régimen autonómico especial* (1980): Gobierno vasco
- *Lengua oficial:* el vascuence (sólo el 16 % lo habla bien)
- 3 provincias (capitales):
  1- Álava (**Vitoria-Gasteiz**-200.000)
  2- Vizcaya (Bilbao-310.000)
  3- Guipúzcoa (San Sebastián-Donostia)
- *Paro*: 21,5 %

Montañoso pero muy poblado, el País Vasco es **la tercera región industrial de España**. Minas de hierro dieron origen a una rica tradición industrial. En crisis a partir de 1975, la economía vasca va restableciéndose desde hace unos 10 años.

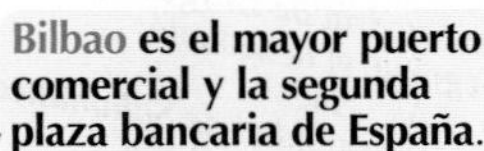
Bilbao es el mayor puerto comercial y la segunda plaza bancaria de España.

El Museo Guggenheim instalado en el puerto en 1997 es el símbolo de su deseo de innovación y apertura internacional.

El País Vasco goza de una autonomía fiscal y financiera muy amplia. Pero los vascos quieren aún más libertad. **El Partido Nacionalista Vasco (PNV) es mayoritario**. Se opone al partido separatista Herri Batasuna (HB), fachada política de la **organización terrorista ETA** (creada en 1959). Su primer atentado ocurrió en 1961. El jefe de ETA, Artapalo, fue arrestado en 1992. En 1997, 23 miembros de HB fueron condenados. Hoy día se atribuye a ETA más de **800 muertos y de 75 secuestros**.

Desde hace unos años se han multiplicado las manifestaciones "Por la paz y la libertad" contra la violencia callejera y los asesinatos.

LA ESPAÑA DE LOS PIRINEOS Y DEL EBRO

Dos paisajes se oponen: al norte los Pirineos y al sur el Valle del Ebro. La unidad de la región es la cuenca del Ebro (mapa p.22), una apertura a la influencia mediterránea.

Navarra

- *Superficie*: 2 %
  Población: 1,3 %
- *Régimen autonómico especial* (1982): Diputación foral de Navarra
- *Capital*: **Pamplona** (190.000)
- *Paro*: 11 %

Agricultura próspera: vid, olivos y cereales en el sur; hortalizas (alcachofas y espárragos) y frutas en las zonas regadas del Ebro.
Industrias: papel, automóvil.

La Rioja

- *Superficie*: 1 %
  Población: 0,6 %
- *Régimen autonómico* (1982): Gobierno de La Rioja
- *Capital*: **Logroño** (190.000)
- *Paro*: 14,5 %

Es la Comunidad más pequeña de España.
Su agricultura es próspera.
Sus vinos son los más famosos de España.

Aragón

- *Superficie*: 9,5 %
  Población: 3,2 %
- *Régimen autonómico* (1985): Diputación General de Aragón
- *3 provincias (capitales):*
  Zaragoza (620.000)
  Huesca
  Teruel
- *Paro*: 15 %

Agricultura próspera: cereales, vid, olivos y remolacha.
Industria textil y agroalimentaria con numerosas Pymes (pequeñas y medianas empresas), excepto en Zaragoza (General Motors).

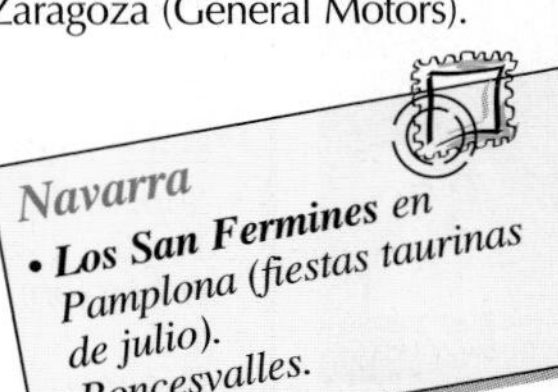
Navarra
- ***Los San Fermines** en Pamplona (fiestas taurinas de julio).*
- *Roncesvalles.*

Aragón
- *La Virgen del Pilar (Zaragoza).*
- *La reserva nacional de Ordesa.*

El Centro

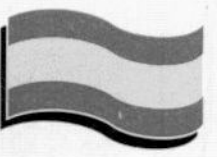

La Meseta Central de la Península Ibérica es la mayor de Europa. Castilla la Vieja (Castilla y León), Castilla la Nueva (Castilla-La Mancha) y Madrid son las tres divisiones de la región histórica de Castilla.

El Alcázar - SEGOVIA

Castilla y León

- *Superficie:* 18,5 %
  Población: 6,5 %
- *Régimen autonómico (1983):* Junta de C. y León
- *9 provincias*:
  Valladolid (345.000)
  Ávila Burgos Zamora
  León Palencia Soria
  Salamanca Segovia
- *Paro*: 20 %

Es la comunidad más grande y más árida. *Agricultura de secano* (trigo). Se crían toros de lidia. *Se ha desarrollado la industria* del automóvil en Valladolid (Renault).

Molino de viento

Castilla - La Mancha

- *Superficie:* 16 %
  Población: 4 %
- *Régimen autonómico* (1982): Junta de Comunidades de Castilla-La Mancha
- *5 provincias:*
  Toledo (63.500)
  Albacete (135.000)
  Ciudad Real Cuenca
  Guadalajara

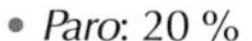

- *Paro*: 20 %

Es una región poco poblada. Al sur, La Mancha es la patria de Don Quijote. *Las actividades principales* son la ganadería ovina para producir **el queso manchego**, cereales, **el viñedo de Valdepeñas**, el olivo y el azafrán.

- Situada sobre una colina rodeada por el Tajo, **Toledo** fue la capital de España desde el siglo XI hasta el siglo XVI. Ahora es una ciudad muy turística por su Alcázar, su catedral, la Casa de El Greco y su artesanía de objetos damasquinos.

Comunidad de Madrid

- Superficie: 1,6 %
  Población: 12,5 %
- *Régimen autonómico* (1983): Comunidad de Madrid
- *Ciudades principales:*
  Madrid (3.100.000)
  Alcalá de Henares
  Aranjuez
- *Paro*: 21 %

Es el segundo centro industrial de España (Peugeot-Talbot)

Extremadura

- Superficie: 8 %
  Población: 3 %
- *Régimen autonómico* (1983): Junta de Extr.
- *Capital*: **Mérida** (51.000)
- *Ciudad principal:*
  Badajoz (120.000)
- *2 provincias:*
  Badajoz - Cáceres
- *Paro*: 30 %

Muy poco poblada y pobre, es una tierra tradicional de emigración (Cortés, Pizarro eran extremeños).

Agricultura: en el norte se cultivan alcornoques y se crían porcinos (jamón serrano). Los embalses permiten la irrigación (frutas, hortalizas, tabaco) y la repoblación forestal (producción de madera y corcho). *La hidroelectricidad* es un recurso esencial.

Castilla

- *La catedral de* ***Burgos.***
- ***Segovia:*** *el acueducto y el Alcázar.*
- *La Universidad de* ***Salamanca.***
- *Las murallas de* ***Ávila.***
- ***Cuenca*** *y sus casas colgadas.*

C. de Madrid

- ***El Monasterio del Escorial*** *(1584), palacio de Felipe II.*
- ***El Valle de los Caídos****, monumento franquista en la Sierra de Guadarrama, construido por prisioneros republicanos.*

Extremadura

- ***Los monasterios de Yuste y Guadalupe*** *(la Virgen de Guadalupe es el símbolo de la Hispanidad).*

MadriD

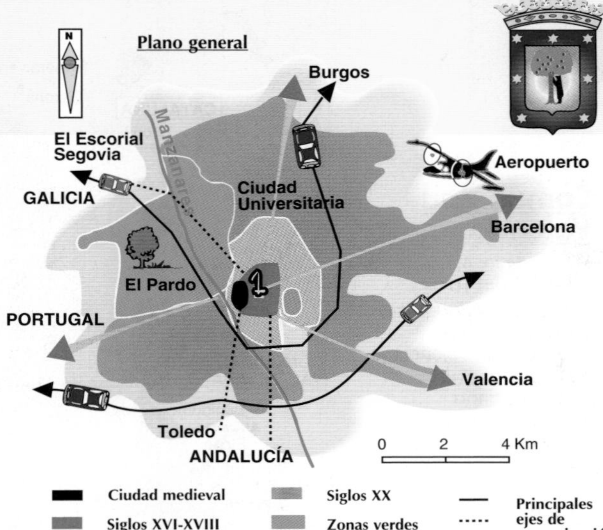

Es la capital más alta de Europa (646 m sobre el nivel del mar).

Historia

Margerit fue fundada por los árabes en el siglo IX.
En 1561 la pequeña ciudad fue elegida por **Felipe II** como capital.
Sus episodios históricos gloriosos son:
1- el levantamiento de su pueblo contra las tropas de Napoleón el 2 de mayo de 1808;
2- su resistencia contra las tropas nacionalistas durante la Guerra Civil. Sólo cayó en marzo de 1939.

Desde el siglo XVI la ciudad se ha desarrollado de manera anárquica y es ahora **una metrópoli tentacular muy contaminada que sobrepasa los 3 millones de habitantes** (5 millones con sus suburbios).

Peso económico

Es el centro de España por sus bancos, sus compañías de seguros, sus universidades, sus medios de información, sus funciones administrativas y políticas. Las actividades industriales se han desarrollado sólo desde los años 1950.

Lo famoso

1) El centro es la Puerta del Sol donde está el km 0 de la red de carreteras españolas. Un monumento que representa un oso y un madroño es el símbolo de Madrid. Según la tradición, los madrileños se juntan ahí la noche de fin de año para comer 12 uvas y desearse buena suerte mientras suenan las doce campanadas de Medianoche.

2) El Parque del Retiro.

3) El Rastro, el famoso mercado que tiene lugar en la calle Ribera de Curtidores cada domingo y los días festivos.

- **Plazas y monumentos**

4) El Palacio Real (el Rey prefiere vivir en el de la Zarzuela).
5) La catedral Nuestra Señora de la Almudena (desde 1993).
6) La Plaza Mayor.
7) La Plaza de España.
8) La Plaza de La Cibeles.

- **Museos**

9) El Museo del Prado conserva las mayores obras de la pintura española.
10) El Centro Reina Sofía es dedicado al arte contemporáneo (*Guernica,* Picasso).

Centro de Madrid

La "movida"

Fue una reacción cultural de los años 1980 al conservatismo del franquismo. Eran tiempos de fiestas, las cosas tenían que «moverse». Madrid, ciudad vanguardista de España en el plano cultural, fue elegida **Capital Cultural de Europa en 1992**.

Una vida nocturna animada

*A los madrileños les gusta **tapear** de noche por los bares (vino, cerveza y tapas). Después van a cenar, a pasear, al cine o a discotecas.*

El Este

ALICANTE

Es la fachada oriental de España bordeada por el Mar Mediterráneo.

Cataluña

Es la primera área industrial española y la primera región turística europea.

- *Superficie:* 6 %
  Población: 15,5 %
- *Régimen autonómico especial* (1977): Generalitat de Catalunya
- *Lengua oficial:* el catalán (hablado por 6 millones de personas)
- *4 provincias (capitales):* **Barcelona** (1.700.000) Lérida (120.000) Tarragona Gerona
- *Paro*: 18,5 %

Agricultura: cereales, vid, olivo, frutas (manzanas, peras y avellanas), flores, avicultura.
Industria: textil, mecánica, papel, alimentaria y química, petroquímica y automóvil (Volkswagen-Seat).

Comunidad Valenciana

- *Superficie:* 4,5 %
  Población: 10 %
- *Régimen autonómico especial* (1982): Generalitat Valenciana
- *Lengua oficial:* el valenciano
- *Ciudades principales*: **Valencia** (780.000) Alicante (120.000) Castellón de la Plana Elche
- *Paro*: 21,5 %

El desarrollo de la irrigación desde la antigüedad convirtió esta región seca en **una huerta regada** que produce cítricos (naranjas, limones), cebollas, tomates, pimientos y flores. Se encuentran **arrozales** alrededor de La Albufera (laguna de Valencia). *Industria* próspera del calzado, del juguete y de los muebles. Metalurgia y automóviles (Ford) en **Valencia, la tercera ciudad de España**.

Murcia

- *Superficie:* 2 %
  Población: 2,5 %
- *Régimen autonómico* (1982): Comunidad Autónoma de Murcia
- *Capital*: **Murcia** (340.000)
- *Ciudad y puerto importante:* Cartagena
- *Paro*: 24 %

La Huerta de Murcia produce limones, albaricoques, sandías y hortalizas que alimentan industrias conserveras. A la explotación de las minas de plomo y cinc en **Cartagena** sucedió una importante industria química.

Cataluña

- *El turismo se desarrolló primero en la **Costa Brava** (rocas) y luego en la **Costa Dorada** (arena).*
- ***Museo Dalí** en Figueras.*

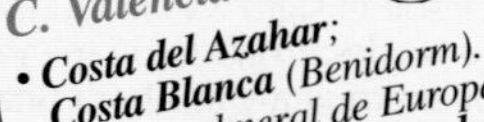

C. Valenciana

- ***Costa del Azahar**; **Costa Blanca** (Benidorm).*
- ***Elche**, palmeral de Europa.*
- *En Valencia: **el Tribunal de las Aguas** (cada jueves soluciona litigios de utilización del agua de riego).*

Murcia

- ***Costa Cálida** (arena refinada).*
- ***La Manga del Mar Menor** (una gran laguna).*

La otra capital | Barcelona

Plano general

Gerona
Tibidabo
Ronda de Dalt
Río Besòs
Avigunda Diagonal
Ciudad Universitaria
Tarragona
La Barceloneta (siglo XVIII)
Mar Mediterráneo
Ronda Litoral
Aeropuerto
Río Llobregat

- Cordillera catalana
- Ciudad medieval
- Ensanche XIX-XX
- Ciudad actual con sus aglomeraciones satélites
- Parques
- Principales ejes de comunicación

Historia

Llamada *Barcino* por los romanos, Barcelona llegó a ser la capital de los **Condes de Cataluña** en el siglo XII. Unida a Aragón, fue un gran puerto medieval.
Con el descubrimiento del Nuevo Mundo sufrió un periodo de decadencia en provecho de Sevilla. Pero en el **siglo XIX** Barcelona conoció un desarrollo extraordinario gracias a su industrialización rápida en el sector textil. En 1859, se derribaron las murallas medievales para ensanchar la ciudad según el plan del arquitecto **Cerdá**.
Centro industrial dinámico, Barcelona fue sede de dos exposiciones universales en 1888 y en 1929. Pero sufrió el centralismo madrileño impuesto por Franco.

Peso económico

Ahora con sus 1,6 millones de habitantes (3 millones con sus suburbios), es la segunda ciudad de España. Pero es **la primera metrópoli económica del país** y la más europea de las ciudades españolas. Rivaliza con Madrid en sus ambiciones culturales.

La organización de **los Juegos Olímpicos en 1992** le permitió hacerse conocer al mundo, mientras su paisaje urbano era reestructurado: camino de ronda, conversión de una parte del puerto industrial en un paseo marítimo **(10)**, un puerto de recreo y una zona residencial.
El plan «Barcelona 2000» ambiciona hacer de la ciudad una de las primeras urbes europeas. Pero Barcelona todavía no ha acabado de reembolsar sus deudas contraídas para la organización de los JJ.OO. de 1992. Cuenta con sus parques de atracciones para hacerlo.

Curiosidades

Ciudad Vieja

- **El Barrio Gótico (1):** la catedral, la Plaza Real, la Plaza San Jaume datan de los siglos XII -XV.
- **Las ramblas (2)** Son las 7 partes de La Rambla, un paseo que va de la Plaza de Cataluña hasta el mar, mostrado por una estatua de Colón. El centro de La Rambla es una zona peatonal muy animada donde se venden periódicos, libros, pájaros... Cada Rambla tiene su especialidad: la Rambla de los estudios, de las flores ...

Monjuich (3)

Centro de Barcelona

En esta colina (200 m) se encuentran museos (el Museo de Arte Catalán **(4)**, la Fundación Miró **(5)**, palacios, el estadio olímpico **(6)**, un parque de atracciones ... y el Pueblo Español que reconstituye calles, casas y plazas de las diferentes regiones españolas.

El Museo Picasso (11)

La ciudad del modernismo

Este movimiento artístico se desarrolló entre 1890 y 1920. Se caracterizó en la arquitectura por el empleo de nuevos materiales (vidrieras, cerámica y metal) y líneas sinuosas inspiradas por la naturaleza. **Antonio Gaudí** (1852-1926) es el máximo exponente del modernismo: **el parque Güell (7)**, **la Casa Battló (8)** y la iglesia de **la Sagrada Familia (9)** son sus obras más famosas.

Aún más vanguardista, **el Museo de Arte Contemporáneo** de Barcelona (MACBA), construido en 1995, provocó apasionadas polémicas.

El Sur: Andalucía

Llamada Bética por los romanos, Vandalusia por los bárbaros en el siglo V, Al-Andalus por los árabes del siglo VIII hasta 1492, Andalucía es una mezcla de culturas. Ambiciona ser la «California de Europa».

- *Superficie:* 16 %
  Población: 18 %
- *Régimen autonómico especial (1982):* Junta de Andalucía
- *Capital*: **Sevilla** (705.000)
- *8 provincias (ciudades)*:
  Málaga (530.000)
  Córdoba (300.000)
  Granada (290.000)
  Jerez de la Frontera
  Cádiz Almería
  Huelva Jaén
- *Paro*: 32,5 %

Es la mayor y la más poblada de las comunidades y la tercera región en captación de inversiones después de Madrid y Cataluña. La tasa del paro es la más elevada del país.

Agricultura: cereales, olivo (Jaén, Córdoba) y vino (Málaga), hortalizas en el valle del Guadalquivir; algodón y arroz alrededor de Sevilla; caña de azúcar y pesca en el litoral.
Se crían *toros de lidia.*
Industrias: Sevilla, Málaga (informática) y Huelva (química).

- ***Costa del Sol** (Málaga); **Costa de la Luz** (Cádiz).*
- ***El parque de Doñana** (150 especies de pájaros).*
- ***Los pueblos blancos: Ronda.***
- *El brandy, el amontillado (vino blanco) de **Jerez de la Frontera**.*

***El turismo* emplea la mitad de la población activa y representa el 63 % del PIB andaluz.**

Sevilla

«Quien no vio Sevilla no vio maravilla»

Híspalis fue fundada en la boca del Guadalquivir por los íberos. Gracias al comercio con las Indias y su monopolio sobre el Nuevo Mundo fue el primer puerto de España en los siglos XVI y XVII. Luego el enarenamiento del Guadalquivir causó el traslado de sus actividades a Cádiz.

La Torre del Oro
SEVILLA

Ahora Sevilla es la cuarta ciudad de España.

La Exposición Universal de 1992 tuvo lugar en su isla de la Cartuja sobre el tema de «los grandes descubrimientos». Se construyeron entonces 7 puentes, un aeropuerto, una nueva ópera, una línea de tren Madrid-Sevilla llamada AVE (Alta Velocidad Española).

- ***La catedral** más grande de Europa (siglo XV). Su campanario, **la Giralda**, es un antiguo alminar (siglo XII).*
- ***El Alcázar** (XIV).*
- ***La Torre del Oro**, en la entrada del puerto.*

Córdoba

Capital romana y luego árabe, llegó a su apogeo en el siglo X: era la ciudad más poblada de Europa.

- ***La mezquita** (siglo VIII-X).*
- ***El Alcázar** (XIV).*

Granada

Edificada sobre tres colinas (**1**, **2**, **3**) que se parecen a los tres cuartos de la fruta (la granada), fue la última capital del Imperio árabe. «**El suspiro del moro**» es un paso de la Sierra Nevada en que Boabdil, vencido por los Reyes Católicos, se volvió para mirar Granada por última vez mientras su madre le decía: «Llora como una mujer lo que no supiste defender como un hombre».

Los jardines de la Alhambra - GRANADA

- *1- **El Albaicín**, antiguo barrio árabe.*
- *2- **El Sacromonte**, barrio de los gitanos.*
- *3- **La Alhambra**, fortaleza árabe del siglo XIV, de ladrillos rojos. El Generalife (el palacio) está rodeado por suntuosos jardines.*

Las Islas

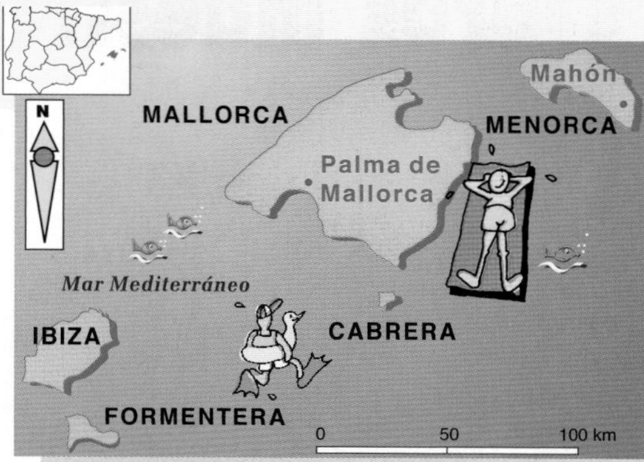

Son dos archipiélagos que forman parte de España, uno en el Mar Mediterráneo, otro en el Océano Atlántico.

Baleares

MALLORCA

- *Superficie:* 1 %
  Población: 2 %
- *Régimen autonómico (1983):* Gobierno de la Comunidad Autónoma de las Islas Baleares
- Lenguas: el mallorquín, el menorquín
- *Capital*: Palma de Mallorca (300.000)
- *5 islas*
  Mallorca - Menorca
  Ibiza - Formentera
  Cabrera
- *Otra ciudad:* Mahón, capital de Menorca
- *Paro*: 14 %

Están a unos 100 km de las costas valenciana y catalana. Según la tradición mediterránea se cultivan trigo, olivos, cítricos, almendras e higos.

El turismo balneario se desarrolló a finales de los años 1950. Ahora hay **8 millones de turistas al año**. En Mallorca se encuentra la concentración más importante de hoteles en el mundo (unos 2.000).

Se dice que la salsa mayonesa o mahonesa viene de Mahón.

Canarias

- *Superficie:* 1,5 %
  Población: 4 %
- *Régimen autonómico especial* (1982): Gobierno de Canarias
- *Capital*: **Las Palmas (Gran Canaria)** (340.000) ou **Santa Cruz (Tenerife)** (200.000)
- *7 islas*
  Gran Canaria - Tenerife
  Fuenteventura - Lanzarote
  La Palma - Gomera - Hierro
- *Provincias*: Las Palmas
  Santa Cruz de Tenerife
- *Paro*: 21,5 %

Están a unos 1.500 km de España y a unos 100 km de la costa africana. Forman un archipiélago volcánico con la cumbre más alta del territorio español: El Teide (3.718 m).
El clima subtropical permite cultivar plátanos, tomates, tabaco y caña de azúcar.

La mayor actividad económica es el turismo balneario de invierno. Pero existen también Parques Nacionales interesantes.

GRAN CANARIA

FUENTEVENTURA

Pintores y Obras maestras

La Edad Media

† 1408 **Pedro SERRA**
Natividad

† 1492 **Jaime HUGUET**
- *Tabla del Retablo de San Abdón y San Senén*
- *Retablo de San Vicente Mártir*

† 1498 **Bartolomé BERMEJO**
Santo Domingo de Silos

† 1504 **Pedro BERRUGUETE**
Santo Domingo y los Albigenses

El Siglo de Oro

† 1586 **Luis MORALES**
La Virgen con el Niño

† 1588 **Sánchez COELLO**
Retrato del príncipe Don Carlos

1541-1614 EL GRECO
- 1586 *El entierro del Conde de Orgaz*
- *Adoración de los pastores*
- *El quinto sello del Apocalipsis*
- *San Jerónimo en Cardenal*
- *San Martín y el mendigo*
- *Mater Dolorosa*

1522-1690 **Juan de VALDÉS LEAL**
Finis gloriae mundi

1611-1678 **Antonio PEREDA**
1660 *El Sueño del gentilhombre*

1591-1652 **José de RIBERA**
- 1630 *El martirio de San Bartolomé*
- 1631 *La mujer barbuda de los Abruzos*
- 1642 *El Patizambo*

1598-1664 **Francisco de ZURBARÁN**
- 1627 *Cristo en la Cruz*
- 1650 *Santa Casilda*
- *Exposición del cuerpo de San Bonaventura*

1599-1660 Diego VELÁZQUEZ
- 1556 *Las Meninas*
- 1644 *La Venus del espejo*
- 1634 *Retrato del Príncipe Baltasar Carlos*
- 1631 *Retrato de Felipe IV*
- 1634 *Rendición de Breda o Las Lanzas*
- 1630 *La Fragua de Vulcano*
- 1628 *El triunfo de Baco o Los borrachos*

1617-1682 B. E. MURILLO
- 1645 *Niños comiendo melón y uvas*
- *Gallegas a la ventana*
- *Un joven campesino a la ventana*
- *Santo Tómas de Villanova niño mendigando*
- *La Inmaculada Concepción de Aranjuez*
- *Inmaculada Concepción*

El siglo de la Ilustración

1746-1828 Francisco de GOYA
- 1814 *El dos y el tres de mayo de 1808*
- *La Maja vestida*
- *La Maja desnuda*
- *El coloso*
- *Saturno devorando a uno de sus hijos*
- 1812-14 *El entierro de la sardina*
- *Dos viejos comiendo*

El siglo XX

1863 -1923 **Joaquín SOROLLA**
1909 *Paseo a la orilla del mar*

1881-1973 Pablo Ruiz PICASSO
- 1907 *Las Señoritas de Avignon*
- 1922 *Dos mujeres corriendo por la playa*
- 1937 *Guernica*

1887-1927 **Juan GRIS**
(cubismo)
1916 *El violín*

1923-19 **Antoni TÀPIES**
(arte abstracto)
1974 *Arco azul*

Fantasías del subconsciente y surrealismo

1893-1983 Joan MIRÓ
- 1926 *Alguien lanza una piedra a un pájaro*
- 1937 *Aidez l'Espagne*
- 1941 *El bello pájaro que descifra lo desconocido a una pareja de enamorados*

1904-1989 Salvador DALÍ
- 1936 *Premonición de la Guerra civil*
- 1931 *La Persistencia de la memoria*
- 1952/54 *La desintegración de la persistencia de la memoria*

Hoy día se destacan:
- ***Eduardo Arroyo*** *(figurativismo)*
- ***Antonio Saura*** *† 1998 (arte abstracto)*
- ***Miquel Barceló*** *(neoexpresionismo)*

J. Huguet, P. Serra

Pedro SERRA † 1408
Natividad

Jaime HUGUET † 1492
Tabla del retablo de San Abdón y San Senén

Jaime HUGUET † 1492
Retablo de San Vicente Mártir

B. Bermejo, P. Berruguete

La Edad Media

Bartolomé BERMEJO † 1498
Santo Domingo de Silos

Pedro BERRUGUETE † 1504
Santo Domingo y los Albigenses

L. Morales, S. Coello

El Siglo de Oro

Luis MORALES † 1586
La Virgen con el Niño

Sánchez COELLO † 1588
Retrato del Príncipe Don Carlos

El Greco 1541-1614

El entierro del Conde de Orgaz - 1586

Adoración de los Pastores

El quinto sello del Apocalipsis

El Greco

El Siglo de Oro

San Jerónimo en Cardenal

San Martín y el mendigo

Mater Dolorosa

J. de Valdés Leal
A. Pereda

Juan de VALDÉS LEAL 1522-1690
Finis gloriae mundi

Antonio PEREDA 1611-78
El sueño del gentilhombre - 1660

José Ribera 1591-1652

El martirio de San Bartolomé - 1630

El patizambo - 1642

La mujer barbuda de los Abruzos - 1631

Francisco de Zurbarán

1598-1664 | El Siglo de Oro

Cristo en la Cruz - 1627

Santa Casilda - 1650

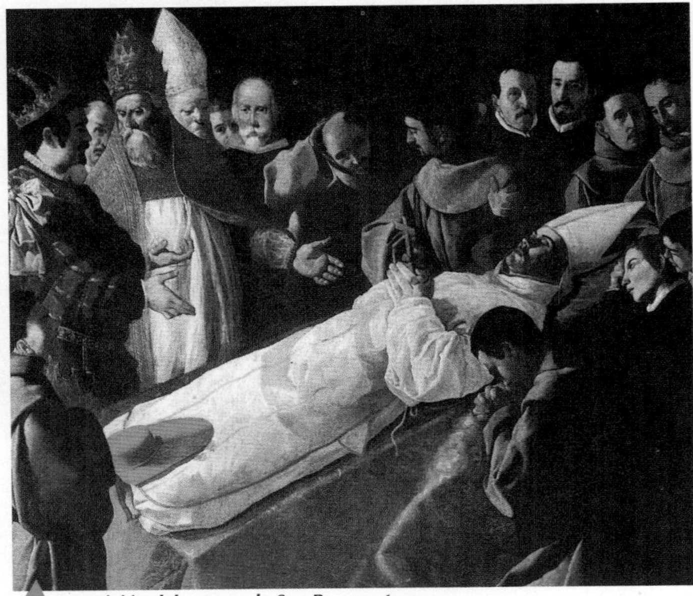

Exposición del cuerpo de San Bonaventura

Diego Velázquez

1599-1660

El Siglo de Oro

Las Meninas -1656-57

La Venus del espejo - 1644-48

El Príncipe Baltasar Carlos - 1634-35

Felipe IV - 1631-32

Rendición de Breda, más conocido como *Las Lanzas* - 1634-35

La fragua de Vulcano - 1630

El triunfo de Baco, más conocido como *Los Borrachos* - 1628-29

Bartolomé Esteban Murillo

1617-1682

Niños comiendo melón y uvas - 1645

Gallegas a la ventana

Un joven campesino a la ventana

Santo Tomás de Villanova niño mendigando

Inmaculada Concepción

La Inmaculada Concepción de Aranjuez

Francisco de Goya
1746-1828

Carga de los Mamelucos y de la Guardia Imperial
(El dos de mayo de 1808 en Madrid) - 1814

Fusilamientos de la Monloa
(El tres de mayo de 1808 en Madrid) - 1814

Francisco de Goya | El siglo de la Ilustración

La Maja vestida

La Maja desnuda

El coloso

Saturno devorando a uno de sus hijos

El entierro de la sardina - 1812-14

Dos viejos comiendo

Joaquín Sorolla
1863-1923

Paseo a la orilla del mar - 1909

Pablo Picasso 1881-1973

Guernica - 1937 - Centro Reina Sofía - MADRID

Las señoritas de Avignon - 1907

Dos mujeres corriendo por la playa - 1922

Gris, A. Tàpies

Juan GRIS 1887-1927
El violín - 1916

Antoni TAPIES † 1923
Arco azul - 1974

Alguien lanza una piedra a un pájaro - 1926

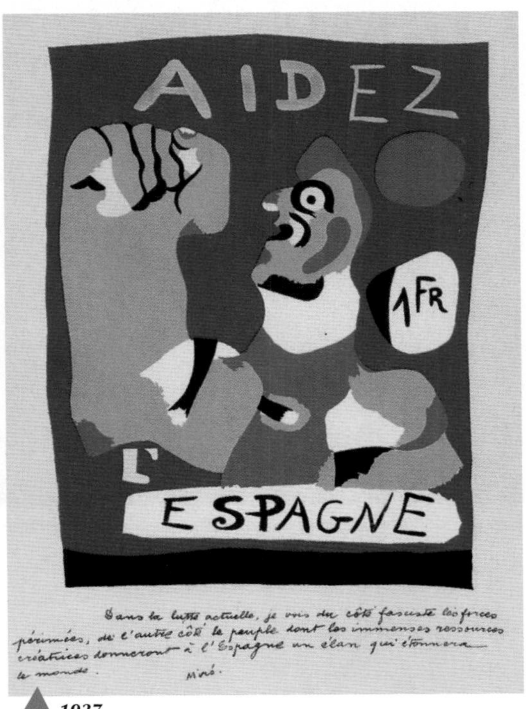

AIDEZ
1FR
L'
ESPAGNE
Dans la lutte actuelle, je vois du côté fasciste les forces
périmées, de l'autre côté le peuple dont les immenses ressources
créatrices donneront à l'Espagne un élan qui étonnera
le monde.
Miró.

1937

El bello pájaro que descifra lo desconocido a una pareja de enamorados - 1941

Premonición de la Guerra Civil - 1936

Salvador Dalí | El siglo XX

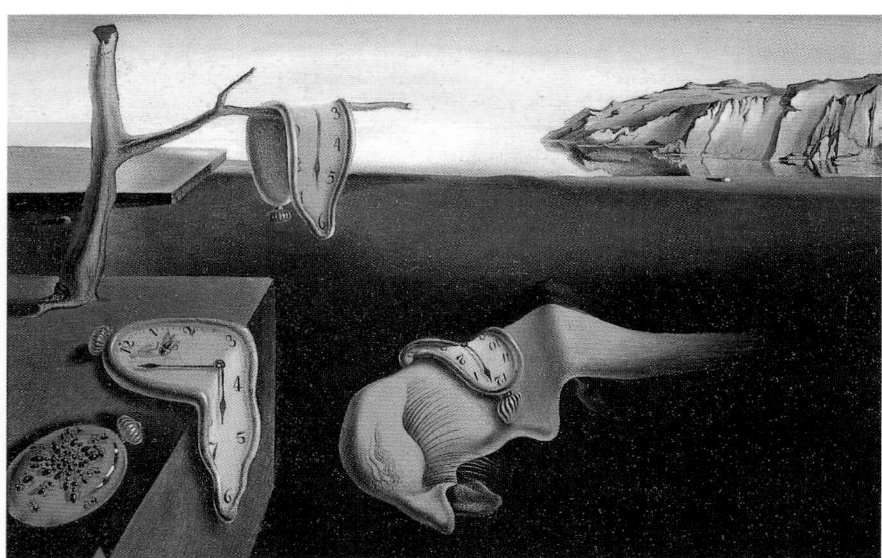

La persistencia de la memoria - 1931

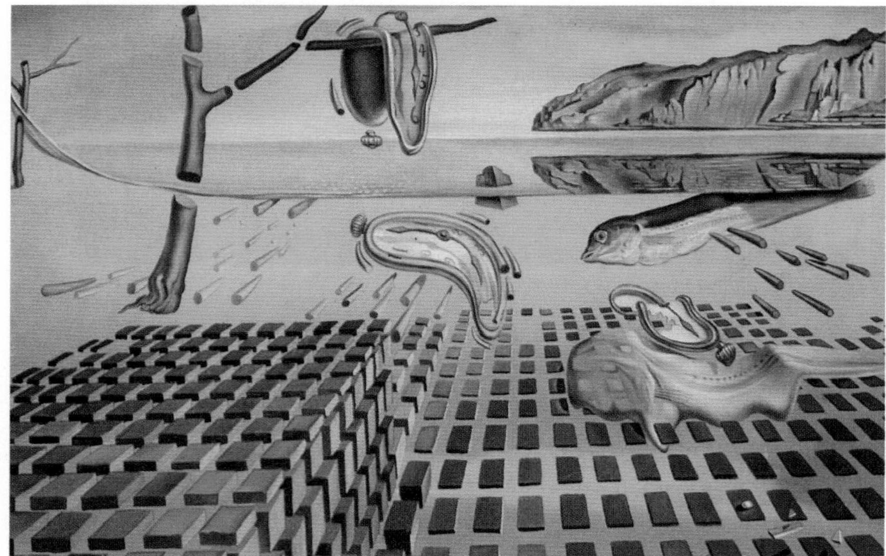

La desintegración de la persistencia de la memoria - 1952-54

Música y bailes

Música clásica

• **La guitarra es un símbolo de España**. De origen árabe, se encuentra en casi toda la música española.

Los intérpretes más famosos son Andrés **Segovia** (†1987), Narciso **Yepes** y A. **Lagoya.**

El *Concierto de Aranjuez* para guitarra (1939) de **Joaquín Rodrigo** (†1999) es la composición española más interpretada en el mundo.

Compositores famosos

Siglo XVIII

• Antonio de **Cabezón** «el Bach español», organista de Carlos V.

• El Padre Antonio **Soler** Sonatas para guitarra

Siglo XIX

Isaac **Albéniz**
beria (suite para piano)
Pepita Jiménez (ópera)

1867-1916 E. **Granados**
Las Goyescas (piano)

1876-1946 **Manuel de Falla**
Vivió en París y luego en Argentina. Es famoso por sus **ballets**:
El amor brujo,
El sombrero de tres picos.

La ópera

• **Unas voces importantes**
Montserrat Caballé (Soprano)
Plácido Domingo (Tenor)

• **La zarzuela** (siglo XVII) Típicamente española, es una obra teatral y musical breve que combina **diálogo, canción y baile.** Presentada por primera vez a Felipe IV en el Palacio de la Zarzuela, conoció un periodo de esplendor en el siglo XIX. Todavía es muy popular y las zarzuelas de Carlos **Arniches** (1943) tienen mucho éxito.

El pop (música pop)

• El cantante español más internacional es **Julio Iglesias**: ¡canta en español, en italiano, en portugués, en alemán, en francés y en inglés! Su hijo Enrique es tambien un cantante de gran éxito.

• Sobresale también **Miguel Bosé**.

• **Mecano fue el grupo de pop más famoso** de los años 80. Tuvo varios discos de platino. Su éxito «Hijo de la luna» fue cantado por Montserrat Caballé.

• **Una canción** famosísima en el mundo es la **Macarena** cantada primero por Los del Río.

Las cadenas de televisión han aprovechado el éxito del pop para crear artistas en programas como **Operación Triunfo** (concurso de telerrealidad musical emitido en TVE).

Bailes

El flamenco mezcla **baile, música y canto.** Nació del folclore árabe, judío y gitano típico de **Andalucía**.

Se llama **cante jondo** al canto gitano más puro. **El cantaor** canta sobre distintos temas, tristes o alegres. Se acompaña con castañuelas, la guitarra y los jipíos mientras los **bailaores** tocan las palmas, zapatean y taconean.

• El renacimiento del flamenco en el siglo XX

1922: primer concurso de Granada organizado por Manuel de Falla y García Lorca.

1957: el flamenco se enseñó por primera vez en la Universidad de Jerez de la Frontera

• Algunos artistas famosos

Antonio Chacón (creador de la malagueña), **Antonio Gades, Antonio Canales** (bailaores), **Enrique Torrente**, **El Habichuela, El Camarón de la Isla** (cantaores), **Paco de Lucía, Manitas de Plata** (guitarristas), **Lola Flores** (folclórica), **Joaquín Cortés**.

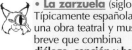

Unas danzas del folclore regional

• ***la muñeira*** *gallega, con música de gaitas, (cornemuses);*
• ***el aurresku*** *vasco, con chistularis y tamboriles*
• ***la jota*** *aragonesa con música de guitarras y bandurrias (mandolines)*
• ***la sardana*** *catalana*
• ***la sevillana*** *(Sevilla)*
• ***el bolero*** *y* ***el fandango***

Una breve cronología de

LA EDAD MEDIA (SIGLOS XII-XIV)

LA POESÍA ÉPICA (la epopeya)

Siglo XII	*El Poema del Mío Cid* (Anónimo). Primer texto en lengua vulgar que se haya conservado. **El Mester de juglaría**: epopeyas populares cantadas por los juglares.
	Milagros de Nuestra Señora
Siglo XIII	**Gonzalo de Berceo** Cultiva **el Mester de clerecía**, una poesía culta y moralizadora.

LA PROSA HISTÓRICA Y NARRATIVA

1221 - 1284	**Alfonso X el Sabio**, Rey de Castilla y León. Favoreció la colaboración entre mahometanos y judíos para traducir y compilar el saber de la antigüedad.
1348	Publicó *La Primera Crónica General* (primer monumento de la prosa española).
1282 - 1348	**Don Juan Manuel**, Infante, sobrino de Alfonso X el Sabio. *El Conde Lucanor*

LA POESÍA MORALIZADORA

† 1350	**Juan Ruiz**, Arcipreste de Hita.
1330	*El Libro de buen amor*

EL SIGLO XV

EL ROMANCERO

Conjunto de romances o sea poemas narrativos populares en versos de ocho sílabas con asonancia en los versos pares **cantados por los juglares**.

Anónimos, los romanceros fueron:
- históricos, inspirados por temas épicos de la Reconquista *(el Cid)*,
- carolingios *(Durandarte, Melisenda)*,
- y novelescos *(Lanzarote, Rosaflorida)*.

POESÍA

1398 - 1458	**El Marqués de Santillana** (Don Iñigo López de Mendoza) *Serranillas, Canciones y decires*
1411 - 1456	**Juan de Mena** *Laberinto de Fortuna*
1440 - 1479	**Jorge Manrique** *Coplas a la muerte de su padre (elegía)*

LA NOVELA CABALLERESCA

(libros de caballería)
El héroe, un caballero fiel a su dama, lucha por la justicia y defiende a los oprimidos.

1492 *Amadís de Gaula* (Anónimo)

EL TEATRO

1469 - 1529	**Juan del Encina**, «patriarca del teatro español»: autos, farsas, *Églogas*
1475 - 1541	**Fernando de Rojas**
1499	***La Celestina.*** Celestina es la mala mediadora que favorece el amor de Calisto y Melibea (tragicomedia).

EL SIGLO DE ORO

LA POESÍA LÍRICA

1501 - 1536	**Garcilaso de la Vega**, «príncipe de los poetas españoles», renacentista. *Églogas, Elegías, Sonetos, Canciones*
1527 - 1591	**Fray Luis de León**, místico, «el Horacio español». *La vida retirada, Noche serena*

LA NOVELA «PICARESCA»

1554 ***Lazarillo de Tormes*** (Anónimo)

El protagonista, Lázaro, un niño pobre sin ideales, cuenta sus aventuras con realismo y humor. Entregado a un ciego por sus padres, lucha para sobrevivir. El hambre lo obliga a mentir con astucia y a robar a sus varios amos. Da una visión satírica y desengañada de la sociedad de la época. **Esta primera novela «picaresca» fundó un género literario típicamente español.**

la Literatura | Siglos XII-XVII

LA NOVELA PASTORIL

1520 - 1561	**Jorge de Montemayor** *Los siete libros de Diana*

LA PROSA HISTÓRICA

1503 - 1575	**Diego Hurtado de Mendoza** *La guerra de Granada*

LA POESÍA ASCÉTICA Y MÍSTICA

1515 - 1582	**Santa Teresa de Ávila** (carmelita). *Las Moradas, El libro de su vida*
1542 - 1591	**San Juan de la Cruz** (carmelita) *Noche oscura del alma, Llama de amor viva*

1547 - 1616	**Miguel de CERVANTES Saavedra**, «genio universal». Una pastoral: *La Galatea*
	Novelas:
1613	• *Las Novelas ejemplares (12)* realistas y picarescas: *Rinconete y Cortadillo, El coloquio de los perros, El licenciado Vidriera...*
1605-1615	• ***El ingenioso hidalgo don Quijote de la Mancha***
1616	*Los trabajos de Persiles y Segismunda*
	Teatro (comedias y entremeses): *La casa de los celos, El juez de los divorcios,*
	Poesía: *Viaje al Parnaso*

LA NOVELA PICARESCA MORALIZANTE

1547 - 1614	**Mateo Alemán** usó por primera vez la palabra «pícaro».
1599	*Vida del pícaro Guzmán de Alfarache*

LA POESÍA CULTERANA

El Culteranismo es un estilo poético erudito (empleo de latinismos, metáforas oscuras).

1561 - 1627	**Luis de Góngora**, «El Angel de las tinieblas». *Romances, Letrillas, La fábula de Polifemo y Galatea, Las Soledades*

LA PROSA BURLESCA Y MORALISTA

El Conceptismo es un estilo amanerado que multiplica las asociaciones originales de conceptos y los juegos de palabras. Se opone al Culteranismo.

1580 - 1645	**Francisco de Quevedo Villegas,** el más grande escritor conceptista.
1626	*Historia de la vida del Buscón (novela picaresca); Los Sueños*
1601 - 1658	**Baltasar Gracián** *El Héroe, El Discreto, El Criticón*

LA COMEDIA

En tres actos, está escrita en verso. No hay unidad de lugar ni de tiempo. Lo trágico puede mezclarse con lo cómico. El gracioso es el personaje típico.

1562 - 1635	**Lope de Vega,** el «Fénix de los Ingenios». Escribió más de 1.500 comedias (de capa y espada, de amor y honor), 400 autos sacramentales, poemas épicos, sonetos ... ***Fuenteovejuna;*** *El mejor alcalde, el Rey;* ***Peribáñez***
1569 -1631	**Guillén de Castro** *Las Mocedades del Cid* (obra imitada por Corneille)
1538 - 1648	**Tirso de Molina** 300 comedias:
1630	***El burlador de Sevilla*** (Don Juan) ***y convidado de piedra***
1581 - 1639	**Juan Ruiz de Alarcón** 20 comedias: *La verdad sospechosa* (imitada por Corneille en «Le menteur»)

EL TEATRO BARROCO

1600 - 1681	**Calderón de La Barca**
1631	• ***La vida es sueño*** (con el héroe **Segismundo**) • *El alcalde de Zalamea* (con el héroe **Pedro Crespo**) • 120 comedias, 80 autos sacramentales

Las Figuras máximas de

El Cid Campeador

"Héroe de la Reconquista"

Un personaje histórico: Rodrigo Díaz de Vivar (1043-1099)

Nació en Vivar, un pueblo cercano a Burgos.

En 1067, el Rey de Castilla, Sancho II, hizo de Rodrigo el jefe de sus tropas para luchar contra sus hermanos don Alfonso, Rey de Léon, y don García, Rey de Galicia. Se sucedieron las victorias del valiente Rodrigo.

Sin embargo Sancho II fue asesinado. Rodrigo obligó al nuevo Rey Alfonso a jurar ante Dios no haber tomado parte en ese asesinato. Entonces se convirtió en un servidor leal de **Alfonso VI**. Pero éste **expulsó a Rodrigo de Castilla** en la primera ocasión.

Con unos compañeros Rodrigo llevó una vida errante poniéndose al **servicio de monarcas sea cristianos sea musulmanes**. Entonces recibió Rodrigo los nombres de **Cid** (de *sidi*: señor en árabe) y de **Campeador** (en romance, porque venía del campo castellano).

Maravillado por las hazañas del Cid y al mismo tiempo envidioso de la gloria de este guerrero sin par, **Alfonso VI lo indultó pero luego lo volvió a expulsar**.

El Cid emprendió entonces la conquista del Reino de Valencia contra los árabes. Una vez más victorioso, se proclamó **Rey de Valencia** y gobernó la ciudad durante cinco años. Cuando murió su mujer **doña Jimena** gobernó tres años más. Pero tuvo que abandonar por fin la ciudad a los árabes en 1102.

"La epopeya literaria" del Cid (siglo XII - ...)

Gran soldado mercenario, valeroso, fiel y generoso, el Cid se convirtió en **el héroe del pueblo castellano**.

Su figura queda reflejada en muchísimas obras: ***El Poema o Cantar del Mío Cid*** (1140), varias crónicas, ***El Romancero del Cid***, ***Las Mocedades del Cid***, y diversas comedias.

En Francia **Corneille** lo hizo héroe de una tragedia donde encarna el sentido del valor, del honor, de la lealtad y del deber, cualidades consideradas como profundamente españolas.

La Celestina (1499)

Es la figura central de la **Tragicomedia de Calisto y Melibea**, novela dialogada **de Fernando Rojas** que alcanzó un éxito enorme en toda la Europa del siglo XVI.

La Celestina es el arquetipo de la mediadora en amores ilícitos. Es una vieja avara, de vil condición, maestra en el arte de seducir a los mozos inexpertos y a las vírgenes inocentes para corromperlos. Vive de sus intrigas diabólicas.

Hoy día todavía se llaman celestinas a las alcahuetas.

Don Juan (1630)

El personaje de Don Juan fue creado por primera vez por **Tirso de Molina** en su obra de teatro ***El burlador de Sevilla y convidado de piedra***.

Don Juan Tenorio es un mozo noble y rico que sólo piensa en divertirse. Es un faldero **obsesionado por las mujeres. Libertino, seductor sin moral, se burla de ellas** sin escrúpulos. Mata al padre de una de sus víctimas, el Comendador. Luego desafía a su estatua, invitándola a cenar. Pero el "convidado de piedra" llama a su puerta por la noche y le quita la vida dándole la mano.

Unos treinta años después del libro, **don Miguel de Mañara** se volvió famoso poniendo en práctica, en la vida real, el arte de seducir del personaje.

Se enriqueció **la leyenda donjuanesca** y se multiplicaron **los donjuanes** en adaptaciones tan famosas como las de **Molière, el Duque de Rivas, Zorrilla, Mérimée, Mozart**, etc.

la Literatura

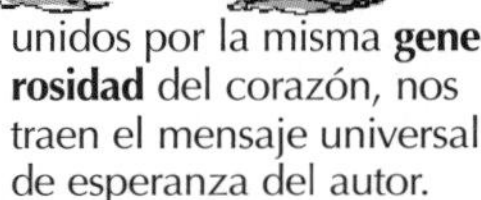

Miguel de Cervantes de Saavedra

(1547-1616)

Generoso hombre de acción, llevó sin embargo una vida extraordinaria de desgracia.

Nació en Alcalá de Henares en una familia noble pero pobre. A los veintidós años se expatrió a **Italia** a causa de una disputa. **En 1571,** alistado como soldado, **perdió la mano izquierda,** en la batalla de **Lepanto.**

Durante su regreso a España fue hecho cautivo por piratas turcos. Permaneció **cautivo en Argel cinco años**. Sus proyectos de evasión fracasaron, pero gracias al rescate enviado por su madre, pudo regresar a su país.

Se enamoró de Ana Franca que le dio una hija. Pero aquella aventura sentimental fracasó. Se casó sin amor con Catalina Salazar.

Escribió entonces **comedias** para el teatro. Tuvieron un corto éxito pero no le daban para comer.

Se hizo funcionario: comisario de víveres de la Armada Invencible y recaudador de las deudas de los moros para el Estado. Fue acusado injustamente de desviación de fondos públicos. Estuvo **encarcelado** varias veces. Pero nunca se dejó llevar por la desesperación o la amargura.

A los 56 años, en la cárcel, empezó la primera parte de su obra maestra el Quijote, publicada en 1605.
La segunda parte fue acabada en 1615.

Murió en 1616, el mismo día que Shakespeare.

Don Quijote

Esta parodia de las novelas caballerescas cuenta la vida de **un hidalgo viejo y oscuro que se ha vuelto loco por haber leído demasiados libros de caballería**. Se llama don Alonso Quijano pero toma por nombre **Don Quijote de la Mancha**. Verdadera obsesión, la caballería condiciona todos sus actos. Idealista y apasionado de justicia, **se marcha un día para defender a la viuda y al huerfano y así merecer el amor de su dama, Dulcinea del Toboso**. Montado en Rocinante, un caballo cojo, lleva una lanza herrumbrosa y una bacía en lugar de casco. Persuade a su vecino, un campesino ignorante llamado **Sancho Panza**, que le acompañe como escudero, prometiéndole maravillosas aventuras y el gobierno de una isla.

Su imaginación enferma transforma los molinos de viento en gigantes monstruosos, los cerdos y ovejas en enemigos, las mujeres «de malas costumbres» en damas en peligro. Pero, agotado, regresa a su casa. Recobra el juicio poco antes de morir.

El «Don Quijote» es un reflejo del alma de España en la época de Felipe II. **Don Quijote, el hidalgo anacrónico y Sancho Panza, el campesino que encarna el pueblo y sus sueños de un nuevo mundo**, son también las dos caras de Cervantes. Compañeros unidos por la misma **generosidad** del corazón, nos traen el mensaje universal de esperanza del autor.

- **Don Quijote**
  Alto y delgado
  Caballero valeroso
  Vida del espíritu ideal
  Locura extraña
  Sueña la realidad
  Al fin: lucidez
- **Sancho Panza**
  Bajo y gordo
  Escudero (en un borrico)
  Cobarde
  Vida del estómago ("panza")
  Sentido común
  Realiza su sueño
  Al fin: la ilusión permanece
- **Dulcinea** es un personaje central de la obra aunque **sólo es un nombre**. Su recuerdo se convierte en una visión de **la mujer ideal** cuyo nombre encierra todas las cualidades físicas y morales deseadas.

Enriquecimientos de la lengua común

- "Estoy pensando en mi **Dulcinea**".
- **El quijotismo** es una actitud general desinteresada muy alta y noble.
- **Una quijotada** es una empresa quijotesca, una arrogancia ridícula que hace reír.
- **Un quijote** es un ser demasiado idealista.

Una breve cronología de

EL SIGLO XVIII (La Ilustración)

LA PROSA

1744 - 1810	**Gaspar Melchor de Jovellanos** *Informe sobre la ley agraria, Plan general de Instrucción pública*
1741 - 1782	**José Cadalso.** Las *Cartas marruecas,* inspiradas en las «Lettres Persanes», Montesquieu

EL TEATRO

1760 - 1828	**L. Fernández de Moratín** *El sí de las niñas*
1731 - 1794	**Ramón de la Cruz.** Sainetes (obras breves cómicas) sobre las costumbres madrileñas

EL SIGLO XIX

LA POESÍA ROMÁNTICA

1808 - 1842	**José Espronceda** *La canción del pirata,*
1840	*El estudiante de Salamanca*
1836 - 1870	**Gustavo Adolfo Bécquer** *Rimas, Leyendas*

LA PROSA COSTUMBRISTA

El costumbrismo es una forma de realismo que describe las costumbres sociales.

1833 - 1891 *1874*	**Pedro Antonio de Alarcón** *El Sombrero de tres picos*

LA PROSA REALISTA

1824 - 1905	**Juan Valera.** *Pepita Jiménez*
1843 - 1920 *1876*	**Benito Pérez Galdós** *Doña Perfecta* *Fortunata y Jacinta*
1852 - 1901 *1884*	**Clarín,** seudónimo de L. Alas, *La Regenta* (comparada con «Madame Bovary», Flaubert)
1867 - 1928 *1904*	**Vicente Blasco Ibáñez** *Sangre y arena, Los cuatro jinetes del Apocalipsis*

EL TEATRO ROMÁNTICO

1791 - 1865 *1835*	**Duque de Rivas** (A. Saavedra) *Don Alvaro o la fuerza del sino*
1817 - 1893 *1844*	**José Zorrilla** *Don Juan Tenorio*
1832 - 1916	**José Echegaray, P. NÓBEL (1904)** *El gran Galeoto,* *Mancha que limpia*

LA GENERACIÓN DEL 98

Conjunto de escritores que meditaron sobre **la decadencia de España** (marcada por la pérdida de las últimas colonias en 1898) buscando remedios en sus raíces.

POESÍA

1875 - 1939 *1912*	**Antonio Machado** *Campos de Castilla,* *Soledades, Nuevas canciones*

TEATRO

1866 - 1936	**Ramón María del Valle-Inclán** *Comedias bárbaras* *Luces de bohemia*

ENSAYO Y NOVELA

1864 - 1936 *1895* *1913*	**Miguel de Unamuno** *En torno al casticismo* *El sentimiento trágico de la vida, La agonía del Cristianismo, España y Europa: la razón y el progreso*
1873 - 1967	**Azorín,** (José Martínez Ruiz) *La ruta de Don Quijote, Castilla*
1872 - 1956	**Pío Baroja.** *Tierra vasca, Memorias de un hombre de acción*

EL SIGLO XX

LA POESÍA

1881-1958	**Juan Ramón Jiménez, P. NÓBEL (1956)**
1914	***Platero y yo*** (elegía autobiográfica en prosa)
1891-1963 *1917*	**Ramón Gómez de la Serna** *Greguerías*

la Literatura

- **EL GRUPO POETICO DE 1927**

"El arte por el arte", surrealismo humanizado.

1898 - 1936	**Federico García Lorca,** Fusilado por los franquistas.
1928, 1931	*Romancero gitano*
	Poema del cante Jondo
	Poeta en Nueva York
1930	<u>*Teatro*</u>*: La zapatera prodigiosa*
	Bodas de sangre, Yerma
1936	*La casa de Bernarda Alba*
1898 - 1984	**Vicente Aleixandre, P.N. 1977**
1944	*Sombra del Paraíso*

G. Diego († 1896)
D. Alonso († 1990)
L. Cernuda († 1963)
Jorge Guillén († 1984)
P. Salinas († 1951)
M. Hernández († 1942)
Rafael Alberti *Sobre los ángeles*

- **EL GRUPO SOCIAL de los años 50**

Gabriel Celaya († 1991) *Cantos íberos*
José A. Goytisolo
Blas de Otero (†1979) *Pido la paz y la palabra*
R. Morales, J. Hierro ...

- **Los años 60-70**

J. Gil de Biedma,
L. Alberto de Cuenca ...

EL TEATRO

1866-1954	**Jacinto Benavente, P.N.1922** *La malquerida, Lo cursi*
1900-1966	**Alejandro Casona,**
1944	*La dama del alba*
1871/3-38/44	**Serafín y Joaquín A. Quintero**

- **Buero Vallejo**, *Historia de una escalera (1949)*
- **A. Sastre,** *Escuadra hacia la muerte (1953)*
- **Fernando Arrabal**, *Los dos verdugos (1956)*

LA FILOSOFÍA

1883 - 1955	**José Ortega y Gasset**
	Meditaciones sobre el Quijote
1921	*España invertebrada*
	La rebelión de las masas

LAS NOVELAS

1897 - 1958	**Arturo Barea**
1951	*La forja de un rebelde*
1903 - 1972	**Max Aub**
	Campo de sangre

- **Camilo José Cela, PREMIO NÓBEL 1989** *La vida de Pascual Duarte, La Colmena*
- **J. M. Gironella** *Los cipreses creen en Dios* (1953)
- **Carmen Laforet** *Nada (1944)*
- **Juan Goytisolo** *Juegos de manos, Señas de identidad*
- **Ramón J. Sender,** *Requiem por un campesino español (1960)*
- **Miguel Delibes,** *Cinco horas con Mario (1966)*
- **Ana María Matute**, *Los Abel (1947), Olvidado Rey Gudú (1996).* Recibió el PREMIO PLANETA. **Desde 1996 es la única mujer miembro de la Real Academia.**
- **R. Sánchez Ferlosio**, *El Jarama (1955)*
- **Carmen Martín Gaite**, *Entre visillos (1957)*
- **J. Fernandez Santos**, *Los bravos (1954)*
- **L. Martín Santos**, *Tiempo de silencio* (1962)
- **G. Torrente Ballester**, *La rosa de los vientos,* PREMIO CERVANTES en 1985.
- **Manuel Vázquez Montalbán**, creador del detective Pepe Carvalho. *Galindez (1990).*
- **Juan Benet**, *Volverás a Región*
- **Eduardo Mendoza** *La ciudad de los prodigios (1986)* (sobre Barcelona)

Rosa Chacel, Francisco Alaya, Juan Marsé, Antonio Muñoz Molina ...

Premios literarios españoles

- ***Planeta*** *(desde 1952): 50 millones (pesetas).*
- ***Cervantes*** *(1975): galardona toda la obra del autor.*
- ***Premio Príncipe de Asturias de Literatura*** *(1981).*

Arte y Arquitectura

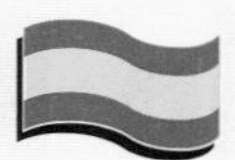

La prehistoria y la antigüedad

El arte prehistórico

Las pinturas rupestres paleolíticas de **la Cueva de Altamira (1)** (Cantabria) datan de 13.000 a.C.

El arte ibérico

La estatua de **la Dama de Elche (2)** muestra la influencia del arte griego.

El arte romano

El acueducto romano de **Segovia (3)**, el teatro de **Mérida**, las murallas de **Lugo**, puentes, arcos de triunfo…

El arte visigodo

La iglesia visigótica de **San Juan los Baños** en Palencia.

La Edad Media

El arte musulmán

(siglos VIII-XV)

Se caracteriza por sus arcos de herradura y una decoración muy refinada.

- Fortalezas: **el Alcázar** y la torre del Oro de Sevilla (siglo XIII), **la Alhambra (4)** de Granada (siglo XIV).
- Mezquitas: la más grande en Córdoba **(5)**, **la Giralda** de Sevilla (antiguo alminar del siglo XII) **(6)**.

El arte cristiano

El arte románico (s. XI-XIII): iglesias y monasterios con muros gruesos, pequeñas ventanas y arcos de medio punto. Se destaca la catedral de **Santiago de Compostela** (Fachada de platerías).

El arte gótico (s. XIII-XVI): catedrales inmensas con vidrieras (León) y arcos ojivales (Toledo, Barcelona). **La catedral de Burgos (8)** es la obra cumbre. El final del arte gótico se llamó **plateresco** por su rica decoración que recordaba el trabajo de los plateros (Catedral y Universidad de Salamanca).

7- SANTIAGO - La Catedral Fachada del Obradoiro

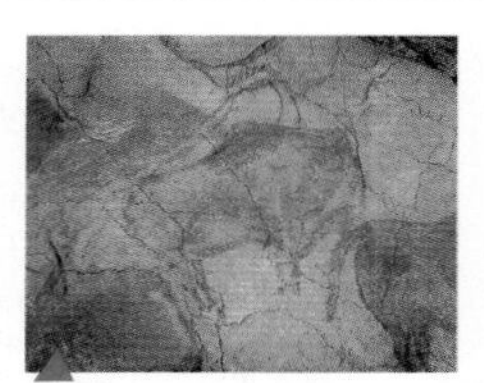

1- SANTANDER - La Cueva de Altamira

3- SEGOVIA - El acueducto

Las artes mudéjar y mozárabe

El arte mudéjar (la Puerta del Sol de Toledo **(9)** y el arte mozárabe (en iglesias y monasterios) **mezclan lo románico y lo gótico con rasgos árabes** (ladrillo, azulejos, flores y figuras geométricas decorativas).

El Siglo de Oro

El clasicismo sobrio

del renacimiento se caracteriza por su austeridad en **El Escorial**, palacio, monasterio y panteón real construido por Felipe II.

El estilo herreriano

(siglo **XVI**) del arquitecto Juan de **Herrera** es muy austero también (fachadas colosales y desnudas dibujadas con líneas rectas).

SANTANDER

SANTIAGO DE COMPOSTELA

BURGOS

SEGOVIA

SALAMANCA

TOLEDO

5- CÓRDOBA - La Mezquita

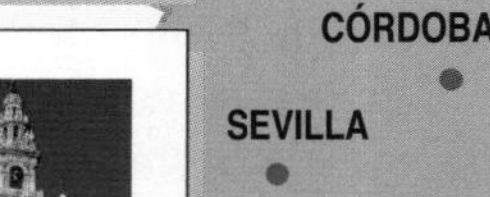

6- SEVILLA - La Giralda

SEVILLA - El puente de la Barqueta

El arte barroco o estilo churrigueresco según el nombre del arquitecto José **Churriguera** (siglo **XVII**), al contrario, multiplica las curvas y las decoraciones muy elaboradas: Plaza Mayor de Salamanca, **fachada del Obradoiro** en la catedral de **Santiago de Compostela**.

8- BURGOS - La Catedral

Los siglos XVII y XIX

El arte neoclásico

La vuelta a las formas griegas y romanas se ve en **el museo del Prado** y en **el Palacio Real de Madrid** que imita al Palacio de Versalles. En el centro de la ciudad está la fuente muy famosa que dio su nombre a la **Plaza de la Cibeles (10)**.

El siglo XX

El modernismo *(art déco)*

Su maestro es el arquitecto catalán **Antonio Gaudí** (1852-1926). Sus creaciones parecen sacadas de cuentos fantásticos. La mayoría de sus obras está en Barcelona y fue declarada monumento nacional. La más famosa es la iglesia **La Sagrada Familia (11)** que todavía no se ha acabado.

El funcionalismo y postmodernismo

Se opone al modernismo. Es un arte más racionalista, recto, de acero y vidrio. Hoy día **Ricardo Bofill** ha adquirido una fama internacional: en Francia realizó el Barrio Antigone de Montpellier.

BARCELONA

ELCHE

GRANADA

10- MADRID - La Cibeles

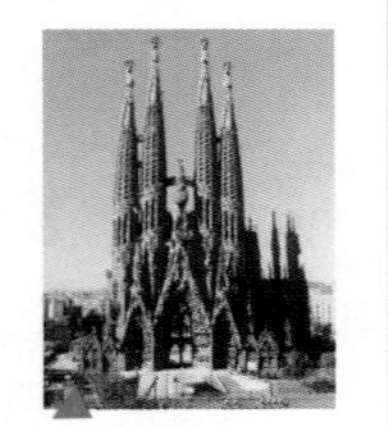
11- BARCELONA - La Sagrada Familia

2- ELCHE - La Dama de Elche

9- TOLEDO - La Puerta del Sol

4- GRANADA - La Alhambra

MAPA TURÍSTICO

1- SANTANDER
La Cueva de Altamira

2- ELCHE
La Dama de Elche

3- SEGOVIA
El Acueducto

4- GRANADA
La Alhambra

5- CÓRDOBA
La Mezquita

6- SEVILLA
La Giralda

7- SANTIAGO
La Catedral

8- BURGOS
La Catedral

9- TOLEDO
La Puerta del Sol

10- MADRID
La Cibeles

11- BARCELONA
La Sagrada Familia

El Cine

El cine apareció en España en 1896. En los años 1910 fueron realizadas las primeras películas.

• **La censura** impuesta por Franco (suprimida en 1977) fue dura en materia de sexo, religión y política. El cine fue convertido en **un medio de propaganda patriótica**.

• Ahora se produce como en Francia una **invasión de películas norteamericanas**.

• El cine es una distracción muy popular en España. Pero las instalaciones de las salas datan de los años 1980. El cine más grande de España abrió en Madrid en 1997 (UGC Ciné Cité).

Festivales y premios

• **El Festival Internacional de San Sebastián**, creado en **1953**, es el más destacado del país. Tiene lugar cada año en septiembre. El premio principal es una concha de oro.

• El festival del cinema del Mediterráneo, la **«Mostra de Valencia»,** comenzó en 1979.

•La semana internacional del cine de **Valladolid** tiene lugar en octubre.

• **Hace poco fue fundado el premio** Goya (= *oscar)*. Mejor película 1996 : *Nadie hablará de nosotras cuando hayamos muerto* con la mejor actriz, Victoria Abril. Mejor realizador: Alex de la Iglesia con su película *El día de la bestia*. Mejor actor: Javier Bardem.

Realizadores

• **Luis BUÑUEL** (1900-1983)

En 1925 se fue a París y se hundió en el movimiento **surrealista**. Sus dos primeras películas tuvieron un éxito de escándalo. Durante la Guerra Civil se exiló en los Estados Unidos y luego en Méjico. Entonces fueron años de silencio. Sólo en 1950 prosiguió su obra rodando sus películas en **Méjico, París y Madrid**.

1928 ***El perro andaluz*** (París, con la colaboración de Dalí)
1950 ***Los olvidados*** (Méjico)
1961 *Viridiana* (prohibida por Franco)
1962 *El ángel exterminador* (Méjico)
1977 ***Ese oscuro objeto del deseo***
1975 ***Cría cuervos***
1979 ***Mamá cumple cien años***
1991 *Ay Carmela* (sobre la Guerra Civil)

• **Luis García BERLANGA** (nacido en 1921)

1952 ¡Bienvenido, Míster Marshall!
1964 El verdugo

• **Juan Antonio BARDEM** (nacido en 1922)

1955 Muerte de un ciclista
1956 Calle Mayor

• **Carlos SAURA** (nacido en 1932)

Desafiando la censura de Franco rodó todas sus películas en España. Se hizo famoso en Francia con sus adaptaciones en forma de **ballet** de las obras de García Lorca con la colaboración del bailarín **Antonio Gades**.

1965 *La Caza*
1972 *Ana y los lobos*
1975 ***Cría cuervos***
1979 ***Mamá cumple cien años***
1991 *Ay Carmela* (sobre la Guerra Civil)

Musicales

1983 *Carmen*
1981 *Bodas de sangre* (F. G. Lorca)
1991 *El amor brujo* (Manuel de Falla)

• **Pedro ALMODÓVAR** (nacido en 1950)

Sus películas son el mejor reflejo de la "movida madrileña" y de la transición democrática en España. Es el cineasta español más popular en Francia.

1980 *Pepi, Luci, Bom y otras chicas del montón*
1982 *Laberinto de pasiones*
1986 *Matador; La ley del deseo*
1988 ***Mujeres al borde de un ataque de nervios***
1989 *¡Átame!*
1991 ***Tacones lejanos***
1997 *Carne trémula*

Se destacó también estos últimos años la cineasta **Pilar Miró** (✝ 1998). Recibió el Goya 1997 por su película: *El Perro del Hortelano.*

Actrices y actores famosos

Fernando **Rey,** Carmen Maura, Ángela Molina, Victoria **Abril**, Javier **Bardem**, Antonio **Banderas**.

La prensa

A pesar de la censura franquista, los periódicos comenzaron a desempeñar un papel en la vida de los españoles a finales de los años 60. Desde 1975, los diarios y las revistas semanales se han multiplicado**.** En los últimos años se ha desarrollado la prensa económica (diarios, semanarios y sobre todo suplementos).

Los periódicos

Existen más de **150 diarios**. Pero tienen una escasa difusión: sólo el 25% de los españoles suelen leer un diario.

Madrid

- ***El País* es el primer diario de información general.** Ejemplares por día en la semana (hasta un millón el domingo): 450.000
- *El Mundo* 300.000
- *ABC* 280.000

Barcelona

- ***La Vanguardia***: 200.000

Galicia

- ***La voz de Galicia***

Valencia

- ***Las Provincias***

Los diarios deportivos

tienen mucho éxito:

- ***Marca*** 330.000
- ***As*** 150.000

Las revistas semanales

- Revistas serias: ***Cambio 16*** ***Tiempo***
- Revistas del corazón: ***Hola*** ***Pronto***

La televisión

- Hay 2 canales que pertenecen al Estado:

- TVE - 1
17 millones de televidentes
- La 2
6 millones de televidentes

Algunas comunidades autónomas tienen sus propios canales y programas en las lenguas regionales. En resumen existen 16 canales públicos.

- Desde los años **1990** España tiene también 3 canales privados:

- Antena 3 TV
14 millones de televidentes
- Tele 5
11 millones de televidentes
- Canal Plus
2 millones de televidentes

En 1992, fue lanzado el primer satélite español: HISPASAT. Permitió a **RETEVISIÓN**, la empresa de televisión española, proponer 5 canales nacionales y 2 canales que pueden ser recibidos por el continente americano.

La radio

Se desarrolló en los años 1980 y desempeña hoy día ***un papel social mucho más importante que en los otros países europeos****. Su audiencia alcanza los 17 millones de radioyentes. Existen más de 12 radios públicas y más de 350 radios independientes. Las emisoras locales o municipales tienen mucho éxito.*

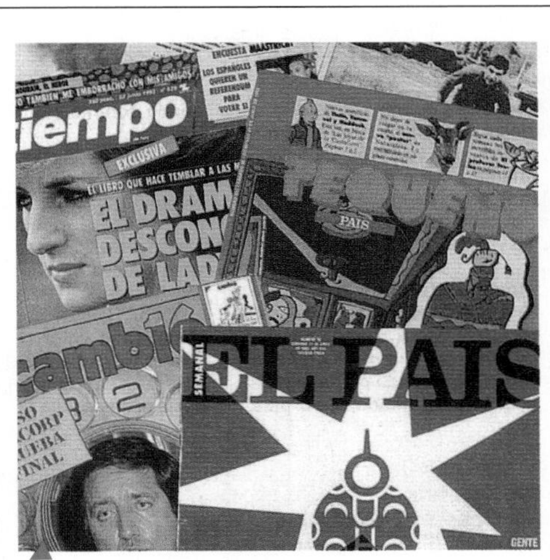

Diarios y revistas

La Gastronomía

Costumbres españolas

- Se toma el **café con leche** y el **chocolate con churros**.
- La comida de mediodía es la más importante del día. **La tortilla de patatas** es el plato familiar español más popular.
- Se cocina con **aceite de oliva** y se usa mucho el **ajo**.

- Tapear es una tradición que data del siglo XIII cuando el Rey Alfonso X el Sabio prohibió despachar vino en los mesones si no iba acompañado por alguna porción de comida. Por eso las tapas son **pequeñas raciones de comida que se comen de pie en los bares.**

Existen tres clases de tapas:
- aceitunas, almendras, jamón etc.
- las tapas a la plancha: gambas, verduras etc.
- las tapas de cocina: tortilla de patatas, ensaladilla rusa, pulpo, calamares fritos, pimientos rellenos, boquerones etc.

Dulces

- **Los turrones de Alicante y Jijona**, están hechos con almendras, azúcar y miel. Se ofrecen turrones para las fiestas de Navidad.
- Los polvorones andaluces de Navidad (*sablés*); los sobaos (*brioches*) y la quesada (queso con miel) de **Cantabria**; los mazapanes de Toledo; la bizcocha de la Mancha; la ensaimada de Mallorca…

Quesos (unos 50 tipos)

- el cabrales asturiano
- **el queso manchego**
- **quesucos cantábricos**
- el tupi catalán

Vinos

- el jerez: dulce o seco (manzanilla), fino, oloroso.
- el montilla-moriles (Córdoba)
- el málaga
- **el rioja**
- **el valdepeñas**
- **el Ribera del Duero**: **el Vega Sicilia** (Valladolid) es el más prestigioso
- el penedés y el priorato
- el cava (*champanisé*)
- vinos de Jumilla
- vinos de El Ribeiro

Otras bebidas

- **la sidra** (Asturias, Galicia y País Vasco)
- la sangría mezcla de vino y frutas, no muy alcoholizada.
- **la horchata** (Valencia) bebida blanca de chufas (*assez proche de l'orgeat*) muy refrescante.

- **Canarias**

La salsa picante **mojo picón** es su especialidad.

- **Galicia**

El pote o caldo gallego equivale al cocido castellano: es una olla (*pot-au-feu*) de patatas, alubias (judías), berza (col), chorizo y chuletas de cerdo. **El lacón** (*jambonneau*) **con grelos** (*feuilles de navet*), patatas y chorizo es un guiso típico de carnaval. Hay también **la merluza a la gallega** y varias especies de **mariscos** (pulpo, langostas, vieiras, percebes y almejas).

Océano Atlántico
Sidra
Vinos de El Ribeiro
León
El Vega Sicilia
Valladolid
Salamanca
Tipos de platos
en salsa
en chilindrón
con arroces
asados
fritos
Badajoz
Vinos de Valdepeñas
Córdoba
Sevilla
Cádiz
Vinos de Jerez de la Frontera
Manzanilla

Las 5 regiones gastronómicas de España

Platos regionales

• **Cantabria**

Es una región famosa por sus quesos y sus dulces.

• **Asturia**

El plato asturiano es **la fabada** (*cassoulet*), guiso de habichuelas («fabes») con morcilla, chorizo y tocino de cerdo.

• **País Vasco**

Se suele comer platos de pescado como **el bacalao a la vizcaína**, el bacalao **al pil-pil**, **las «angulas»** (*les civelles*), el besugo y los chipirones (*calamares*) en salsa.

• **Aragón**

Se encuentra una rica variedad de **migas, trocitos de pan fritos** que se comen con torreznos (*lardons*) y uvas.

La salsa típica para preparar las carnes es el **chilindrón** a base de pimiento, tomate y cebollas.

El jamón serrano de Teruel rivaliza con el de Jabugo.

• **Cataluña**

La escudella es la olla catalana, a base de **butifarra** (*saucisse*), carne de vaca, cerdo, patatas, judías, pimiento.
Se comen a gusto **pan con tomate** (aceite y sal) y **habas estofadas**.
Mucho platos se cocinan con el **alioli**, una salsa de origen romano.

Dos especialdades

- **la zarzuela de pescados** (*ragoût*) con una salsa picante y la langosta a la catalana
- **los fideos a la cazuela** (Barcelona)

• **Baleares**

Las sopas mallorquinas, **la sobrasada** (*saucisson*), la tortilla de sardinas y la langosta a la ibicenca son muy apreciadas.
La mahonesa de Mahón es de fama internacional.

• **Levante**

La paella de Valencia se ha vuelto un plato nacional.
El arroz amarilleado por **el azafrán** se mezcla con habichuelas, pescado, mariscos (mejillones, gambas) y carne de pollo o de cerdo.
El caldero de pescado y arroz es típico de **Murcia**.

• **Centro**

El cocido castellano es una olla a base de carne de vaca, tocino, chorizo, garbanzos y varias verduras.

Lo famoso

- **los corderos y los cochinillos asados** o tostones (Segovia)
- los callos a la madrileña
- la sopa de ajo

• **Andalucía**

El gazpacho es una sopa fría de verdura (tomate, pimiento y pepino).
Se comen boquerones y pescadillas en las costas.

Lo famoso

- el rabo de toro (Córdoba)
- **el jamón de Jabugo** (Huelva)
- las habas a la granadina y la tortilla de Sacromonte (Granada)

La Corrida

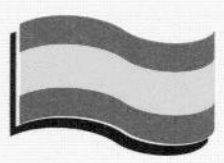

Las corridas ya existían en la Edad Media. En el siglo XIX, se fundaron las primeras escuelas para toreros. Ahora hay corridas todos los domingos de marzo a octubre y en la mayoría de las fiestas españolas. Hay así unas 500 corridas y unos 55 millones de espectadores al año.

Una corrida dura **dos horas** y se compone de **seis lidias. Hay tres matadores**. Cada matador se enfrenta con dos toros durante veinte minutos para cada uno. **Los 6 toros** tienen 4 a 6 años de edad. Son miopes pero tienen que ser móviles, resistentes y valerosos.

La corrida tiene lugar en **la plaza de toros**. Empieza por **el paseo** de los matadores con sus cuadrillas.

Las diferentes fases del enfrentamiento

Primero el matador estudia al toro haciendo pases (verónicas ...) con el capote de color rosa y oro. El animal se revela entonces bravo (brioso) o al contrario muy manso.

Siguen luego tres partes (o suertes o tercios).

Una verónica

Suerte de varas

El picador en su caballo debe debilitar al toro y quitarle parte de su fuerza dándole tres golpes con la pica: **las varas** (llamadas también los puyazos).

Suerte de banderillas

El matador (o uno de sus peones) coloca tres pares de banderillas en el espinazo (o morrillo) del toro.

Suerte de matar

Es el momento muy angustioso esperado por todos.

1- Durante el brindis, el matador ofrece el toro (sea a la muchedumbre, sea a un personaje importante que está presenciando la corrida).

2- Luego el matador empieza su faena con unos pases naturales con los pies juntos y la muleta roja.

El toro está ya bastante cansado. Pero la desesperación le puede proporcionar mucha energía y volverlo aún más peligroso.

El público grita «olé» y aplaude (o a veces protesta: es la bronca). Pero es el silencio cuando viene el momento de clavar **el estoque final con la espada** (golpe muy preciso entre los omoplatos).

Si fracasa su primera tentativa, el matador puede dar **el descabello** *(coup de grâce)* **con la puntilla**. Entonces las mulas arrastran al animal por la arena con el aplauso de la gente si ha probado su valor.

A pedido del público, el presidente de la corrida otorga al matador premios: las orejas, la cola ... ¡y salir a hombros por la puerta grande!

Las más grandes plazas de toros

- Las Ventas en **Madrid**
- La Maestranza en **Sevilla**
- La más grande del mundo se halla en **México**

Los toreros famosos

- Después de la Guerra Civil, Manuel Benítez, apodado **"El Cordobés"**.
- **Manolete** (muerto en la plaza de toros en 1947)
- **Paquirri** (muerto en la plaza de toros en 1982)
- **Juan Antonio Ruiz**, apodado «Espartaco»
- **Luis Miguel Dominguín**
- **Cristina Sánchez**

En 1996, fue la primera mujer que alcanzó el doctorado en una plaza de toros europea.

Un pase natural

Las Fiestas

MES	FIESTAS NACIONALES	FIESTAS REGIONALES
ENERO	1 **Año Nuevo** 6 **Los Reyes Magos** En la noche del 5 al 6, los Reyes Magos traen regalos a los niños. Pero las tradiciones europeas del árbol de Navidad y del Papá Noël se vuelven populares.	Cremá de las fallas
FEBRERO		• **Carnavales** la gente disfrazada desfila con gigantes y cabezudos por las calles.
MARZO	19 San José Carnaval	• Fallas de Valencia, **fiestas del fuego y de la luz**. A partir del **12**: desfiles de monumentos de cartón piedra con gigantes caricaturescos. **19: Día de la cremá** en que se queman todas las Fallas.
ABRIL	Viernes Santo Domingo de **Pascua**	• Semana Santa: **procesiones**, famosas **tamboradas** de Aragón, saetas (canciones) de Andalucía. • **Feria de Sevilla** (corridas)
MAYO	1 **Fiesta del Trabajo** 2 **Madrid:Independencia Nacional** (1808: sublevación contra las tropas francesas)	• **Romería del Rocío** (Huelva): procesión a la iglesia de la Virgen del Rocío. 15 **San Isidro** en Madrid (corridas)
JUNIO	**Pentecostés** **Día del Corpus** (jueves siguiente): *Fête-Dieu*. Famosas procesiones en Barcelona, Valencia, Sevilla, Toledo.	24 **San Juan: la noche del fuego** (famosas hogueras de Alicante) • **Fiestas de Moros y Cristianos** (Levante) La gente se disfraza y simula una batalla.
JULIO		6-14 Los Sanfermines (Pamplona): encierros y sueltas de toros en las calles en homenaje a San Fermín. 25 **Santiago Apóstol** patrono de España
AGOSTO	15 **Asunción de la Virgen**: desfiles, representaciones teatrales, competiciones deportivas.	
OCTUBRE	12 Fiesta Nacional de España (corridas) DÍA DE LA HISPANIDAD (descubrimiento de América)	12 **Virgen del Pilar** (Zaragoza)
NOVIEMBRE	1 **Todos los Santos** (*Toussaint*)	
DICIEMBRE	6 **Día de la Constitución** 8 **Inmaculada Concepción** 24 **Nochebuena** Misa del gallo a las 12 de la noche 25 **Fiestas de Navidad** 28 **Día de los Inocentes** (bromas como en nuestro 1° de abril) 31 **Nochevieja**. Se comen **12 uvas** a las doce de la noche para traer buena suerte.	El Rocío - ANDALUCÍA

Deportes y Ocio

El fútbol

Es el deporte más popular en España.

- Los tres grandes equipos son:

- el **Real Madrid**
- el Atlético de Madrid
- el **Barça** de Barcelona

- Las tres principales competiciones son:

1- el Campeonato de Liga
2- la Recopa (entre los mejores de la Liga)
3- la Copa del Rey

Las estrellas internacionales

• **El futbolista Emilio Butragueño** apodado «El buitre» jugó durante 11 años en el Real Madrid. Ahora pertenece a un equipo mejicano.

• **El ciclismo** se ha vuelto muy popular también gracias al famosísimo Miguel Induráin (1 m 86; 79 kg). Desde 1991 ganó 6 veces seguidas el «Tour de France». Abandonó la competición en diciembre de 1996.

• Otra estrella del deporte español es **la tenista** Arantxa Sánchez Vicario.

El tenista Sergi **Bruguera** es también muy conocido.

Deportes selectivos

El esquí

Se puede esquiar:
- **en los Pirineos** que tienen 15 estaciones, entre las cuales se destaca La Molina (Gerona),
- **en la Cordillera Cantábrica** (5 estaciones),
- **en La Rioja y Burgos**,
- **en la región de Madrid** (4 estaciones)
- **y en la Sierra Nevada**.

El golf

España consta de más de 170 campos de golf. Este deporte se ha desarrollado bastante recientemente en Madrid, la costa mediterránea y las islas Baleares y Canarias. Severiano **Ballesteros** fue el campeón más internacional.

• **Los deportes náuticos y aéreos** son favorecidos por el clima. Los españoles son muy aficionados a la vela.

• **La caza** está reglamentada. La caza mayor es el corzo y el jabalí. La caza menor consiste en la perdiz y el pato. Pero el español es más **pescador** que cazador.

Los famosos deportes vascos

Los concursos de fuerza física son muy populares:
- el levantamiento de bloques de piedra,
- la tala de troncos de árboles con gran hacha
- y la siega de hierba con guadaña.

La pelota vasca

Se juega solo o en parejas.
Los jugadores de las parejas están vestidos de blanco.
Se golpea la pelota contra el muro con la mano, la pala de cuero o de madera, la chistera o la cesta. Se juega con cesta punta también en **Méjico y Florida**.
Las apuestas son tan importantes como el juego.

El juego

España es un país de los juegos de dinero.
Les gustan mucho a los españoles los juegos de azar y las apuestas.
Las quinielas o el «1X2» (*le Loto Sportif*) es lo mismo que en Francia.
Hay numerosas loterías como **el bingo, la Lotería Nacional, el bonoloto, la ONCE** (**O**rganización **N**acional de **C**iegos **E**spañoles) etc.
Las máquinas tragaperras y los 21 casinos tienen mucho éxito.
Desde hace unos diez años se han multiplicado las asociaciones de ayuda a las víctimas de este vicio.

El nuevo sistema escolar

El nuevo sistema fue introducido en 1990. **En el año 2000, sólo quedó el nuevo sistema.**

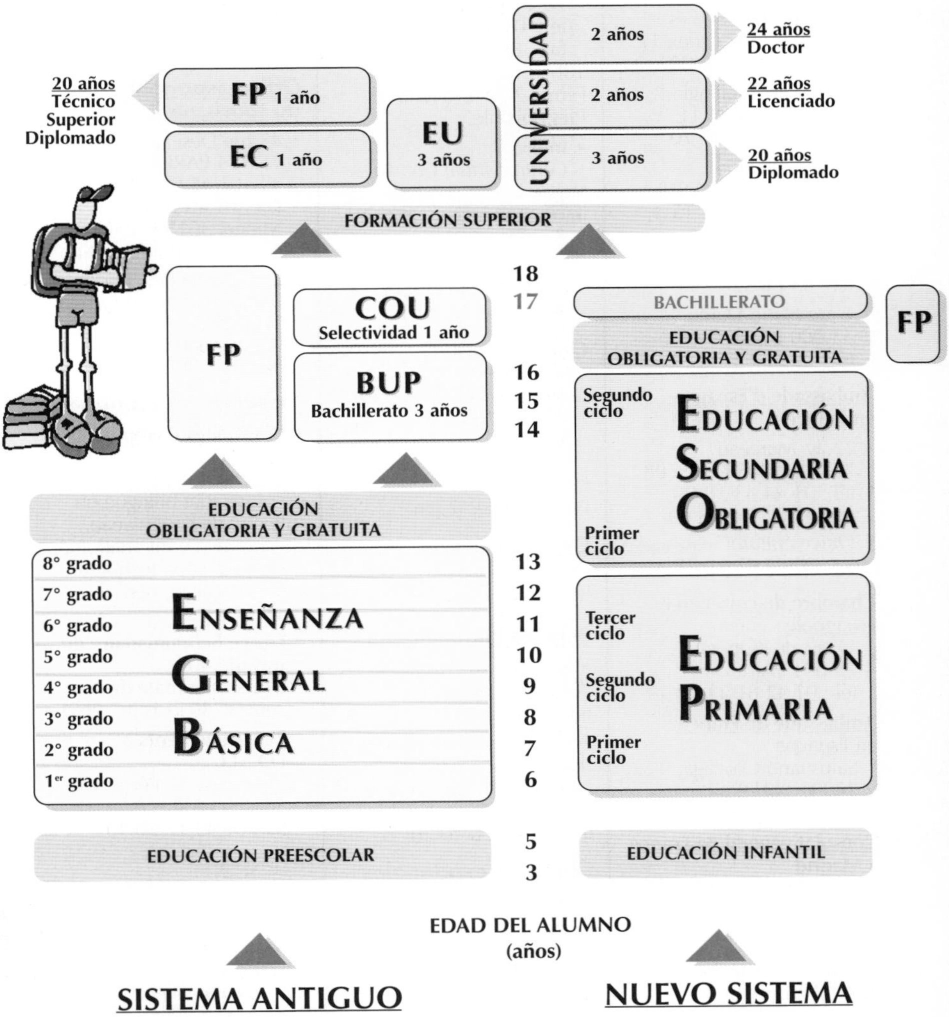

20 años
Técnico
Superior
Diplomado

FP 1 año

EC 1 año

EU
3 años

UNIVERSIDAD

UNIVERSIDAD	
2 años	24 años Doctor
2 años	22 años Licenciado
3 años	20 años Diplomado

FORMACIÓN SUPERIOR

Sistema antiguo		Edad	Nuevo sistema	
FP		18		
	COU Selectividad 1 año	17	BACHILLERATO	FP
			EDUCACIÓN OBLIGATORIA Y GRATUITA	
	BUP Bachillerato 3 años	16	Segundo ciclo	Educación Secundaria Obligatoria
		15		
		14	Primer ciclo	
EDUCACIÓN OBLIGATORIA Y GRATUITA				
8° grado	Enseñanza General Básica	13		
7° grado		12	Tercer ciclo	Educación Primaria
6° grado		11		
5° grado		10	Segundo ciclo	
4° grado		9		
3° grado		8	Primer ciclo	
2° grado		7		
1er grado		6		
EDUCACIÓN PREESCOLAR		5	EDUCACIÓN INFANTIL	
		3		

EDAD DEL ALUMNO
(años)

SISTEMA ANTIGUO

NUEVO SISTEMA

BUP Bachillerato Unificado Polivalente
COU Curso de Orientación Universitaria
EU Escuelas Universitarias
FP Formación Profesional
EC Enseñanzas Complementarias

Renseignements pratiques

Consulats, ambassades

Consulats d'Espagne

- 165 bd Malesherbes
75 840 PARIS cedex 17
tél : 01 44 29 40 00
- 38 rue Ed. Delanglade
13 006 MARSEILLE
tél : 04 91 00 32 70
- 1 rue L. Guérin
69 100 VILLEURBANNE
tél : 04 78 89 64 15
- 13 quai Kleber
67 000 STRASBOURG
tél : 03 88 32 67 27
- 1 rue Notre-Dame
33 000 BORDEAUX
tél : 05 56 52 80 20

Ambassade d'Espagne en France

- 22 av. Marceau
75381 PARIS Cedex 08
tél : 01 44 43 18 00
fax : 01 47 20 56 69
- *Office culturel* (même adresse)
tél : 01 44 43 18 47

Chambre de commerce espagnole

17 av. de l'Opéra
75 001 PARIS
tél : 01 42 61 33 10

Ambassade de France en Espagne

Salustiano Olózaga, 9
28001 MADRID
tél:(00 34) 91 435 55 60

Consulat général de France à Madrid

Calle Marqués de la Ensenada 10, 28004 MADRID
tél:(00 34) 91 319 71 88

Centres culturels et bibliothèques

Instituto Cervantes

- 7, rue Quentin Bauchart
75 008 PARIS
tél : 01 40 70 92 92
fax : 01 47 20 27 49
- Bibliothèque
11 av. Marceau
75 116 PARIS
tél : 01 47 20 70 79
fax : 01 47 20 58 38
10h-18h sauf sam-dim.
Fermé 21 déc-6 jan.
Prêt possible.
- **Internet** :
Centro virtual Cervantes
http://cvc.cervantes.es
información@cervantes.es

- Casa de Goya
57 cours de l'Intendance
33 000 BORDEAUX
tél : 05 56 52 79 37

Office d'Education

de l'ambassade d'Espagne
34, bd de l'Hôpital
75005 PARIS
tél : 01 47 07 48 58
fax : 01 43 37 11 98
Lun / ven : 9h-19h
Fermé 20 déc-2 jan

Colegio de España

7, bd Jourdan 75014 PARIS
tél : 01 40 78 32 00

Séjours linguistiques

- Renseignements à l'Office d'Education (cf. ci-dessus).
- Association Européenne d'information pour les Jeunes : 101, quai Branly 75 740 PARIS cedex 15
tél : 01 45 66 40 20

Librairies espagnoles

- Librairie espagnole
72, rue de Seine
75006 PARIS
tél : 01 46 33 76 14
- Edic. Hispanoamericanas
26, rue Monsieur le Prince
75006 PARIS
tél : 01 43 2603 79
- *Iberoamericana de libros* publie tous les 2 mois un catalogue des nouvelles parutions en langue espagnole à demander par fax : (1) 429 53 97 ou e-mail : iberoamericana@readysoft.es

Office espagnol du tourisme

- 43 rue Descamps
75 784 PARIS
tél : 01 45 03 82 50
fax : 01 45 03 82 51
Minitel 3615 ESPAGNE
(brochures d'information)
- En Espagne : téléphone d'information touristique TURESPAÑA :
901 300 600 (en français de 10h à 20h)

Travailler en Espagne

- **Possibilités d'emploi** dans les secteurs de l'informatique, des technologies de pointe, du secrétariat bilingue ou trilingue de haut niveau, du commerce international, de la traduction technique et de l'enseignement des langues.
- **Durée hebdomadaire du travail** : 40 h.
Durée minimale des congés : 30 jours ouvrables.
- **Renseignements à l'O.M.I.**
34, rue de La Pérouse
75 775 PARIS cedex 16
tél : 01 43 17 76 42

Transports

Routes et autoroutes

Réseau routier : 317 000 km
Réseau autoroutier : 2 000 km
Le port de la ceinture est facultatif dans les villes.
Le nombre annuel d'accidents de la route est le plus élevé d'Europe.

Numéro d'urgence de la police **091**

Iberia (Compagnie aérienne espagnole)

- 1 rue Scribe
  75 009 PARIS
  tél : 01 40 47 80 90
  fax : 01 42 79 11 79
  Minitel : 3615 IBERIA
- MADRID
  tél : (91) 329 57 67

Iberrail

57 rue de la Chaussée d'Antin - 75 009 PARIS
tel : 01 40 82 63 60

Les tarifs de train sont les meilleurs marché d'Europe.

- El AVE (Alta Velocidad) : le TGV espagnol relie Madrid et Séville en moins de 3 heures.
- 2 trains de circuits touristiques (de véritables hôtels… avec discothèque; le prix du billet comprend la visite des villes, les repas, l'assistance aux fêtes et aux spectacles locaux) : l'*Expresso Al-Andalus* (avril / décembre); le *Trascantábrico* (juin/sept.)

Trasmediterránea

Compagnie de navigation nationale. Départs tout au long de l'année, tous les jours pour les Baléares, Ceuta et Melilla et une fois par semaine pour les Canaries.

- Obenque, 4
  28042 MADRID
  tél : (91) 322 91 00

Logement

- **Les hôtels** sont classés de 1 à 5 étoiles. Les «hostales» sont plus modestes (1 à 3 étoiles). Les pensions chez l'habitant sont une grande tradition espagnole.
- **85 paradores** (hôtels pour touristes qui appartiennent à l'Etat) sont installés dans des édifices de grande valeur historique et artistique restaurés. Ils sont classés 3 ou 4 étoiles.

Paradores de turismo
Requena, 3-5
28 013 MADRID
tél : (91) 559 09 78
fax : (91) 559 32 33

- **90 stations balnéaires et thermales**

Asociación Nacional de Estaciones Termales
Rodríguez San Pedro, 56
28 015 MADRID
tél : (91) 549 03 00

- **800 campings**
(400.000 places)
Fédération Espagnole des Entrepreneurs de Campings et de Villages Vacances
(F.E.E.C.C.V.)
San Bernardo, 97-99
28 015 MADRID
tél : (91) 448 12 34

- **Les auberges de jeunesse**
FUAJ 27 rue Pajol
75 018 PARIS
tél : 01 44 89 87 27

Téléphone

- **En Espagne**

- Appels nationaux : tous les numéros commencent par l'indicatif de la province (1 ou 2 chiffres) précédé d'un 9.

- Appels internationaux : **07** (tonalité) **+ indicatif du pays** (France 33, Suisse 41, Belgique 32, Canada 1 …) + numéro du correspondant (sans le 0 pour la France).

- Pour les renseignements : composer le 098.

Il est préférable d'appeler d'une agence de la *Telefónica* ou d'une cabine (avec une *Tarjeta Telefónica*, Diners ou American Express) plutôt que d'un hôtel (+ 25% de surtaxe).

Les bars et restaurants ont des téléphones publics fonctionnant avec des pièces. Tarif réduit à partir de 22h pour l'Europe, 20h pour l'Espagne.

- **De France en Espagne :**
00 + 34 + 9 + numéro du correspondant.

Divers

- **Les horaires**
  - les magasins : 9h30-13h30 ; 16h30/20h30
  - les restaurants : 13h30-15h30 ; 20h30-23h30
  - les banques : 8h30-14h/15h
- **La TVA** espagnole (IVA) de 16 % est rarement comprise dans les prix affichés.
- **Les pourboires** sont d'usage (5-10 %).
- **Les toilettes publiques** (lavabos públicos) sont rares. Il est courant d'utiliser ceux des bars.

ADRESSES INTERNET

http:/es.yahoo.com/

- **Gouvernement**
www.la-moncloa.es
- **Ministère de l'éducation, de la culture et du sport**
www.mcu.es
- **Institut national de statistiques :** www.ine.es/
- **Informations générales**
www.SiSpain.org
- **Encyclopédie espagnole**
www.enciclonet.com
- **Famile royale**
www.casareal.es/casareal/
- **Journaux :** www.elpais.es
www.el-mundo.es
www.abc.es
- **Bibliothèque nationale**
www.bne.es/
- **Europe :**
www.elpais.es/temas/ue/

España en la Unión

El lento ingreso de España en la Comunidad Económica Europea

Franco solicitó la asociación de su país a la Comunidad Económica Europea por primera vez en **1962** pero el pedido fue rechazado, más por razones económicas que políticas. **En los años 1960** el deseo de apertura creció en cada parte de la sociedad. **La emigración** hacia Francia, Alemania, Suiza y Bélgica y **la masiva llegada de turistas** ayudaron a romper el aislamiento de la España franquista. Pero fue sólo en **1978** cuando España firmó un primer **acuerdo comercial con la C.E.E.** Negociaciones emprendidas al año siguiente desembocaron en la firma del acta de adhesión de junio de 1985.

El 1 de enero de 1986, España ingresó en la C.E.E.

España ratificó después:

1986 Acta Única

1989 Acuerdo de ingreso en el S.M.E.

1992 Acuerdos de Maastricht (por los cuales la C.E.E se convirtió en la U.E.)

1997 Tratado de Amsterdam

Los 25 países de la U.E.

1958
Alemania, Francia, Italia, Luxemburgo, Bélgica, Países Bajos

1973
Reino Unido, Irlanda, Dinamarca

1981 Grecia

1986
España, Portugal

1995
Austria, Finlandia, Suecia

2004
República Checa, Estonia, Chipre, Letonia, Lituania, Hungría, Malta, Polonia, Eslovenia y Eslovaquia

El Parlamento Europeo apruebó la entrada de Rumanía y Bulgaria en la UE. Se prevé que la adhesión de estos dos países tenga lugar en 2007.

La constitución

En 2005 España fue el primer Estado miembro que celebró un referéndum sobre la Constitución Europea para ratificar et Tratado Europeo.

Fue una victoria aplastante del sí.
A pesar de una elevada abstención, el 76,73% de los votantes apoyó el Tratado.

Pero en mayo los electores franceses votaron no a la ratificación del Tratado Constitucional.

En junio, la UE entró en crisis debido al rechazo vía referéndum de Países Bajos también.

Todos los países que tenían que celebrar referéndum para aprobar la constitución los han atrasado o suspendido (en Reino Unido) excepto Luxemburgo.

Peseta y euro

La divisa española era **la peseta**.
En 1998: 25 pts eran igual a 1 franco francés.

$$x \text{ pts} = \frac{x}{25} \text{ F}$$

En 2002, la peseta fue reemplazada por **la moneda única europea**: **el euro**.
El cambio está fijado así:

1 peseta = 0,006 euro
1 euro = 166,386 pts

Los símbolos en las piezas

1, 2, 5 céntimos: la catedral de Santiago de Compostela

10, 25, 50 c.: Miguel de Cervantes

1, 2 euros: el rey Juan Carlos

Ventajas y dificultades para España

- España goza de importantes **ayudas europeas** para sus regiones más pobres (Extremadura, Andalucía).
- Además tiene la prioridad para vender sus frutas y verduras en los mercados europeos sobre sus competidores mediterráneos como Marruecos y Argelia.

Pero necesita adaptarse a la competencia de los otros países de la U.E. para su vino, su aceite de oliva, la ganadería y la pesca (cantábricas y vascas).

- Por su entrada en la U.E. España ha atraído **muchas inversiones extranjeras** en la industria y los servicios. Todavía tiene que ampliar el tamaño de sus compañías y modernizar sus infraestructuras turísticas protegiendo el medio ambiente.

Globalmente la integración de España en la U.E. resulta beneficiosa. A lo largo del decenio 1985-1995, el crecimiento económico fue el 2,9 % superior al conjunto de la U.E. **España cumplió los criterios de convergencia para entrar en la moneda única en 2002, en el grupo de cabeza de los países más prósperos del continente**.

¿Qué relaciones mantiene con sus vecinos europeos?

Movimientos de población

Españoles en Europa: 1.382.000 habitantes (ha)

- en Francia	**650.000 ha**
- en Suiza	250.000 ha
- en Alemania	250.000 ha
- en Inglaterra:	90.000 ha
- en Bélgica	80.000 ha

En España:

- europeos	400.000 ha
- franceses	63.549 ha

Intercambios comerciales

Francia es el primer socio comercial de España.

Turistas (%)

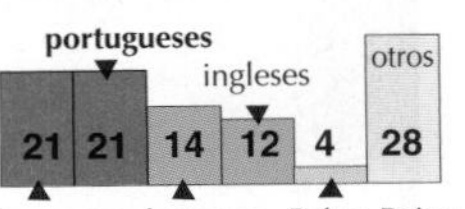

1992: España centro del mundo

En Madrid, elegida Capital Europea de la Cultura, se celebró la II Cumbre Iberoamericana.

Sevilla recibió la Exposición Universal que conmemoraba el Quinto Centenario del Descubrimiento de América por Cristóbal Colón.

La Exposición Universal - SEVILLA

Barcelona organizó los XXV Juegos Olímpicos de verano.

El papel de España en la U.E.

España se sitúa en la Unión económica y monetaria como **un país intermedio** esencial: **por su rica cultura, por su lengua,** una llave para desarrollar los intercambios con América Latina, **por su situación geográfica** como la primera línea de defensa contra la inmigración ilegal y el tráfico de drogas desde África del Norte.

2003 : Europa, la víctima política de la guerra en Iraq

El trauma de los atentados del 11-S (el 11 de septiembre) alentó la nueva estrategia de "guerra preventiva" de Estados Unidos, puesta en práctica en seguida en Iraq. ***La crisis de Iraq ha dividido a Europa en dos: la Europa atlántica*** *o "Europa nueva" (España, el Reino Unido y Italia)* ***al lado de Norteamérica y la "vieja Europa"*** *(Francia, Alemania y Bélgica).*
Se trata de dos formas de ver la posición de la UE en el mundo: Europa como parte de un Occidente unido o Europa por contraposición a la hiperpotencia estadounidense.
El conflicto ha dividido a los líderes de la UE pero las marchas por la paz han revelado que la mayor parte de la opinión pública europea, reflejo de una ciudadanía (citoyenneté) *compartida, rechazaba la guerra.*
Europa no puede definirse sólo como un mercado único coronado por una moneda única. El fracaso de la aspiración a una política extranjera común remueve la cuestión de la identidad europea en todas las conciencias.

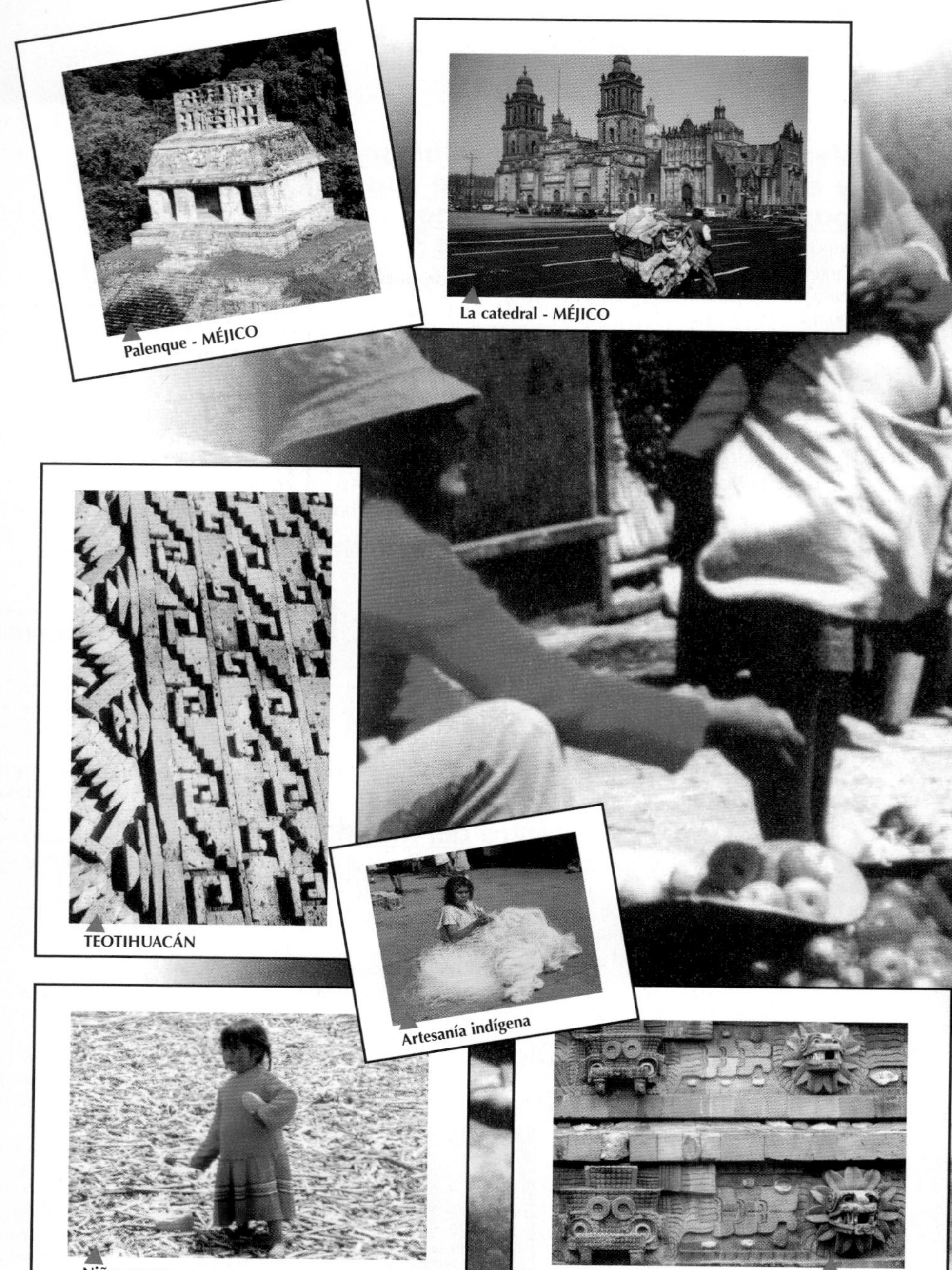

Palenque - MÉJICO

La catedral - MÉJICO

TEOTIHUACÁN

Artesanía indígena

Niña peruana

Quetzalcóatl

Amérique hispanique

Histoire

Les pays d'Amérique hispanique

Europe / Amérique latine / Etats-Unis

Hispanoamérica	Iberoamérica	Latinoamérica
= los 19 países americanos que hablan **español**	= Hispanoamérica + los países americanos que hablan **portugués** (Brasil)	= Iberoamérica + los países americanos que hablan **francés**

Las Civilizaciones precolombinas

Calendario azteca

Cabeza olmeca

Las primeras civilizaciones

• **Los olmecas**

En el primer milenio a.C., ya conocían una escritura de jeroglíficos y tenían un calendario. Algunas de sus enormes cabezas de piedra o basalto pesan más de 10 toneladas.

• **La civilización de Teotihuacán**

En los siglos II -VI d.C., se desarrolló en esa ciudad una civilización pacífica gobernada por los sacerdotes. Su dios principal era **Quetzalcóatl**, **una serpiente** (*coalt*) **con plumas** (*quetzal*: pájaro) **y dientes**. Simbolizaba la unión del cielo y de la tierra. Creó a los hombres y les trajo la civilización enseñándoles a cultivar el **maíz** y trabajar los metales.

• **Los toltecas**, un pueblo guerrero, sucedió a los hombres de Teotihuacán instalándose en **Tula**.
Se debilitó el culto de Quetzalcóatl y se ofrecieron sacrificios humanos a **Tezcatlipoca**, dios de la guerra. Pero una leyenda conocida por los mayas y los aztecas decía que el pacífico Quetzalcóatl volvería un día del este, blanco y barbudo…
¡como los españoles!

Centroamérica y Golfo de Méjico

Los aztecas

Sometieron a los toltecas y se instalaron en la región de Méjico en el **siglo XIV**.

En 1325 edificaron su capital, **Tenochtitlán** (México), en medio de la laguna del lago Texcoco donde habían visto el signo de las predicciones: **un águila devorando una serpiente sobre un cacto**.
Esa ciudad lacustre construida sobre canales alcanzaba los 400.000 habitantes cuando llegaron los españoles.

El imperio militar azteca era gobernado por un soberano adorado como un dios.
La religión dominaba la vida azteca. Se adoraba a varios dioses-elementos de la naturaleza (la lluvia, el agua etc.). **En las pirámides los aztecas sacrificaban a sus prisioneros de guerra**. Ofrecían así al dios del sol la sangre necesaria para que se desplazara por el cielo.

La sociedad estaba muy jerarquizada.
En lo alto estaba la aristocracia hereditaria de los sacerdotes y de los guerreros. Los funcionarios, los comerciantes y el pueblo pagaban impuestos.
Los ricos poseían esclavos. Una administración eficaz y los tributos pagados por los pueblos sometidos favorecían el comercio.

El esplendor azteca.
Florecieron los palacios, las pirámides, los jardines, los inmensos mercados y la artesanía (joyas de oro y plata, lujosas telas de algodón y plumas de quetzal para los guerreros).
Los aztecas tenían **una escritura jeroglífica y un calendario** muy preciso. Hablaban una lengua única: **el náhuatl**.

Los mayas

Ocupaban las actuales zonas de Yucatán, parte de Guatemala y Honduras **desde el siglo X a.C. Vivían en un conjunto de ciudades** gobernadas cada una por un soberano hereditario.

La civilización maya conoció una **misteriosa decadencia a fines del siglo X**. **Renació en el siglo XIV** y se mantuvo hasta el siglo XV.

La religión desempeñaba un papel esencial. Los mayas adoraban a **Chaac**, dios de la lluvia, y a **Chacmool, dios de la guerra, a quien ofrecían sacrificios humanos**.

La sociedad estaba jerarquizada como la de los aztecas. La economía era esencialmente agrícola.

En las grandes ciudades como Chichén-Itzá, Palenque, Tikal se levantaban numerosos palacios, templos y observatorios astronómicos donde se encontraron magníficos frescos y decoraciones esculpidas.
Los mayas tenían **una escritura jeroglífica y un calendario.**
Eran muy adelantados en matemáticas (inventaron el cero y utilizaban un sistema vigesimal para calcular) **y astronomía.**

Las civilizaciones de los Andes

Los incas

Del siglo XII hasta el siglo XV el imperio inca se extendió a lo largo de la costa oeste de América del Sur. Su capital, **Cuzco**, se situaba a unos 3.000 metros de altitud. ¡**Machu Picchu** se ubica a 2.500 m de altitud!

En este **imperio teocrático**, el Emperador, descendiente del **dios Sol**, era llamado **el Inca**. Estaba prohibido mirarle y hablarle directamente. Se casaba primero con su hermana y tenía numerosas otras esposas.

Machu Picchu

Los incas veneraban a numerosos otros dioses. **Viracocha** era el dios creador y civilizador. **Los incas pensaban que el oro provenía de las lágrimas del dios Sol.** Cada año el Inca se bañaba en el lago Titicaca, con el cuerpo cubierto de oro. Eso alimentó el mito europeo de «El Dorado», una tierra llena de oro.

La sociedad estaba muy jerarquizada. En las cuatro provincias del imperio, **la organización administrativa era muy estricta**. El Estado se encargaba de todo: distribuía la tierra cultivada colectivamente, los víveres, la ropa y jubilaciones para los mayores de 50 años.

Los incas desconocían la rueda y no utilizaban el hierro. Pero tenían ya animales domésticos como **la llama** y el cerdo.

Excelentes arquitectos, los incas construyeron canales, embalses, acueductos, carreteras, palacios, templos y fortalezas magníficas. En sus edificios solían apilar **enormes bloques de granito** que alcanzaban a veces hasta las 100 toneladas.
El misterio permanece total en cuanto al medio de transporte de esas piedras.

No tenían escritura pero contaban con **los quipus**, cuerdas anudadas cuyos colores simbolizaban cosas o hechos importantes mientras que los nudos significaban las cantidades. Los incas hablaban una lengua única: **el quechua**.

Las primeras civilizaciones

- **La cultura de Chavín**
Durante los dos primeros milenios a.C., se desarrolló el sistema de **riego** para los cultivos en la sierra peruana.
- **La cultura de Moche**
En el primer milenio d.C., los mochicas construyeron las primeras **carreteras**.
- **La cultura de Nazca** (siglo III-IX d.C.)
Es famosa por sus misteriosos e inmensos **dibujos** en el suelo (15 km^2) que sólo se ven desde 1.000 m de altitud.
- **La cultura Chimú** (siglo XI-1470)
Famosos por su técnica de **cultivos en terraza**, fueron conquistados por los incas en el siglo XV.

Descubrimientos y Conquistas

El Nuevo Mundo

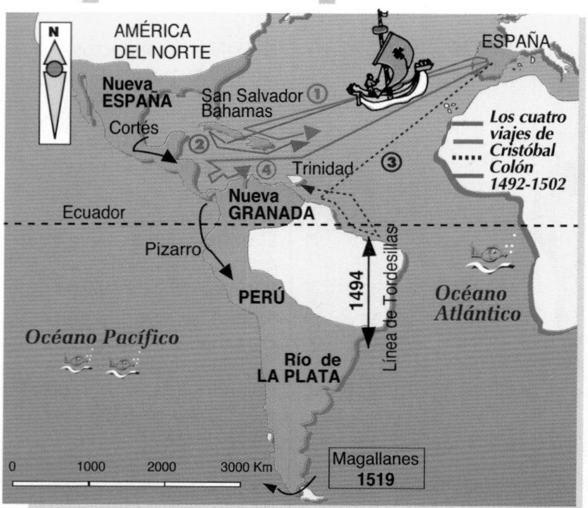

Cristóbal Colón
(1451 - 1506)

Sus cuatro viajes

1492-93 San Salvador, Cuba e Hispaniola (Haití)

1493-96 Guadalupe, Puerto Rico, Jamaica.

1498-1500 Trinidad, la costa de Venezuela

1502- 1504 las costas de América Central

Genovés, Cólon quería alcanzar las Indias por un nuevo camino: el oeste. Gracias a la ayuda de la Reina Isabel la Católica, se fue **el 3 de agosto de 1492 con 87 hombres en tres carabelas**: la María Galante (luego llamada la Santa María), la Pinta y la Niña.

El 12 de octubre llegó a una isla de las Bahamas. Llamó a los habitantes indios.

Los españoles no se dieron cuenta de la importancia de su descubrimiento. Después de su cuarto viaje, Colón ya no era un héroe. Murió en España abandonado de todos en 1506.

Otros descubridores

- **En 1494, el Tratado de Tordesillas** estableció las posesiones de España y de Portugal.
- A partir de **1499**, los Reyes Católicos autorizaron las expediciones hacia el Nuevo Mundo. Américo **Vespucio** (italiano) fue el primero en darse cuenta de que se había descubierto **un nuevo continente**.
- **En 1513 Núñez de Balboa** llegó al Océano Pacífico por el istmo de Panamá.
- **En 1520 Magallanes** pasó por el sur del continente americano y dio la primera vuelta al mundo.

Los conquistadores más famosos

- **Hernán Cortés**
  1519 - 1520: Méjico

El Emperador azteca Moctezuma lo tomó por Quetzalcóatl y lo acogió con regalos. Cortés conquistó Méjico con apenas 400 hombres y la ayuda de los demás pueblos indios sometidos por los aztecas. *(vease p. 98 Méjico)*

- **Francisco Pizarro y Diego de Almagro**
  1524 - 1539: Perú

Conquistaron el imperio de los incas capturando al Emperador Atahualpa. *(vease p.122 Perú)*

La conquista

Las metas de la conquista fueron la posesión de **nuevas tierras** con sus riquezas y **la evangelización**.

A pesar de muchas resistencias y de numerosas sublevaciones, los indios fueron sometidos. No conocían los fusiles, las armaduras ni los caballos. Los españoles aprovecharon las luchas entre los indígenas, su poder militar y el engaño así como el efecto de sorpresa.

Millones de indios murieron, exterminados por las armas, las enfermedades europeas o los malos tratamientos recibidos de sus nuevos amos.

Colonias e independencia

Las colonias

Las instituciones del imperio español

Los 4 Virreinatos

- **1535 Nueva España** (Méjico, América Central, Antillas y Venezuela)
- **1543 Perú** (Perú, Chile)
- **1717 Nueva Granada** (Colombia, Panamá, Ecuador y Venezuela)
- **1776 Río de la Plata** (Argentina, Uruguay, Paraguay, Bolivia, una parte de Brasil)

El Virrey era nombrado por el Rey.

En Sevilla, la Casa de Contratación (1503) controlaba la emigración y el comercio con las Indias (monopolio español hasta finales del siglo XVIII).
El Consejo de Indias (1511) trataba los asuntos y la legislación de las Indias.

La economía

- **Aportaciones recíprocas**

Los indios: la patata, el maíz, el tomate, el ananás, el aguacate, el cacao, la vainilla, el tabaco, la quina, el caucho.
Los españoles: el ajo, la cebolla, el trigo, el arroz, la caña de azúcar, el plátano, el naranjo, la vid, el olivo y la ganadería.

Las Leyes de Indias decían que los indios eran libres e iguales. Pero los colones se los repartían en **grupos o encomiendas. Trabajaban para su encomendero** que tenía que protegerlos y cristianizarlos. En realidad, los españoles explotaron duramente a los indígenas y les infligieron malos tratos. Esta situación fue denunciada por el Padre Bartolomé de Las Casas. Contribuyó por eso al desarrollo de **la Leyenda Negra** (condena de la conquista y explotación de los indígenas).

La pirámide social

El mestizaje fue muy rápido porque no emigraron muchas mujeres españolas. Los criollos tenían el poder político y económico.

- **Los criollos**: hijos de madre y padre españoles que vivían en América
- **Los mestizos**: hijos de india y blanco
- **Los mulatos**: hijos de negra y blanco
- **Los zambos**: hijos de india y negro

Esclavitud africana

Como millones de indios morían por enfermedades europeas y el trabajo forzado en las minas, se utilizó a **esclavos africanos** como mano de obra.

La independencia (1810-1824)

En 1810, inspirándose en la Revolución francesa y en la Independencia norte-americana, **los criollos aprovecharon la guerra de independencia de España contra Napoléon** para liberarse del poder de la metrópoli. Unos quince años bastaron para liberar el continente. Pero **Cuba y Puerto Rico** sólo lograron su independencia en **1898**.

No fue acompañada la independencia de una revolución social. Se mantuvo la oligarquía de ricos terratenientes criollos.

Dos héroes de la Independencia

- **José de San Martín** liberó **Argentina y Chile.**
- **Simón Bolívar** fue el Libertador de **Colombia y Venezuela**. Envió al General Sucre a **Ecuador y Perú**. Pero su sueño de una gran Confederación de todos los nuevos estados americanos independientes fracasó.

Inestabilidad política y dependencia económica

En las nuevas repúblicas se multiplicaron **golpes de Estado, guerras civiles y guerrillas revolucionarias**. Eso favoreció la toma de poder de **caudillos** y **dictaduras militares**.

De hecho la independencia desembocó en la **dependencia económica de Europa y de los Estados Unidos** (EE.UU.). Toda la economía estaba basada en **la exportación de materias primas** (monocultivos, minas). Con la doctrina Monroe (1823), «América para los americanos», los EE.UU. empezaron a desempeñar un papel muy activo en el continente. Se inició así una nueva "conquista" de América Latina por los EE.UU.

Hoy día | ¿Neoliberalismo y democracia?

Liberalización económica y democratización

También en Hispanoamérica, **economía y política siempre han estado estrechamente unidas.** La lucha entre conservadores y liberales es un rasgo típico de su historia así como el dominio tanto político como económico de los EE.UU.

Siglos XIX-XX

Las luchas entre el capital europeo (especialmente inglés) y norteamericano para introducirse en América Latina, así como las ambiciones de las clases más favorecidas del subcontinente crearon numerosos conflictos internos y dieron lugar a **dictaduras**.

• A la mala gestión, a la fuga de capitales se adicionaron **en los años 70 una deuda externa enorme y la hiperinflación**, sobre todo en los países petroleros. Estos abusaron de las facilidades ofrecidas por los petrodólares.

• **En la "década perdida", o sea los años 80**, la situación económica, aún más deteriorada por la caída de las cotizaciones de las materias primas exportadas, resultó catastrófica. Además, muchos países estaban arruinados por guerras civiles y guerrillas. **Un movimiento general de liberalización económica** (con privatizaciones, reducciones arancelarias, inversiones extranjeras) acarreó un proceso de **democratización** salvo en Cuba y Perú.

• **En los últimos años, los planes de ajuste** impuestos por el FMI para el reembolso de las deudas han dado **buenos resultados**: el PIB está creciendo de nuevo; se acabó con la hiperinflación. **Pero sólo una faja estrecha de la sociedad goza de esos progresos**.

Los problemas

El desequilibrio de la economía

Subdesarrollados o en vía de desarrollo, los países hispanoamericanos son **agrícolas** y ganaderos. Hay **muy poca industria** excepto en los sectores de la minería y de la energía. El sistema dominante de **latifundios** privilegia los cultivos comerciales para las exportaciones y los cultivos alimentarios no bastan para el consumo interior.
La economía **depende del FMI y del extranjero** (comercio, inversiones, precios fijados por las bolsas norteamericanas, europeas…).

La explosión demográfica y urbana

La población crece rápidamente, el éxodo rural no disminuye, lo que agrava la miseria en las ciudades.

Las desigualdades sociales y la pobreza

El liberalismo salvaje y la reducción de los gastos públicos (deterioro de las infraestructuras: transporte, educación, sanidad) tienen un alto coste social. La clase media va desapareciendo (caída del poder adquisitivo de los asalariados). **El 50% de la población vive por debajo del umbral de pobreza definido por la OMS** y casi la mitad de los pobres sobreviven en estado de "pobreza extrema". La **subalimentación** es general. **El empobrecimiento de los pobres** va en aumento: cada año, mientras que el 5 % de la población se vuelve aún más rico, casi un cuarto se vuelve aún más pobre.

La droga, una fuente de violencia

El narcotráfico genera la criminalidad. El lavado de **los narcodólares** alimenta **la corrupción** y los escándalos políticos.

Los desafíos del tercer milenario

• **Sanear la economía,** diversificar las exportaciones e independizarse del capital extranjero.
La reforma agraria está en el centro de los debates políticos.

• **Consolidar, extender la democracia**
- muy fragilizada por las desigualdades sociales y las discriminaciones étnicas,
- amenazada por la corrupción.
Es necesario reconciliar las distintas tendencias y terminar con los grupos paramilitares.

• **Para ingresar en el mercado mundial: la integración regional**

El desarrollo económico y social no puede sólo radicar en la apertura internacional sino primero en el desarrollo de los intercambios (todavía escasos) entre los países vecinos agrupados por intereses comunes.

Los acuerdos de libre comercio en América Latina

Para enfrentarse a los tres mayores bloques económicos (Norteamérica / Europa / Asia) **Latinoamérica tiene que lograr una voz común** y una nueva identidad. **La cooperación interregional** en los campos de la **economía**, de la lucha por una verdadera **democracia** y contra la **pobreza parece ser la vía del futuro**.

Los procesos de acercamiento comercial

- **1995: Chile y Bolivia**, se asociaron al Mercosur.
- **Mercosur / CAN**: preven la eliminación de las restricciones arancelarias, el desarrollo de interconexiones con Europa, de las carreteras y del transporte fluvial en un periodo de 10 a 20 años.

La Comunidad Latinoamericana de Naciones

Constituida en 1995 para defender la democracia y los derechos humanos, vigente en el **año 2 000**, será entonces el primer mercado de consumidores del mundo.

1992
Entrada de Méjico en el TLC
Tratado de Libre Comercio de América del Norte
Vigente en 1995
Consumidores: 380 millones

1995
El grupo de los Tres
Acuerdo de Libre Comercio

1960
MCCA
Mercado Común Centroamericano
Consumidores: 28 millones

1958
U.E.
Unión Europea
Consumidores: 400 millones

Mercado Común Andino o Comunidad Andina (CAN)
Vigente desde 1995
Consumidores: 90 millones

1958
APEC
Foro de Cooperación **Asia-Pacífico**
Consumidores: 320 millones

Países asociados al MERCOSUR

1991
MERCOSUR
Mercado Común del Cono Sur
Vigente desde 1995
70% del territorio
2/3 de las riquezas latinoamericanas
Desde hace 6 años los intercambios se han multiplicado por 6
Consumidores: 200 millones

CANADÁ
EE.UU.
MÉJICO
GUATEMALA
EL SALVADOR
HONDURAS
NICARAGUA
COSTA RICA
PANAMÁ
VENEZUELA
COLOMBIA
PERÚ
BRASIL
ECUADOR
BOLIVIA
PARAGUAY
CHILE
URUGUAY
ARGENTINA
Océano Pacífico
Océano Atlántico
N
0 1000 2000 3000 Km

Hispanoamérica | Mapa de la economía

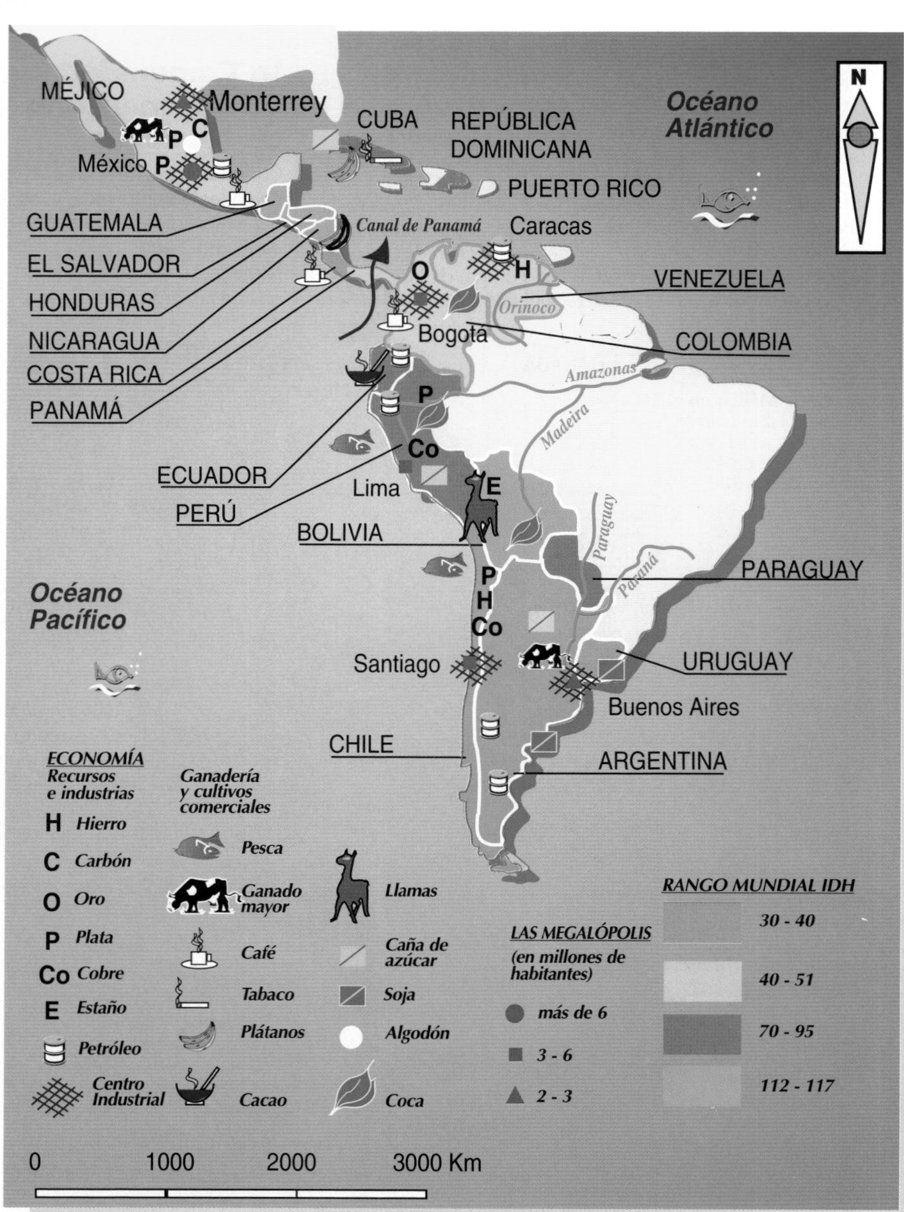

MÉJICO
Monterrey
P
C
México
P
CUBA
REPÚBLICA DOMINICANA
PUERTO RICO
Océano Atlántico
N
GUATEMALA
EL SALVADOR
HONDURAS
NICARAGUA
COSTA RICA
PANAMÁ
Canal de Panamá
Caracas
H
O
VENEZUELA
Orinoco
Bogotá
COLOMBIA
Amazonas
Madeira
P
Co
ECUADOR
PERÚ
Lima
E
BOLIVIA
Paraguay
Paraná
PARAGUAY
P
H
Co
Océano Pacífico
Santiago
URUGUAY
Buenos Aires
CHILE
ARGENTINA
ECONOMÍA
Recursos e industrias
H Hierro
C Carbón
O Oro
P Plata
Co Cobre
E Estaño
Petróleo
Centro Industrial
Ganadería y cultivos comerciales
Pesca
Ganado mayor
Café
Tabaco
Plátanos
Cacao
Llamas
Caña de azúcar
Soja
Algodón
Coca
LAS MEGALÓPOLIS
(en millones de habitantes)
más de 6
3 - 6
2 - 3
RANGO MUNDIAL IDH
30 - 40
40 - 51
70 - 95
112 - 117
0
1000
2000
3000 Km

Los 19 Países

PAÍS	Capital	Superficie en miles de km^2	Población en millones de habitantes	PNB/hab. (rango mundial) ***moneda***	Independencia (adquirida por) *(Democracia)*	Jefe de Estado	
MÉJICO * (p. 98)	**México**	2.000	97 mejicanos	87° *el peso*	1821 Hidalgo - Morelos- Iturbide	— Vicente Fox	América del Norte
GUATEMALA (p. 105)	**Guatemala**	109	11 guatemaltecos	131° ***el dólar***	1821 *(1985)*	**2004** Óscar Berger	Centroamérica / América Central
EL SALVADOR (p. 106)	**San Salvador**	21	6 salvadoreños	123° ***el dólar***	1821 *(1992)*	**2004** Tony Saca	
HONDURAS (p. 107)	**Tegucigalpa**	112	6 hondureños	164° *el lempira*	1838 *(1981)*	**2001** Ricardo Maduro	
NICARAGUA (p. 108)	**Managua**	130	5 nicaragüenses	185° *el córdoba*	1821 *(1990)*	**2002** Enrique Bolaños	
COSTA RICA (p. 109)	**San José**	51	4 costarricenses	96° *el colón*	1821 *(1949)*	**2002** Abel Pacheco	
PANAMÁ (p. 110)	**Panamá**	75	3 panameños	105° *el balboa*	1903 *(1990)*	**2004** Martín Torrijos	
CUBA (p. 112)	**La Habana**	110	11 cubanos	159° *el peso*	1898	**1959** Fidel Castro	Caribe
REPÚBLICA DOMINICANA	**Sto Domingo** (p. 114)	49	8 dominicanos	122° *el peso*	1844 *(1966)*	**2004** Leonel Fernandez	
PUERTO RICO (p. 115)	**San Juan**	9	4 portorriqueños	63° ***el dólar***	1898	—	
COLOMBIA (p. 116)	**Bogotá**	1.138	41 colombianos	118° *el peso*	1819 Bolívar *(1990)*	**2002** A. Uribe Veléz	Países andinos / América del Sur
VENEZUELA (p. 118)	**Caracas**	912	24 venezolanos	94° *el bolívar*	1821 Bolívar *(1959)*	**1999** H. Chávez	
ECUADOR (p. 120)	**Quito**	283	12 ecuatorianos	140° ***el dólar***	1822 Sucre *(1979)*	**2005** Alfredo Palacio	
PERÚ (p. 122)	**Lima**	1.285	25 peruanos	119° *el sol*	1824 Bolívar *(1990)*	**2001** Alejando Toledo	
BOLIVIA (p. 124)	**La Paz**	1.098	8 bolivianos	152° *el boliviano*	Bolívar, Sucre 1825 *(1982)*	**2005** E. Rodríguez Veltzé	
CHILE (p. 126)	**Santiago**	756	15 chilenos	85° *el peso*	1818 O'Higgins *(1989)*	**2000** R. Lagos Escobar	Cono Sur
ARGENTINA (p. 129)	**Buenos Aires**	2.780	36 argentinos	69° *el peso*	1816 San Martín *(1983)*	**2003** Néstor Kirchner	
PARAGUAY (p. 132)	**Asunción**	406	5 paraguayos	135° *el guaraní*	1812 *(1980)*	**2003** Nicanor Duarte Frutos	
URUGUAY (p. 134)	**Montevideo**	177	3 uruguayos	77° *el peso*	1827 *(1984)*	**2005** Tabaré Vázquez	
ESPAÑA	**Madrid**	504	43	38° *euro*	—	—	
FRANCIA	**París**	547	60	18° *euro*			
EE.UU.	**Washington**	9.363	298	8° *dólar*	—	—	

* En América Latina : país = Méjico; capital = México

Méjico

Lema
"Arriba y adelante"

***Nombre oficial**: Estados Unidos Mejicanos (31 estados + el distrito federal de México)*
***Superficie**: 1.970.000 km²*
***Población**: 91 millones * 1°*
***Capital**: Ciudad de México*
***Fiesta nacional**: 16/09, día de la Independencia.*
***Constitución vigente**: República desde 1917. El Presidente es elegido por sufragio universal por 6 años; no es reelegible.*
***Moneda**: el peso*
***Idiomas:** español, 19 idiomas indígenas entre los cuales: el náhuatl y el maya.*

Geografía

Méjico forma parte de América del Norte. **El Río Bravo** (o Río Grande) sirve de frontera con los EE.UU.

Relieve y clima

- Dos cadenas montañosas, **la Sierra Madre Occidental y la Sierra Madre Oriental** encierran **una gran meseta** de 2.500 m de altitud media. Los puntos más elevados del país son :
  - el pico de Orizaba (5.747 m)
  - y **volcanes** como el Popocatépetl (5.452 m).
- El clima es árido en el norte y tropical húmedo en el sur. Se hace templado en los altiplanos centrales.

Ciudades principales

(millones de hab.)

Guadalajara	2
Monterrey	1,7
Acapulco	0,64

- **La Ciudad de México** con **20 millones** de habitantes concentra el cuarto de los mejicanos (1/4).

Esta metrópoli, la más grande del mundo, se halla a 2.200 m de altitud.

Sus industrias causan una **contaminación** muy grave. Millones de seres humanos tratan de sobrevivir en **las chabolas o "ciudades perdidas"**.

Población

• **Densidad** (hab./km²)	47
Población urbana (%)	75
• **Crecimiento** (%)	1,8
Edad 0-15 años (%)	36
• **Fecundidad**	3
Natalidad (‰)	25
Mortalidad (‰)	5
Mortalidad infantil	4
• **Esperanza de vida** (años)	74 / 68
Número de hab./médico	610
• **Analfabetismo** (%)	10
Universidades	55
• **Periódicos**	292

55% — Mestizos

29% — Indígenas

15% — Origen europeo

La mayoría de la población es mestiza e india.

Economía

• **PNB/hab.** ($)	7.000
Rango en el mundo	50°
• **Tasa de crecimiento** (%)	5
• **Inflación** (%) **1995 / 97**	52 / 28
• **Deficit comercial** (mil millones de $)	2,7
• **Deuda externa** (mil millones de $)	165
• **Población activa** (%)	
agricultura	25
industria	21
servicios	5
• **Índice de Desarrollo Humano**	50°

Rango en el mundo

Plata	**1°**
Café	3°
Maíz, cítricos	4°
Petróleo	5°
Bovinos, azúcar	7°
Porcinos	8°
Gaz nat., cobre	10°

- Sólo el 13% de las tierras es cultivable. **La agricultura es poco productiva** a pesar de las ayudas estatales. Se debe importar cereales. La cría del **ganado** y de camarones se desarrolla poco a poco. Se exportan café, tomate y cítricos.
- El subsuelo es muy rico. **El petróleo** descubierto en la costa del Golfo de Méjico a principios del siglo XX es ahora explotado por la sociedad estatal PEtróleos MÉXicanos (PEMEX).
- **Méjico es el país más industrializado de Hispanoamérica.**

Las industrias siderúrgicas, metalúrgicas y sobre todo **petroquímicas** son muy dinámicas. La industria del **automóvil** es próspera. El sector de la **construcción** (cemento, carpintería) se desarrolló mucho a raíz del terremoto de 1985.

***Millones de mejicanos trabajan en los EE.UU.**, sea como inmigrantes legales sea como "espaldas mojadas" (clandestinos que cruzan el Río Bravo a nado). En los estados norteamericanos que fueron parte de Méjico, viven también millones de **chicanos**, o sea estadounidenses de origen mejicano.*

* Puesto en Hispanoamérica

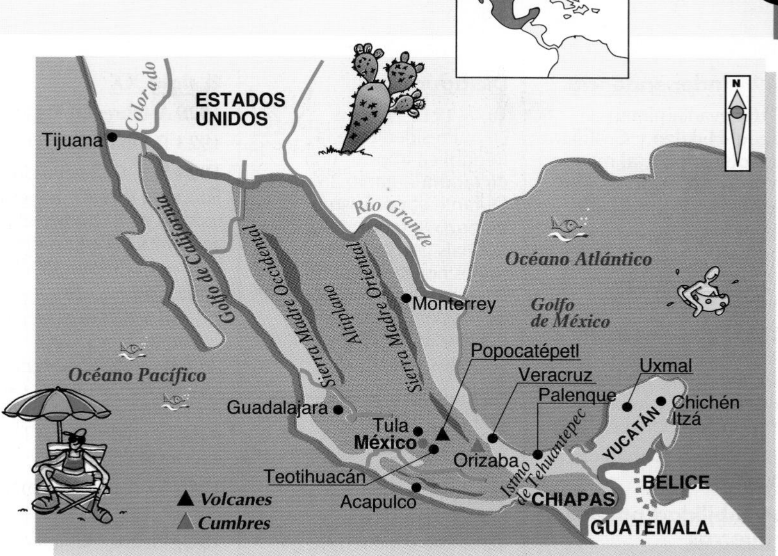

A lo largo de la frontera con los EE.UU., en una zona franca, se han multiplicado las "**maquiladoras**", empresas de subcontratación norteamericanas que utilizan mano de obra local barata para fabricar, con materias primas norteamericanas, bienes de consumo destinados a EE.UU.

• **El turismo cultural y el turismo en las playas del Océano Atlántico** (Teotihuacán, Palenque, Tula, Uxmal, Chichén-Itzá) es muy próspero (más de 60 millones de turistas por año).

• En este sector como en toda la economía, **la dependencia respecto a los EE.UU. es enorme** (el 70% del comercio y el 65% de las inversiones extranjeras son norteamericanos).

Historia

1500-400 a. C. Los olmecas

300 a. C.-600 Civilización de Teotihuacán

Siglo IX Los toltecas (Tula)

Siglo IV a.C.-XV d.C. Los mayas (Palenque y Yucatán)

1400-1500 Los aztecas (Tenochtitlán)

Conquista

1502 Descubrimiento de la costa por C. **Colón**

1519 Hernán Cortés desembarcó en **Vera Cruz** con 11 navíos y 500 hombres. Emprendió la conquista del imperio azteca. Lo ayudó **La Malinche** (prisionera azteca de los mayas, bautizada **Doña Marina**) que fue su intérprete y amante.

1520 Cortés se apoderó de **Tenochtitlán** (México) (400.000 habitantes) y del Emperador azteca **Moctezuma**.

Pero después de una sublevación los españoles tuvieron que abandonar Tenochtitlán: fue la "Noche Triste". Moctezuma fue muerto durante la masacre. Luego Cortés capturó y mató al nuevo Emperador **Cuauhtémoc** y conquistó de nuevo Méjico.

1522 Cortés fue nombrado, por Carlos V, Capitán General de **Nueva España**.

Palenque

Méjico

1824 Independencia

1810 Levantamiento de Miguel **Hidalgo y Costilla,** cura de Dolores, al mando de unos 1.000 indios. Pero fue derrotado y fusilado.

1813 Otro sacerdote, José María **Morelos**, proclamó la Independencia pero fue también fusilado.

1822 Después de liberar el país con la aprobación de las clases altas, Agustín de **Iturbide** se proclamó emperador. Abdicó en 1823.

1824 Fue proclamada la República.

Inestabilidad política y guerras

1833-55 Gobernó el General A. **López de Santa-Anna**.

1846-48 Guerra contra los EE.UU. Méjico perdió Tejas, Nuevo Méjico y California o sea casi la mitad de su territorio.

Méjico y Napoleón III

1860-Guerra civil entre los reformistas ayudados por los EE.UU. y los latifundistas (conservadores) respaldados por Francia, España e Inglaterra.

Napoléon III soñaba con un canal en el istmo de Tehuantépec. Envió al General Bazaine que se apoderó de Méjico.

1864 Napoleón III ofreció **el imperio mejicano** a Maximiliano de Austria.

1867 Benito Juárez, jefe de la resistencia mejicana, hizo fusilar a Maximiliano y restableció la **República**.

Dictadura

1876-1911 Porfirio Díaz Presidente de la República impuso una **dictadura** durante 35 años. Durante el **porfirismo** empezó la industrialización del país gracias a las inversiones norteamericanas. Pero empeoró la explotación de los peones en las haciendas. Se propagaban las ideas socialistas.

La revolución mejicana (1910 - 1917)

Los revolucionarios más destacados son **Pancho Villa** y **Emiliano Zapata**. Encabezaron insurrecciones campesinas contra los latifundistas.

1917 Constitución de V. Carranza (Presidente). Hizo matar a E. Zapata en 1919. Él mismo fue asesinado en 1920.

El siglo XX

1920 A. **Obregón**, Presidente.

1923 P. **Villa** fue asesinado.

1924 P. E. **Calles**, Presidente. Fundó el Partido que está todavía en el poder: el actual **PRI** (Partido Revolucionario Institucional).

1934-40 Lázaro Cárdenas, "el Padre de la nación", católico de izquierda, Presidente. Plan sexenal de reparto de las tierras; éxodo rural; nacionalización de la industria petrolera (1938) e industrialización.

1946-52 Miguel **Alemán**, Presidente.

1968 Juegos Olímpicos y represión de manifestaciones estudiantiles que denunciaban la crisis económica y social del país. **Masacre de la Plaza de las Tres Culturas** (México, 300 muertos).

Zapata - **D. RIVIERA - 1931**

Chichén-Itzá

1974 Guerrilla de las Fuerzas Revolucionarias Armadas de la Nación (**FRAP**).

1982 Suspensión de pagos de la deuda externa.

El Presidente Miguel de la Madrid aplicó la política de ajuste del FMI.

1982 A. García Robles, Premio Nóbel de la Paz.

1985 Terremoto en México (20.000 muertos).

1988 Carlos **Salinas** de Gortari, Presidente. Primeras privatizaciones.

1992 Tratado de Libre Comercio (**TLC o Alena**) entre Canadá, EE.UU. y Méjico.

1994 En Chiapas los rebeldes indígenas del "Ejército **Zapatista** de Liberación Nacional", EZLN, encabezados por **el subcomandante** Marcos, levantaron las armas contra el Gobierno.

Ernesto **Zedillo,** Presidente.

1995 Crisis monetaria y financiera (devaluación y fuga de capitales).

1996 Principio de las negociaciones entre el EZLN y el Gobierno.

1997 Mejoramiento de la situación económica. Elección de **Cuauhtémoc Cárdenas**, fundador del PRD (Partido Revolucionario Democrático) y líder de la oposición al PRI, en el distrito de México: fortalecimiento de la democracia.

Matanzas en Chiapas: Marcos acusa al gobierno.

La literatura

Los Códices son textos sobre historia, religión y vida cotidiana de los mayas y los aztecas. Furon escritos antes y después de la llegada de los españoles por los indígenas y los misioneros.

Dos poetas famosos

1651-1695 Sor Juana Inés de la Cruz, "la Décima Musa Mexicana".

1914-98 Octavio Paz
Poeta, ensayista y crítico. En 1968 dimitió de su función de Embajador para protestar contra la masacre de la Plaza de las Tres Culturas.

1950 *El laberinto de la Soledad* (ensayo); *Libertad bajo palabra*
1990 Premio Nóbel

Prosa

1776-1827 J. Fernández de Lizardi. *El Periquillo Sarniento* es la primera gran novela hispanoamericana.

1873-1952 M. Azuela, médico en las tropas revolucionarias de Villa.
1916 Los de abajo

1914-16 José Revueltas
El luto humano
1943 Premio Nóbel de Lit.

• **Juan Rulfo**
(nacido en 1918)
1953 El llano en llamas (cuentos)
1955 Pedro Páramo (novela)
1983 P. Príncipe de Asturias.

• **Carlos Fuentes**
(nacido en 1928). Novelista, ensayista, dramaturgo y periodista. Fue Embajador.
1958 La región más transparente
1962 La muerte de Artemio Cruz
1994 P. Príncipe de Asturias.

• **Laura Esquivel**
Como agua para chocolate

Uxmal

Méjico

La pintura

El muralismo nació en Méjico en los años **1910-20**. Varios artistas denunciaron la opresión del pueblo y de los indios, en los muros de los monumentos y edificios públicos.

Algunos artistas famosos

1883-1949 J. Clemente OROZCO, militante revolucionario y muralista.

1886-1957 Diego RIVERA Este pintor comunista es conocido sobre todo por sus murales como el del Palacio Nacional de México (1930). Se casó con F. KAHLO.

1907-1954 Frida KAHLO A los 18 años fue atropellada en un accidente de autobús. Pasó años en una cama encima de la cual hizo poner un espejo. Se retrató a sí misma y a su sufrimiento de manera surrealista.

1898-1974 D. Alfaro SIQUEIROS, revolucionario comunista que pintó murales en Méjico.

Fiesta de flores **- D. RIVERA - 1931**

Autoretrato con el mono
F. KAHLO - 1938

El cine

En los años 30-60, Méjico fue el centro de producción más importante de películas en español. Recibió a los cineastas españoles exiliados durante la Guerra Civil y el Franquismo. El Festival Internacional de Guadalajara sigue siendo famoso.

Cineastas famosos

(L. Buñuel, vease p. 76)

- **F. de Fuentes** *¡Vamos con Pancho Villa! (1935)* ; temática "ranchera": *Allá en el Rancho Grande*
- **E. Fernández**, **"El Indio"** *María Candelaria (1943)*
- **R. Young** Temática chicana: *Alambrista (1980)*
- **A. Arau** Temática chicana: *Mojado Power (1981)*. *Como agua para chocolate (1991)* (basada en la novela de L. Esquivel)
- **A. Ripstein** *La Reina de la Noche (1994)*

La artesanía tradicional hispanoamericana

Los tejidos

- sarapes y ponchos de Méjico; ponchos de Guatemala, Ecuador, Perú, Bolivia y Chile;
- las faldas de El Salvador.

Cueros de Argentina

Plata de Bolivia

La céramica

- la talavera de Puebla en Méjico;
- el árbol de la vida de Metepec en Guatemala;
- los vasos de Honduras.

La cestería

- los cestos de Guatemala y Chile;
- los sombreros de Panamá, Colombia y Ecuador;
- las famosas balsas del lago Titicaca.

La artesanía tradicional

La música

- Unas músicas populares alegres: **el mariachi** de inspiración francesa, **la marimba**.
- Unas danzas típicas: el jarabe, el corrido.
- Unas canciones de celebridad mundial: **La Cucaracha**, Cucurucucú.

Dos compositores famosos

1823-75 A. **Ortega**, autor de la 1era ópera sobre un tema mejicano: *Cuauhtémoc*

1899-1948 Carlos **Chávez** *Sinfonía india*

Una gastronomía muy de moda

¡Considerada como la tercera del mundo!

Las salsas

- **el mole** mezcla tomates, chiles, especias y chocolate … ¡y aún más!
- **el guacamole**: aguacates

Las tortillas de maíz

quesadillas (rellenas de queso), tacos, enchiladas.

Pirámide de la Luna - Teotihuacán

Chacmool

Quetzalcoátl - Teotihuacán

Maíz y frijoles son la base de la alimentación cotidiana.

Las bebidas

- la tequila, el mezcal (a base de agave)
- el pulque (a base de pita)

Los indígenas: ¿el fin de la discriminación?

- **30 a 40 millones de amerindios**
- **El 10 % de la población hispanoamericana**
- **Más de 400 etnias**

Los actuales movimientos indigenistas nacieron en los años 70.

En 1990 se reunió por primera vez la Confederación de Nacionalidades Indígenas de Ecuador (**CONAIE**).

En 1992 la portavoz de las reivindicaciones indígenas, la india guatemalteca **Rigoberta Menchú** que lucha por el reconocimiento de la cultura indígena, recibió el Premio Nóbel de la Paz.

El mismo año un idioma indígena, el guaraní, fue reconocido como idioma oficial en Paraguay.

En 1994 los campesinos indígenas se sublevaron contra la ley agraria en **Chiapas** (Méjico). A partir de esos movimientos, la organización guerrillera del **EZLN** reinvindica más autonomía para las comunidades indígenas.

Centroamérica

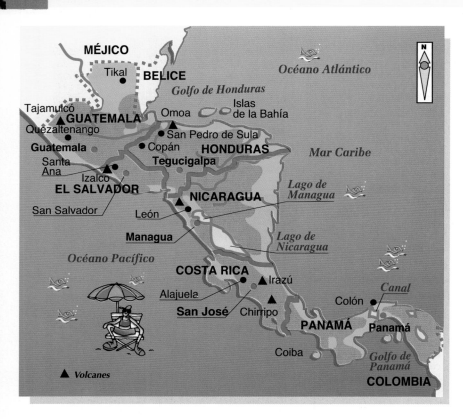

MÉJICO
Tikal
BELICE
Océano Atlántico
Golfo de Honduras
Islas de la Bahía
Omoa
Tajamulcó
GUATEMALA
Quezaltenango
San Pedro de Sula
Guatemala
Copán
HONDURAS
Mar Caribe
Santa Ana
Tegucigalpa
Izalco
EL SALVADOR
Lago de Managua
NICARAGUA
San Salvador
León
Managua
Lago de Nicaragua
Océano Pacífico
COSTA RICA
Irazú
Alajuela
Canal
Colón
San José
Chirripo
PANAMÁ
Panamá
Coiba
Golfo de Panamá
COLOMBIA
▲ Volcanes

Un novelista y un pintor guatemaltecos de fama internacional

• **1899 - 1974**
Miguel Ángel Asturias. Embajador.

1930 Leyendas de Guatemala (cuentos)
1949 Hombres de maíz (novela)
1960 Los ojos de los enterrados (novela)

1967 Premio Nóbel de Literatura

• **1891 - 1984**
Carlos Mérida, muralista surrealista.

Tikal

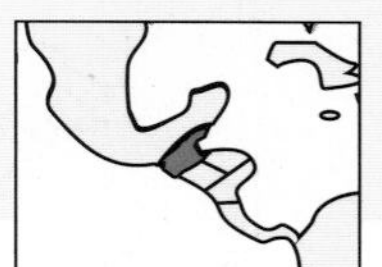

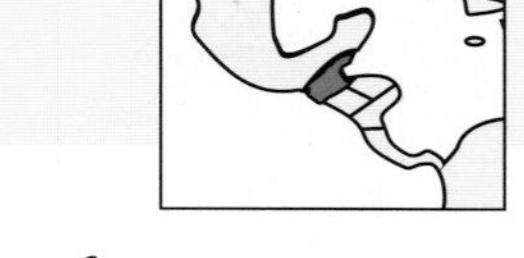

Guatemala

Lema
"Libertad"

Nombre oficial: República de Guatemala
Superficie: 108.890 km²
Costas: 400 km
Población: 10,5 millones * 9°
Capital: Ciudad de Guatemala
Fiesta nacional: 15/09 (Independencia)
Constitución vigente: 1986 Presidente elegido por 4 años.
Moneda: el quetzal
Idiomas: español, 23 idiomas indígenas

Geografía

Relieve

• **Es un país montañoso.** La Sierra Madre mejicana se prolonga en dos ramas. Las ciudades más importantes y la mayoría de la población están en la meseta central.

• **Unos treinta volcanes** suelen provocar terremotos que han destruido la capital muchas veces. El volcán más elevado es el Tajumulco (4.220 m).

Ciudades principales
(millones de habitantes)

Ciudad de Guatemala	1,17
Quezaltenango	0,1

Población

• **Densidad** (hab./km²)	100
Población urbana (%)	41
• **Crecimiento** (%)	2
Edad 0-15 años (%)	44
• **Fecundidad**	5
Natalidad (‰)	37
Mortalidad (‰)	7
Mortalidad infantil	**48**
• **Esperanza de vida** (años)	65
• **Analfabetismo** (%)	44
Universidades	5
• **Diarios**	5
• **Religión** (%):	
católicos	75
protestantes	20

60%	36%	4%
Indígenas	Mestizos	Origen europeo

Economía

• **PNB/hab.** ($)	3.340
• **Tasa de crecimiento**	3
• **Inflación**	10
• **Déficit comercial** (mil millones de $)	1
• **Deuda externa** (mil millones de $)	2
• **Índice de Desarrollo Humano**	117°

• **Es un país agrícola** en que sólo el 3 % de la población posee el 65 % de las tierras. Se exportan: **café, plátanos, chicle**, algodón, azúcar y camarones. En las montañas se hallan los cultivos alimentarios: maíz, frijol y patata. Se debe importar alimentos.

• **El turismo cultural** se desarrolla rápidamente (ruinas de Tikal)

Historia guatemalteca

Periodo prehispánico

Este territorio pertenecía a los mayas (ruinas célebres de Tikal).

1523-26 Conquista

por **Pedro de Alvarado** con 400 hombres que cometieron atrocidades.

1821 Independencia

1824 Formó parte de las **Provincias Unidas de Centroamérica** hasta 1839.

Se sucedieron varias dictaduras.

Siglo XX

1920 La *United Fruit Company* (U.F.C.) (plátanos) de los EE.UU. mandó en la política del país.

1954 Golpe de Estado organizado por la U.F.C. C. C. Armas, Presidente al servicio de los EE.UU.

1960 Desarrollo de las guerrillas

1985 Democracia oficial.

1987 Primeras negociaciones del Gobierno con los guerrilleros, unidos en la Unidad Revolucionaria Nacional Guatemalteca (**URNG**) desde 1982.

1996 Fin de la guerrilla (140.000 muertos).
A. **Arzu Irigoyen** (centrista), Presidente.

Literatura prehispánica

• **El Popol Vuh** relata en español la historia y la religión mayas.

• **Los Libros de Chilam Balam** relatan la historia de los pueblos centroamericanos desde el origen del tiempo.

* Puesto en Hispanoamérica

El Salvador

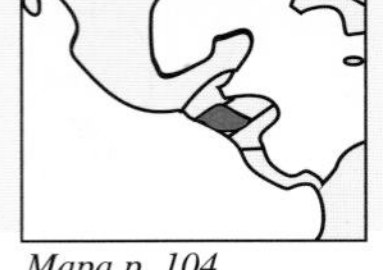

Mapa p. 104

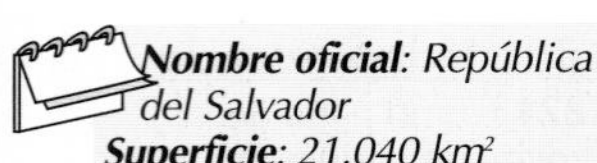

Lema
"Dios, Unión y Libertad"

Nombre oficial: *República del Salvador*
Superficie: *21.040 km²*
Costas pacíficas: *307 km*
Población: *5,5 millones * 12°*
Capital: *San Salvador*
Fiesta nacional: *15/09 (Independencia)*
Constitución vigente: *1983*
Presidente elegido por 5 años.
Moneda: *el colón salvadoreño*
Idioma: *español*

Geografía

Es el país **más pequeño** de Centroamérica.

Al norte se alzan **dos cordilleras** (2.000-2.730 m). Al sur de la **meseta central** se halla **una cadena volcánica**. El 90% del suelo es de origen volcánico muy fértil. El volcán Izalco (1.885 m), activo, es el "faro del Pacífico" para los navegantes. **Terremotos** asolaron ocho veces la capital, el último en 1986.

Ciudades principales
(millones de hab.)

San Salvador 0,43
Santa Ana 0,2

Población

- **Densidad** (hab./km²) **275**
  Población urbana (%) 45
- **Crecimiento** (%) 2,5
  Edad 0-15 años (%) 41
- **Fecundidad** 3,5
  Natalidad (‰) 31
  Mortalidad (‰) 6,5
  Mortalidad infantil **42**
- **Esperanza de vida** (años) 64/58
- **Analfabetismo** (%) 27
  Universidades 6
- **Diarios** 8

Mestizos	Origen europeo	Negros
90%	5%	5%

Economía

- **PNB/hab.** ($) 2.610
- **Tasa de crecimiento** (%) 2
- **Inflación** (%) 7
- **Déficit comercial** (mil millones de $) 1
- **Deuda externa** (mil millones de $) 2,2
- **Índice de Desarrollo Humano** 112°

- Es un país agrícola.

Cultivos alimentarios: **maíz.**
Cultivos de latifundios para la exportación: **café**, azúcar, algodón, tabaco y plátanos.

- Se exportan también crustáceos, oro y plata.

El país tiene una fuerte potencia hidroeléctrica pero se necesitan importaciones de petróleo y máquinas. La mayor parte del comercio se hace con los EE.UU.

Historia

Periodo prehispánico

Los mayas que vivían en este territorio fueron conquistados por **los aztecas** poco antes de la conquista española.

Conquista

1522-23 Descubierto por A. Niño y **conquistado** por P. de Alvarado.

1821 Independencia

Se sucedieron luchas entre liberales y conservadores.

Siglo XX

1931-60 Regímenes militares apoyados por la *United Fruit Company (EE.UU.)*

1969 Guerra contra Honduras

1979 Reforma agraria y nacionalizaciones. Fundación de los **Escuadrones de la Muerte**, grupos paramilitares del partido ultraderechista Alianza Republicana Nacionalista (**ARENA**) que llegó al poder en 1988.

1980 Guerra civil entre el ejército (Gobierno) respaldado por los EE.UU y los guerrilleros marxistas del **Frente Farabundo Martí de Liberación Nacional** (**F.M.L.N.**)

1991 Reformas y creación de una "Comisión de la Verdad" formada por la ONU para investigar los crímenes cometidos durante la guerra civil.

1992 Fin de la guerra civil (80.000 muertos, más de un millón de desplazados).

1994 A. **Calderón Sol**, derechista, Presidente.

Una gran figura de las letras

1856-1928 Francisco Gavidia, maestro de R. Darío. Escribió obras de teatro, cuentos, ensayos y poemas.

La "Teología de la liberación"

En los años 60, en varios países de América Latina hubo ciertos sacerdotes católicos que predicaron la lucha activa contra las injusticias sociales. Muchos fueron asesinados por los Escuadrones de la Muerte. El Papa condenó sus desviaciones políticas e ideológicas.

* Puesto en Hispanoamérica

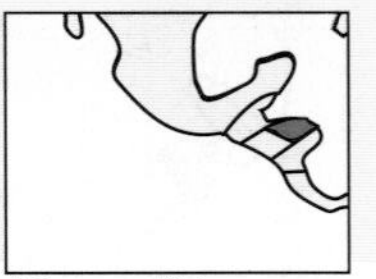

Mapa p. 104

Honduras

Lema

"Libre, Soberana, Independiente"

Nombre oficial: *República de Honduras*
Superficie: *112.090 km²*
Costas: *820 km*
Población: *5,5 millones * 12°*
Capital: *Tegucigalpa*
Fiesta nacional: *15/09 (día de la Independencia)*
Presidente elegido por 4 años.
Constitución vigente: *1982*
Moneda: *el lempira*
Idioma: *español*

Geografía

Posee también las islas de la Bahía y la isla del Tigre en el Pacífico.

Dos ramales de la Cordillera Centroamericana atraviesan el país de N.O. a S.E. con montes elevados (Omoa 2.500 m, San Juan). Entre ellos se encuentra una depresión muy fértil.

Dos capitales hondureñas

(millones de hab.)

Tegucigalpa
capital administrativa 0,61
San Pedro Sula
capital económica 0,32

Población

- **Densidad** (hab./km²) 52
  Población urbana (%) 48
- **Crecimiento** (%) 3
  Edad 0-15 años (%) 44
- **Fecundidad** 5
  Natalidad (‰) 33
  Mortalidad (‰) 5
  Mortalidad infantil **41**
- **Esperanza de vida** (años) 64/58
- **Analfabetismo** (%) 27
  Universidades 2
- **Diarios** 4

90%	7%	3%

Mestizos	Indígenas	Origen europeo Negros

Economía

- **PNB/hab.** ($) 1.900
- **Tasa de crecimiento** (%)3
- **Inflación** (%) 30
- **Déficit comercial** 0,9 (mil millones de $)
- **Deuda externa** 4,5 (mil millones de $)
- **Índice de Desarrollo Humano** 116°
- Es un país agrícola.

Cultivos alimentarios: maíz, frijol y arroz.
Cultivos de latifundios para la exportación: plátanos, café, azúcar, tabaco y aceite de palma.

- Se exportan también mariscos y langostas, minerales (plomo y zinc) y madera.

Se importan maquinarias, alimentos. La mayor parte del comercio se hace con los EE.UU.

Historia

Periodo prehispánico

Territorio de los mayas (ruinas de Copán).

Conquista

1502 Descubrimiento por Cristóbal Colón

1520-34 Conquista por G. Dávila

1821 Independencia

Siglo xx

La *United Fruit Company* dirige la política del país y los EE.UU. no dejan de intervenir.

1969 Guerra contra El Salvador

1981 Elecciones democráticas: triunfo del partido liberal.

1990 Plan de ajuste para reembolsar la deuda externa. Política de liberalización y privatización del Presidente Callejas. Huelgas.

1993 C. R. Reina, liberal, Presidente.

La futbolmanía latina

- El fútbol es **la pasión** y el orgullo de todos los latinos, cualquiera sea su posición política y social. Todos los niños sueñan con ser un jugador tan famoso como **Maradona** (argentino).

No es tan sorprendente: ¡ya en el Ier milenio a.C. **los olmecas eran muy aficionados al juego de pelota** y tenían inmensos campos de juego!

- **La Copa del Mundo** la ganaron mucha veces países hispanoamericanos: **Uruguay** en 1939 y 1950; **Argentina** en 1978 y 1986.

Participaron en la Copa del Mundo de 1998: Méjico / Colombia / Chile / Argentina / Paraguay.

* Puesto en Hispanoamérica

Nicaragua

Lema
"Dios, Patria y Honor"

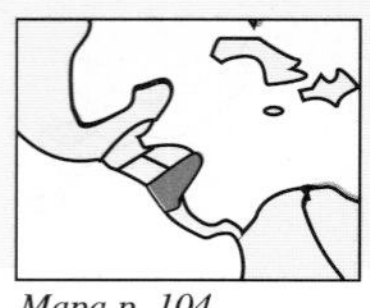
Mapa p. 104

Nombre oficial: *República de Nicaragua*
Superficie: *130.000 km²*
Costas: *910 km*
Población: *4 millones * 15°*
Capital: *Managua*
Fiesta nacional: *15/09 (Independencia).*
Constitución vigente: *1987 Presidente elegido por 6 años.*
Moneda: *el córdoba*
Idioma: *español*

Geografía

Es el mayor de los países centroamericanos. Posee las islas del Maíz en el mar Caribe.

- **Dos cadenas montañosas** corren del N.O. al S.E.: la volcánica, paralela a la costa del Pacífico, (con **volcanes activos**: Motombo, 1.258 m) y la central. La capital fue destruida dos veces por terremotos, la última en 1972.
- **Los lagos de Managua y Nicaragua** son unos de los mayores depósitos de agua dulce del mundo.
- **La Costa oriental,** cálida y húmeda, es muy insalubre. Por eso la población vive en la parte occidental del país.

Ciudades principales
(millones de hab.)

Managua	1,1
León	0,25

Población

• **Densidad** (hab./km²)	32
Población urbana (%)	62
• **Crecimiento** (%)	3
Edad 0-15 años (%)	46
• **Fecundidad**	4,5
Natalidad (‰)	36
Mortalidad (‰)	6
Mortalidad infantil	**50**
• **Esperanza de vida** (años)	64 / 58
Número de hab./médico	
• **Analfabetismo** (%)	45
Universidades	9
• **Diarios**	7

41%	17%	9%	3%
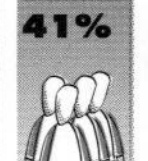			
Mestizos	Origen europeo	Negros	Indígenas

La economía nicaragüense

• **PNB/hab.** ($)	2.000
• **Tasa de crecimiento** (%)	5
• **Inflación** (%)	12
• **Déficit comercial** (mil millones de $)	430
• **Deuda externa** (mil millones de $)	10
• **Índice de Desarrollo Humano**	127°

- **Es un país agrícola** en el que el 45 % de la población trabaja en el campo. Se produce maíz y **la ganadería** es muy importante. Se exportan **café**, algodón y carne.
- **Según el PNB, Nicaragua es el país más pobre de Hispanoamérica.**

Historia

Conquista

1502 Descubrimiento por Cristóbal Colón

1523-1524 Conquista por Fernández de **Córdoba**

1821 Independencia

1839 República. Luchas entre conservadores y liberales.

1853-60 Lucha contra el filibustero norteamericano Walker que se había apoderado del país.

Siglo XX

1912-33 Intervención militar de los EE.UU. interesados en un proyecto de canal transoceánico en San Juan. Resistencia guerrillera de A.C. **Sandino**.

1934 Sandino asesinado por orden de A. Somoza.

1936 Dictadura de la familia **Somoza** con la ayuda de los EE.UU.

1979 El Frente Sandinista de Liberación Nacional (**FSLN**), movimiento guerrillero activo desde 1961, apoyado por Cuba y la URSS, derrocó al último Somoza. D. Ortega, Presidente sandinista, emprendió reformas. **Guerra civil** entre los sandinistas y los "**contras**" apoyados por los EE.UU.

1985 Bloqueo norteamericano

1989 Fin de la guerra civil (30.000 muertos)

1990 Elecciones democráticas: **Violeta Chamorro** (una mujer), Presidenta.

1992 Enfrentamientos entre los recontras (antiguos contras) y los recompas (antiguos sandinistas).

1997 A. **Alemán** Presidente.

Un gran poeta

1867-1916 **Rubén Darío**, papa del **modernismo** que fue muy influyente en España.

1888 Azul

* Puesto en Hispanoamérica

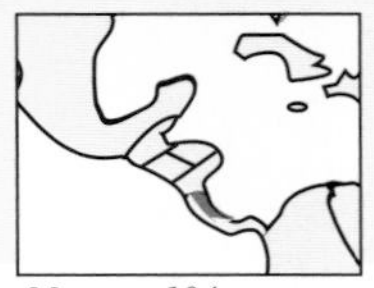

Mapa p. 104

Costa Rica

Nombre oficial: *República de Costa Rica*
Superficie: *51.000 km²*
Costas: *1.290 km*
Población: *3,5 millones * 16°*
Capital: *San José*
Fiesta nacional: *15/09 (Independencia)*
Constitución vigente: *1949 Presidente elegido por 4 años.*
Moneda: *el colón costarricense*
Idioma: *español*

Geografía

Relieve

- Es un país montañoso cruzado por **tres cordilleras** de dirección N.O.-S.E.
- En cada lado se estriban **elevadas mesetas** donde se concentra la población. Abundan los **volcanes**: el Chirripo (3.920 m). El Irazú (3.452 m) hizo erupción en 1963 y 1964.

Ciudades principales

(millones de hab.)

San José 0,3
Alajuela 0,16

Población

- **Densidad** (hab./km²) 69
  Población urbana (%) 50
- **Crecimiento** (%) 2,4
  Edad 0-15 años (%) 35
- **Fecundidad** 3
  Natalidad (‰) 24
  Mortalidad (‰) 3,8
  Mortalidad infantil 14
- **Esperanza de vida** (años) 76
- **Analfabetismo** (%) 5
  Universidades 8
- **Diarios** 4

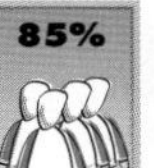

Origen europeo **Mestizos** **Negros**

Economía

- **PNB/hab.** ($) 5.850
- **Tasa de crecimiento** (%) 0
- **Inflación** (%) 14
- **Déficit comercial** 0,7 (mil millones de $)
- **Deuda externa** 3,8 (mil millones de $)
- **Índice de Desarrollo Humano** 33°

Es un país agrícola y ganadero. No tiene recursos mineros ni energéticos pero produce **hidroelectricidad**.

Cultivos alimentarios: arroz, patatas, frijoles.

Cultivos de exportación: **café**, **plátanos**, caña de azúcar, piñas y otras frutas, flores.

La mayor parte del comercio se hace con los EE.UU.

Historia

Conquista

1502 Descubrimiento por Cristóbal Colón

1560 Conquista por J. de Cavallón.

1821 Independencia

1849 República. Estabilidad política. Cultivo del café y del plátano (*United Fruit Company* de los EE.UU.).

Siglo xx

1948 José **Figueres** tomó el poder: nacionalizaciones.

1949 Al fin del año Figueres entregó el poder al Presidente legal.

Alternaron entonces conservadores y liberales en el poder.

1987 Oscar Arias, Presidente, P. Nóbel de la Paz.

1994 J.M. Figueras, Presidente

Algunos artistas costarricenses

- **1885-1950 J. Fonseca**, compilador de la música folclórica de su país.
- **1908-1947 Max Jiménez**, pintor y escultor.

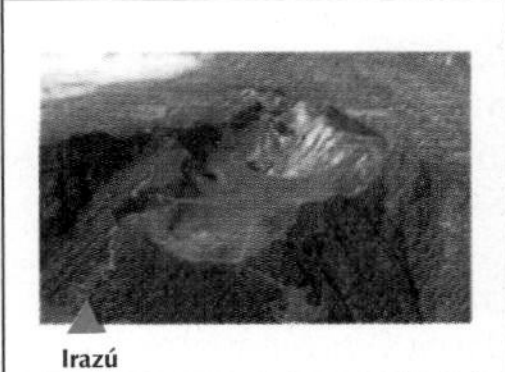

Irazú

Chirripo

* Puesto en Hispanoamérica

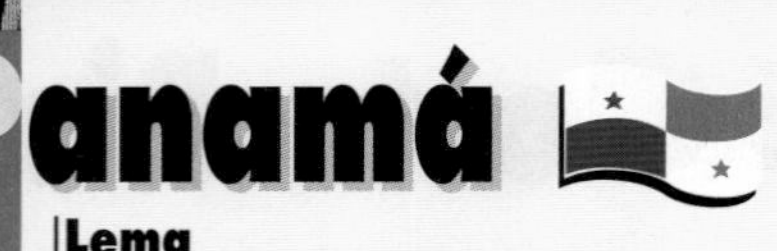

Panamá

Lema
"Pro Mundi Beneficio"

Nombre oficial: *República de Panamá (1903)*
Superficie: *77.000 km²*
Costas: *2.480 km*
Población: *2,5 millones * 19°*
Capital: *Ciudad de Panamá*
Fiesta nacional: *3/11 (separación de Colombia)*
Constitución vigente: *1972-1983*
Presidente elegido por 5 años.
Moneda: *el balboa*
Idioma: *español*

Geografía

El istmo panameño es la encrucijada entre dos océanos (Atlántico y Pacífico) y dos continentes (América del Norte y América del Sur). Muchísimas **islas** rodean las costas: 1.023 en el mar Caribe y 495 en el Pacífico. Las más grandes son la isla Coiba y la isla del Rey.

Relieve

- Entre dos cadenas montañosas se hallan valles fértiles. El volcán **Barú** (3.433 m) es el punto culminante.
Los 500 ríos panameños son poco caudalosos.

- **El canal**, que está controlado por los EE.UU. mide 80 km de largo, 90 a 300 m de ancho y tiene una profundidad de 13 m.
Es la vía de comunicación más importante del país.
Se necesitan unas 8 horas para atravesarlo.

Ciudades principales
(millones de hab.)

C. de Panamá	0,6
Colón	0,2

Población

• **Densidad** (hab./km²)	35
Población urbana (%)	55
• **Crecimiento** (%)	1,9
Edad 0-15 años (%)	33
• **Fecundidad**	2,9
Natalidad (‰)	22
Mortalidad (‰)	5
Mortalidad infantil	25
• **Esperanza de vida** (años)	73
• **Analfabetismo** (%)	20
Universidades	2
• **Diarios**	8

Mestizos

Origen europeo

Negros

Economía

• **PNB/hab.** ($)	5.980
• **Tasa de crecimiento** (%)	4
• **Inflación** (%)	2
• **No hay déficit comercial**	
• **Deuda externa** (mil millones de $)	7
• **Índice de Desarrollo Humano**	45°

- **La agricultura es próspera**. Ocupa el 20% de la población activa.
Producciones alimentarias: maíz, arroz, pesca.
Productos de exportación: **plátanos y otras frutas**, cacao, mariscos (camarones).

- La mayor parte del **comercio** se hace con los EE.UU. que son el principal usuario del canal con el Japón. El tráfico del canal representa el 10 % del PNB.

- **Las actividades más beneficiosas son los servicios, las zonas francas** (Colón, donde llegan todas las mercancías importadas y destinadas a Latinoamérica) **y el blanqueo de los narcodólares.**
La presencia estadounidense en la zona del canal ofrece ventajas económicas atractivas, pero crea una dependencia muy importante.

Historia

Conquista

1500 Descubrimiento por R. de **Bastidas**.

1513 Conquista por **V. Núñez de Balboa**.

1519 Fundación de Panamá.

1821 Independencia

1822 Formó parte de **Gran Colombia** y en 1830 de la República de Colombia.

1881 F. de Lesseps empezó la creación del canal.

1889 Pero fracasó por un escándalo financiero.

Siglo XX

1903 Panamá se separó de Colombia con la ayuda de los EE.UU. Un tratado les concedió a éstos el control de la "**Zona del Canal**" (una franja de territorio de 8 km de ancho a uno y otro lado del canal).

1914 Se abrió **el canal** a la navegación.

* Puesto en Hispanoamérica

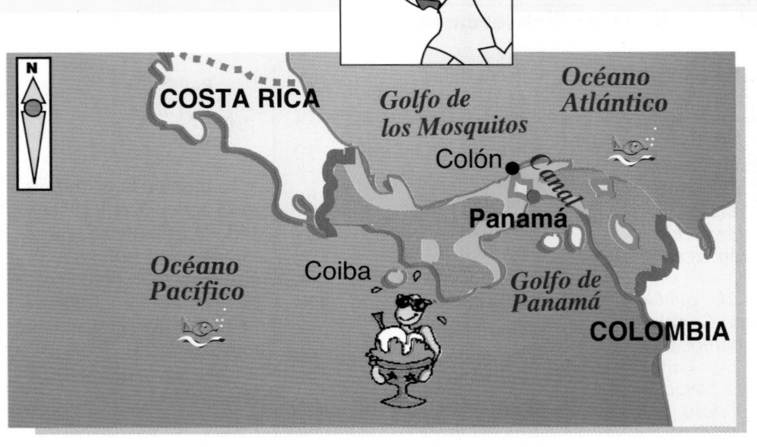

1977 Tratado de Carter-Torrijos (el Presidente): **retrocesión del canal por los EE.UU. en el año 2000.**

1986 Dictadura del General Noriega

1989 Tropas estadounidenses derrocaron a Noriega, acusándole de narcotráfico y lo encarcelaron.

1990 Elecciones democráticas.

1994 E.P. **Balladares**, Presidente (pero su campaña electoral fue financiada por narcodólares).

El narcotráfico

Los principales cultivos

- **La coca que da la cocaína es una planta tradicional de los Andes.** La parte sur del continente americano es el único lugar en el mundo donde crece. Desde siempre los indígenas solían mascar la bola de coca para olvidar el hambre y la altitud. Su cultivo está ampliándose en Ecuador, Colombia y sobre todo **Perú y Bolivia** (casi un cuarto de la producción mundial es boliviana).
- El cáñamo índico, que da **la marijuana**, se cultiva en Méjico y Paraguay.
- El adormidera (*pavot*), que da **la heroína**, se desarrolló en Guatemala y Venezuela.

Los laboratorios clandestinos de transformación

Tratan sobre todo la coca. Se concentran en **Colombia, Perú y Bolivia**. ¡En esos países la droga es el primer sector de la economía!

El lavado de los narcodólares

- **Colombia**, donde se encuentran los tres tipos de plantas, es el primer productor mundial de cocaína. **Fue durante mucho tiempo la principal plataforma giratoria de exportación hacia los EE.UU. y Europa** así como del lavado o blanqueo de los narcodólares (en los bancos, por el contrabando o el mercado negro). Concentraba el 80% del narcotráfico mundial.
- Pero ahora con la lucha contra los cárteles colombianos de Medellín y Cali, **Panamá, Venezuela y sobre todo Méjico** están desempeñando también ese papel lucrativo.
- **En Colombia y Perú** el narcotráfico está vinculado con el tráfico de armas de ciertos movimientos de guerrillas.

Cuba

Lema
"Patrio o Muerte, Venceremos"

Mapa p. 115

***Nombre oficial**:*
República de Cuba
***Superficie**: 110.900 km²*
***Costas**: 3.735 km*
***Población**: 11 millones * 8°*
***Capital**: La Habana*
***Fiesta nacional**: 1/01,*
Día de la liberación
***Constitución vigente**: 1976*
El Presidente del Consejo es Jefe de Estado, del Gobierno y del Partido Comunista (el único partido).
Es elegido por 4 años por la Asamblea Nacional.
***Moneda**: el peso*
***Idioma**: español*

Geografía

• **Es la mayor isla del Caribe**. Posee la isla de la Juventud y unos archipiélagos.

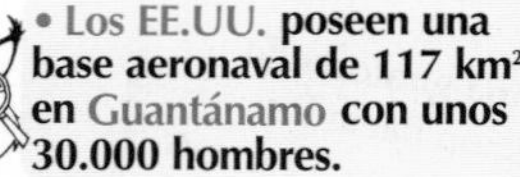

• **Los EE.UU. poseen una base aeronaval de 117 km² en Guantánamo con unos 30.000 hombres.**

Relieve

• Las tres cuartas partes (3/4) del territorio son llanas y fertilísimas.

• Hay tres zonas montañosas. **La Sierra Maestra** culmina en el Turquino (2.562 m), el pico más alto del país.

• El clima es tropical pero refrescado por los vientos y las corrientes del mar.

Ciudades principales

(millones de hab.)

La Habana	2
Santiago de Cuba	0,5
Camagüey	0,3

Población

• **Densidad** (hab./km²)	99
Población urbana (%)	76
• **Crecimiento** (%)	0,6
Edad 0-15 años (%)	23
• **Fecundidad**	1,6
Natalidad (‰)	15
Mortalidad (‰)	7
Mortalidad infantil	10
• **Esperanza de vida** (años)	76
Número de hab./médico	270
• **Analfabetismo** (%)	**4**
Universidades	**418**
• **Diarios**	17
• **No religiosos** (%)	64
Cristianos	34

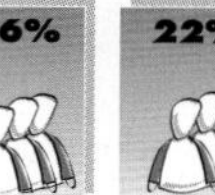

66%
Origen europeo

22%
Mestizos

12%
Negros

El éxito del castrismo en los sectores de la educación y de la salud no se acompañó del respeto de los derechos humanos.

Por eso miles de cubanos se han exiliado desde la llegada de Castro al poder.
Se instalaron sobre todo en los EE.UU. (Miami). En 1994, 36.000 ilegales se embarcaron en balsas para los EE.UU. (6.000 ahogados). Entonces nuevos acuerdos entre Cuba y **los EE.UU. autorizaron la emigración legal de 20.000 cubanos al año.**

Economía

• **PNB/hab.** ($)	3.000
• **Tasa de crecimiento** (%) **1996**	7,8
• **Inflación** (%)	?
• **Déficit comercial** (mil millones de $)	1,6
• **Deuda externa** (mil millones de $)	9
• **Índice de Desarrollo Humano**	86°

Rango en el mundo

Níquel	6°
Azúcar	9°

• **La base de la economía es la agricultura y sobre todo la caña de azúcar** (3/4 de las exportaciones) y el tabaco. También se cultivan el café y frutas. Se desarrollan la ganadería y la pesca.

• **Cuba no tiene recursos energéticos.**

• La industria no está desarrollada excepto en los sectores tradicionales del azúcar y del tabaco. **Los puros de La Habana** son de fama mundial.

• Hasta 1991, todos los intercambios comerciales cubanos se hacían con la URSS y Europa del Este en condiciones ventajosas. Ya no es el caso. Por eso y el bloqueo de los EE.UU. (desde 1962) la población sufre de **penuria**. El Gobierno ha impuesto un sistema de **racionamiento** con libretas de compras.

La situación económica obliga a Castro a acercarse a sus vecinos iberoamericanos y a la U.E. para obtener el fin del bloqueo norteamericano. **Pero los EE.UU. reforzaron el bloqueo** (ley Helms-Burton).

Ahora el Gobierno cuenta con **el turismo** para revolucionar la economía de "la perla del Caribe". La visita del Papa que condenó el bloqueo norteamericano quizás anuncie cambios "históricos".

* Puesto en Hispanoamérica

Trinidad

Historia

Periodo prehispánico

Cuando llegaron los españoles unos 200.000 indígenas taínos vivían en la isla.

Conquista

1492 Descubrimiento por Cristóbal **Colón**

1511-1513 Diego de Velázquez ocupa esta «sede estratégica» para las primeras expediciones hacia el continente americano.

1515 Fundación de La Habana.

Siglo XVI Saquearon el país **los filibusteros y corsarios** ingleses, franceses y holandeses. Se "importaron" esclavos **africanos** para cultivar la caña de azúcar y a partir del siglo XVII el tabaco y café.

Independencia

1868-1878 "Guerra de los diez años": los libertadores, ayudados por los EE.UU., fracasaron.

1886 Abolición de la esclavitud

1892 J. **Martí** fundó el Partido Revolucionario Cubano.

1898 Con el pretexto de la destrucción de su crucero de guerra «Maine» en el puerto de La Habana, **los EE.UU. entraron en guerra con España.** Vencidos, los españoles abandonaron sus derechos sobre Cuba en el Tratado de París. **Cuba se convirtió en protectorado de los EE.UU. que obtuvieron bases navales en la isla.** Todavía ocupan la base de Guantánamo.

Siglo XX

1940 F. **Batista**, Presidente dictador respaldado por los EE.UU.

1953 El levantamiento de Fidel Castro fracasó. Fue condenado a 15 años de presidio.

1955 Pero Castro, amnistiado y exiliado a Méjico, organizó la guerilla con el "Che" Guevara.

1959 Fidel Castro derrocó al Presidente Batista. Empezaron **la reforma agraria y las nacionalizaciones** de las posesiones norteamericanas (o sea el 90% de las minas, las 3/4 partes de las tierras y el 40% de la industria del azúcar). Los EE.UU. cesaron sus importaciones de azúcar.

1961 Fracasó un intento de invasión de los anticastristas (ayudados por los EE.UU.) en **la Bahía de los Cochinos.**

1962 Bloqueo de Cuba por los EU.UU.

1963 «Crisis de los Cohetes». Kennedy obligó a Kruschev a retirar los cohetes (misiles) soviéticos instalados en Cuba.

1965 El partido único de Castro se convirtió en Partido Comunista.

1976 Constitución castrista aprobada por referéndum. Muchos cubanos emigraron. **Castro se volvió el símbolo de la revolución para los latinoamericanos.** Intervino en muchas guerrillas en Latinoamérica y África.

1991 Caída del comunismo: fin de las ayudas soviéticas.

1993 Fidel Castro, «Líder Máximo», asume todos los poderes por 5 años más.

1998 Visita del Papa.

Literatura

Poesía

1853-1895 José Martí, modernista y revolucionario, héroe de la Independencia.
1891 Versos sencillos

1902-1989 Nicolás Guillén, *Sóngoro Cosongo*

Prosa

1904-1980 Alejo Carpentier, novelista creador de lo "real maravilloso".
Guerra del tiempo
El arpa y la sombra
1977 Premio Cervantes
1979 P. Médicis (francés)

Guillermo Cabrera Infante (nacido en 1929) exiliado en Londres desde 1965.
1970 Tres tristes tigres
***1997** Cine o sardina*
Premio Cervantes

Música

- **Instrumentos autóctonos** la tumbadora, el güiro
- **Canciones** la habanera, la guaracha, la rumba, el bolero
- **La salsa**

República Dominicana

Lema "Dios, Patria Libertad"

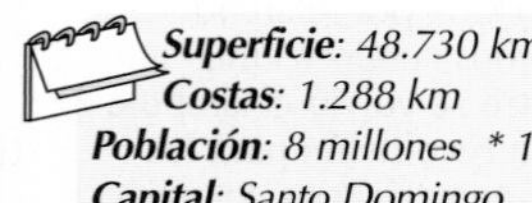

Superficie: *48.730 km²*
Costas: *1.288 km*
Población: *8 millones * 10°*
Capital: *Santo Domingo*
Fiesta nacional: *27/02 (Independencia)*
Constitución vigente: *1966 Presidente elegido por 4 años.*
Moneda: *el peso*
Idioma: *español*

Geografía

Comparte la isla de Santo Domingo con Haití. El canal de la Mona la separa de Puerto Rico.

Relieve

Es un territorio montañoso. La Cordillera Central tiene la cumbre más alta de las Antillas: el Duarte (3.175 m). Los valles son muy fértiles y las bahías magníficas.

Ciudades principales

(millones de hab.)

Santo Domingo	2,3
Santiago	0,5

Población

• **Densidad** (hab./km²)	163
Población urbana (%)	65
• **Crecimiento** (%)	2
Edad 0-15 años (%)	35
• **Fecundidad**	3
Natalidad (‰)	24
Mortalidad (‰)	5
Mortalidad infantil	**40**
• **Esperanza de vida** (años)	71
• **Analfabetismo** (%)	18
Universidades	8
• **Diarios**	11

62%	16%	11%
Mulatos	Origen europeo	Negros

Economía

• **PNB/hab.** ($)	3.870
• **Tasa de crecimiento** (%)	7
• **Inflación** (%)	3
• **Déficit comercial** (mil millones de $)	0,6
• **Deuda externa** (mil millones de $)	4,2
• **Índice de Desarrollo Humano**	87°

• **Es un país agrícola.** Se exportan **azúcar**, café, cacao, plátanos y tabaco.

• Se exportan también **bauxita, ferroníquel** y oro. Pero el país no es rico en recursos energéticos.

• Desde los años 80 se han multiplicado **las zonas francas** y una pequeña industria alimentaria y textil se ha desarrollado.

• **El turismo** crece rápidamente.

Historia

Conquista

1492 Descubrimiento de la isla por Cristóbal Colón que le da el nombre de «La Española». Vivián ahí indígenas arawakos.

1496 Exploración por Bartolomé Colón, hermano de Cristóbal. Fundó Santo Domingo, primera ciudad establecida por los españoles y centro de operaciones de descubrimientos del continente americano.

1509 Trata de esclavos negros.

1697 Los franceses anexaron la parte occidental de la isla: Haití.

1791 Rebelión de los esclavos de Haití que se apoderaron de toda la isla.

1809 Los españoles reconquistaron Santo Domingo.

1821 Independencia

1821 Proclamación de la Independencia

1822 Haití se apoderó del país (hasta 1844)

1844 Se proclamó la República Dominicana. Pero fue definitivamente independiente de España sólo en **1865**.

Siglo XX

1916-24 Ocupación del país por los **EE.UU**.

1930-61 Dictadura del General Trujillo, asesinado.

1963 Elecciones democráticas: J. Bosch, Jefe del Partido Revolucionario Dominicano, fue elegido. Intervención norteamericana.

1966 Elecciones democráticas: J. **Balaguer** elegido y reelegido en 1986 y 1990.

1992 Visita del Papa Juan Pablo II para celebrar el Quinto (V) Centenario del Descubrimiento.

1996 L. **Fernández,** Presidente.

* Puesto en Hispanoamérica

Puerto Rico

Mapa de los países del Caribe

Superficie: *9.000 km²*
Capital: *San Juan (1 millón de habitantes)*
Población: *3,5 millones * 16°*
Estatuto: *Estado Libre Asociado a los EE.UU.*
Moneda: *el dólar*
Idiomas oficiales: español e inglés *(sólo el 20% de la población sabe leerlo y escribirlo).*

Geografía

Relieve

Es una isla montañosa, la más pequeña de las Grandes Antillas. Está situada al este de la isla de Santo Domingo.

Población

La mayoría de los puertorriqueños son mulatos.

- **Densidad** (hab./km²) 420
  Población urbana (%) 70
- **Crecimiento** (%) 1
- **Fecundidad** 2
  Mortalidad infantil 2
- **Esperanza de vida** (años) 75
- **Analfabetismo** (%) 17%

Economía

- **PNB/hab.** ($) 8.380
- **Tasa de crecimiento** (%) 3
- **Inflación** (%) 3
- **Déficit comercial** 2,8
- **Deuda externa** 4,2

Historia

Conquista

1492 Descubrimiento de la isla por **Cristóbal Colón**

1897 Independencia

1898 Dominio estadounidense militar y administrativo.

Siglo XX

1902 El inglés es también lengua oficial.

1922 Fundación del Partido Nacional (PN).

1959 Constitución vigente. El Estado Libre Asociado a los EE.UU es gobernado por un Gobernador.

1991 Sólo el español es lengua oficial.

1993 De nuevo el inglés es lengua oficial.

Hasta ahora los puertorriqueños han decidido conservar su estatuto de Estado Libre Asociado a los EE.UU. *Sólo una minoría quisiera la independencia. Pero muchos sueñan con ser el 51° Estado de los EE.UU. por razones económicas.*

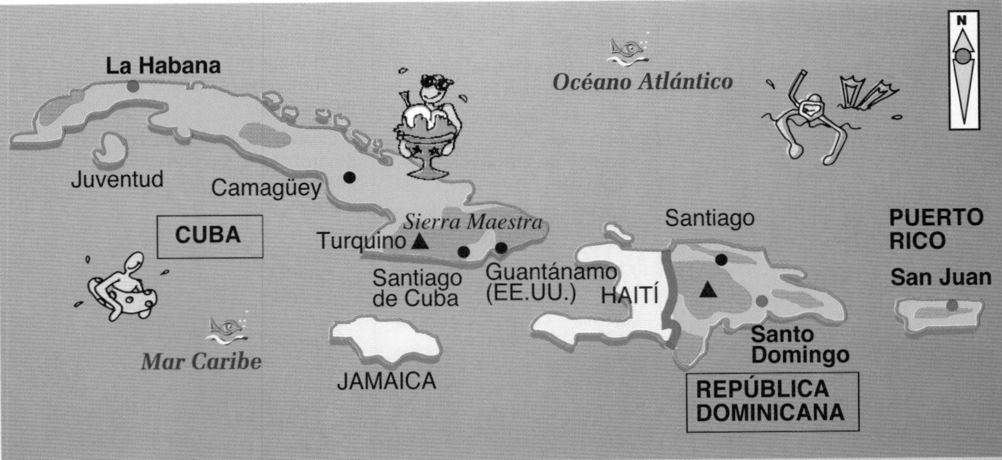

* Puesto en Hispanoamérica

Colombia

Lema
"Libertad y orden"

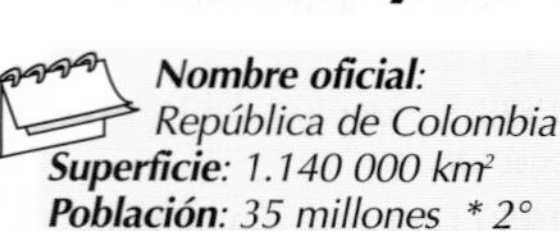

Nombre oficial: República de Colombia
Superficie: *1.140 000 km²*
Población: *35 millones * 2°*
Capital: *Santa Fe de Bogotá (2.630 m)*
Fiesta nacional: *20/07 (Independencia)*
Constitución vigente: *1991 Presidente elegido cada 4 años, no reelegible.*
Moneda: *el peso*
Idiomas: *español, guajiro*

Geografía

Son parte del territorio islas caribeñas y pacíficas.

Tres regiones distintas

- **Al oeste, los Andes** divididos en tres cadenas con volcanes. Dominan los picos Colón (5.775 m) y Huila (5.750 m).
- **Las llanuras de la costa** caribeña con ciénagas.
- **Los llanos del este** con sabanas y selvas (las dos terceras partes del país = 2/3).

Ciudades principales

(millones de hab.)

Santa Fe de Bogotá	6,7
Cali	1,8
Medellín	1,7
Barranquilla	1
Cartagena	0,7

Población

• **Densidad** (hab./km²)	32
Población urbana (%)	73
• **Crecimiento** (%)	1,8
Edad 0-15 años (%)	35
• **Fecundidad**	3
Natalidad (‰)	22
Mortalidad (‰)	6
Mortalidad infantil	30
• **Esperanza de vida** (años)	70
Número de hab./médico	1.000
• **Analfabetismo** (%)	9
Universidades	48
• **Diarios**	46

Economía

• **PNB/hab.** ($)	5.330
• **Tasa de crecimiento** (%)	3
• **Inflación** (%)	21
• **Déficit comercial** (mil millones $)	3
• **Deuda externa** (millones $)	20.760
• **Índice de Desarrollo Humano**	51°

55% Mestizos
20% Origen europeo
14% Mulatos
4% Indígenas

3% Negros

- **La agricultura es próspera.** Pero los latifundistas (el 5 % de la población, el 65 % de las tierras) no invierten bastante. El ganado mayor es importante. Se exportan **flores (orquídeas)**, caucho y maderas preciosas.
- **Multinacionales explotan los inmensos yacimientos de minerales, petróleo y gaz natural.**
- **Existen varias industrias dinámicas:** textil, agroalimentaria, metalúrgica y química.

Rango en el mundo

Esmeralda	1°
Café	2°
Plátanos	7°
Bovinos	9°
Cacao	9°
Caña de azúcar	10°
Níquel, carbón	11°
Oro	13°

* Puesto en Hispanoamérica

Colombia es el primer proveedor de droga de los EE.UU. En 1996, los EE.UU. han retirado a Colombia de sus planes de ayudas porque su lucha contra los traficantes no parece bastante eficaz.

Historia

Periodo prehispánico

Vivían pueblos que trabajaban el oro (los chibchas) cuando llegaron los españoles.

Conquista

1499 Descubrimiento por Alonso de **Ojeda**.

1533 Fundación de **Cartagena**.

1538 Fundación de Santa Fe (Bogotá).

1819 Independencia

1819 Victoria de **Bolívar**. La República de **Gran Colombia** constaba de Panamá, Venezuela, Ecuador y Colombia.

Numerosas **guerras civiles**.

1831 Se separan Ecuador y Venezuela.

1886 La "República de Colombia".

1903 Se separa Panamá.

Siglo XX

1964-...Nacieron los movimientos guerrilleros:
- **las F.A.R.C.** comunistas (Fuerzas Armadas Revolucionarias de Colombia que constan de 10.000 hombres hoy día),
- **el M 19** nacionalista y reformista (Movimiento del 19 de abril),
- **el E.L.N.** castrista (Ejército de Liberación Nacional; 6.000 hombres hoy día).

1985 Reactivación del volcán Nevado de Ruiz (más de 25.000 muertos).

1990 C. Gaviria, Presidente. Vida política más democrática (nuevos partidos políticos, como el M 19). Lucha contra los cárteles de la droga de Cali y Medellín.

1993 Soldados y policías dan muerte al narcotraficante Pablo **Escobar**, jefe del Cartel de Medellín.

1998 A. **Pastrana**, Presidente.

Un pintor famosísimo

Fernando Botero (nacido en 1932). Vivió en Europa y en Nueva York. Sus personajes **obesos** típicos denuncian montruosidades políticas y sociales. Sus esculturas gigantescas poblaron los Campos Elíseos en París en 1992.

Literatura

1889-1928 J. E. Rivera, *1924 La Vorágine* (novela realista de fama mundial sobre la selva)

Gabriel García Márquez, (nacido en 1928), creador del "realismo mágico". *La Hojarasca*, *Ojos de perro azul*.

1967 Cien años de soledad

1982 Premio Nóbel de Literatura.

FERNANDO BOTERO - *La Familia del Presidente* - 1967

Venezuela

Lema
"Libertad, Igualdad, Fraternidad"

Nombre oficial: República de Venezuela
Superficie: *912.000 km²*
Población: *22 millones * 5°*
Capital: *Caracas (1.000 m)*
Fiesta nacional: *5 /07 (Independencia)*
Constitución vigente: *1961*
Presidente elegido por 5 años.
Moneda: *el bolívar*
Idioma: *español*

Geografía

Posee más de setenta islas e islotes: la isla Margarita es famosa por sus ostras que dan perlas.

Tres regiones distintas

- **Al norte, las Cordilleras Andinas** encierran la depresión del lago Maracaibo (laguna). Domina el pico Bolívar (5.007 m).
- **Al sureste,** se encuentran las mesetas del **macizo de las Guayanas.** El Salto del Ángel, las cataratas más altas del mundo (979 m), se ha convertido en el embalse de Guri, el más grande del mundo.
- **En el centro** del país se extienden **los llanos** de la cuenca del río Orinoco, cubiertos de sabana.

Ciudades principales
(millones de hab.)

Caracas	4
Maracaibo	1,4
Valencia	1,3

La población se concentra en la zona montañosa del norte. En **Caracas** y sus "ranchitos"(*bidonvilles*) vive la quinta parte de los venezolanos (1/5).

Población

• **Densidad** (hab./km²)	24
Población urbana (%)	92
• **Crecimiento** (%)	2,3
Edad 0-15 años (%)	36
• **Fecundidad**	3
Natalidad (‰)	25
Mortalidad (‰)	4,7
Mortalidad infantil	23
• **Esperanza de vida** (años)	73
Número de hab./ médico	600
• **Analfabetismo** (%)	9
Universidades	20
• **Diarios**	82

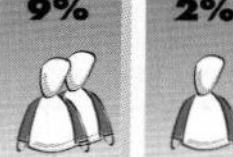

70%	20%	9%	2%
Mestizos	Origen europeo	Negros	Indígenas

Economía

- **PNB/hab.** ($) 7.770
- **Tasa de crecimiento** (%) **1997** 4,5
- **Inflación** (%) **1996** 100; **1997** 30
- **No hay déficit comercial**
- **Deuda externa** (millones de $) 35.842
- **Índice de Desarrollo Humano** 47°

En 1996 la inflación venezolana fue la más elevada de toda Latinoamérica.

Rango en el mundo

Petróleo	6°
Bauxita	7°
Gaz natural	9°
Hierro	10°

- En Venezuela las tierras cultivables representan sólo el 4% del territorio. A lo largo de la costa se cultivan **el café y el cacao** para la exportación. Sin embargo el **ganado** mayor y la **pesca** abundan.
- **El subsuelo es un tesoro de riquezas**: carbón, bauxita, hierro y gaz natural.

El petróleo, **descubierto en el Golfo de Maracaibo en los años 1930, constituye la mayor parte de las exportaciones del país.**

- Existen industrias textiles, alimentarias, industrias del tabaco, del caucho. Se desarrollan **una petroquímica, una siderurgia y una industria de aluminio dinámicas**.
- Basado en playas y parques naturales, el **turismo** es un sector prometedor de la economía.
- **La economía informal** representa el 20% de las actividades económicas.

Caracas

* Puesto en Hispanoamérica

Historia

Periodo prehispánico

El territorio era poblado por tribus andinas, caribes y arawakos.

Conquista

1498 Descubrimiento por Cristóbal **Colón**.

1499 Exploración por Américo **Vespucio** y A. de **Ojeda**. Dieron al territorio el nombre de Venezuela, "pequeña Venecia" por las habitaciones sobre pilares del lago de Maracaibo.

1567 Fundación de **Caracas**

Independencia

1821 Tras el fracaso del General Miranda, Simón **Bolívar** venció a los realistas en Carabobo. Venezuela formó parte de **Gran Colombia**.

1830 Se separó de Gran Colombia. Se sucedieron entonces guerras civiles.

Siglo XX

Descubrimiento y explotación del petróleo.

1945 Golpe de Estado de R. **Betancourt**, Jefe del partido Acción Democrática (**A.D.**)

1958 Democracia: Betancourt elegido Presidente. Entonces alternaron en el poder los partidos Democracia Cristiana y A.D.

1976 C. Andrés **Pérez** (A.D.), Presidente, nacionalizó la industria petrolera.

1992 Dos golpes de estado fracasaron.

1993 El Presidente Pérez fue suspendido en su cargo bajo la acusación de corrupción.

1994 R. **Caldera**, Presidente.

Escritores y hombres políticos

Los dos escritores venezolanos más famosos, partidarios de la democracia, desempeñaron un papel político en su país.

Rómulo Gallegos fue Presidente de la República en 1948. **Uslar Pietri** fue delegado permanente en la UNESCO.

- **1884-1969 R. Gallegos**
  1929 Doña Bárbara,
  1958 Premio Nacional de Literatura
- **Arturo Uslar Pietri** (nacido en 1906)
  1931 Las lanzas coloradas
  1990 La visita en el tiempo

Música

Danzas típicas: el joropo; el pasillo venezolano.

Canciones: Cantos de trabajo, cantos de los «llanos».

Instrumentos musicales
- el arpa criolla;
- el cuatro (guitarra de 4 cuerdas).

Ecuador

Lema
"Dios, Patria y Libertad"

Nombre oficial: *República del Ecuador*
Superficie: *270.670 km²*
Población: *11,5 millones * 7°*
Capital: *Quito (2.850 m)*
Fiesta nacional: *10/08 (Independencia)*
Constitución vigente: *1978*
Presidente elegido por 4 años.
Moneda: *el sucre*
Idiomas: *español y quechua*

Geografía

Las islas **Galápagos** son una reserva natural de gran valor científico.

3 regiones del oeste al este

1- La Costa Pacífica
es una llanura fértil.

2- En las Cordilleras andinas
se ubican volcanes altísimos como el Chimborazo (6.310 m) y el Cotopaxi, todavía activo (5.896 m).
El altiplano central está a una altitud media de 2.800 m.

3- La selva amazónica
cubre la región del Oriente.

Ciudades principales

(millones de hab.)

Quito	1,4
Guayaquil	1,8

Población

• **Densidad** (hab./km²)	43
Población urbana (%)	58
• **Crecimiento** (%)	2,2
Edad 0-15 años (%)	38
• **Fecundidad**	3,5
Natalidad (‰)	25
Mortalidad (‰)	6
Mortalidad infantil	**50**
• **Esperanza de vida** (años)	69
Número de hab./ médico	800
• **Analfabetismo** (%)	25
Universidades	19
• **Diarios**	36

45%	40%	10%	5%
Mestizos	Indígenas	Origen europeo	Negros

Economía

• **PNB/hab.** ($)	4.190
• **Tasa de crecimiento** (%)	1,8
• **Inflación** (%)	25
• **No hay déficit comercial**	
• **Deuda externa** (millones $)	14
• **Índice de Desarrollo Humano**	72°

Rango en el mundo

Camarones	1°
Plátanos	3°
Cacao, café	8°

• **La pesca** es muy abundante gracias a la corriente marítima fría de Humboldt.

• **El 30% de la población se dedica a la agricultura**. Se exportan madera, caucho de la selva oriental, café, cacao, plátanos, cítrico y soja.
Pero el cuarto de la población sufre de una grave subalimentación.

• **El petróleo es la gran riqueza del país:** representa más del 50% de las exportaciones.

• **Existen varias industrias**: industria alimentaria (harina de pescado), textil, papel y refinerías de petróleo. Se desarrollan la petroquímica y la siderurgia.

Historia

Periodo prehispánico

Siglo XV Los incas sometieron a los pueblos de la región y asentaron su capital en Quito.

Conquista

1524-26 Descubrimiento por F. Pizarro.

1531-35 Fundación de Guayaquil.

1536 Fundación de Quito. Explotación de las minas de oro.

Independencia

1822 El General **Sucre** venció a los españoles en la batalla de Pichincha. Ecuador formó parte de **Gran Colombia**.

1830 República independiente (se separó de Gran Colombia). Lucharon por el poder los liberales de Guayaquil (que desarrollaban sus exportaciones agrícolas) y los conservadores de Quito.

Siglo xx

1967 Descubrimiento de yacimientos de petróleo en la región del Oriente.

1972 «Boom» petrolero.

1990 Sublevación indígena organizada por la Confederación de Nacionalidades Indígenas de Ecuador (**CONAIE**).

* Puesto en Hispanoamérica

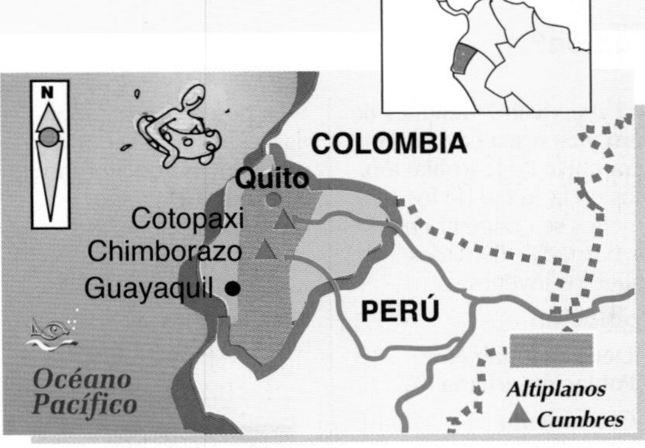

1992 El Presidente Borja entrega tierras a los indígenas.

1994 La O.N.U. nombra a J. **Ayala Lasso** Alto Comisario para los Derechos Humanos. **Sublevación de los indígenas** contra una nueva ley agraria.

1995 S.D. **Ballen**, Presidente, aplica un **plan de austeridad**.

Nuevo **conflicto con Perú.** Ecuador ha reivindicado tres provincias peruanas desde el siglo XVI.

1996 A. **Bucaram**, Presidente.

1997 Bucaram **destituido**.

El nombramiento de F. **Alarcón** como Presidente fue aprobado por referéndum por el pueblo.

1998 J. **Mahuad**, Presidente

Un gran novelista ecuatoriano

1906-1978 **Jorge Icaza** novelista indigenista
1934 Huasipungo (novela)

La música andina

(Bolivia, Perú, Ecuador y Chile)

Heredera de las tradiciones religiosas de los incas, está basada en los instrumentos de viento porque los indígenas no conocían los instrumentos de cuerda antes de la llegada de los españoles.

Unos instrumentos de viento tradicionales

- **la quena** fabricada en el pasado con un hueso de pata de condor
- **la flauta de Pan**:
  - **la antara** (o el rondador) con una sola línea de tubos;
  - **la siku** (o la zampoña) que tiene dos líneas de tubos.

Unos instrumentos típicos del folclore indígena

- **el charango**, imitación de la guitarra con el caparazón del armadillo (tatou).
- **percusiones: cascabeles** de conchas o Chilchil (Ecuador), **la huankara** (Bolivia), **el bombo** (tambor de piel y madera)

Canción y danza

- Una canción indígena nostálgica: **el yaraví**
- Una danza incaica: **el huayno**

Músicos

- Un gran compositor boliviano: Eduardo **Caba** (*Poema del Charango, Dos aires indios*)
- Dos grupos bolivianos de fama internacional: **Rumillajta** y los **K'jarkas** (¡creadores de la música que inspiró la Lambada!)

Perú

Lema
"Firme y feliz por la unión"

Nombre oficial: *República del Perú.* *(de "Beru", nombre del primer indígena encontrado por los españoles)*
Superficie: *1.285.200 km²*
Población: *23,5 millones * 4°*
Capital: *Lima*
Fiesta nacional: *28/07 (Independencia)*
Constitución vigente: *1993*
Presidente elegido por 5 años, reeligible.
Moneda: *el sol*
Idiomas: *español, quechua y aymará.*

Geografía

3 regiones del oeste al este

1- La Costa, faja estrecha de 60 a 170 km de ancho, árida. Ciertos años, en diciembre, la corriente cálida llamada **El Niño** desencadena lluvias torrenciales e inundaciones.

2- La Sierra: las dos **Cordilleras de los Andes**, encierran **el altiplano de la Puna** (4.000 m de altitud media) donde vive la mayoría de la población.

El punto culminante es el Nevado Huascarán(6.768 m).

Titicaca **es el lago navegable más alto del mundo** (3.812 m). El Perú lo comparte con Bolivia.

3- Una selva inmensa
Tropical húmeda, atravesada por el **Amazonas**, ocupa más de la mitad del país.

Ciudades principales

(millones de hab.)

Lima	7
Arequipa	0,8
Cuzco	0,13

* Puesto en Hispanoamérica

En Lima viven 7 millones de peruanos o sea casi la tercera parte de la población. Más de la mitad de los limeños se concentra en las barriadas, llamadas «pueblos jóvenes».

Población

• **Densidad** (hab./km²)	18
Población urbana (%)	72
• **Crecimiento** (%)	1,8
Edad 0-15 años (%)	36
• **Fecundidad**	3
Natalidad (‰)	26
Mortalidad (‰)	7
Mortalidad infantil	55
• **Esperanza de vida** (años)	66 / 62
Número de hab./médico	1.900
• **Analfabetismo** (%)	18
Universidades	35
• **Periódicos**	59

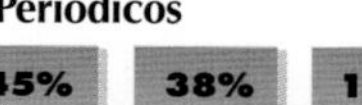

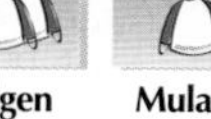

45%	38%	15%
Mestizos	Origen europeo	Mulatos

Economía

• **PNB/hab.** ($)	3.610
• **Tasa de crecimiento** (%) **1994** 14 - **1996**	2,8
• **Inflación** (%)	11,8
• **Déficit comercial** (millones $)	3.600
• **Deuda externa** (millones $)	30.800
• **Índice de Desarrollo Humano**	89°

Rango en el mundo

Pesca	2°
Plata	2°
Estaño	3°
Cinc	4°
Plomo	5°
Cobre, oro, hierro	6°

• **La pesca** es muy abundante gracias a la corriente marítima fría de Humboldt. Se exporta **el guano** producido por las aves.

Ganado típico de los Andes, **las llamas** dan lana, leche y carne. Sirven también para transportar cargas.

Llama

La agricultura ocupa el 30% de la población pero es muy poco productiva. La población depende de la importación de alimentos. **Casi la mitad de los peruanos están subalimentados**.

El cultivo de **la coca** es muy rentable. Una parte significativa de las actividades económicas está sujeta al **narcotráfico.**

• **El subsuelo es rico. Las minerías representan el 90% de las exportaciones.** Perú tiene **petróleo**, gaz natural e hidroelectricidad (el 60% de la producción de electricidad nacional).

• **El "Fujichoque" de los 90**, la revolución ultra-liberal impuesta por el Presidente, permitió reducir la inflación pero acarreó una caída del poder adquisitivo del 60% y el aumento del paro y de la miseria general.

• Se desarrolla **el turismo cultural**

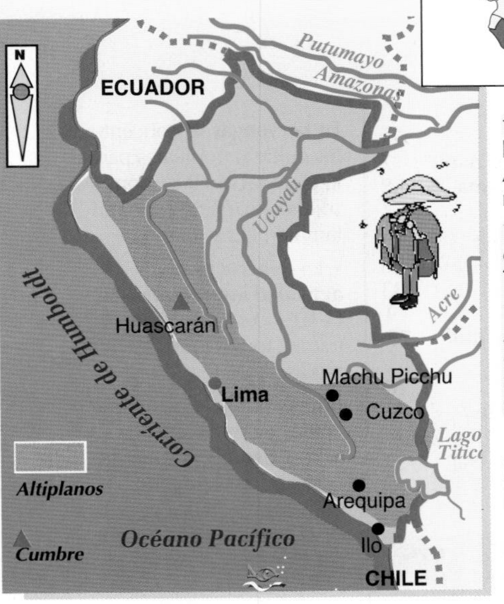

Historia

Periodo prehispánico

Culturas de Chavín, Moche, Nazca, Chimú.

1000 d. C. aymaras y quechuas.

Siglo XIII Leyenda del primer Inca, **Manco Cápac**, hijo del sol que fundó **Cuzco**.

Descubrimiento

1526 Exploración por **Pizarro** y **Almagro**.

1527 Atahualpa, emperador de Quito y su hermano, **Huáscar**, emperador de Cuzco.

Conquista

1531 F. Pizarro llegó con 178 hombres y 22 caballos.

1532 Hizo prisionero a Atahualpa en Cajamarca.

1535 Fundación de **Lima**.

1538 Almagro fue ejecutado por orden de Pizarro.

1541 Diego, hijo de Almagro, mató a Pizarro.

1572 Rebelión del indígena **Túpac Amaru**

1781 Túpac Amaru (II), el último rebelde inca fue asesinado.

1824 Independencia

1821
El General **San Martín** penetra en el Perú y proclama la Independencia.

1824 El General **Sucre**, lugarteniente de Bolívar, aplasta la última resistencia española.

1879-83 Guerra del Pacífico: el Perú y Bolivia, aliados, fueron vencidos por Chile.

Siglo XX

Sucesión de dictaduras militares.

1924 Nació la Alianza Popular Revolucionaria Americana (**APRA**), partido político antiimperialista, obrerista e indigenista.

1968 Nacionalizaciones, reforma agraria.

1970 Terremoto (50.000 muertos)

1980 Primeros ataques de **Sendero Luminoso** (**S.L.**), movimiento maoísta.

1983 Atentados del Movimiento Revolucionario Túpac Amaru (**MRTA**), marxista guevarista.

1990 A. Fujimori (de origen japonés), Presidente, vencedor de M. Vargas Llosa.

1992 Autogolpe de Estado de Fujimori.
A. **Guzmán**, líder de **S.L.**, y V. P. **Campos**, líder del **MRTA** fueron capturados.

1995 A. Fujimori gana las elecciones presidenciales.

12/1996 El MRTA tomó 700 rehenes en la embajada japonesa. En abril de 1997 fueron liberados por el ejército y los del MRTA fueron todos asesinados.

Literatura

Poesía

1892-1938 César Vallejo
1918 Los heraldos negros
1931 Tungsteno

Prosa

1549-1616 El Inca Garcilaso de la Vega, hijo mestizo de un capitán español y de una princesa inca.
Comentarios reales

1909-1967 Ciro Alegría
1941 El mundo es ancho y ajeno

1911-1969 J. M. Arguedas
1935 Agua
1964 Todas las sangres

• **Mario Vargas Llosa** (nacido en 1936)
1962 La ciudad y los perros
1981 La guerra del fin del mundo
1994 Premio Cervantes

• **A. Bryce Echenique** (nacido en 1939)
1970 Un mundo para Julius

Bolivia

Nombre oficial: *República de Bolivia*
Superficie: *1.100.000 km². No tiene salida al mar.*
Población: *7,5 millones * 11°*
Capital: *La Paz, la capital más alta del mundo (3.700 m)*
Fiesta nacional: *6/08 (Independencia)*
Constitución vigente: *1947 Presidente elegido por 5 años.*
Moneda: *el boliviano (desde 1987)*
Idiomas: *español, quechua, aymará.*

Geografía

Relieve: 4 regiones

- **En las Cordilleras Andinas** se alzan las cumbres de Sajama (6.542 m) e Illampu (6.421 m)
- Se llama el **Altiplano** la zona de mesetas entre las dos cordilleras. Esta región de **puna** (*steppe*) tiene una altitud media de 4.000 m. Ahí se encuentran las principales ciudades. **Titicaca** es el lago navegable más alto del mundo. Bolivia lo comparte con el Perú.
- **Las "yungas"**, en el flanco oriental de la Cordillera, son valles muy fértiles.
- **Las llanuras** del este ocupan el 70% del país. Son húmedas con selvas en el norte y secas en el sur.

Ciudades principales (millones de hab.)

Las capitales

La Paz *sede del Gobierno* + sus "tambos" (*bidonvilles*) **1,2**
Sucre *capital constitucional* 0,15

Población

- **Densidad** (hab./km²) 7
  Población urbana (%) 58
- **Crecimiento** (%) 2,5
  Edad 0-15 años (%) 41
- **Fecundidad** 4,8
  Natalidad (‰) 33
  Mortalidad (‰) 9
  Mortalidad infantil **75**
- **Esperanza de vida** (años) 62
  Número de hab./médico 2300
- **Analfabetismo** (%) 22
  Universidades 10
- **Diarios** 16

65% Indígenas — 25% Mestizos — 10% Origen europeo

Economía

- **PNB/hab.** ($) 2.400
- **Tasa de crecimiento** (%) 5
- **Inflación** (%)
  1985 23.000 - **1996** 10
- **Déficit comercial** (millones $) **1987**: 300 — **1996**: 140
- **Deuda externa** (millones $) 4.749
- **Índice de Desarrollo Humano** 113°

Rango en el mundo

Antimonio	3°
Tungsteno	4°
Estaño	5°
Plata	10°

- **Casi la mitad de la población activa trabaja en el sector agrícola.** **En los Andes**, se producen los cultivos alimentarios (patatas, maíz, quinoa) y se crían llamas. La artesanía está muy desarrollada.

En las yungas se concentran los cultivos tropicales para la exportación (algodón, soja, café, té). Se exportan también gas y caucho.

- **La minería es una actividad importantísima.** El 10% de la población trabaja todavía en las minas.

A pesar de las restructuraciones de estos últimos años y de un crecimiento económico alentador, Bolivia es el país más pobre de Hispanoamérica según el I.D.H..

El cultivo de la **coca** es legal en las yungas para el consumo local. Pero los cultivos ilegales todavía son tres veces más importantes que los cultivos legales.

Historia

Periodo prehispánico

Siglo XIII Los Incas invadieron el territorio andino en que vivían los aymarás.

Conquista

1531 Llegaron los españoles al **Alto Perú**.
1545 Descubrimiento de la **plata de Potosí**.
1548 Alonso de Mendoza fundó **La Paz**.
1770 Rebelión en las minas llevada por **Túpac Katari**.

1824 Independencia

1810 Guerra respaldada por los argentinos.
1824 Victoria del General **Sucre**.

* Puesto en Hispanoamérica

1825 **S. Bolívar Presidente de la República, Sucre, Vicepresidente.** Entonces empezó un periodo de inestabilidad política y guerras civiles.

1864 Cedió a **Brasil** su salida al Océano Atlántico.

1879-83 Guerra del Pacífico (o Guerra del Salitre) de Bolivia y Perú contra **Chile**. Bolivia perdió su acceso al Pacífico.

Siglo xx

1903 Guerra del Acre (o Guerra de la Goma). Bolivia cedió a **Brasil** el territorio de Acre.

1930 Descubrimiento de **estaño** en Oruro y Potosí.

1932-35 Guerra del Chaco (o Guerra del Petróleo) contra **Paraguay**. **Bolivia** renunció al Chaco (60.000 muertos)

1941 V. **Paz Estenssoro** funda el Movimento Nacional Revolucionario (**MNR**)

1951-64 Paz Estenssoro, Presidente. Nacionalización de las minas y creación de la Corporación Minera de Bolivia (COMIBOL). Abolición de los latifundios, monopolio estatal del comercio.

1964 Sucesión de golpes militares y dictadores entre los cuales: Hugo **Banzer** (1971-78).

1967 E. **"Che" Guevara** (argentino) es ejecutado.

1978 Fundación del Movimiento Revolucionario **Túpac Katari** de Liberación (**MRTKL**).

1982 Democracia
H. **Siles Suazo**, Presidente. Empeoramiento de la situación económica.

1985 Huelga general. **Paz Estenssoro**, de nuevo presidente, aplicó el **plan de ajuste** ordenado por el FMI.

1992 Acuerdo con el **Perú** para un acceso al Pacífico en la **zona franca de Ilo** (cf. mapa p.123).

1993 G.S. de **Lozada**, Presidente. Por primera vez el Vicepresidente es un indígena aymará.

1997 H. **Banzer**, ex dictador, Presidente. Líder de la Acción Democrática Nacionalista.

Literatura

1879-1946 Alcides Arguedas embajador, novelista.
1919 Raza de bronce

- **Augusto Céspedes**, novelista.
Sangre de mestizos (sobre la guerra del Chaco)
- **Jesús Lara**, quechua, autor prolífico.
Yanakuna (sobre la vida campesina)

Lago Titicaca

Chile

Lema
"Por la razón o la fuerza"

Nombre oficial: *República de Chile*
Significaría: «en donde termina la tierra» o «frío» (nieve de los Andes).
Superficie: *- Porción americana = 757.000 km²*
- Territorio Antártico = 1.250.000 km²
Costas: *6.435 km*
Población: *14,5 millones * 6°*
Capital: *Santiago*
Fiesta nacional: *18/09 (Independencia)*
Constitución vigente: *1981*
Presidente de Estado y Gobierno elegido por 6 años (no reelegible).
Moneda: *el peso chileno ($ ch)*
Idiomas: *español, mapuche*

Geografía

Situado en el extremo sud-occidental de América del Sur, Chile se extiende como una faja larga (4.200 km) y estrecha (90 - 445 km) entre los Andes y el Océano Pacífico.
Posee numerosas tierras insulares. **La isla de Pascua** (Rapa Nui) se ubica a unos 3.500 km de la costa chilena. Son famosas sus estatuas gigantescas.

Una gran variedad de paisajes

- Las sierras:
- la Cordillera de los Andes con cumbres volcánicas muy elevadas y **el punto culminante del continente:** el Aconcagua **(7.060 m) que comparte con la Argentina.**
- la Cordillera de la Costa (altitud media: 2.000 m).

- Entre estas cordilleras, se destacan tres zonas del norte al sur:
- el desierto de Atacama (rico en salitre);
- una región central muy fértil de clima "mediterráneo", donde se concentra la población;
- al sur de Puerto Montt se extiende **una zona despoblada de clima lluvioso y frío** con lagos y bosques. Al extremo sur se multiplican fiordos e islotes. Punta Arenas es la ciudad más meridional del continente.

Ciudades principales

(millones de hab.)

Santiago	5
Viña del Mar	0,3
Valparaíso	0,28

Población

• **Densidad** (hab./km²)	19
Población urbana (%)	86
• **Crecimiento** (%)	1,6
Edad 0-15 años (%)	30
• **Fecundidad**	2,5
Natalidad (‰)	20
Mortalidad (‰)	6
Mortalidad infantil	15
• **Esperanza de vida** (años)	75 /68
Número de hab./médico	2.150
• **Analfabetismo** (%)	5
Universidades	24
• **Periódicos**	45

65%	25%	5%
Mestizos	Origen europeo	Indígenas

Los indios mapuches viven en comunidades entre el río Bío-Bío y Puerto Montt .

Economía

• **PNB/hab.** ($)	9.520
• **Tasa de crecimiento** (%)	5
• **Inflación** (%)	6
• **Déficit comercial** (mil millones $)	2
• **Deuda externa** (mil millones $)	25
• **Índice de Desarrollo Humano**	30°

Rango en el mundo

Cobre, yodo	*1°*
Pesca	*3°*
Plata	*5°*
Oro	*12°*
Vino	*16°*

La isla de Pascua

* Puesto en Hispanoamérica

- **La agricultura es muy próspera**. Se cultivan sobre todo cereales, vid y frutas. Se exportan **frutas** y verduras, **vino** y maderas. **El ganado** mayor y menor es muy importante. La corriente marítima fría Humbolt favorece la **pesca**.
- **El subsuelo es rico**. Se explotan minas gigantescas de **cobre**, plata, oro, manganeso y **salitre** y sus derivados (yodo, abonos y explosivos)…

La situación ecónomica chilena es original respecto a los otros países latinoamericanos. La libertad de mercado impuesta por Pinochet y las **privatizaciones** han atraído inversores internacionales y la industria está en plena expansión. Pero la pobreza es muy grande.

Historia

Periodo prehispánico

Chile estaba poblado por los indios mapuches llamados **araucanos** por los españoles. Los Emperadores incas intentaron en vano conquistarlos a mediados del siglo XV. Fueron los indios que opusieron la resistencia más grande a la conquista española.

Conquista

Chile fue la última parte de América conquistada por los españoles.

1520 Descubrimiento por H. **Magallanes** (portugués) por cuenta del Rey de España.

1535 Diego de Almagro trató de vencer a los araucanos y fracasó.

1540 Pedro de Valdivia consiguió establecerse en el país con sus 150 hombres que se repartieron las tierras.

1541 Fundó Santiago.

1553 Fue muerto por los araucanos.

1658 El jefe araucano **Caupolicán** fue muerto por los españoles. **Los araucanos se sometieron a fines del siglo XIX**.

1818 Independencia

1814 El Libertador B. **O'Higgins** es vencido por los realistas.

1816 El General argentino **San Martín** acude en auxilio. Con un ejército de 3.000 infantes, 1.200 soldados de caballería y 250 piezas de artillería, atraviesa los Andes, cruzando el paso de Uspallata (4.200 m de alt.), hazaña extraordinaria.

1818 San Martín ayuda poderosamente a O'Higgins en las victorias de **Chacabuco** (1817) y **Maipú** (1818).

Expansión

1879-84 Guerra del Pacífico contra el Perú y Bolivia. Chile aumentó su territorio en un tercio. Gracias a sus nuevas riquezas (salitre) del desierto de Atacama, se desarrollaron la industria y estrechas relaciones con los ingleses.

Una iglesia y su campanario típico

Chile

Desierto de Atacama

Siglo XX

1970 Salvador Allende, socialista, Presidente. Nacionalización de las minas de cobre, expropriaciones de latifundios. Situación económica catastrófica (la cotización del cobre bajó), penuria, huelgas.

1973 Un levantamiento militar (ayudado por la C.I.A.), durante el cual murió Allende (¿suicidio?), instaló en el poder al **General** Pinochet. Principio de su dictadura (más de 3.000 desaparecidos - 30.000 detenidos - 250.000 exiliados).

1988 **Los chilenos plebiscitan la** democracia. P. **Aylwin**, demócrata cristiano ganó las elecciones. Pero Pinochet quedó jefe del ejército hasta 1997. (Se convirtió entonces en senador).

1991 Acuerdo comercial con Méjico.

1993 E. Frei (demócrata cristiano) fue elegido Presidente de la República.

1995 Chile se asoció al Mercosur.

1996 Acuerdo de Libre Comercio con el Canadá.

Literatura chilena

Poesía

1533-1594 Alonso de Ercilla y Zúñiga, escritor español que tomó parte en una expedición en Chile.
1569-89 La Araucana, poema épico sobre araucanos.

1781-1865 Andrés Bello (venezolano) introdujo el romanticismo.
1847 Gramática de la lengua castellana

1893-1948 Vicente Huidobro «el creacionista», *Altazor, Vientos contrarios.*

1898-1957 Gabriela Mistral
Desolación
1938 Tala
1945 Premio Nóbel
1954 Lagar

1904-1973 Pablo Neruda comunista, amigo del Presidente Allende, fue Embajador en Francia.
Residencia en la tierra
1950 Canto general (epopeya de América)
1974 *Confieso que he vivido (*memorias).
1971 Premio Nóbel

Novela

- **José Donoso**
(nacido en 1925)
Coronación, El obsceno pájaro de la noche, El lugar sin límites, La desesperanza.
- **Isabel Allende**
(nacida en 1942)
1982 La casa de los espíritus
1994 Paula

Artes chilenas

- **Cine**

Nacido en los años 60
Cineastas comprometidos exiliados: Raúl Ruiz (Francia), **Miguel Littín** (Méjico), Helvio Soto (Francia) ...

- **Música**

La artista más conocida es **Violeta Parra** (y su familia). También **Víctor Jara** y los grupos de música andina: Arpacoa, Quilapayún e Inti Illimani.

- **Danza nacional**

La cueca, de origen araucano.

Volcán

Argentina

Nombre oficial: *República Argentina*
Superficie: *2.770.000 km²*
Población: *35 millones * 2°*
Capital: *Buenos Aires*
Fiesta nacional: *9/07 (Independencia)*
Constitución vigente: *1853 Presidente elegido cada 4 años por voto popular directo.*
Moneda: *el peso argentino*
Idiomas: *español, quechua*

Geografía

Argentina es **el país más grande de Hispanoamérica**. Comparte con Chile la **Tierra del Fuego**, una región fría con lluvia y nieve. Posee también parte de la **Antártida**.

Relieve

- Al oeste, se alza la cordillera de **los Andes con la cumbre más alta del continente: el Aconcagua (7.060 m), que Argentina comparte con Chile.** Los valles y zonas más bajas son fértiles.
- Al este, las llanuras
  - **el Chaco** al norte
  - y en el centro **la Pampa** inmensa, húmeda y muy fértil al este, con cultivos de cereales. Al oeste, la Pampa seca y estéril es la tierra de los bovinos y **los gauchos**: vaqueros (*cow-boys*).
- Al sur del río Colorado, la meseta de la **Patagonia** es árida y fría.

El Paraná y el Paraguay confluyen en el **Río de La Plata** que desemboca en el Atlántico por uno de los estuarios más anchos del mundo. **Las cataratas del Iguazú** son famosas (más altas que las del Niágara).

Ciudades principales

(millones de hab.)

Córdoba	1,2
Rosario	1,1
Mendoza	0,8

En Buenos Aires, ciudad de 10,5 millones de habitantes vive la tercera parte de la población (1/3).

Población

Densidad (hab./km²)	13
Población urbana (%)	88
Crecimiento (%)	1,3
Edad 0-15 años (%)	29
Fecundidad	2,6
Natalidad (‰)	20
Mortalidad (‰)	8
Mortalidad infantil	24
Esperanza de vida (años)	74 / 67
Número de hab./ médico	330
Analfabetismo (%)	4
Universidades	48
Periódicos	190

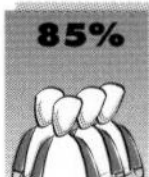
85% **Origen europeo**

14% **Mestizos**

1% **Indígenas**

Economía

PNB/hab. ($)	8.310
Tasa de crecimiento (%)	7
Inflación nula	
Déficit comercial (mil millones $)	5
Deuda externa (mil millones $)	89
Índice de Desarrollo Humano	36°

Rango en el mundo

Vino	**3°**
Soja	4°
Bovinos	5°
Maíz	6°
Algodón	8°
Té	10°
Azúcar	13°

- **Argentina fue el granero de Europa**. Le suministró cereales y carne que fueron particularmente bienvenidos por los aliados en la Segunda Guerra Mundial. Se produce trigo, maíz, soja, forrajes, azúcar y vid. **La ganadería** vacuna y ovina de la Pampa es todavía famosa. **La pesca es abundante.** La selva proporciona la yerba «**mate**» cuyas hojas dan por infusión la bebida nacional. Se consume este "té amargo" en todos los países del Río de la Plata.
- Argentina posee bastante **petróleo y gas natural** para cubrir las necesidades nacionales. Los recursos mineros (carbón, hierro) no son muy explotados.
- La industria no está muy desarrollada (productos alimentarios, textil o derivados del petróleo). Sin embargo **Argentina es el mayor productor de libros de Hispanoamérica** (5.628 títulos en 1992).

Historia

Periodo prehispánico

Vivían unos pueblos indígenas como **los guaraníes y los araucanos**.

* Puesto en Hispanoamérica

Argentina

Conquista

1516 Juan **Díaz de Solís** descubrió el Río de la Plata. Fue muerto por los indígenas.

1520 Magallanes navegó a lo largo de la costa sur. S. **Caboto** la exploró y remontó el río Paraná.

1536 Pedro **Mendoza** fundó **Buenos Aires** (BB.AA.). Los indígenas destruyeron la ciudad.

1580 Juan de **Garay** fundó de nuevo BB.AA.

1806 Los ingleses ocuparon BB.AA. pero fueron rechazados.

Independencia

1810 Revolución: Primer Gobierno criollo.

1816 Independencia de las Provincias Unidas del Río de la Plata (los actuales Argentina, Uruguay, Paraguay y Bolivia).

1817-1818 El General José **de San Martín** derrota al ejército español (batallas de Chacabuco y Maipú).

Situación de anarquía política. Desarrollo de los intercambios con Inglaterra.

1828 Independencia de la Banda Oriental o sea Uruguay.

1833 Las islas Malvinas ocupadas por los británicos.

1829-52 Dictadura de Rosas, federalista.

1865-70 Guerra de la «Triple Alianza»: Argentina, Uruguay y Brasil contra Paraguay.
Expansión económica: exportaciones de cereales y carne hacia Europa.

Principio de la inmigración masiva de españoles, italianos y franceses.

Siglo XX

1944-55 J.D. Perón, Ministro de Trabajo aplicó su doctrina del **Justicialismo**, inspirada en el fascismo. Ayudado por su carismática mujer Eva Duarte, "**Evita**", se volvió muy popular en las clases obrera y media.
En 1946 fue elegido **Presidente**.

Favoreció la **industrialización** y el comercio.
Pero creció la deuda externa y el descontento de las classes altas y de los campesinos.
Un golpe militar respaldado por los EE.UU. marcó el fin del peronismo.

Empezó otro periodo de **inestabilidad política**.

1973 Perón volvió a la presidencia pero murió en 1974. Su segunda mujer "Isabelita" lo reemplazó hasta 1976.

1976-83 Golpe de Estado. **Dictaduras militares** (Videla, Viola …) Desaparición de 30.000 personas.

1980 Pérez Esquivel, Premio Nóbel de la Paz.

1982 Derrota en la Guerra de las islas Malvinas (Malouines o Falklands) contra los británicos.

1983 Democracia
Elección de R. Alfonsín. Creó la **Comision Nacional sobre Desapariciones** (CONADEP). Siguieron las manifestaciones de las "Madres de la Plaza de Mayo", madres que piden explicaciones a los militares sobre sus hijos desaparecidos.

1989 Carlos **Menem**, justicialista, Presidente. Reelegido en 1994. Lleva una política de ajuste con privatizaciones. No es tan popular desde el indulto de la mayoría de los militares, por los escándalos que han estallado en su familia (corrupción) y por el aumento de la miseria.

Literatura

Buenos Aires fue el París de las Américas a fines del siglo XIX hasta la Segunda Guerra Mundial

La poesía

1805-1851 E. Echeverría, romántico, *El matadero*

La literatura gauchesca

Siglos XIX - XX

Se desarrolló en los países del Río de la Plata. El héroe es el gaucho valiente, nómada, que acaba por integrarse en la civilización. El gaucho lleva un poncho, bombachas (pantalons bouffants), un cinturón con monedas, botas, un sombrero y un pañuelo. Utiliza el lazo y las boleadoras. Está armado de un puñal. Come carne asada y toma mate.

1834-1886 J. Hernández, *Martín Fierro*

1874-1938 L. Lugones, modernista. *Las montañas de oro, Las fuerzas extrañas* (cuentos fantásticos).

La prosa

1811-1888 D.F. Sarmiento, *Vida de Juan Facundo Quiroga (la «argentinidad»)*

1818-1872 J. Mármol, *Amalia*

1886-1927 R. Güiraldes, *Don Segundo Sombra* (novela que exalta el mito del gaucho)

1899-1986 Jorge Luis Borges famoso por sus cuentos fantásticos pero también poeta, ensayista y crítico.
Historia universal de la infamia
1941 Ficciones
1949 El Aleph
1970 Historia de la noche

- **E. Sábato** (nacido en 1911)
1948 El Túnel
1961 Sobre héroes y tumbas

- **A. Bioy Casares** (nacido en 1914). Publicó con Borges y S. Ocampo una *Antología de la literatura fantástica* (*1940*)

1914-1984 Julio Cortázar, nacionalizado francés en 1981. Famoso por sus cuentos fantásticos pero también poeta y novelista.
1951 Bestiarios
Las armas secretas, Rayuela
1973 Libro de Manuel

Música

Dos compositores argentinos

- **El guitarrista Atahualpa Yupanqui** escribió más de 1.500 canciones que dieron a conocer el folclore popular heredado de la cultura incaica.
- **A. Ginastera** se inspiró también en el folclore argentino en sus obras maestras: *Concierto argentino, Sinfonía porteña.*

El tango

El tango, baile y canción, nació en los barrios bajos de Buenos Aires a principios del siglo XX. Es una música lenta muy nostálgica. 1890-1939 Carlos Gardel nacido en Francia y emigrado a BB.AA. a los tres años, dio su popularidad al tango. Lo hizo conocer en Francia en los años 1930 y luego en todo el mundo. A. Piazzola fue un gran compositor de tango de los años 1980.

El cine argentino

Algunos realizadores:

- **T. Nilson**
La casa del ángel (1957), Martín Fierro (1968).
- **F. Solanas**
El exilio de Gardel (1985), Sur (1989), El viaje (1992).
- **A. Aristarain**
Un lugar en el mundo (1992)

Estrellas deportivas

- **J. Manuel Fangio**, campeón del mundo de Formula I en los años 50.
- **Maradona**, futbolista.
- **Gabriela Sabatini**, tenista.

Paraguay

Lema
"Paz y Progreso"

Nombre oficial: *República del Paraguay*
Superficie: *406.750 km²*
No tiene salida al mar.
Población: *5 millones * 14°*
Capital: *Asunción*
Fiesta nacional: *14/05 (Independencia)*
Constitución vigente: *1992*
Presidente elegido por 5 años. No reelegible.
Moneda: *el guaraní*
Idiomas *oficiales: el español y el guaraní desde 1992.*

Geografía

El clima es subtropical con dos estaciones al año y lluvias violentas.

Relieve: 2 regiones divididas por el río Paraguay

- **Al este, planicies fértiles** con unas montañas de altitud modesta, donde se concentra la mayoría de la población.
- **Al oeste**, la gran llanura **del Chaco** que forma las dos terceras partes del país (2/3), con **selvas** en el norte.

Los dos principales ríos, **el Paraguay y el Paraná**, son navegables y permiten la comunicación con el Océano Atlántico.

Capital (millones de hab.)

Asunción	0,5

Población

• **Densidad** (hab./km²)	13
Población urbana (%)	52
• **Crecimiento** (%)	2,5
Edad 0-30 años (%)	70
• **Fecundidad**	4
Natalidad (‰)	30
Mortalidad (‰)	6
Mortalidad infantil	**40**
• **Esperanza de vida** (años)	68
• **Analfabetismo** (%)	50
Universidades	2
• **Diarios**	5

Mestizos

Origen europeo

Indígenas

Economía

• **PNB/hab.** ($)	3.650
• **Tasa de crecimiento** (%)	1,3
• **Inflación** (%)	8
• **Déficit comercial** (mil millones de $)	1,3
• **Deuda externa** (mil millones de $)	2
• **Índice de Desarrollo Humano**	94°

- **Paraguay es un país agrícola.** La mitad de la población cultiva el 5% de las tierras (maíz) y cría ganado bovino para la carne y la leche. Se exportan **soja, algodón,** vino y carne. Se explotan también madera de las selvas del norte y mate.

- La gran riqueza energética del país es la **hidroelectricidad**. En 1984, en el **río Paraná** se ha construido con Brasil **la represa de Itaipú**, la mayor del mundo. Ahora Paraguay no sólo se autoabastece en electricidad sino que la exporta a Brasil, Uruguay y Argentina.

Historia

Periodo prehispánico

Vivían en este territorio **los indígenas guaraníes**.

Conquista y colonización

1521 Descubrimiento por Alejo **García**.

1526 Exploración de los ríos Paraná y Paraguay por S. **Caboto**. Conquista por J. de Ayolas, G. de Mendoza.

1537 Fundación de Asunción.

Siglo XVII Los jesuitas colonizaron el país desarrollando **reducciones**, o sea misiones donde los guaraníes convertidos vivían en comunidad.

1767 Expulsión de los jesuitas por orden de Carlos III, Rey de España. (Formaban un Estado próspero dentro del Estado).

1811 Independencia

1813-40 República: dictadura de G. **Rodríguez Francia**, aislacionista (cerró las fronteras). Tomó los bienes de los latifundistas y de la Iglesia.

1844-70 Dictadura de los López. Abrió las fronteras (nacionalizó el comercio exterior) e hizo construir la primera vía férrea latinoamericana.

1864- 70 Guerra de la Triple Alianza contra sus tres vecinos (Argentina, Brasil y Uruguay) que condenaban su falta de liberalismo económico.

* Puesto en Hispanoamérica

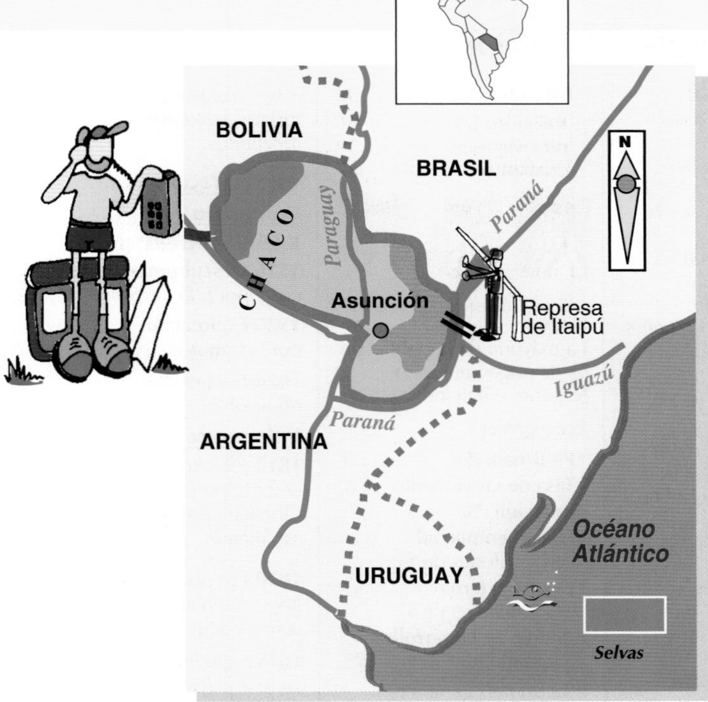

Murieron más de las dos terceras partes de la población (el 80% de los hombres) y **el país, arruinado, perdió más del tercio de su territorio**.

Empezó la lucha por el poder entre el Partido político **Azul** (liberal) y el Partido **Colorado** (conservador).

Siglo XX

1932-35 Guerra del Chaco contra Bolivia. Paraguay fue victorioso (50.000 muertos) pero no se descubrió mucho petróleo en esa región.

1954-89 Dictadura del General Stroessner, la más larga del continente americano. Se apoyó en el Partido Colorado.

1989 Democracia: después de su golpe de estado, el General **Rodríguez** fue elegido Presidente.

1991 Mercosur: Mercado Común entre Argentina, Paraguay, Uruguay y Brasil.

1993 J. Carlos **Wasmosy** (P. Colorado), Presidente. Fracaso del levantamiento del General L. Oviedo.

1998 M. **Cubas**, amigo de Oviedo, Presidente.

Un escritor de fama internacional

Augusto Roa Bastos (nacido en 1917). Periodista, escribió poemas, cuentos y novelas. Se exilió en Argentina en 1947.

1960 Hijo de hombre (sobre la Guerra del Chaco),

1974 Yo, el Supremo (sobre el dictador Francia).

El folclore popular

Se hizo conocer con las danzas típicas, la polka paraguaya y la galopa, acompañadas por el arpa criolla y la guitarra.

Uruguay

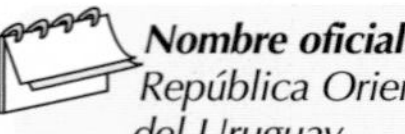

Lema
"Con Libertad no ofenso ni temo"

Nombre oficial: *República Oriental del Uruguay*
Superficie: *176.200 km²*
Costas: *660 km*
Población: *3,5 millones 16°*
Capital: *Montevideo*
Fiesta nacional: *25/08 (Independencia)*
Constitución vigente: *1966*
Presidente elegido por 5 años.
Moneda: *el peso uruguayo*
Idioma: *español*

Geografía

Uruguay es el país más pequeño de América del Sur. La isla de Lobos tiene el faro más potente de Suramérica.

Relieve y clima

Es un país de colinas, las "cuchillas", y llanos. El clima es templado y saludable con lluvias durante todo el año. En invierno sopla "el pampero", un viento frío.

Capital

(millones de hab.)

Montevideo 1,5

En Montevideo vive la mitad de la población.

Población

- **Densidad** (hab./km²) 18
  Población urbana (%) 90
- **Crecimiento** (%) 0,6
  Edad 0-15 años (%) 24
- **Fecundidad** 2,3
  Natalidad (‰) 17
  Mortalidad (‰) 10
  Mortalidad infantil 20
- **Esperanza de vida** (años) 73
- **Analfabetismo** (%) 3
  Universidades 6

- **Diarios** 32
- **Religión** (%):
  no religiosos 39
  cristianos 57

85%	10%	5%
Origen europeo	Mestizos	Mulatos

La mayoría de la población es de origen europeo (español e italiano).

Economía

- **PNB/hab.** ($) 6.630
- **Tasa de crecimiento** 4,8
- **Inflación** (%) 42
- **Déficit comercial** 0,6 (mil millones de $)
- **Deuda externa** 5 (mil millones de $)
- **Índice de Desarrollo Humano** 37°

- **Es un país ganadero** y agrícola. Se crían ovinos, bovinos, cerdos y caballos. Se cultiva trigo, maíz y cebada.
La pesca se desarrolló y es abundante.

- Tiene pocos recursos mineros y energéticos.
Pero la hidroelectricidad cubre el 95% de las necesidades del país.

- Las costas atraen a turistas, sobre todo argentinos.

Historia

Conquista y colonización

1516 Descubrimiento de la costa por J. D. de **Solís**.

1526 Exploración por S. **Caboto.**

1624 Los jesuitas desarrollaron sus misiones.

Independencia

1810 José **Artigas** sublevó el territorio llamado "Banda Oriental" y venció a los españoles.

1820 Los portugueses impusieron su dominación, venciendo a Artigas.

1825 Expedición de "los Treinta y tres" patriotas de Lavalleja contra Brasil.

1828 Tras la mediación inglesa se creó la República de Uruguay, un Estado "tapón" entre Argentina y Brasil.

Inestabilidad política

1839 Disensiones a veces muy graves, entre **Blancos** (terratenientes conservadores) y **Colorados** (comerciantes liberales de Montevideo).

El Partido Colorado se mantuvo en el poder hasta 1959.

1865-70 Guerra de la Triple Alianza (con Argentina y Brasil) contra Paraguay.

Montevideo

* Puesto en Hispanoamérica

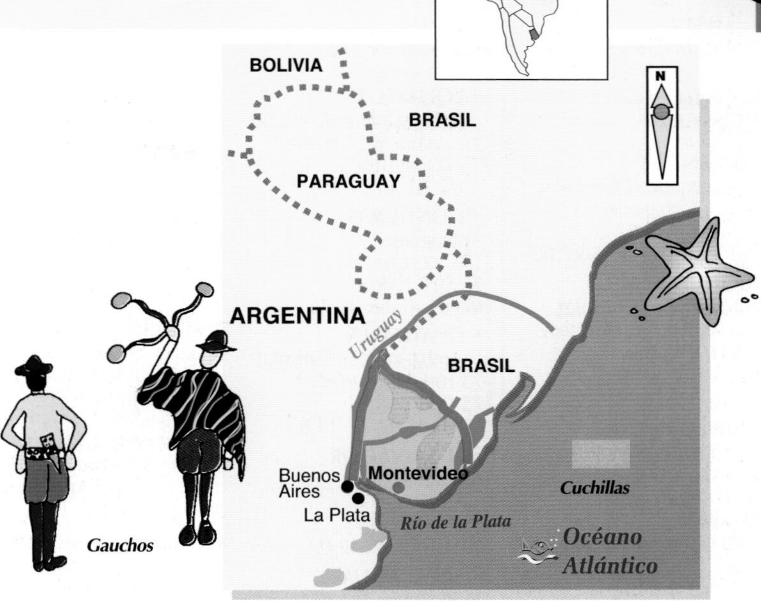

Siglo xx

1918 Constitución democrática.

En los años 30-40, el país, próspero y pacífico fue considerado como "**la Suiza de América**".

1955 La baja de los precios de la lana y la carne acarreó **dificultades económicas** crecientes.

1963 Nació el Movimento de Liberación Nacional (**MLN**) de los **Tupamaros** (extrema izquierda). (Vea Túpac Amaru p.123).

1973-84 Dictadura militar de A. Méndez. (80.000 presos políticos, 500.000 exiliados)

1984 Democracia
El colorado **Sanguinetti**, Presidente.

1989 Ley de amnistía para los militares.

1991 Argentina, Brasil, Paraguay y Uruguay firmaron el acuerdo **Mercosur**.

1994 Sanguinetti ganó de nuevo las elecciones presidenciales.

Literatura

Poesía

1855-1931 J. Zorrilla de San Martín, *La epopeya de Artigas.*

Prosa

1878-1938 Horacio Quiroga, apodado "el Kipling americano", introdujo el cuento fantástico.
1921 Cuentos de la Selva
1923 Anaconda.

1909-1994 Juan Carlos Onetti, se exilió dos veces en Buenos Aires y acabó su vida nacionalizado español.
La vida breve, El astillero, Juntacadáveres

1979 Dejemos hablar al viento.

1980 Premio Cervantes.

Eduardo Galeano (nacido en 1940) Periodista, ensayista, novelista.
1971 Las venas abiertas de América Latina (ensayo).

Mario Benedetti (nacido en 1920) Poeta, ensayista, cuentista y novelista.
Montevideanos.

Una música popular de origen español

Son típicas la danza nacional, **el pericón**, nacido en el siglo XVIII, y **la payada**, una canción gauchesca que se improvisa con guitarra.

Ambassades & Consulats

• **ARGENTINE**
Ambassade et Consulat
6 rue Cimarosa
75 116 PARIS
tél / fax: 01 44 05 27 00

• **BOLIVIE**
Ambassade et Consulat
12 avenue du Pdt. Kennedy
75 016 - PARIS
tél: 01 42 24 93 44

• **CHILI**
Ambassade
2 avenue de la Motte-Piquet - 75 007 PARIS
tél: 01 44 18 59 60
Consulat
64 bd de Latour- Maubourg
75007 PARIS
tél: 01 47 05 46 61

• **COLOMBIE**
Ambassade
22 rue de l'Elysée
75 008 PARIS
tél: 01 42 65 46 08
Consulat
12 rue de Berri
75 008 PARIS
tél: 01 53 93 91 91

• **COSTA RICA**
Ambassade et Consulat
78 avenue Emile Zola
75 015 PARIS
tél: 01 45 78 96 96
Consulat
tél: 01 40 50 61 61

• **CUBA**
Ambassade et Consulat
14-16 rue de Presles
75015 PARIS
tél: 01 45 67 55 35

• **REPUBLIQUE DOMINICAINE**
Consulat
24 rue Vernier
75 017 PARIS
tél: 01 44 09 98 88

• **EQUATEUR**
Ambassade et Consulat
34 avenue de Messine
75 008 PARIS
tél: 01 45 61 10 21

• **HONDURAS**
Ambassade
8 rue Crevaux
75 016 PARIS
tél: 01 47 55 86 45

• **GUATEMALA**
Ambassade et Consulat
73 rue de Courcelles
75 008 PARIS
tél: 01 42 27 78 63

• **LE SALVADOR**
Ambassade
12 rue Galilée
75 116 PARIS
tél: 01 47 20 42 02

• **NICARAGUA**
Ambassade
34 avenue Bugeaud
75 116 PARIS

• **PEROU**
Ambassade
50 avenue Kléber
75 116 PARIS
tél: 01 53 70 42 00
Consulat
102 avenue des Champs Elysées - 75 008 PARIS.
tél: 01 42 89 30 13

• **PANAMA**
Ambassade
145 avenue Suffren
75 015 PARIS
tél: 01 47 83 23 32

• **PARAGUAY**
Ambassade
1 rue Saint Dominique
75 007 PARIS
tél: 01 42 22 85 05

• **URUGUAY**
Ambassade
15 rue Le Sueur
75 016 PARIS
tél: 01 45 00 81 37
Consulat
tél: 01 45 00 53 32

• **VENEZUELA**
Ambassade
11 rue Copernic
75 016 PARIS
tél: 01 45 53 29 98
Consulat
tél: 01 47 55 00 11

Tourisme

Les pays les plus touristiques d'Amérique Latine sont surtout **le Méxique et le Guatémala, Cuba et la République Dominicaine**, puis **le Pérou, la Bolivie, le Chili et l'Argentine**.

• **Formalités**

Pour s'y rendre, il suffit d'un passeport valable au moins 6 mois après son retour en France (ou ailleurs !).
Une carte de tourisme est obligatoire pour Cuba et la République Dominicaine.
Pour certains, le vaccin contre la fièvre jaune et un traitement paludéen sont recommandés.

Conseils indispensables

Pour les Andes, du fait de l'altitude, il faut s'équiper en vêtements chauds quelle que soit la saison.

Partout, il faut prévoir de se munir de dollars en petites coupures.

Le courant peut être de 110 volts, aussi il est nécessaire d'avoir un adaptateur pour les prises électriques dites américaines.

- **MEXIQUE**

Office du tourisme
4 rue Notre-Dame des Victoires - 75 002 PARIS
tél: 01 42 86 56 20
Heure locale
GTM + 4 / 12 h de vol

- **GUATEMALA**

Office du tourisme
73, rue de Courcelles - 75 008 PARIS
tél: 01 42 27 92 63
Heure locale
GTM + 4 / 12 h de vol

- **CUBA**

Office du tourisme
280, bd Raspail
75 014 PARIS
tél: 01 45 38 90 10
Heure locale
GTM + 5 / 8h de vol

- **REPUBLIQUE DOMINICAINE**

Office du tourisme
11 rue Boudreau
75 009 PARIS
tél: 01 43 12 91 91
Heure locale
GTM + 5 heures/9h de vol

- **CHILI**

Tourisme France Chili
114 rue Vaugirard
75006 PARIS
tél: 01 45 44 56 80

Séjours linguistiques

- **COSTA RICA**
La escuela de idiomas d'Amore
Manuel Antonio
P.O. BOX 67 QUEPOS

- **CURSOS EN ECUADOR**
Estudio Internacional Sampere
Lagasca, 16 - E-28001
MADRID - ESPAÑA

Centres culturels, centres de recherche

- **MAISON DE L'AMERIQUE LATINE**
217 bd St Germain
75 007 PARIS
tél: 01 49 54 75 00
fax: 01 45 49 06 33
Programme trimestriel des expositions, conférences

- **INSTITUT DE L'AMERIQUE LATINE**
38 rue St Guillaume
75 008 PARIS
tél: 01 44 39 86 00
fax: 01 45 48 79 58

Centre des périodiques
Tous les après-midi: 14-18 h
Lundi, mercredi, vendredi: 10h-13h

Bibliothèque
Tous les jours (sauf samedi): 10h-18h
Mer: 14h-20h

- **UNION LATINE**
131 rue du Bac
75 007 PARIS
tél: 01 45 49 60 60
fax: 01 45 44 48 97

- **DIFFUSION DE L'INFORMATION SUR L'AMERIQUE LATINE D.I.A.L.**
38 rue du Doyenné
69 005 LYON
tél: 04 72 77 00 26

- **ASSOCIATION FRANCE-AMERIQUE LATINE**
18, rue du Congo
92 100 PANTIN
tél: 01 48 46 17 35

- **GROUPE DE RECHERCHE SUR L'AMERIQUE LATINE (GRAL)**
Université de Toulouse - Le Mirail, Maison de la Recherche -
5 allée Antonio-Machado
31 058 TOULOUSE cdx
tél: 05 61 50 44 16
fax: 05 61 50 49 25

Cinéma, radio, internet

- **CINÉMA LE LATINA**
20 rue du Temple
75 004 PARIS
tél: 01 42 78 47 86

- **FRANCE MEXIQUE CINÉMA**
104 rue Oberkampf
75 011 PARIS
tél: 01 43 57 99 77

- **RADIO LATINA**
99 FM dans la région parisienne.
12 rue Dessous-des Berges - 75 013 PARIS
tél: 01 44 06 99 00
fax: 01 44 06 99 19

- **SITES INTERNET ET CYBER CAFÉS**

http://www.mundolatino.org

Moteurs de recherches :
http://www.cabalgata.com/buscadores.html

Cybercafé latino
13 rue de l'Ecole Polytechnique
75 005 PARIS

Librairie Colombie
113 rue du Cherche-Midi
75 006 PARIS

La U.E., Iberoamérica

Iberoamérica y España

Copropietarias de la misma lengua, España y Iberoamérica comparten un pasado y una cultura común, la reciente experiencia de transición democrática y un crecimiento económico rápido.
Se enfrentan también a problemas semejantes.

• Están en la periferia de regiones más ricas y poderosas (Europa y los EE.UU.)

• Tienen una red de Pymes (pequeñas y medianas empresas) familiares no bastante desarrolladas y dependen demasiado de las inversiones extranjeras.

• Su economía informal es importante, por el paro y la pobreza.

• Luchan contra el narcotráfico (España es una entrada para la droga en Europa). Además algunos Gobiernos enfrentan grupos armados de oposición (ETA en España y diversos movimientos revolucionarios en América Latina.

Desde los años 80, los dos ejes centrales de la política española son Europa e Iberoamérica.

Felipe González señaló la necesidad de que España estrechara sus relaciones con Iberoamérica. España quiere servir de puente entre la U.E. y el continente latinoamericano para ser el intermediario en los sectores económicos y comerciales. **Los vínculos** que unen a España con los países iberoamericanos **van consolidándose** en los campos cultural, económico y científico-tecnológico. En el campo de la educación, ya se han creado programas pedagógicos comunes de televisión.

Además España tiene un **Instituto de Cooperación Iberoamericana** y firmó **Tratados de cooperación y amistad**.

El proyecto de una Comunidad iberoamericana de Naciones, sugerido por el Rey Juan Carlos por primera vez en 1976, es muy popular en España.

Las conferencias iberoamericanas

Juan Carlos fue el primer Rey español que visitó los países hispanos.
El 12 de octubre de 1990, con el Presidente mejicano C. Salinas anunció la celebración de **la Iª cumbre de los Jefes de Estado y Gobierno de Iberoamérica, España y Portugal**.
Desde 1991 tiene lugar cada año este foro de concertación y cooperación para el desarrollo y progreso político, económico y social y un papel creciente en el escenario mundial.

1991 **Iª cumbre**: Méjico
1992 II cumbre: Madrid
1993 III cumbre: Brasil
1994 IV cumbre: Colombia
1996 VI cumbre: Chile
1997 VII cumbre: Venezuela

La conmemoración del V centenario

En 1992 se conmemoró el Quinto Centenario del "encuentro" entre España y América Latina. España proyectó en el mundo la imagen de un país moderno y creativo e impulsó la cooperación con los países iberoamericanos.
Se inauguró en Madrid la **Casa de América**, centro de encuentros e intercambios culturales entre España e Iberoamérica.

Sin embargo hay que señalar que en América Latina muchas organiza-ciones rechazaron la Celebración, considerando que 1492 había sido más bien el principio de un genocidio.

VII cumbre iberoamericana

Iberoamérica y los EE.UU.

• Desde el siglo XIX los EE.UU. se interesaron por las riquezas latinoamericanas. Después de la II Guerra Mundial fueron el primer socio económico de sus vecinos del sur. Desempeñaron entonces un papel político muy importante.

Siempre han dominado la Organización de Estados Americanos (OEA), fundada **en 1949**, de la cual Cuba todavía queda excluida hoy día.

• **Según la "Iniciativa para las Américas" tomada en 1990 por G. Bush**, Presidente de los EE.UU., y reactivada por su sucesor **B. Clinton en 1994**, todos los tratados comerciales latinoamericanos actuales podrían desembocar pronto en **una zona de intercambios libres entre los 34 países del continente y del Caribe**.

Así Méjico fue invitado al T.L.C. en 1992 y, desde 1990, las inversiones norteamericanas en Latinoamérica se han multiplicado. En el Mercosur han sido tres veces más importantes que las inversiones europeas.

Pero este proyecto de una América unida "desde Alaska hasta la Tierra del Fuego", previsto para ser vigente en el año **2005**, **no es tan popular en los países hispanoamericanos.**

Los bloques regionales temen ser absorbidos. Además el acercamiento a la U.E. les parece también muy atractivo.

Iberoamérica y Europa

• Los intercambios entre Iberoamérica y Europa han sido escasos hasta estos últimos años. Pero el crecimiento económico actual y la nueva estabilidad política de los países iberoamericanos les han convertido en socios atractivos.

Desde 1991 el **Banco Europeo de Inversiones** se abrió a proyectos de países latinoamericanos, sobre todo en el Mercosur. De hecho la U.E. es el primer socio económico del Mercosur para los intercambios y las ayudas.

• La U.E. ha respaldado siempre los proyectos latinoamericanos de integración regional.

En 1995 se ha enfocado el proyecto de una zona comercial libre entre la U.E. y el Mercosur para 2005, la mayor del mundo. Una cumbre entre los Jefes de Gobierno de la U.E. y del Mercosur está prevista para 1999.

Francia

• Tiene también la voluntad de acercarse a Iberoamérica. Los países iberoamericanos comparten un vínculo privilegiado con Francia: sus códigos civiles vienen del código napoleónico.

• En 1997, en su visita a Latinoamérica, el Presidente J. Chirac se hizo portavoz de la U.E. para proponer, **para 1998, la celebración de una cumbre euro-latinoamericana.**
El objectivo es claro: se trata de unirse para hacer contrapeso frente a los EE.UU.

• **Los países más francófilos son Argentina y Uruguay**. Desde 1990, las inversiones francesas en estos países se han multiplicado. Pero Francia todavía se queda detrás de los EE.UU. y de España. Sin embargo, cuando participó en tres proyectos de privatización en Argentina, ganó los tres: Telecom Argentina, Edenor (EDF) y Aguas Argentinas.

Francia necesita hablar en nombre de la U.E. para proponer a Latinoamérica una vía complementaria a su proceso de integración regional.

La langue espagnole

Le castillan

une langue d'origine latine

Comme les autres langues romanes (français, italien, portugais, etc.), **l'espagnol vient du** latin populaire répandu dans la péninsule ibérique à l'époque de l'empire romain.
La langue parlée par les soldats et les colons romains s'imposa rapidement et évolua selon les régions en donnant naissance à différents dialectes régionaux : le castillan, le catalan, le galicien notamment.

Le castillan, ***el castellano*, parlé en Vieille Castille, devint prépondérant en Espagne au** XIIIe siècle.
C'était la langue des chefs-d'oeuvre littéraires (au XIVe siècle, la première trace écrite de l'épopée du Cid était en castillan), la langue parlée par les Rois Catholiques et les Espagnols partis à la découverte du Nouveau Monde au XVe siècle.
En 1492, l'année même où Christophe Colomb accomplissait son premier voyage vers le continent américain, **Nebrija publia la première grammaire** de la langue castillane.

Aujourd'hui, le castillan est la langue nationale en Espagne et dans les pays hispanophones d'Amérique latine.
Mais d'autres langues régionales comme le catalan, le basque ou le galicien en Espagne par exemple, ou certaines langues des populations indiennes d'Amérique Latine, existent toujours.

Le castillan le plus pur se parle dans la région de **Burgos - Palencia - Valladolid**. Les accents régionaux sont marqués. Il en est de même en Amérique latine où, en outre, les "américanismes" continuent de se développer.

La langue romane la plus proche du latin

En sont la preuve éclatante la conjugaison, la trace écrite de l'accent tonique et un très grand nombre de mots issus

- du latin populaire

hora, rosa, libro, caballo, amar, cantar, venir etc.

- du latin classique dit "savant"

gloria, memoria, discípulo, serie, columna etc.

Les éléments étrangers introduits dans la langue

- La langue s'est enrichie au cours des siècles de vocables d'origines diverses dont la prononciation a été transcrite phonétiquement avec l'alphabet castillan.

Voici quelques exemples d'apports lexicaux :

- grecs

síntesis, sinopsis, problema

- germaniques

danza, guerra, rico, blanco

- arabes (la plupart ont conservé l'article arabe "al" comme préfixe)

barrio,
alcázar, alcalde, albaricoque, álgebra, alcohol

- indiens (Amérique)

chocolate, tomate, maíz, jaguar, cacique

- italiens

fachada

- français

jardín, garaje, hotel, menú

- anglais

vagón, bistec, fútbol, tanque

Sommaire des leçons

GRAMMAIRE

Leçon n°01

L'alphabet et les sons

1 **Les 29 lettres** de l'alphabet espagnol sont du genre féminin.

Trois lettres n'existent pas en français : **ch - ll - ñ** (un "**n**" avec un tilde ~) mais sont cependant faciles à prononcer.

a	la a	**n**	la ene [éné]
b	la be [**b**é] ► **v** la uve [ou**b**é]	**ñ**	la eñe [é**gn**é] *vi**gn**e*
c	la ce [θé] ► **z** la zeta [θ]	**o**	la o [o ouvert]
ch	la che [tché] *at<u>ch</u>oum*	**p**	la pe [pé]
d	la de [dé]	**q**	la cu [cou]
e	la e [**é**]	**r, rr**	la ere, la erre
f	la efe [éfé]	**s**	la ese [é**ss**é] *ne se prononce jamais [z]*
g	la ge [jé] ► **j** la jota [jota]	**t**	la te [té]
h	la hache [aché] *ne se prononce pas*	**u**	la u [ou] *le son [u] n'existe pas*
i	la i	**v**	la uve [ou**b**é] ◄ **b** la be [**b**é]
j	la jota [jota] ◄ **g** la ge [jé]	w	la uve doble
k	la ka	**x**	la equis [équis]
l	la ele [élé]	**y**	la i griega
ll	la elle [él**i**é] ***lion***	**z**	la zeta [θ] ◄ **c** la ce [θé]
m	la eme [émé]		

2 Trois sons n'existent pas en français

1- cine = dulce= azul = zona = atroz

Le **c** devant **-e** ou **-i** et le **z** se prononcent en soufflant, la langue entre les dents de devant. (comme le "th" [θ] anglais).

2- jefe = gente = imaginar

La jota **j** et le **g** devant **-e** ou **-i** se prononcent dans le fond de la gorge en expirant un "r" français bien rapeux.

3- tres = claro = calor ≠ risa = alrededor = corrida

Le **r** se prononce en faisant vibrer la pointe de la langue contre les incisives supérieures :
- **une seule vibration** suffit pour le **r** groupé avec une autre consonne (sauf n, l, s) ou situé en milieu ou en fin de mot ;
- **mais il faut plusieurs vibrations** pour le **r** après **n-, l-, s-** ou **en début de mot** et pour les **rr** entre 2 voyelles.

La prononciation et l'orthographe

Leçon n°02

1 L'espagnol se prononce comme il s'écrit

1 - Toutes les lettres d'un mot se prononcent en gardant leur son propre

euro digno haber quitar, cacique guitarra, gato/antiguo vergüenza

Il y a cependant 2 exceptions. Le **h** est toujours muet. Comme en français, le **u** ne se prononce pas devant un **-e** ou un **-i** dans **que** / **qui** pour rendre le son [k] et dans **gue** / **gui** pour rendre le son [gu]. Si le **u** (son [ou]) doit être prononcé, il porte un tréma.

2- Il n'existe pas de voyelles nasalisées comme en français

i-m-p-o-r-t-a-n-t-e e-n-t-e-n-d-e-r c-o-n-t-a-r

Les sons français "**in**", "**an**", "**en**", "**on**", etc. comme dans "implant" ou "menton" n'existent pas en espagnol. Chaque lettre se prononce, comme dans "âne" ou "énorme".

3- Cas des diphtongues et triphtongues

aire reino hoy ruido fuego guapo antiguo
diablo pierna patio ciudad euro autor

buey
Paraguay

Une diphtongue est un groupe de 2 voyelles comprenant obligatoirement un **-i-** (ou **-y-**) ou un **-u-** qui gardent chacune leur son propre mais sont prononcées ensemble comme dans "paille". Dans une triphtongue, la voyelle centrale est encadrée par un **-i-** (ou **-y-**) ou un **-u-**.

2 Principes de base pour une bonne orthographe

1 - acceso error calle innovar

Les seules consonnes qui doublent en espagnol sont celles du mot **CAROLINE**.

2- Les combinaisons de lettres qui n'existent pas en espagnol :

~~ff~~	~~gg~~	~~mm~~	~~pp~~	~~ss~~	~~tt~~
eficaz	**agravar**	**inmigrante**	**apetito**	**posible**	**atar**
~~qua~~	~~ze~~	~~th~~	~~ph~~	consonne + ~~y~~	
cantidad	**cero**	**tema**	**farmacia**	**tipo**	**ritmo**

3- casti-llo mu-chedumbre ence-rrar

LL et **CH** étant des lettres à part entière et **RR** représentant un son unique, en fin de ligne on coupe le mot avant (on ne les sépare pas).

4- Les modifications orthographiques

Toutes ont pour but de conserver aux mots le son de leur radical, quels que soient le genre, le nombre ou le suffixe si ce sont des noms (cf. p. 150-151, 158) ou des adjectifs (cf. p. 152-153, 158) ; le temps ou la personne si ce sont des verbes (cf. p. 196-208).

Leçon n°03 L'accentuation :

En espagnol, **tous les mots ont une voyelle fortement accentuée** : la prononciation de la voyelle de cette syllabe est intensifiée. **L'accent tonique, quand il s'écrit, a la forme de l'accent aigu français.** (Les voyelles toniques sont ici soulignées).

1 Les 2 règles de base d'accentuation phonétique (pas d'accent écrit)

1 - Règle 1 : les mots graves ("palabras llanas")

-a -e -i -o -u	**llama casa alcalde accidente muchacho**	avant dernière voyelle
-n -s	**llaman casas joven lunes cumpleaños**	accentuée

Terminés par une voyelle (sauf -y) ou les 2 consonnes **-n** et **-s**, ils s'accentuent phonétiquement sur l'avant-dernière voyelle. Les lettres **-s** et **-n** peuvent être les marques du pluriel pour les noms et les verbes. Dans ce cas, il est normal qu'elles ne modifient pas la place de l'accent.

2- Règle 2 : les mots aigus ("palabras agudas")

-consonne ou -y	**Madrid mirar pastel eficaz reloj**	dernière voyelle
(sauf **-n -s**)	**verdad leer horizontal actriz virrey**	accentuée

Terminés par une consonne (autre que -n ou -s) ou un **-y**, ils s'accentuent phonétiquement sur la dernière voyelle.

2 Dérogations : accent écrit

Cependant certains mots ont un accent phonétique différent de ces deux règles. Pour marquer leur "anormalité", leur dérogation aux règles, on écrit un accent.

Exemples de dérogation à la règle 1

café / **esquí** — **habló** / **perdió** — **jardín** / **solución** — **interés** / **francés** — **América** / **pájaro**

Exemples de dérogation à la règle 2

difícil — **fútbol** — **dólar** — **lápiz** — **huésped**

3 Les homonymes

Certains mots portent un accent écrit pour marquer leur différence grammaticale ou sémantique avec leur(s) homonyme(s). En voici quelques exemples.

este/a/os (adj. démonstratif)	*ce, cette, des*	≠	**éste/a/os** (pron. démonstratif)	*celui-ci, celle-ci …*		
el (article)	*le*	≠	**él** (pron. pers.)	*il*		
tu (adj. possessif)	*ta, ton*	≠	**tú** (pron.)	*tu, toi*		
te (pron. personnel)	*te, toi*	≠	**té** (nom)	*du thé*		
solo (adj.)	*seul*	≠	**sólo** (adv.)	*seulement*		
si (conj.)	*si*	≠	**sí** (adv.)	*oui*	≠	**sí (mismo)** (pron. cplt. réfléchi)
mas (conj.)	*mais*	≠	**más** (adv.)	*plus*		
aun	*même, aussi*	≠	**aún**	*encore*		
amo (verbe)	*j'aime*	≠	**amó**	*il aima*		
termino (verbe)	*je termine*	≠	**terminó** (verbe)	*il termina*	≠	**término** (nom) *un terme*

4 Attention

1- Cas des diphtongues et triphtongues

dia/blo rei/no pue/blo

Lorsque l'accent phonétique tombe sur une diphtongue, la règle veut qu'il soit sur la voyelle forte **-a-**, **-e-**, **-o-** .

dí/a ví/a e/co/no/mí/a rí/o pa/ís ma/íz

Si l'accent phonétique tombe sur la voyelle faible de la diphtongue (un **-i-** ou un **-u-**), l'anormalité doit être marquée par un accent écrit.

enviáis *vous envoyez* **espiéis** *que vous espionniez* (subjonctif présent)

Dans les triphtongues, l'accent s'écrit, s'il y a lieu, sur la voyelle forte centrale.

2- Dios yo por dar mes vez fui *je fus* **fue** *il fut* **dio** *il donna* **vio** *il vit* (voir)

Les mots formés d'une seule syllabe ne portent pas d'accent écrit (sauf dans le cas des homonymes).

3- ¡Qué! ¿Cuándo? ¿Cómo?

Les interrogatifs et exclamatifs portent un accent écrit (cf. p.188, 190).

4- L'accent phonétique ne change pas de place lors :

- de la formation
  - du féminin (cf. p. 150, 152)
  - du pluriel (cf. p.151, 153)
  - des adverbes (cf. p. 182)

  à partir du même radical
- ou de la conjugaison des verbes (cf. p. 194-205, cf. enclise p. 206).

Ceci explique la présence ou l'absence d'un **accent écrit**.

5- AQUÍ PANADERÍA

Normalement, l'accent écrit se met aussi sur les majuscules (s'il y a lieu).

Les signes de ponctuation

.	el punto	« »	las comillas
,	la coma	-	el guión
;	el punto y coma	—	la raya
:	los dos puntos	( )	el paréntesis
...	los puntos suspensivos	[ ]	los corchetes
¿ ?	**los signos de interrogación**	{ }	las llaves
¡ !	**los signos de admiración o de exclamación**	*	el asterisco

Leçon n°04 L'article défini

	masculin	féminin	
singulier	**el chico**	**la chica**	*le garçon, la fille*
pluriel	**los chicos**	**las chicas**	*les garçons, les filles*

l' (*l'école*) et **d'** (*d'autrefois*) n'existent pas en espagnol

1 Contractions de el avec les prépositions a et de

a + el ▶ al	**Juan va al cine**	*Juan va au cinéma*	(à + le = au)
de + el ▶ del	**Juan viene del bar**	*Juan vient du bar*	(de + le = du)

L'article **el** se contracte avec les prépositions **a** et **de** en **al** et **del**.

2 El au lieu de la

el agua clara *l'eau claire*	**el águila blanca** *l'aigle blanc*	**el hacha india** *la hache indienne*
las aguas claras	**las águilas blancas**	**las hachas indias**

Devant les noms féminins singuliers commençant par **a-** ou **ha-** avec accent écrit ou oral.

3 Cas où l'article défini est toujours employé

1- L'heure et les jours de la semaine

Son las tres — *Il est trois heures* (p. 178)
Llegamos el domingo — *Nous arrivons dimanche*
Los lunes tengo piscina — *Le lundi j'ai piscine*
≠ **Estamos a lunes 3 de mayo** — *Nous sommes lundi 3 mai* (date)

L'article défini singulier s'emploie pour indiquer un jour précis et l'article pluriel pour la fréquence. En espagnol comme en français, on exprime la date sans article.

2- Devant "señor + nom propre" quand on parle de ces personnes

El señor Fontana habla mucho — *Monsieur Fontana parle beaucoup*
La señora Flores lee el periódico — *Madame Flores lit le journal*

3- Pour dire : "à l'âge de..."

Valerio se fue a los doce años — *Valerio est parti à douze ans*

4- L'infinitif substantivé, les pourcentages

El cantar de los pájaros es muy bonito — *Le chant des oiseaux est très beau*
En París el 50% de las parejas divorcian — *A Paris, 50%* (el cincuenta por ciento) *des couples divorcent*

4 Cas particuliers : les noms de pays et régions

El Salvador **los Estados Unidos** **la Mancha** **el País Vasco ...**
La Francia de los años 90, la España del norte — *La France des années 90, l'Espagne du nord*

Quelques-uns s'emploient toujours avec l'article défini, d'autres uniquement s'ils sont déterminés par un adjectif ou un complément.

5 Omission de l'article défini

1- Pour exprimer l'idée de "chez"

Estoy en casa	*Je suis à la maison (chez moi)*
Guillermo va a casa de Féliz	*Guillermo va chez Féliz*
Sale de casa de María	*Il sort de chez María*
≠ **Estoy en la casa misteriosa**	*Je suis dans la maison mystérieuse*

2- Devant quelques noms employés comme compléments de lieu
(sauf s'ils sont déterminés)

ir a	+	**clase, correos**	*aller en classe, à la poste*
salir de		**misa, presidio**	*sortir de la messe, de prison*
ir de		**paseo, viaje**	*aller en promenade, en voyage*
volver de		**pesca, caza**	*revenir de la pêche, de la chasse*

Mateo va a clase	*Mateo va en classe*
≠ **Sale de la clase de español**	*Il sort du cours d'espagnol*

3- Dans 4 cas : personne, âge, superlatif et continents / pays / régions

Buenos días, Señor Pérez	*Bonjour, Monsieur Pérez*
Valerio tiene trece años	*Valerio a treize ans*
Es la discoteca más grande de la ciudad	*C'est la plus grande discothèque de la ville* (p. 178)
España es un país turístico	*L'Espagne est un pays touristique*
No conoce América	*Il ne connaît pas L'Amérique*

Comme en français : pas d'article quand on s'adresse à une personne, ni quand on donne l'âge de quelqu'un. Contrairement au français : PAS d'article indéfini avec le superlatif, ni pour les continents, les pays et les régions (sauf s'ils sont déterminés, p. 146).

4- Dans quelques expressions

pagar en caja	*payer à la caisse*
aprender español	*apprendre L'espagnol*
tener tiempo, derecho, permiso	*avoir le temps, le droit, la permission*
por primera vez	*pour la première fois*
a principios de siglo	*au début du siècle*
a finales de / a fines de mes	*à la fin du mois*
≠ **a mediados del año 2000**	*au milieu de l'année 2000*
en honor de, a imitación de	*en L'honneur de, sur le modèle de*

Leçon n°05 L'article indéfini

	masculin	féminin
singulier	**un chico**	**una chica**
	un garçon	*une fille*

1 Un au lieu de una

un agua clara	**un águila blanca**	**un hacha india**
une eau claire	*un aigle blanc*	*une hache indienne*
▼	▼	▼
unas aguas claras	**unas águilas blancas**	**unas hachas indias**

Devant les noms féminins singuliers commençant par **a-** ou **ha-** accentués (avec accent écrit ou oral).

2 Ne pas confondre un et uno

1 - Quiero un caramelo — *Je veux un bonbon*

Un s'emploie devant un nom masculin singulier.

2- Quiero uno — *J'en veux un*

Quiero uno de menta y dos de limón — *J'en veux un à la menthe et deux au citron*

Uno est pronom indéfini ou adjectif numéral (cf. p. 156).

3 L'article indéfini pluriel "des" ne s'emploie pas

Sabina come una manzana — *Sabina mange une pomme*

Federico come ▼ manzanas — *Federico mange des pommes*

Natalia come carne, patatas fritas y pan — *Natalia mange de la viande, des frites et du pain*

"Du" et "de la" (les articles partitifs) ne se traduisent pas non plus.

4 Emploi des formes plurielles unos et unas

1- Désignation d'un groupe restreint : **unos, as** a le sens de "quelques"

Tomás se queda unos minutos — *Tomás reste quelques minutes*

Unos chicos juegan en el patio — *Des (quelques) enfants jouent dans la cour*

Placé en tête de phrase, **unos** peut parfois se traduire par "des".

2- Unos, as a le sens de "une paire de" et se traduit par "des"

Pablo se compró unos zapatos y unas gafas horribles — *Pablo s'est acheté des chaussures et des lunettes horribles*

3- Approximation : **unos, as** a le sens de "environ"

Ana tiene unos quince años — *Ana a environ quinze ans*

Marcos recibió unas ocho cartas — *Marcos a reçu environ huit lettres*

4- Devant un adjectif, pour marquer une insistance

Estos chicos son unos tontos — *Ces garçons sont des (complètement) idiots*

Susana y Marta son unas locas — *Susana et Marta sont des (complètement) folles*

5 Omission de l'article indéfini

1- Devant certains mots

otro *autre*	**medio** *demi*	**distinto** *différent*	**tal** *tel (telle)*	**cualquiera** *quelconque*
cierto *certain*	**igual** *égal*	**semejante** *semblable*	**tan, tanto ...** *si, tant de*	**doble** *double*

Quiere otro café — *Il veut un autre café*

El viaje dura media hora — *Le voyage dure une demi-heure*

Es una persona de cierta edad — *C'est une personne d'un certain âge*

Mais on peut trouver **un** devant **cierto** pour insister sur l'idée de "particulier".

2- Avec **con** + un complément de manière

Habla con voz fuerte — *Il parle d'une voix forte*

Leçon n° 06 Le nom : le genre

Tous les noms sont **masculins ou féminins** mais le genre peut être différent en espagnol et en français.

1 Sont masculins

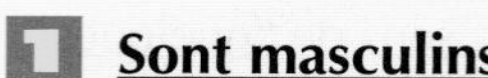

-o	**el chico**	*le garçon*			
	un minuto	*une minute*		**la mano ...**	*la main*
-or	**el valor**	*le courage*	**mais**	**la labor**	*le travail*
	un color	*une couleur*		**una flor, la coliflor**	*une fleur, le chou-fleur*

-e	**el coche**	*la voiture* — **el diente** *la dent*		**la carne**	*la viande*
	un tomate	*une tomate*	**mais**	**la sangre**	*le sang*
-i, -u	**el jabalí**	*le sanglier* — **el espíritu** *l'esprit*		**la leche**	*le lait*
-y	**el convoy**	*le convoi*		**una ley ...**	*une loi*

En général, les noms terminés en **-o** et **-or** et souvent les noms terminés en **-e**, **-i**, **-u**, **-y**.

el hombre *l'homme* — **el poeta** *le poète* — **el periodista** *le journaliste*
el león *le lion* — **un artista** *un artiste* — **un comunista** *un communiste*

Les noms qui designent des êtres de sexe masculin ou des professions exercées par des hommes.

el Atlántico *l'Atlantique* — **el Ebro** *l'Ebre* — **los Andes** *les Andes*
el Mediterráneo *la Méditerranée* — **el Sena** *la Seine* — **los Pirineos** *les Pyrénées*

Des noms géographiques : mers, océans, cours d'eau et montagnes.

2 Sont féminins

-a	**la chica**	*la fille*		**el día**	*le jour*
	una novela	*un roman*	**mais**	**el problema**	*le problème*
	una artista	*une artiste*		**un mapa**	*une carte*
	la presidenta	*la présidente*		**el planeta ...**	*la planète*

En général, les noms terminés en **-a** et les professions exercées par des femmes.

-tad	**la libertad**	*la liberté*	-ción	**una acción**	*une action*
-dad	**la edad**	*l'âge*	-sión	**la expresión**	*l'expression*
-tud	**la juventud**	*la jeunesse*	-zón	**la razón**	*la raison*
-triz	**una actriz**	*une actrice*	**mais**	**el corazón, un tazón**	*le coeur, un bol*

Les noms terminés en **-tad**, **-dad**, **-tud**, **-triz**, **-ción**, **-sión**, **-zón**.

la foto, la radio, la moto, la tele ... *la photo, la radio, la moto, la télé*
Des abréviations.

3

el joven / la joven
le jeune — *la jeune*

la serpiente
le serpent (mâle et femelle)

el capital ≠ **la capital**
le capital — *la capitale*

el policía ≠ **la policía**
le policier — *la police*

Certains noms peuvent être masculins ou féminins.
Attention aux possibles changements de sens selon le genre.

Le nom : le pluriel

1 La formation du pluriel

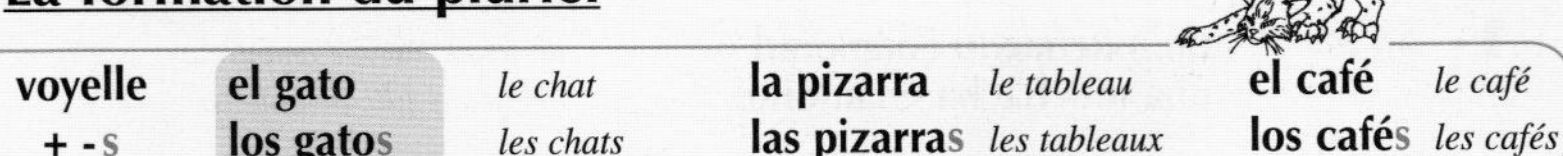

voyelle + -s	el gato	*le chat*	la pizarra	*le tableau*	el café	*le café*
	los gatos	*les chats*	las pizarras	*les tableaux*	los cafés	*les cafés*

Les noms terminés par une voyelle prennent un **-s** au pluriel.

consonne + -es	la mujer	*la femme*	el hotel	*l'hôtel*	la condición
	las mujeres	*les femmes*	los hoteles	*les hôtels*	las condiciones

Les noms terminés par **une consonne** (sauf **-s**) **ou y** prennent **-es** au pluriel.
Attention à l'accent : le pluriel suit les règles de l'accentuation.

2 Cas des mots terminés par un -s

1-

la crisis	*la crise*	el miércoles	*le mercredi*
las crisis	*les crises*	los miércoles	*les mercredis*

Les noms terminés par un -**s** au singulier ne changent pas au pluriel.

2-

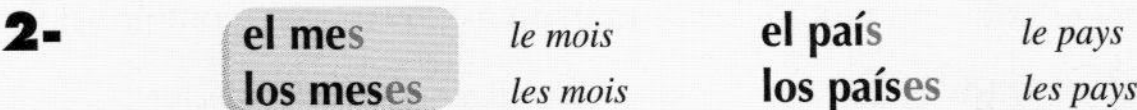

el mes	*le mois*	el país	*le pays*
los meses	*les mois*	los países	*les pays*

Les noms qui se terminent par une voyelle accentuée + **-s** prennent **-es**.
Attention à l'accent : le pluriel suit les règles de l'accentuation.

3 Modifications orthographiques

1-

el pez	*le poisson*	la nariz	*le nez*
los peces	*les poissons*	las narices	*les nez*

Dans les mots terminés par la consonne -**z**, le z se transforme en c.

2-

un francés	*un Français*	el calcetín	*la chaussette*
los franceses	*les Français*	los calcetines	*les chaussettes*

Les accents deviennent parfois inutiles, selon les règles de l'accentuation.

4

1-

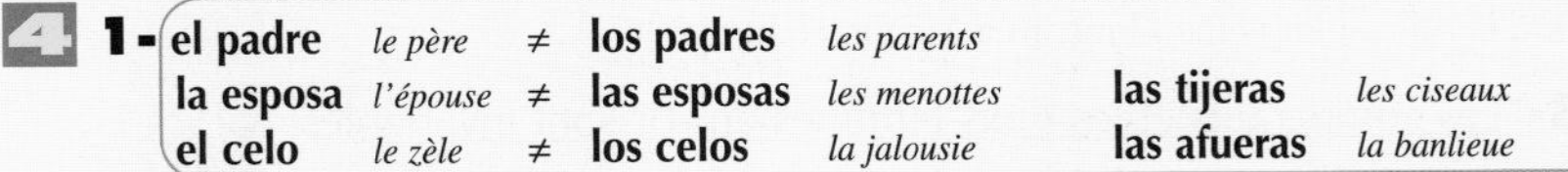

el padre	*le père*	≠	los padres	*les parents*		
la esposa	*l'épouse*	≠	las esposas	*les menottes*	las tijeras	*les ciseaux*
el celo	*le zèle*	≠	los celos	*la jalousie*	las afueras	*la banlieue*

Certains mots ont un sens différent selon le nombre ou ne s'emploient qu'au pluriel.

2-

los Estados Unidos	los EE. UU.	*les Etats-Unis*	=	*les E.U.*
los Juegos Olímpicos	los JJ. OO.	*les Jeux olympiques*	=	*les J.O.*

Les noms de pays ou d'organismes au pluriel s'abrègent en doublant leurs initiales.

Leçon n°08 L'adjectif : le genre

1 Modifications au féminin : terminaison en -a

1- -o ▶ -a

un muchacho enamorado	*un jeune homme amoureux*
una muchacha enamorada	*une jeune fille amoureuse*

Les adjectifs terminés en -**o** prennent un -**a** au féminin (à la place du -**o**).

2- -án, -ín, -ón, -or ▶ + a

-án	**un alumno holgazán**	*un élève paresseux*
	una alumna holgazana	*une élève paresseuse*
-ín	**un bailarín parlanchín**	*un danseur bavard*
	una bailarina parlanchina	*une danseuse bavarde*
-ón	**un gesto burlón**	*un geste moqueur*
	una sonrisa burlona	*un sourire moqueur*
-or	**un chico trabajador**	*un enfant travailleur*
	una chica trabajadora	*une enfant travailleuse*

Les adjectifs terminés en -**án**, -**ín**, -**ón** et -**or** prennent un -**a** final au féminin (et perdent alors leur accent devenu inutile). Mais **marrón** est invariable, comme en français.

3-

un pueblo español / francés	*un village espagnol / français*
una ciudad española / francesa	*une ville espagnole / française*

Les adjectifs qui désignent une nationalité, une région, s'ils sont terminés par une consonne, quelle qu'elle soit, prennent aussi un -**a** final au féminin.

2 PAS de modifications : adjectifs invariables

1-

un señor idiota	*un monsieur idiot*	**un río belga**	*un fleuve belge*
una señora idiota	*une dame idiote*	**una cerveza belga**	*une bière belge*

Certains adjectifs ont une terminaison en -**a** aussi bien au féminin qu'au masculin.

2-

un rey joven	*un roi jeune*	**el pez azul y verde**	*le poisson vert et bleu*
una reina joven	*une reine jeune*	**la mariposa azul y verde**	*le papillon vert et bleu*

Les adjectifs terminés par une autre voyelle que -**o** ou d'autres consonnes que **ín**, -**án**, -**ón** et -**or** ont la même forme au masculin et au féminin.

3- Les comparatifs et les mots terminés en -or sont invariables

mayor	*plus grand*	**interior**	*intérieur*	**anterior**	*antérieur*
menor	*plus petit*	**exterior**	*extérieur*	**posterior**	*postérieur*
mejor	*meilleur*	**inferior**	*inférieur*	**ulterior**	*ultérieur*
peor	*pire*	**superior**	*supérieur*		

el mejor espectáculo ▶ **la mejor película**	*le meilleur spectacle / le meilleur film*
un piso superior ▶ **una nota superior**	*un étage supérieur / une note supérieure*

L'adjectif : le pluriel Leçon n° 09

1 La formation du pluriel

+ -s	la casa tranquila	*la maison tranquille*
	las casas tranquilas	*les maisons tranquilles*
	el grito terrible	*le cri terrible*
	los gritos terribles	*les cris terribles*

Les adjectifs terminés par une voyelle non accentuée prennent un **-s** au pluriel.

+ -es	la victoria fácil	*la victoire facile*
	las victorias fáciles	*les victoires faciles*
	la mezquita marroquí	*la mosquée marocaine*
	las mezquitas marroquíes	*les mosquées marocaines*
	el diplomático inglés	*le diplomate anglais*
	los diplomáticos ingleses	*les diplomates anglais*
	el lunes gris	*le lundi gris*
	los lunes grises	*les lundis gris*

Les adjectifs terminés par une consonne, par une voyelle accentuée ou par une voyelle accentuée + **s** prennent **-es** au pluriel.

2 Attention aux modifications orthographiques

El tigre feroz parece dormir — *Le tigre féroce a l'air de dormir*
Los tigres feroces parecen dormir — *Les tigres féroces ont l'air de dormir*

Place et accord de l'adjectif

un amigo fiel = un fiel amigo *un ami fidèle*

un chico pobre *un enfant pauvre (≠ riche)*
≠ un pobre chico *un pauvre enfant (peut-être riche mais à plaindre)*

L'adjectif peut se placer avant ou après le nom mais, comme en français, il se place le plus souvent après et selon sa place peut avoir un sens différent.

una luna y un cielo fantásticos *une lune et un ciel fantastiques*

L'adjectif s'accorde toujours en genre et en nombre. Quand il qualifie plusieurs noms placés avant lui, le masculin l'emporte.

Leçon n° 10 L'article neutre : lo

1 Lo + adjectif / participe passé (invariable)

Prefiero lo difícil a lo fácil — *Je préfère ce qui est difficile à ce qui est facile*
lo + adjectif

Lo ocurrido no es grave — *Ce qui est arrivé n'est pas grave*
lo + part. passé

Lo bueno de esta historia... — *Ce qu'il y a de bon dans cette histoire ...*

¡Dices lo mismo y haces lo contrario! — *Tu dis la même chose et tu fais le contraire !*

Lo ne s'emploie pas devant un nom mais devant un adjectif, un participe passé ou un adverbe substantivés et invariables. C'est la façon espagnole de rendre les expressions françaises : "ce qui est ...", "ce qu'il y a de ..." ou d'exprimer une idée abstraite.

Lo + adjectif

Lo justo = la justicia — *Ce qui est juste = la justice*
≠ el justo — *≠ l'homme juste, le juste*

2 Lo + adjectif + que ...

Mira lo guapa que eres, María — *Regarde comme tu es belle, María*
No sabes lo tontas que son — *Tu ne sais pas combien elles sont bêtes*

Lo ... + que se traduit par "combien, comme ..." L'adjectif ou le participe passé encadré s'accorde en genre et en nombre avec le sujet. (voir phrase exclamative p. 191).

3 Lo de / lo que / lo ... todo

1 - Lo de : idée de "l'affaire de", "l'histoire de", "en ce qui concerne"...

Lo de Antonio no me interesa — *L'affaire d'Antonio ne m'intéresse pas*
No entiendo lo de ayer — *Je n'ai pas compris l'histoire d'hier*

2- Lo que : "ce qui", "ce que" ... (cf. p. 224)

No creo lo que veo — *Je ne crois pas ce que je vois*

3- Lo ... todo : "tout" (cf. p. 167)

Lo entiendo todo — *Je comprends tout* (insistance)

4 A lo + adjectif

Baila a lo loco — *Il danse comme un fou*

Cette tournure exprime l'idée de "à la manière de" (cf. p. 183)

Quelques tournures adverbiales

a lo **largo del día** — *tout au long de la journée*
a lo **largo de la costa** — *tout le long de la côte*
a lo **lejos** — *au loin*
a lo **más** — *tout au plus*

L'apocope

Leçon n° 11

C'est la perte de la dernière voyelle ou syllabe d'un mot devant certains mots.

1 Perte du -o final devant un nom masculin singulier

1 - **un libro bueno ▸ un buen libro** — *un bon livre*

un jamón malo ▸ un mal golpe — *un mauvais jambon / un mauvais coup*

el punto primero ▸ el primer hombre — *le premier point / le premier homme*

el capítulo tercero ▸ el tercer artículo — *le troisième chapitre / le 3e article*

el esfuerzo postrero ▸ el postrer suspiro — *l'ultime effort / l'ultime soupir*

ningún robo / algún tiempo — *aucun vol / quelque temps*

Dice los números uno y veintiuno — *Il dit les numéros un et vingt et un*

▸ Quiero un helado y veintiún caramelos — *Je veux une glace et 21 bonbons*

Buen, primer, algún

mais : **una buena bicicleta** — *une bonne bicyclette*

unos malos sentimientos — *de mauvais sentiments*

Les adjectifs **bueno, malo, primero, tercero, postrero, alguno, ninguno, uno y veintiuno** perdent leur **-o** final devant un nom masculin singulier. (**Veintiuno** s'apocope devant un nom masculin pluriel, bien sûr ! Et attention aux accents !)

2- **un profesor cualquiera** — *un professeur quelconque*

≠ cualquier profesor — *n'importe quel professeur*

Cualquiera s'apocope en **cualquier** obligatoirement devant un nom masculin singulier (et facultativement devant un nom féminin singulier) en changeant de sens.
Attention, l'article indéfini est toujours omis devant **cualquier(a)**.

2 Autres cas d'apocope

1 - grande ▸ gran + nom singulier

una casa grande ▸ un gran barco/una gran casa — *un grand bateau / une grande maison*

la más gran(de) fábrica / una tan gran(de) idea — *la plus grande usine / une si grande idée*

On peut trouver les 2 possiblités avec **más** et **tan**.

2- ciento ▸ cien + nom / mil / millón

¡Tengo cien pesetas y no cien mil! — *J'ai cent pesetas et non pas cent mille !*

3- recientemente ▸ recién + participe passé

Felipe, casado recientemente — *Felipe, marié depuis peu*

▸ Felipe, el recién casado — *Felipe, le jeune marié*

4- santo ▸ san + noms de saints masculins mais quelques exceptions

San Sebastián	*Saint Sébastien*	**mais**	**Santo Domingo**	*Saint Dominique*
San Juan	*Saint Jean*		**Santo Tomás**	*Saint Thomas*

5- tanto ▸ tan + adjectif / participe / adverbe

¡El chocolate es tan delicioso! — *Le chocolat, c'est si délicieux !*

Les cardinaux

0	cero	16	dieciséis			100	ciento
1	uno	17	diecisiete			200	doscientos, as
2	dos	18	dieciocho			300	trescientos, as
3	tres	19	diecinueve			400	cuatrocientos, as
4	cuatro	20	veinte			500	quinientos, as
5	cinco	21	veintiuno, a	= veinte y uno,una		600	seiscientos, as
6	seis	22	veintidós	= veinte y dos		700	setecientos, as
7	siete	23	veintitrés	= veinte y tres		800	ochocientos, as
8	ocho	24	veinticuatro	= veinte y cuatro		900	novecientos, as
9	nueve	25	veinticinco	= veinte y cinco			
10	diez	26	veintiséis	= veinte y seis		1.000	mil
11	once	27	veintisiete	= veinte y siete		2.000	dos mil ...
12	doce	28	veintiocho	= veinte y ocho			
13	trece	29	veintinueve	= veinte y nueve		100.000	cien mil ...
14	catorce	30	treinta	▶ treinta y uno, a ...			
15	quince	40	cuarenta	▶ cuarenta y dos ...			
		50	cincuenta	▶ cincuenta y tres ...			
		60	sesenta	▶ sesenta y cuatro ...			
		70	setenta	▶ setenta y cinco ...			
		80	ochenta	▶ ochenta y seis ...			
		90	noventa	▶ noventa y ocho ...			

1 Dire les nombres

137 = ciento treinta y siete
107 = ciento siete

1492 = mil cuatrocientos noventa y dos
1402 = mil cuatrocientos dos

La conjonction **y** ne s'emploie qu'entre les dizaines et les unités.

2 Accord et apocope

Tengo veintiún francos, doscientas cinco pesetas y veintiuna libras inglesas — *J'ai 21 francs, 205 pesetas et 21 livres anglaises*

Necesita unos miles de dólares — *Il a besoin de quelques milliers de dollars*

Tous les chiffres et les nombres sont invariables,
sauf **uno** et ses composés et les centaines de **200 à 900** qui s'accordent en genre
et sauf **mil** s'il est employé comme nom commun et non comme nombre.
Uno et **veintiuno** s'apocopent en **un** et **veintiún** devant un nom masculin,
ciento s'apocope en **cien** devant un nom ou **mil** ou **millón**.

3 Les collectifs

una decena	*une dizaine*	**un centenar**	*une centaine*	**un millón**	*un million*
una docena	*une douzaine*	**un millar**	*un millier*	**mil millones**	*un milliard*
				un billón	*mille milliards*

Les ordinaux

1er	primero, a	7e	séptimo, a	20e	vigésimo, a
2e	segundo, a	8e	octavo, a		
3e	tercero, a	9e	noveno (nono), a	100e	centésimo, a
4e	cuarto, a	10e	décimo, a	1000e	milésimo, a
5e	quinto, a	11e	undécimo, a		
6e	sexto, a	12e	duodécimo, a		último, a o postrero, a *dernier*

1 Apocope

El primer año el profesor pide un tercer libro — *La première année le professeur demande un troisième livre*

Primero, tercero et **postrero** (rare) s'apocopent devant un nom masculin singulier.

2 Emploi

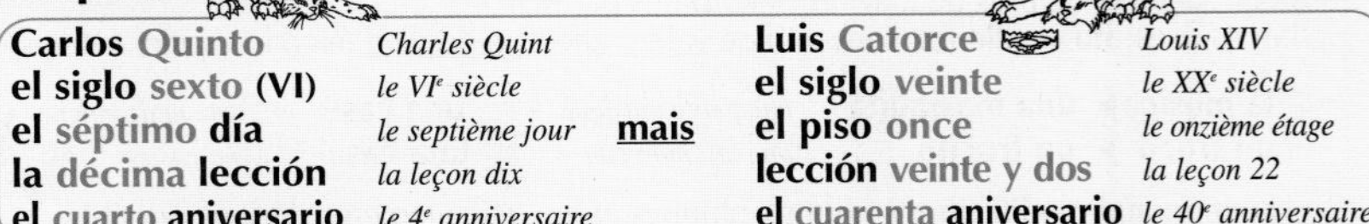

Carlos Quinto	*Charles Quint*		**Luis Catorce**	*Louis XIV*
el siglo sexto (VI)	*le VIe siècle*		**el siglo veinte**	*le XXe siècle*
el séptimo día	*le septième jour*	**mais**	**el piso once**	*le onzième étage*
la décima lección	*la leçon dix*		**lección veinte y dos**	*la leçon 22*
el cuarto aniversario	*le 4e anniversaire*		**el cuarenta aniversario**	*le 40e anniversaire*

Seuls les 12 premiers ordinaux, **vigésimo, centésimo** et **milésimo** s'emploient dans la langue courante. Pour les autres, on utilise les cardinaux correspondants. Pour le numérotage des tomes, chapitres, leçons, siècles, souverains et les anniversaires on n'utilise que les 10 premiers ordinaux.

Andrés fue el primero en salir — *Andrés fut le premier à partir*

L'adjectif ordinal est suivi de **en + infinitif,** ce qui correspond en français à "à + infinitif".

Les quatre règles de calcul

sumar	*additionner*	2 + 3 = 5	**dos más tres son cinco**
restar	*soustraire*	10 - 7 = 3	**diez menos siete son tres**
multiplicar	*multiplier*	6 x 2 = 12	**seis por dos son doce**
dividir	*diviser*	10 ÷ 2 = 5	**diez dividido por dos son cinco**

Les fractions

1/2	**la mitad**	*la moitié*		
1/3	**la tercera parte = el tercio**	*le tiers*	2/3	**las dos terceras partes**
1/4	**la cuarta parte = el cuarto**	*le quart*	3/4	**las tres cuartas partes**
1/5	**quinta parte = el quinto**	*le cinquième*	4/5	**las cuatro quintas partes**

Les pourcentages

el 10% de la población = el diez por ciento — *10% de la population*
≠
un 20% de los españoles = un veinte por ciento — *environ 20% des Espagnols*

El indique la précision et **un** indique l'approximation.

Leçon n° 14 Les suffixes

Les suffixes sont beaucoup plus usités en espagnol qu'en français, en particulier les diminutifs. Cependant, mieux vaut n'utiliser que ceux que l'on a déjà vu ou entendu, avec une grande prudence, car souvent leur formation n'obéit pas aux règles générales et ils ont presque toujours une valeur subjective.

1 Les diminutifs

1-

-ito, a	mot terminé par	**un cesto pequeño**	▶ **un cestito**	*un joli petit panier*
	-une consonne	**una galleta**	▶ **una galletita**	*un petit gâteau sec*
-illo, a	(sauf -n et -r)	**un reloj**	▶ **un relojillo**	*une petite montre*
	ou par -a, -o, (e)	**un pastel**	▶ **un pastelillo**	*un petit gâteau*

On ajoute le suffixe le plus commun -ito, ou **-illo** (**-uelo** avec prudence) aux mots terminés par -**a** ou -**o** (ces voyelles s'élidant) ou par **une consonne** (sauf -n et -r). Il en est de même pour les mots de plus de 2 syllabes terminés par **-e**.
Les suffixes -**ito** et -**illo** ont souvent une valeur affective positive (émotion, pitié, tendresse ...).

la música ▶ una musiquita *une petite musique*
un trozo ▶ un trocito *un petit morceau*

una casita *une maisonnette* ≠ **una casilla** *un casier*

Attention aux modifications orthographiques et aux changements de sens possibles.

un viento un poco /poquito fresco ▶ un viento fresquito *un petit vent frais*

Non seulement les noms mais aussi des adjectifs et des adverbes ont des diminutifs.

2-

-cito, a	mot terminé par	**un café**	▶ **un cafecito**	*un petit café*
-cillo, a	-e, -n ou -r	**un jardín**	▶ **un jardincillo**	*un petit jardin*
-zuelo, a		**un joven**	▶ **un jovenzuelo**	*un petit jeunot*

On ajoute -cito, a ou **-cillo, a** (**-zuelo, a** avec prudence) aux mots terminés par **-n**, ou **-r** et aux mots de 2 syllabes terminés par **-e**.

3-

-ecito, a	monosyllabe terminé	**una voz**	▶ **una vocecita**	*une petite voix*
	par une consonne	**una puerta**	▶ **una puertecita**	*une petite porte*
-ecillo, a	ou mot à diphtongue	**una flor**	▶ **una florecilla**	*une petite fleur*
	de 2 syllabes	**un viaje**	▶ **un viajecillo**	*un petit voyage*

On ajoute -ecito, a ou **-ecillo, a** (**-ezuelo**, avec prudence) aux monosyllabes terminés par une consonne et aux mots à diphtongue de deux syllabes, leur voyelle finale s'élidant.

4- **piececillos** *de petits pieds mignons*

pequeñito *tout petit*
derechito *tout droit*
nuevecito *tout neuf*

≠ **castillo** *château*
≠ **manecilla** *aiguille de montre*

Certains diminutifs n'obéissent à aucune règle. D'autres prennent un sens particulier.
Tous les mots terminés par **-ito**, **-illo** et **-uela** ne sont pas des diminutifs.

2 Les augmentatifs

-ón	un cartel	▶	un cartelón	*une affiche / une grande affiche*
	un zapato	▶	un zapatón	*une chaussure / une grande chaussure*
	una burla	▶	un chico burlón (adj.)	*une blague / un enfant moqueur*
	una silla	≠	un sillón	*une chaise ≠ un fauteuil*

On ajoute **-ón** pour exprimer la grandeur, la grosseur ou un excès (parfois ridicule). Certains mots en **-ón** sont devenus des mots à part entière. Le suffixe féminin **-ona** est très rare (sauf pour les adjectifs).

-ete/ote, a	el gato grande	▶	el gato grandote	*un grand chat / un très grand chat*
	una nariz	▶	una narizota	*un grand nez / un très grand nez*

Ce suffixe donne parfois une connotation péjorative.

-azo, a	un coche grande	▶	un cochazo	*une grande voiture*
	unos ojos	▶	unos ojazos	*de grands yeux*
	un perro	▶	un perrazo	*un énorme chien*

Ce suffixe donne parfois une connotation péjorative ou valorisante.

3 Les suffixes signifiant «un coup donné»

-azo	un golpe de martillo	▶	un martillazo	*un coup de marteau*
			un codazo	*un coup de coude*
			un vistazo	*un coup d'œil*
-ada	un golpe de puñal	▶	una puñalada	*un coup de poignard*
			una patada	*un coup de pied*

4 Les collectifs (pour un groupe d'éléments de même nature)

-ío, -ía	el ganado *le bétail*	▶	la ganadería	*l'élevage*
-al	un campo de trigo	▶	un trigal	*un champ de blé*
	el arroz *le riz*	▶	un arrozal	*une rizière*
-ar	un campo de olivos	▶	un olivar	*une oliveraie*
-edo	las viñas *les vignes*	▶	un viñedo	*un vignoble*

¡A patadas os envío a Marte!

Leçon n° 15 Les pronoms personnels

1 Les pronoms sujets

singulier	1	**yo**	*je*	pluriel	1	**nosotros, as**	*nous*
	2	**tú**	*tu*		2	**vosotros, as**	*vous* ▶ **Tutoiement**
	3	**él, ella**	*il, elle*		3	**ellos, ellas**	*ils, elles*
		usted (Ud.)	*vous* ▶ **Vouvoiement**			**ustedes (Uds.)**	*vous* ▶ **Vouvoiement**

1- Emploi du pronom

Hablo — *Je parle*

Él llega y ella se va — *Il arrive et elle part*

Tú mientes. Ella misma lo dice — *Toi, tu mens. Elle-même le dit*

Généralement, le pronom sujet est omis car les terminaisons du verbe indiquent la personne. On ne l'utilise que pour insister sur la personne sujet ou éviter la confusion entre plusieurs personnes sujet. Dans ce cas, il se place généralement avant le verbe.

2- Le vouvoiement de politesse : usted et ustedes

¿Señor, prefiere usted esperar? — *Monsieur, préférez-vous attendre ?*

¿Señoras, quieren ustedes otra cosa? — *Mesdames, voulez-vous autre chose ?*

≠ **Vosotras, Clara y María, sois simpáticas** — *Vous, Clara et María, vous êtes sympathiques*

Pour vouvoyer, on utilise la 3e pers. du singulier quand on s'adresse à une seule personne que l'on vouvoie et la 3e pers. du pluriel si l'on vouvoie deux ou plusieurs personnes. **Vosotros, as** correspond à "vous" quand on s'adresse à plusieurs personnes que l'on tutoie.

2 Les pronoms compléments d'objet

	COD				COI			
	singulier		pluriel		singulier		pluriel	
1	**me**	1	**nos**	1	**me** *me*	1	**nos** *nous*	
2	**te**	2	**os**	2	**te** *te*	2	**os** *vous*	▶ **Tutoiement**
3	**le, lo, la**	3	**les, los, las**	3	**le** *lui*	3	**les** *leur*	▶ **Vouvoiement**

1- La troisième personne

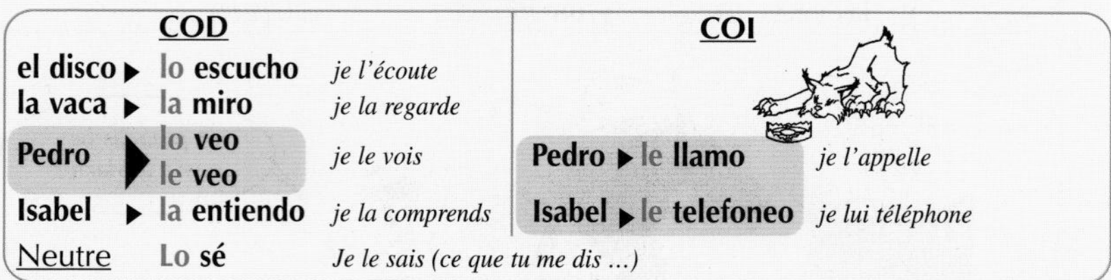

COD			COI	
el disco ▶	**lo escucho**	*je l'écoute*		
la vaca ▶	**la miro**	*je la regarde*		
Pedro ▶	**lo veo** / **le veo**	*je le vois*	**Pedro** ▶ **le llamo**	*je l'appelle*
Isabel ▶	**la entiendo**	*je la comprends*	**Isabel** ▶ **le telefoneo**	*je lui téléphone*
Neutre	**Lo sé**	*Je le sais (ce que tu me dis ...)*		

A la troisième personne du masculin, quand il s'agit de compléments d'objet direct (COD), on emploie soit **lo** (ou **los**) soit **le** (ou **les**) **pour les personnes**. Quand il s'agit de compléments d'objet indirect (COI), on emploie toujours **le** (ou **les**).

2- Ordre des pronoms : COI et COD

El libro, te lo doy	*Le livre, je te le donne*
¿Tus novelas, nos las prestas?	*Tes romans, tu nous les prêtes ?*

Le COD et le COI se placent devant le verbe. Le **COI** est toujours devant le **COD**.

cantar una canción ▶	**cantarla**	*la chanter*	**cantármela**	*me la chanter*
	cantándola	*en la chantant*	**cantándomela**	*en me la chantant*
	cántala	*chante-la*	**cántamela**	*chante-la moi*

A l'infinitif, au gérondif et à l'impératif, le ou les pronoms sont toujours collés à la fin du verbe : c'est ce qu'on appelle l'enclise (cf. p. 206). Attention aux accents.

3- **Le doy medallas ▶ Se las doy** — *Je les lui donne*
Les doy el libro ▶ Se lo doy — *Je le leur donne*

Les COI **le** et **les** sont remplacés par **se** s'ils sont suivis des COD **lo**, **los**, **la** ou **las**.

3 Les pronoms compléments avec préposition

singulier	1	**a**	mí	**conmigo**	pluriel	1	**para**	nosotros, as
	2	**de**	ti	**contigo**		2	**con**	vosotros, as
	3	**por**	él, ella, usted			3	**sin**	ellos, ellas, ustedes

Exceptions : **excepto, menos** yo *auf moi* **incluso, hasta** tú *même toi* **según** él *selon lui*

Esta carta es para mí	*Cette lettre est pour moi*
Salvo yo, todos se quedan. ¿Vienes conmigo?	*Ils restent tous sauf moi. Viens-tu avec moi ?*

Avec certaines prépositions, on emploie les pronoms sujets **yo**, **tú, él ...**

4 Les pronoms réfléchis

singulier	1	**me**			pluriel	1	**nos**	
	2	**te**				2	**os**	
	3	**se**	**de sí**	**consigo**		3	**se**	**para sí**

Me lavo las manos	*Je me lave les mains* (verbe réfléchi)
Lorenzo tiene ante sí todas las pruebas	*Lorenzo a devant lui toutes les preuves*
Elena se encierra en sí misma	*Elena se renferme sur elle-même*

Si le sujet et le complément sont la même personne, on emploie, avec une préposition le pronom réfléchi de la 3e personne : **sí**, qui peut être renforcé par **mismo, a**.

5 Les pronoms explétifs

Me comí toda la tarta	*J'ai mangé toute la tarte*		
Se muere de risa	*Il est mort de rire*		

Hispanismes

Me las arreglo bien	*Je me débrouille bien*
Se las da de tímido	*Il joue les timides*

Avec certains verbes, on emploie un pronom pour renforcer l'implication du sujet.

Leçon n° 16 Les possessifs

1 Adjectifs possessifs

Il existe 2 types d'adjectifs possessifs : les premiers sont toujours placés avant le nom, les seconds après le nom. Tous s'accordent avec le nom qu'ils accompagnent.

1- Avant le nom

singulier	yo	**mi**	*mon, ma*	**mis**	*mes*	
	tú	**tu**	*ton, ta*	**tus**	*tes*	
	él, ella	**su**	*son, sa*	**sus**	*ses*	
	Ud.	**su**	*votre*	**sus**	*vos*	▶ **Vouvoiement**
pluriel	nosotros, as	**nuestro nuestra**	*notre*	**nuestros nuestras**	*nos*	
	vosotros, as	**vuestro vuestra**	*votre*	**vuestros vuestras**	*vos*	▶ **Tutoiement**
	ellos, ellas	**su**	*leur*	**sus**	*leur*	
	Uds.	**su**	*votre*	**sus**	*vos*	▶ **Vouvoiement**

Mi perro es negro. Tus mejillas están rojas *Mon chien est noir. Tes joues sont rouges*
Señor, su coche es estupendo *Monsieur, votre voiture est formidable* (vouvoiement)
¡Chicos, vuestros zapatos están sucios! *Les enfants, vos chaussures sont sales !* (tutoiement)

2- Après le nom

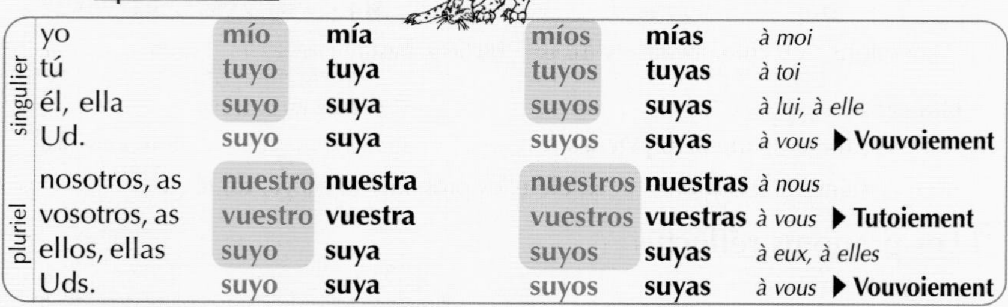

singulier	yo	**mío**	**mía**	**míos**	**mías**	*à moi*	
	tú	**tuyo**	**tuya**	**tuyos**	**tuyas**	*à toi*	
	él, ella	**suyo**	**suya**	**suyos**	**suyas**	*à lui, à elle*	
	Ud.	**suyo**	**suya**	**suyos**	**suyas**	*à vous*	▶ **Vouvoiement**
pluriel	nosotros, as	**nuestro**	**nuestra**	**nuestros**	**nuestras**	*à nous*	
	vosotros, as	**vuestro**	**vuestra**	**vuestros**	**vuestras**	*à vous*	▶ **Tutoiement**
	ellos, ellas	**suyo**	**suya**	**suyos**	**suyas**	*à eux, à elles*	
	Uds.	**suyo**	**suya**	**suyos**	**suyas**	*à vous*	▶ **Vouvoiement**

Ana y Lisa son hermanas mías *Ana et Lisa sont mes soeurs*
¿Es amigo suyo? *Est-il votre ami /son ami ?* (vouvoiement ou 3e personne)
En cas de confusion avec **suyo(s), suya(s)**, on précise : **de Ud(s)., de él (ellos), ella(s).**

Hispanismes

Una amiga mía lo cree también *Une de mes amies le croit aussi*
Es mío *C'est à moi* (cela m'appartient)
¡Dios mío! ¡Madre mía! *Mon Dieu !*

3- Tournure possessive

Me pongo el abrigo *Je mets mon manteau*
Se gana la vida *Il gagne sa vie*

L'adjectif possessif est parfois remplacé par un pronom personnel et un article défini quand l'idée de possession va de soi.

Leçon
n°16
GRAMMAIRE

1 Pronoms possessifs

singulier	yo	**el mío** la mía	los míos las mías	*le(s) mien(s)*
	tú	**el tuyo** la tuya	los tuyos las tuyas	*le(s) tien(s)*
	él, ella	**el suyo** la suya	los suyos las suyas	*le(s) sien(s)*
	Ud.	**el suyo** la suya	los suyos las suyas	*le(s) vôtre(s)* ▶**Vouvoiement**
pluriel	nosotros, as	**el nuestro** la nuestra	los nuestros las nuestras	*le(s) nôtre(s)*
	vosotros, as	**el vuestro** la vuestra	los vuestros las vuestras	*le(s) vôtre(s)* ▶**Tutoiement**
	ellos, ellas	**el suyo** la suya	los suyos las suyas	*le(s) leur(s)*
	Uds.	**el suyo** la suya	los suyos las suyas	*le(s) vôtre(s)* ▶**Vouvoiement**

La casa de la derecha es la mía — *La maison de droite est la mienne*

¿Los profesores? Los nuestros **son simpáticos** — *Les professeurs ? Les nôtres sont sympathiques*

Hispanismes

Lo mío **es la gramática** — *Ce qui me plaît c'est la grammaire*

Recuerdo a los míos — *Je me souviens des miens* (ma famille)

Las suyas, señores,
son siempre grises

Leçon n° 17 Les démonstratifs

Espace	Temps	Distance	Adjectifs démonstratifs *ce, cette, ces*				
Adverbes				masc.		fém.	
aquí *ici*	**ahora** *maintenant*	Le locuteur est proche	sg.	**este**	**grito**	**esta**	**risa**
			pl.	**estos**	**ojos**	**estas**	**orejas**
ahí *là*	**ayer** *hier*	Le locuteur est moins proche	sg.	**ese**	**papel**	**esa**	**silla**
			pl.	**esos**	**chicos**	**esas**	**casas**
allí, allá *là-bas*	**en otro tiempo** *autrefois*	Le locuteur est éloigné	sg.	**aquel**	**avión**	**aquella**	**guerra**
			pl.	**aquellos**	**países**	**aquellas**	**islas**

Espace	Temps			Pronoms démonstratifs				
Adverbes		**neutre**			masc.		fém.	
aquí	**ahora**	**esto**	*ceci*	sg.	**éste**	*celui-ci*	**ésta**	*celle-ci*
				pl.	**éstos**	*ceux-ci*	**éstas**	*celles-ci*
ahí	**ayer**	**eso**	*cela*	sg.	**ése**	*celui-là*	**ésa**	*celle-là*
				pl.	**ésos**	*ceux-là*	**ésas**	*celles-là*
allí, allá	**en otro tiempo**	**aquello**	*cela*	sg.	**aquél**	*celui-là*	**aquélla**	*celle-là*
				pl.	**aquéllos**	*ceux-là*	**aquéllas**	*celles-là*

1 Le choix des démonstratifs

Con estos pantalones voy a bailar esta noche — *Avec ce pantalon(-ci), je vais danser ce soir*
Esta bufanda es <u>mía</u>, ésa es <u>tuya</u> — *Cette écharpe(-ci) est à moi, celle-là est à toi*
Aquella época fue feliz — *Cette époque(-là) fut heureuse*

Ce choix dépend de <u>la distance dans l'espace ou le temps</u> qui sépare la personne qui parle de la chose désignée (personne, objet, événement...) :
- **este** désigne ce qui est <u>proche</u> de celui qui parle,
- **ese** ce qui est un peu éloigné,
- **aquel** ce qui est très <u>éloigné</u>.

Pedro y Juana están sentados — *Pedro et Juana sont assis*
Ésta lee, aquél escucha — *Le premier écoute, l'autre lit*

Éste renvoie au dernier nom cité et **aquél** au premier nom cité dans la phrase ou à la portion de phrase qui précède.

2 Hispanismes

¡Eso es! — *Parfaitement ! C'est ça*
Eso de ayer es curioso — *Cette histoire d'hier est bizarre*
Prefieres <u>el café de</u> Costa Rica; yo prefiero el de Colombia. — *Tu préfères le café du Costa Rica ; moi je préfère <u>celui de</u> Colombie.*

Tableau récapitulatif
des leçons 15 à 17

PRONOMS PERSONNELS

	Pronoms sujets	Pronoms compléments COD	Pronoms compléments COI	Adjectifs possessifs	Adjectifs démonstratifs
1	yo	me	me	mi (s)	este, a
2	tú	te	te	tu (s)	ese, a
3	él, ella usted	le, lo, la	le	su (s)	aquel, aquella
1	nosotros, as	nos	nos	nuestro, a (s)	estos, as
2	vosotros, as	os	os	vuestro, a (s)	esos, as
3	ellos, ellas ustedes	les, los, las	les	su (s)	aquellos, aquellas

	Pronoms réfléchis	Pronoms compléments avec préposition	▶ exceptions	Pronoms possessifs	Pronoms démonstratifs
1	me	(a) mí	▶ conmigo	el (los) mío (s), la (s) mía (s)	éste, a
2	te	(de) ti	▶ contigo	el (los) tuyo (s), la (s) tuya (s)	ése, a
3	se → (sens réfléchi)	(por) él, ella, usted sí	▶ consigo	el (los) suyo (s), la(s) suya (s)	aquél, aquélla neutre esto, eso, aquello
1	nos	(para) nosotros, as		el (los) nuestro (s), la(s) nuestra (s)	éstos, as
2	os	(con) vosotros, as		el (los) vuestro(s), la(s) vuestra (s)	ésos, as
3	se → (sens réfléchi)	(sin) ellos, ellas, ustedes sí		el (los) suya (s), la (s) suya (s),	aquéllos, aquéllas

Leçon n° 18 Les principaux indéfinis

1 Quelqu'un, quelque chose, quelque

	Dans une phrase affirmative ou interrogative			Dans une phrase négative	
• pronom	**alguien**	*quelqu'un*	≠	**nadie**	*personne*
	algo	*quelque chose*	≠	**nada**	*rien*
• adjectif ou pronom	**alguno,a**	*quelque, un*	≠	**ninguno,a**	*aucun*
	▶ **algún**	+ nom masc. sg.	≠	▶ **ningún**	+ nom masc. sg.

1- **Matías tiene algún libro de la biblioteca** — *Matías a un livre de la bibliothèque*
≠ **Alina no tiene ningún libro de la biblioteca** — *Alina n'a aucun livre de la bibliothèque*

Attention aux apocopes de **alguno** et **ninguno**.

2-

¿Ves a alguien? *Vois-tu quelqu'un ?*	▶ No **veo a** nadie no + verbe + indéfini	= **A** nadie **veo** indéfini + verbe	*Je ne vois personne*
¿Deseas algo? *Désires-tu quelque chose ?*	▶ No **deseo** nada	= Nada **deseo**	*Je ne désire rien*
¿Alguna computadora funciona? *Y a-t-il un ordinateur qui fonctionne ?*	▶ No **funciona** ninguna	= Ninguna **funciona**	*Aucun ne fonctionne*

Alguien, **algo** et **alguno** (qui peuvent être adjectifs ou pronoms et s'accordent en genre et en nombre) s'emploient dans des phrases affirmatives ou interrogatives.
Attention aux deux constructions possibles avec **nadie**, **nada** et **ninguno** :
- soit une phrase négative commençant par **no**,
- soit une phrase affirmative mais avec **l'indéfini** placé en tête.

3- **Estoy algo triste** — *Je suis un peu triste*
No estoy nada cansada — *Je ne suis pas du tout fatiguée*

Algo et **nada** peuvent être employés comme adverbes.

2 N'importe qui, quelconque

1- Adjectif

Toma cualquier papel para escribir — *Il prend n'importe quel papier pour écrire*

Attention à l'apocope de **cualquiera** en **cualquier** (cf. p. 155).

Cualquier (a)

cualquier mujer — *une femme quelconque*
≠ **una mujer cualquiera** — *une femme facile*

Cualquier(a) est invariable en genre et change de sens selon sa place : avant le nom, il signifie "n'importe lequel" et après le nom "quelconque".

2- Pronom

Cualquiera puede entenderlo — *N'importe qui peut le comprendre*

3 Tous, toute(s), tout

Veo todo **el espectáculo** — *Je vois tout le spectacle*
adjectif

Odio todas **las películas** — *Je déteste tous les films*

Todos **se burlan de mí** — *Tout le monde se moque de moi*
pronom

Lo **entiendo** todo — *Je comprends tout*
lo + verbe + todo

Quand **todo** est un pronom neutre COD, il est souvent renforcé par **lo**. (cf. **lo** p. 154)

Todo

4 Chacun, chaque

1 - Adjectif

Cada **cosa a su tiempo** — *Chaque chose en son temps*

2- Pronom

Cada uno **hace lo que quiere** — *Chacun fait ce qu'il veut*

Cada

3- cada + chiffre = tous les..., toutes les...

Cada **cinco minutos mira por la ventana** — *Toutes les cinq minutes, il regarde par la fenêtre*

5 Un autre / les autres

1 - Otro, a (s)

Elige otro **regalo** — *Il choisit un autre cadeau*
adjectif

Rappel : avec **otro** on n'emploie jamais l'article indéfini (cf. p. 149).

No quiero otro — *Je n'en veux pas un autre*
pronom

Unos **están de acuerdo,** otros **se callan** — *Certains sont d'accord, d'autres se taisent*

Los demás
Otro

2- Los demás, las demás, lo demás

Me quedo aquí. Ve con Lucas y los demás — *Je reste ici. Pars avec Lucas et les autres*

Las demás **soluciones no valen la pena** — *Les autres solutions ne valent pas la peine*

On emploie **los / las demás** à la place de **otros, as** pour traduire l'idée de "tous / toutes les autres".

Lo demás **es superfluo** — *Le reste est superflu*

Leçon n° 19 Traductions de on

L'équivalent exact du pronom indéfini "on" n'existe pas en espagnol.
Il y a diverses manières de le traduire par équivalence selon son sens précis.

1 Un verbe

1 - L'usage, une réflexion d'ordre général ▶ tournure réfléchie à la 3e personne

Se escucha mucho la radio en España — *On écoute beaucoup la radio en Espagne*
se + 3e pers. sg.

Se leen pocos periódicos — *On lit peu de journaux*
se + 3e pers. pl. + COD (nom de chose pl.)

Avec un nom de chose comme COD, le verbe s'accorde.

Se escucha mucho a los niños hoy día — *On écoute beaucoup les enfants de nos jours*
se + 3e pers. **sg.** + a + COD (personne)

Avec la préposition **a**, l'accord ne se fait pas.

2- "Les gens", quelqu'un d'indéterminé ▶ la 3e personne du pluriel

Dicen que unos fantasmas ocupan esta casa — *On dit que des fantômes occupent cette maison*
Llaman a la puerta — *On frappe à la porte*

Celui qui parle n'est pas impliqué dans l'action.

3- "On" dans le sens de "nous" ▶ la 2e personne du pluriel

Vamos a la playa — *On va à la plage*

Celui qui parle est impliqué dans l'action.

2 Un pronom indéfini

"On" dans le sens de "moi + les autres" ou dans le cas des verbes pronominaux ▶ uno, una

Uno tiene que trabajar — *On doit travailler* (= moi + les autres)

Uno no se casa todos los días — *On ne se marie pas tous les jours*

On traduit **on** par **uno, a** quand il a le sens de "moi + les autres",
ou si la tournure réfléchie n'est pas possible quand le verbe est pronominal.

Angela dice: una tiene su orgullo — *Angela dit : on a son orgueil*

Uno (si c'est un homme qui parle) et **una** (si c'est une femme) peuvent masquer un "**je**".

Traductions de en et y

Ces pronoms ne se traduisent généralement pas. Mais parfois il est nécessaire de leur trouver une traduction par équivalence pour rendre parfaitement le sens de la phrase, renforcer l'idée exprimée ou lever une ambiguïté. Plusieurs traductions sont alors possibles.

1 Cas le plus courant : absence de traduction

¿Tienes lápices? - Sí, tengo — *Tu as des crayons ? - Oui, j'en ai*

¡Llaman a la puerta! -¡Voy! — *On sonne ! - J'y vais !*

Quand le sens de **en** et **y** est vague ou évident, leur traduction est inutile.

2 "En" et "y" adverbes de lieu ▸ (de) aquí, (de) ahí, (de) allí

¿Viste la nueva tienda? Sí, de ahí vengo — *Tu as vu la nouvelle boutique ? - Oui, j'en viens*

Se ha instalado allí — *Il s'y est installé*

En et **y** remplacent un complément de lieu : ils sont généralement traduits par des adverbes de lieu (accompagnés d'une préposition pour **en**).

3 "En" et "y" compléments ▸ pronoms personnels compléments ▸ pronoms démonstratifs

¿Este turrón? Lo vendo mucho (pr. pers. + verbe) — *Ce touron ? J'en vends beaucoup*

Estoy contento de eso (contento : adjectif ; eso : pr. dém.) — *J'en suis content*

Pienso en ello — *J'y pense*

En et **y** peuvent être compléments d'un nom, d'un verbe ou d'un adjectif : ils se traduisent alors par un pronom personnel complément (accompagné d'une préposition) qui s'accorde en genre et en nombre avec le nom qu'ils remplacent.

4 "En" = partitif ▸ pronom indéfini

¿Tienes chocolatinas? - Sí, coge algunas — *As-tu des chocolats? Oui, prends-en (quelques-uns)*

Leçon n°21 La quantité

1 Adjectifs ou adverbes indéfinis

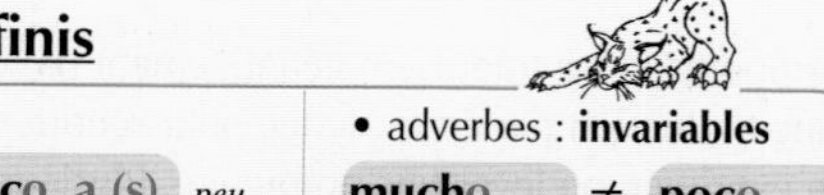

• adjectifs					• adverbes : **invariables**		
mucho, a (s)	*beaucoup*	≠	**poco, a (s)**	*peu*	**mucho**	≠	**poco**
demasiado, a (s)	*trop*	≠	**bastante (s)**	*assez*	**demasiado**	≠	**bastante**
					muy	*très*	

Bromea mucho	*Il plaisante beaucoup (adv.)*
Conoce muchos chistes	*Elle connaît beaucoup (adj.) d'histoires drôles*
Son bastante simpáticos	*Ils sont assez (adv.) sympathiques*
Tiene bastantes amigos	*Il a pas mal (adj.) d'amis*
Adriana es demasiado ambiciosa	*Adriana est trop ambitieuse (adv.)*
Sus hermanos hablan muy poco	*Ses frères parlent très peu (adv.)*
Tiene poco humor	*Il a peu (adj.) d'humour*

Employés comme adjectifs, ces mots s'accordent en genre et en nombre avec le nom auquel ils se rapportent. En tant qu'adverbes, ils sont invariables.

2 Adverbes más et menos

1- plus de / moins de : más, menos

Quiere más dinero y menos trabajo — *Il veut plus d'argent et moins de travail*

2- de plus en plus de : más y más, cada vez más

Tengo más y más proyectos
y cada vez menos tiempo

J'ai de plus en plus de projets
et de moins en moins de temps

3- plus (moins)... plus (moins) : cuanto más (menos) ... más (menos)

Cuanto más como, más hambre tengo
+ verbe

Plus je mange, plus j'ai faim

Cuantas menos deudas tiene, más gasta
+ nom (accord)

Moins il a de dettes, plus il dépense

Cuanto est immédiatement suivi du nom et s'accorde en genre et en nombre avec lui.

¡Éste cada vez está más loco!

Les superlatifs

1 Le superlatif absolu

un hombre muy guapo muy + adjectif	*un homme très beau*	**un hombre guapísimo** adjectif + -ísimo
habitaciones muy claras	*des chambres très claires*	**habitaciones clarísimas**
una mujer muy rica	*une femme très riche*	**una mujer riquísima**
un ejercicio muy difícil	*un exercice très difficile*	**un ejercicio dificilísimo**

Le superlatif absolu se rend surtout avec **muy**. Le superlatif formé avec **-ísimo** est d'usage très courant et donne une charge affective, une intensité plus forte. Attention aux modifications orthographiques.

Quelques irrégularités

una educación muy libre	*une éducation très libre*	**una educación libérrima**
un deporte muy agradable	*un sport très agréable*	**un deporte agradabilísimo**
un juego muy cruel	*un jeu très cruel*	**un juego crudelísimo**
una familia muy pobre	*une famille très pauvre*	**una familia paupérrima**

2 Le superlatif relatif

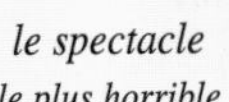

el más horroroso espectáculo article + más + adjectif + nom	*le spectacle le plus horrible*	**el espectáculo más horroroso** article + nom + más + adjectif
la más famosa película	*le film le plus célèbre*	**la película más famosa**

Quand il suit le nom qu'il qualifie, le superlatif ne doit pas être précédé d'un article.

Benito es el chico más interesante que conozco
superlatif + indicatif

Benito est le garçon le plus intéressant que je connaisse = subjonctif

Le superlatif est suivi d'un verbe à l'indicatif en espagnol (et non au subjonctif comme en français) car il s'agit d'exprimer un fait réel pour celui qui parle.

El extraterrestre más horrible del universo...

Leçon n° 23 Les comparatifs

Supériorité	**Pablo es** más **alto** que **Dolores** más + adj. + que + nom	*Pablo est plus grand que Dolores*
Infériorité	**La cocina está** menos **alumbrada** que **el salón** menos + part. passé + que + nom	*La cuisine est moins éclairée que le salon*
Egalité	**Mis amigos son** tan **locos** como **yo** tan + adj. + como + pronom sujet	*Mes amis sont aussi fous que moi*

1 Les comparatifs de supériorité et d'infériorité : plus ... que, moins ... que

1- Les irréguliers

más grande ▶	mayor	*plus grand (plus âgé)*	**más bueno** ▶	mejor	*meilleur*
más pequeño ▶	menor	*plus petit (plus jeune)*	**más malo** ▶	peor	*pire*

Esta casa es más grande **que la otra** — *Cette maison est plus grande que l'autre*

Tu hermano mayor **es** peor **que el mío** — *Ton grand frère (frère aîné) est pire que le mien*

On utilise très couramment **más grande**, **más bueno**, **más pequeño**, **más malo**.
Mais on réserve **mayor** et **menor** pour "plus âgé", "aîné" et "plus jeune", "cadet".

2- Les éléments de comparaison

El tren es menos **rápido** que **el avión** — *Le train est moins rapide que l'avion*
adj. ñom

Es más **tímido** que **tonto** — *Il est plus timide que bête*

Tiene más **amigos** que **él** — *Elle a plus d'amis que lui*

Les éléments de la comparaison peuvent être des adjectifs, des participes passés, des noms ou des adverbes. Le 2e élément de la comparaison peut aussi être un pronom sujet.

Vive más **lejos** de lo que **crees** — *Il habite plus loin que tu ne crois*
más + adverbe + de lo que + verbe

Es menos **rico** de lo que **parece** — *Il est moins riche qu'il ne paraît*
menos + adjectif + de lo que + verbe

Quand le 2e élément de la comparaison est un verbe (différent du 1er verbe),

¡Éste sí que es más pequeño que yo!

2 Les comparatifs d'égalité : aussi, autant de ... que, autant que

1- **Nuestros profesores son tan buenos como los vuestros**
tan + adj. + como

Nos professeurs sont aussi bons que les vôtres

Devant un adjectif ou un adverbe, le comparatif d'égalité se rend par **tan ... como**.

2- **Hacen tantos esfuerzos como el año pasado**
tantos + nom masc. pl. + como

Ils font autant d'efforts que l'an dernier

Repiten tantas veces como queremos — *Ils répètent autant de fois que nous voulons*

Devant un nom, le comparatif impliquant une idée d'égalité en quantité ou en nombre (autant de ... que) se rend par **tanto** qui s'accorde en genre et en nombre avec le nom.

3- **Trabajan tanto como pueden**
invariable

Ils travaillent autant qu'ils peuvent

Miran tanto los cuadros como las esculturas — *Ils regardent autant les tableaux que les sculptures*

Devant un verbe ou un nom dont la quantité n'est pas concernée **tanto** est invariable.

4- **Son tan interesantes y los admiro tanto que trabajo más** — *Ils sont si intéressants et je les admire tellement que je travaille plus*

Attention : **tan (tanto) ... que** exprime la conséquence et non la comparaison.

Les principales

A

COD

1- **Veo a Juan** — *Je vois Juan*
a + COD (personne)
Bautista mira al profesor — *Bautista regarde le professeur*
Busco a mi familia — *Je cherche ma famille*
Beatriz lleva a su perrito — *Beatriz emmène son petit chien*
Debemos amar a la Naturaleza — *Nous devons aimer la Nature*

≠ **En la montaña veo alpinistas** — *Je vois des alpinistes sur la montagne*
A lo lejos oigo músicos — *J'entends des musiciens au loin*
Contemplo la luna — *Je contemple la lune*

On emploie la préposition **a** devant un complément d'objet direct **(COD)** représentant :
- une personne bien définie (au moins dans l'esprit de celui qui parle),
- un groupe de personnes bien définies,
- un animal familier, une chose personnifiée (parfois), valorisée
- un nom de ville, de pays (souvent).

2- **No conozco a nadie** — *Je ne connais personne*
Oigo a alguien — *J'entends quelqu'un*

On utilise la préposition **a** devant un indéfini représentant une personne.

Hispanismes
Tengo dos hermanas — *J'ai deux soeurs*
Quiere mucho a los gatos ≠ Quiere un gato — *Il aime beaucoup les chats ≠ Il veut un chat*
Puedo traducir este texto al español — *Je peux traduire ce texte en espagnol*
El odio a la mentira — *La haine du mensonge*

Espace

Vamos a bailar — *Nous allons danser*
Sube al desván — *Il monte au grenier*
Salgo a la calle — *Je sors dans la rue*

La préposition **a** s'utilise après un verbe de mouvement avec déplacement, devant un verbe à l'infinitif ou un nom.

Temps

La durée
A los tres meses, iba mejor — *Au bout de trois mois, il allait mieux*

La date, la précision
Estamos a 1 de enero — *Nous sommes le 1er janvier*
Llegan a las diez de la mañana — *Ils arrivent à 10 heures du matin*

La fréquence
Va a España dos veces al año — *Il va en Espagne deux fois par an.*

¿Entramos en este túnel?

Les prépositions

En

Espace

Estoy en París — *Je suis à Paris*
Viven en Brasil — *Ils vivent au Brésil*
Trabajo en casa — *Je travaille chez moi*
Me quedo en esta silla — *Je reste sur cette chaise*

En indique le lieu ou un mouvement sans déplacement.

Damián entra en la habitación — *Damián entre dans la chambre*
David se mete en el agua — *David [r]entre dans l'eau*

En suit les verbes exprimant l'idée "d'entrer", de pénétrer.

Luisa viene en moto — *Luisa vient en moto*

En, comme en français, est utilisé pour les moyens de transport (sauf **a pie / a caballo**).

Temps

Nací en 1989 — *Je suis né en 1989*
En agosto hace calor — *En août, il fait chaud*
En dos horas leo este libro — *Je lis ce livre en deux heures*

En introduit un moment du temps (datation d'une période) ou une durée.

De

Possession

La casa de Claudio es grande — *La maison de Claudio est grande*
Las ventanas de su casa están abiertas — *Les fenêtres de sa maison sont ouvertes*
El coche es de Adrián — *La voiture est à Adrián*

De indique l'appartenance, la possession pour une personne comme pour une chose.

Matière

Amalia tiene un reloj de oro — *Amalia a une montre en or*
Llevo botas de goma — *Je porte des bottes en caoutchouc*

De indique la matière.

Définition

El niño de pelo negro ≠ el niño con gafas — *le garçon aux cheveux noirs avec des lunettes*
Una máquina de escribir — *une machine à écrire*

De indique une caractéristique essentielle (**con** = idée d'occasionnel, d'accessoire).

Espace

Víctor viene de Nicaragua — *Victor vient du Nicaragua*
Me muero de miedo — *Je meurs de peur*

De indique l'origine, la provenance, voire la cause.

Temps

De noche, duermo — *La nuit, je dors*
De niño, era tímido — *Enfant, j'étais timide*

De sert à exprimer une période bien délimitée du temps en rendant l'idée de "lorsque".

Es difícil estudiar japonés (estudiar = sujet) — *C'est difficile d'étudier le japonais*
Es fácil comprender el ejercicio ≠ El ejercicio es fácil de comprender — *L'exercice est facile à comprendre*

Quand le sujet est un infinitif, la préposition "de" ne se traduit pas en espagnol.

Leçon n° 25 La préposition con

1- Viaja con su hija — *Elle voyage avec sa fille*

Con introduit un complément d'accompagnement.

2- Siempre mata con un cuchillo — *Il tue toujours avec un couteau*

Con indique le moyen, l'instrument.

3- Habla con voz fuerte — *Il parle d'une voix forte*

Con indique la manière, l'attitude. **Con** est généralement suivie directement du nom sans article sauf exception comme le montrent les deux exemples ci-dessous.

Anda con las manos en los bolsillos — *Il marche les mains dans les poches*
Responde con las lágrimas en los ojos — *Il répond les larmes aux yeux.*

4- Mira al hombre con el jersey gris — *Regarde l'homme au pull-over gris*

Con indique un détail, une caractéristique occasionnelle qui permet d'identifier quelqu'un.

Hispanismes

Tomo café con leche — *Je prends du café au lait*
María se encontró con Manuel en un bar — *María a rencontré Manuel dans un bar*
Comparado con Luis, Jaime es más guapo — *Comparé à Luis, Jaime est plus beau*

Me conformo
con este heladito

Les prépositions por et para

Leçon n° 26

GRAMMAIRE

1- Es recompensado por sus esfuerzos
Il est récompensé pour ses efforts

La cause, le motif.

2- Tengo cariño por Alejandro
J'ai de l'affection pour Alejandro

La O.N.U. lucha por la paz
L'O.N.U. lutte pour la paix

L'intérêt (finalité morale, sentiments), exprimant l'idée de "en faveur de".

3- Te cambio mi gorra por la tuya
J'échange ma casquette contre la tienne

Te la compro por cien pesetas
Je te l'achète cent pesetas

L'échange ou la valeur d'échange (prix, bénéfice).

4- Recibió la noticia por teléfono
Il a reçu la nouvelle par téléphone

Le moyen de communication.

5- El ladrón pasa por la ventana
Le voleur passe par la fenêtre

Paseo por el parque de la ciudad
Je me promène dans le parc de la ville

Le mouvement à l'intérieur d'un lieu, à travers un lieu (passage).

6- Me voy a Lima por tres semanas
Je vais à Lima pour trois semaines

Salgo por el 15 de marzo
Je pars aux alentours du 15 mars

Por la tarde echa la siesta
L'après-midi, il fait la sieste

Tres veces por semana = a la semana
Trois fois par semaine

La durée, un moment imprécis du temps ou la fréquence.

7- Pasa por tonto *Il passe pour un idiot*

Le jugement, l'opinion

8- Voy por leche *Je vais chercher du lait*

1- Estudia para aprender
Il étudie pour apprendre

Se levantó para coger el dinero
Il s'est levé pour prendre l'argent

Le but, l'objectif.

2- El libro es para Miguel
Le livre est pour Michel

La finalité, la destination.

3- Voy para Madrid
Je vais à (vers) Madrid

La destination, la direction.

4- Para Navidad celebrará su cumpleaños
Il fêtera son anniversaire à Noël

Vengo para el 25 de abril
Je viens le 25 avril

Une date précise.

5- Para mí, tiene razón
A mon avis, il a raison

Es un chico muy maduro para su edad
C'est un enfant très mûr pour son âge

Les points de vue et comparaisons.

6- Va para diez años *Il a près de dix ans*
Il va sur ses dix ans

Leçon n°27 Le temps

1 La situation dans le temps

1- Adverbes, locutions, expressions

Passé		Présent		Futur	
antes	*avant*	**ahora**	*maintenant*	**después / luego**	*après / ensuite*
ayer	*hier*	**hoy**	*aujourd'hui*	**mañana**	*demain*
antaño	*autrefois, jadis*	por **la**/a **la**/de **mañana**	*le matin*	**pronto**	*bientôt*
anoche	*hier soir*	por **la**/a **la**/de **tarde**	*l'après-midi*	al **día siguiente**	*le lendemain*
anteayer	*avant hier*	por **la**/a **la**/de **noche**	*le soir*	**pasado mañana**	*après demain*
la semana pasada	*la semaine dernière*	**de momento** / **por ahora**	*pour le moment*	**la semana que viene** = **la semana próxima**	*la semaine prochaine*
		de **día** *le jour* ≠ de **noche** *la nuit*		**dentro de dos semanas**	*dans deux semaines*
		temprano *tôt* ≠ **tarde** *tard*			

2- L'heure

Es la una **de la mañana**	Son las dos **de la tarde**
Il est une heure du matin	*Il est deux heures de l'après-midi*
Son las tres y **cinco**	**Son las diez** menos **diez de la noche**
Il est trois heures cinq	*Il est dix heures moins dix du soir*
Son las cuatro y cuarto	**Son las siete menos veinte**
Il est quatre heures et quart	*Il est sept heures moins vingt*
Son las cinco y media	**Son las ocho** en punto
Il est cinq heures et demie	*Il est huit heures pile*
Es mediodía. **Son las doce** ≠	**Es media**noche
Il est midi	*Il est minuit*

L'heure s'exprime avec le verbe **ser**. Le mot **hora** (heure) est omis.
Le verbe et l'article s'accordent avec le nombre d'heures.

Viene a **las nueve** — *Il vient à neuf heures*
Como hacia **las ocho de la noche** — *Je mange vers huit heures du soir*
A eso de **las once, me acuesto** — *Vers onze heures, je me couche*

3- La durée

Trabajó durante **dos años** — *Il a travaillé pendant deux ans*
Se queda hasta **las diez y media** — *Il reste jusqu'à dix heures et demie*
No come desde **el domingo** — *Il ne mange pas depuis dimanche*
Desde hace **una semana me levanto tarde** — *Depuis une semaine je me lève tard*
Se fue al cabo de **(a los) cuatro meses** — *Il est parti au bout de quatre mois*

4- La date

Hoy es martes — *Aujourd'hui, c'est mardi*
≠ **Estamos** a **3** de **mayo** de **2010** — *Nous sommes le 3 mai 2010*
Vuelve el 14 de **julio** de **2002** — *Il revient le 14 juillet 2002*
Nací en el **82** — *Je suis né en 82*

 La fréquence : jamais, toujours, encore

1- siempre ≠ nunca, jamás

Siempre miente — *Il ment toujours*

No dice nunca la verdad = Nunca dice la verdad — *Il ne dit jamais la vérité*
no + verbe + nunca — nunca + verbe

Il y a 2 constructions possibles pour employer **nunca** ou **jamás**.

2- aún = todavía ≠ ya no

Aún llueve = Todavía llueve ≠ Ya no llueve — *Il pleut encore ≠ Il ne pleut plus*

≠ Aun (= hasta = incluso) Lisa se burla de él — *Même Lisa se moque de lui*

3- Locutions

a menudo = muchas veces	*souvent*	**en el acto = en seguida**	*sur le champ*
pocas veces, a veces	*peu souvent, parfois*	**= ahora mismo**	*tout de suite*
dos veces al (por) mes	*deux fois par mois*	**de repente = de pronto**	*tout à coup*
de vez en cuando	*de temps en temps*	**en un santiámen = en un**	
casi nunca	*presque jamais*	**abrir y cerrar de ojos**	*en un clin d'oeil*

3 Ya : déjà, maintenant, plus tard ...

Francia ya ganó la copa mundial de fútbol — *La France a déjà gagné la coupe du monde de football*
ya + verbe au passé

L'adverbe **ya** se place toujours avant le verbe. Si le verbe est au passé, **ya** signifie "déjà".

Ya es tarde, ya lo sé. Ya llega — *Il est déjà tard, je le sais parfaitement* / *Il arrive (tout de suite)*
ya + verbe au présent

Si le verbe est au présent, **ya** signifie : "déjà", "maintenant", "parfaitement" ...
et permet d'insister sur le sens exprimé par le verbe.

Ya hablará de sus proyectos. Ya veremos — *Il parlera plus tard de ses projets* / *Nous verrons bien*
ya + verbe au futur

Si le verbe est au futur, **ya** signifie "plus tard", "bien", "bientôt" ...

4 Hace : il y a ..., il fait ...

Hace diez años — *Il y a dix ans*

Hacía mucho — *Il y avait longtemps*

Hace frío — *Il fait froid*

Hizo buen tiempo — *Il a fait beau*

Hace s'utilise devant un nom qui exprime l'idée de temps, de durée ou le temps qu'il fait.

Leçon n°28 L'espace

1 Localisation

encima *au-dessus*	**bajo, debajo de**	*sous, dessous*	≠	**sobre**	*sur*
alrededor *autour*	**en medio**	*au milieu*		**en el centro**	*au centre*
enfrente *en face*	**ante, delante de**	*devant*	≠	**tras, detrás de**	*derrière*
	dentro	*dedans, à l'intérieur*	≠	**fuera**	*dehors, à l'extérieur*
	cerca	*près*	≠	**lejos**	*loin*

1- Prépositions (+ nom), adverbes (seuls)

Ante Dios juro que soy inocente — *Je jure devant Dieu que je suis innocent*
La carta está delante del espejo — *La lettre est devant le miroir*
Domingo siempre va delante — *Dominique marche toujours devant*
Habla bajo juramento — *Il parle sous serment*
Descubrió el reloj roto debajo de una alfombra — *Il découvrit la montre cassée sous un tapis*
Detrás de él, se ve al acusado — *Derrière lui, on voit l'accusé*
Está tras la puerta — *Il est derrière la porte*

Ante, bajo s'emploient au sens propre ou figuré, **delante** et **debajo** au sens propre (localisation concrète). Attention à **tras**, préposition complexe à n'utiliser que dans les cas connus.

2- Traduction de "en", "dans", "à"

Estoy en España. Vivís en París — *Je suis en Espagne. Vous vivez à Paris*
≠ Voy a Barcelona — *Je vais à Barcelone* (mouvement)
La leche está en la nevera — *Le lait est dans le réfrigérateur*
Miran el partido en la televisión — *Ils regardent le match à la télévision*

3- Traductions de "sur"

Pongo mi libro en la mesa — *Je mets mon livre sur la table*
El tuyo está encima de la nevera — *Le tien est sur le frigo*
Su cuaderno está sobre la chimenea — *Son cahier est sur la cheminée*
Tiene mucha influencia sobre ti — *Il a beaucoup d'influence sur toi*
De treinta alumnos, sólo diez escuchan — *Sur trente élèves, seulement dix écoutent*

"Sur" se traduit souvent par **en**. C'est surtout pour insister, ou préciser un emplacement, qu'on utilise **encima** (idée de hauteur) et **sobre**.

4- La distance par rapport au locuteur

Estoy aquí ▶ **Estás ahí** ▶ **Está allí** ▶ **Están allá**
Je suis ici — *Tu es là* — *Il est là-bas* — *Il sont là-bas* (très loin)

Hispanisme

el más allá *l'au-delà*

2 Direction, mouvement, déplacement

1-

atrás	*en arrière*	≠	**adelante**	*en avant*
adentro	*dedans*	≠	**afuera**	*dehors*
arriba	*en haut*	≠	**abajo**	*en bas*
allá arriba	*là-haut*	≠	**allá abajo**	*ici-bas*

Vamos hacia atrás — *Nous allons en arrière*

≠ Está atrás del árbol — *Il est derrière l'arbre* (localisation)

Expressions

Corre calle abajo — *Il descend la rue en courant*

El pueblo está a tres kilómetros río arriba — *Le village est à trois kilomètres en amont*

¡Manos arriba! — *Haut les mains !*

¡Abajo los dictadores! — *A bas les dictateurs !*

2- Mouvement d'un point à un autre

Origine, départ ▶ Destination, arrivée

Origine, départ	Destination, arrivée	
	▶ **a la escuela**	*à l'école*
Cada día me voy de casa	▶ **hacia el centro**	*vers le centre ville*
Chaque jour je vais de chez moi	▶ **para la calle mayor**	*en direction de la rue principale*
Va desde el cine	▶ **hasta el teatro**	*jusqu'au théâtre*
Il va du cinéma		

3- Déplacement à travers / dans un lieu

Pasa por la plaza mayor para ir al colegio — *Il passe par la place principale pour aller au collège*

Los domingos paseo por el parque — *Le dimanche je me promène dans le parc*

Leçon n°29 La manière

1 Les adverbes en -mente

Anda lentamente	lento ► lenta + mente adj. masc adj. fém.	*Il marche lentement*
Habla tristemente	triste ► triste + mente adjectif invariable	*Il parle tristement*
Aprende fácilmente	fácil ► fácil + mente adj. invariable avec accent	*Elle apprend facilement*

Pour former un adverbe de manière, on ajoute **-mente** à l'adjectif correspondant féminin ou invariable.

Omission du suffixe -mente

Contestó breve y firmemente — *Elle a répondu brièvement et fermement*

Francisco mira el mar angustiosa y furiosamente — *Francisco regarde la mer avec angoisse et fureur*

Si plusieurs adverbes de manière se suivent, seul le dernier prend le suffixe **-mente**. Les autres restent sous la forme de l'adjectif au féminin ou invariables.

2 Adjectifs à valeur d'adverbe

Rema rápido — *Il rame rapidement*

Se fue discreto — *Il s'en est allé discrètement*

Un adjectif peut parfois modifier le sens d'un verbe comme un adverbe de manière.

3 Autres adverbes et locutions adverbiales

Él juega bien — *Il joue bien*
Ella canta mal — *Elle chante mal*
Anda despacio — *Il marche lentement*
El mal tiempo viene pronto — *Le mauvais temps arrive vite*
Vende barato sus libros — *Il vend ses livres bon marché*
Paga caro sus errores — *Il paye cher ses erreurs*
Así se acaba este cuento — *C'est ainsi que s'achève ce conte*

Quelques locutions

a **oscuras**	*dans l'obscurité*	de **veras**	*vraiment*
a **ciegas**	*à l'aveuglette*	de **prisa (deprisa)**	*vite*
a **escondidas**	*en cachette*	de **cabeza**	*la tête la première*
a **gatas**	*à quatre pattes*	de **rodillas**	*à genoux*
a **carcajadas (reír)**	*aux éclats (rire)*	de **buena gana**	*de bon gré*

4 La préposition con

Habla con voz fuerte — *Il parle d'une voix forte*
Pasea con paso lento — *Il se promène d'un pas lent*
Hoy se va con cara feliz — *Aujourd'hui, il s'en va l'air heureux*

Con est généralement suivie directement du nom sans article et se traduit par "d'un" ou "d'une" + le complément de manière ou ne se traduit pas du tout.

5 Tournures a lo, a la

Conduce a lo loco — *Il conduit comme un fou*
a lo + adj.

Lidia pinta a lo Picasso — *Lidia peint à la manière de Picasso*
a lo + nom

Baila a la moderna — *Il danse d'une manière moderne*
Arroz a la cubana — *Du riz à la cubaine*

Pour rendre l'idée de "à la manière de", on emploie généralement **a lo** avec un adjectif ou un nom. Mais on trouve également des expressions avec **a la,** qu'il faut utiliser avec prudence.

Se despide
a la francesa...

Leçon n°30 L'affirmation

1 Renforcement de l'affirmation

Sí señor *Oui monsieur*	**Sí que veo al gatito** sí que + verbe + sujet	*Bien sûr que je le vois le petit chat*
	Ya lo sabe usted, señor ya + verbe + sujet	*Vous le savez bien, monsieur*
	Bien lo entiende María bien + verbe + sujet	*María le comprend parfaitement*

Noter ici l'inversion du sujet, très fréquente en espagnol dans les phrases affirmatives et généralement courtes.

Sí claro	*Bien sûr*	**claro**	*bien sûr*
¡Claro que sí!	*Bien sûr*	**cierto**	*certes*
¡Que sí!	*Bien sûr (que oui) !*	**seguro**	*sûrement*
Eso sí	*Ah çà, oui*	**de acuerdo**	*d'accord*
¡Cómo no!	*Mais oui, bien sûr*		

2 Négation simple

No contestas — *Tu ne réponds pas*
no + verbe

¿No vienes conmigo? - No, gracias — *Tu ne viens pas avec moi ?- Non, merci*

"Non" et "ne ... pas" se traduisent par **no**, qui précède toujours le verbe.

3 Renforcement de la négation

Sí que no lo creo	*Mais non je ne le crois pas*
¡Claro que no!	*Bien sûr que non !*
¡Que no!	*Mais non !*
¡Eso no!	*Pas question !*
¡Eso sí que no!	*Ah ça, non alors !*

4 Négation avec indéfinis (nadie, nunca, jamás)

1 - Double construction

No vive nadie en esta casa = Nadie vive en esta casa — *Personne n'habite dans cette maison*
no + verbe + indéfini = indéfini + verbe

No se ve nunca a los vecinos = Nunca se ve a los vecinos — *On ne voit jamais les voisins*

Il y a deux constructions possibles, avec ou sans **no**, qui ont le même sens.

2- No todos ven las cosas de la misma manera — *Tout le monde ne voit pas les choses de la même façon*
no + todos + verbe

No se place toujours devant **todos**.

5 Autres tournures négatives

1- "... non plus"

No puede correr tampoco = Tampoco puede correr — *Elle ne peut pas courir non plus*
no + verbe + tampoco = tampoco + verbe

2- "ne ... plus"

Ya no participa en campeonatos — *Elle ne participe plus aux championnats*
ya no + verbe

No ganará más medallas — *Elle ne gagnera plus de médailles*
no + verbe + más

Expression de renforcement

Ya nunca participa en campeonatos — *Désormais elle ne participe plus aux championnats*

3- "ne ... que"

No fuma más que un puro de vez en cuando — *Il ne fume qu'un cigare de temps à autre*
no + verbe + más que

No toma alcohol sino con amigos — *Il ne boit de l'alcool qu'avec des amis*
no + verbe + sino

Sólo practica deportes los domingos — *Il ne fait du sport que le dimanche*
sólo + verbe

4- "ne ... même pas", "ni ... même"

No me dices una sola palabra siquiera — *Tu ne me dis même pas un mot*
no + verbe ... + siquiera

Ni siquiera me dices una sola palabra — *Tu ne me dis pas même un seul mot*
ni siquiera + verbe

Ni me miras — *Tu ne me regardes même pas*
ni + verbe

Estoy tan cansado ...
que ya ni quiero pelear

Leçon n°31 La coordination

Les conjonctions de coordination "mais, ou, et, donc, or, ni, car" qui unissent deux mots, groupes de mots ou propositions, ont toutes une équivalence en espagnol.

1 Et = y

Valentín tiene un gato y un perro — *Valentín a un chat et un chien*
nom nom

Flora baila y canta — *Flora danse et chante*

La conjonction **y** peut coordonner deux noms, deux verbes, deux adjectifs, ou deux propositions.

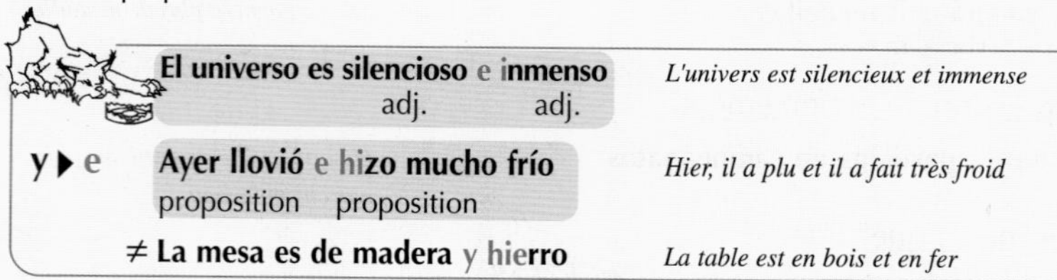

El universo es silencioso e inmenso — *L'univers est silencieux et immense*
adj. adj.

y ▸ e

Ayer llovió e hizo mucho frío — *Hier, il a plu et il a fait très froid*
proposition proposition

≠ **La mesa es de madera y hierro** — *La table est en bois et en fer*

Devant un mot commençant par **i-** ou **hi-**, on remplace **y** par **e**, sauf si ces lettres font partie d'une diphtongue.

2 Ou = o

¿Comes o lees? — *Tu manges ou tu lis ?*

Coge una manzana o una pera — *Prends une pomme ou une poire*

Miro esta película u otra — *Je regarde ce film ou un autre*

o ▸ u

¿Estoy guapo u horrible? — *Suis-je beau ou horrible ?*

Devant un mot commençant par **o-** ou **ho-**, on remplace **o** par **u**.

Se ven 6 ó 7 jugadores en el campo de fútbol — *On voit 6 ou 7 joueurs sur le terrain de foot*

Entre 2 chiffres, **ó** prend un accent afin de ne pas être confondu avec un zéro.

 Mais = pero ou sino

Este fotógrafo es joven pero famoso	*Ce photographe est jeune mais célèbre*
Mario es comprensivo pero exige la perfección	*Mario est compréhensif mais il exige la perfection*

Lorsque la phrase est affirmative, "mais" se traduit par **pero.**

No quiero una bicicleta sino una moto no + verbe ... + sino	*Je ne veux pas une bicyclette mais une moto*
No veo un coche verde sino azul	*Je ne vois pas une voiture verte mais bleue*
No cogió los billetes sino que robó el bolso no + verbe ... + sino que	*Il n'a pas pris les billets mais il a volé le sac*
No sólo colecciona sellos, sino que también busca monedas antiguas	*Non seulement il collectionne des timbres, mais il cherche aussi des pièces de monnaie anciennes*

Lorsque la 1ère partie de la phrase est négative, l'opposition se marque avec **sino.**
Entre 2 propositions, la 1ère étant négative, l'opposition s'exprime par **sino que.**

No me cree pero no me importa	*Il ne me croit pas mais cela m'est égal*
Sofía habla pero Arturo no la escucha	*Sofía parle mais Arturo ne l'écoute pas*
Trabaja pero no gana mucho dinero	*Il travaille mais ne gagne pas beaucoup d'argent*

Si "mais" relie 2 propositions négatives ou indépendantes, il se traduit par **pero.**

 Ni = no... ni ou ni ... ni

No habla ni sonríe **Ni habla ni sonríe**	*Ni il parle ni il sourit*
No compra libros ni revistas **Ni compra libros ni revistas**	*Il n'achète ni livres ni revues*

La double négation s'exprime de deux façons : par **no.... ni** ou par **ni ... ni.**
Attention à la place des négations par rapport au français.

 Car, or, donc, alors, hé bien... = pues

Valeria escribe a mano pues su ordenador no funciona	*Valeria écrit à la main car son ordinateur ne fonctionne pas*
Si no sabes, pues te callas	*Si tu ne sais pas, alors tais-toi*
¿Pues qué haces?	*Hé bien, que fais-tu ?*

Leçon n°32 L'interrogation

1 La phrase interrogative simple

¿**Votan** ustedes **por los socialistas**?
¿Ustedes **votan por los socialistas**?

Votez-vous pour les socialistes?

Toute phrase interrogative est précédée d'un point d'interrogation à l'envers et s'achève par un point d'interrogation à l'endroit.
Le verbe peut se mettre avant ou après le sujet. Comme en français, ce sont alors la ponctuation et l'intonation qui marquent la différence avec la phrase affirmative.
Il n'y a pas d'équivalence à la tournure française : "est-ce que ...".

2 Les interrogatifs

Tous portent un accent écrit pour les différencier des pronoms relatifs ou des conjonctions.

1- ¿Qué? : que ?, quoi ?, pourquoi ?

¿Qué **dice Diana**? — *Que dit Diana ?*
qué + verbe + sujet

¿Qué **hora es**? — *Quelle heure est-il ?*

Qué traduit les pronoms ou adjectifs interrogatifs "que" et "quel / quelle(s)".

La place du sujet est inversée par rapport à la phrase affirmative.

Expression idiomatique
¿Qué **tal está usted**? — *Comment allez-vous ?*

¿Qué?

¿En qué **piensas**? — *A quoi penses-tu ?*
¿De qué **quieres hablar**? — *De quoi veux-tu parler ?*
¿Por qué **llora tu hermano**? — *Pourquoi ton frère pleure-t-il ?*
¿Para qué **me preguntas eso**? — *Pourquoi me demandes-tu cela ?*

Qué peut être précédé d'une préposition et traduire "quoi".
Il est employé avec **por** et **para** pour rendre "pourquoi" : avec **por** on s'interroge sur la cause, la raison et avec **para** sur le but, l'intention, l'utilité (pour quoi faire?).

2- ¿Quién, quiénes? : qui ?

¿Quién?

¿Quién **te escribe esta carta**? — *Qui t'écrit cette lettre ?*
¿Quiénes **son esos amigos**? — *Qui sont ces amis ?*
¿A quién **quieres agradecer**? — *Qui veux-tu remercier ?*
¿Con quién **vas al cine esta noche**? — *Avec qui vas-tu au cinéma ce soir ?*

Quién(es) est employé pour les personnes et traduit "qui".
Il est précédé de la préposition **a** s'il est COD.

3- ¿Cuál, cuáles? : quel, quels ? / lequel, lesquels ?

¿Cuál es tu apellido? — *Quel est ton nom de famille ?*
Te doy unas fotos. ¿Cuáles prefieres? — *Je te donne quelques photos. Lesquelles préfères-tu ?*

Cuál(es) traduit l'adjectif interrogatif "quel/quelle, quels/quelles" et les pronoms "lequel/laquelle, lesquels/lesquelles".

¿Cuál?

4- ¿Cuándo? : quand ?

¿Cuándo vienes? — *Quand viens-tu ?*
¿Desde cuándo nos conocemos? — *Depuis combien de temps (depuis quand) nous connaissons-nous ?*

¿Cuándo?

5- ¿Dónde? : où ?

¿Dónde están mis gafas? — *Où sont mes lunettes ?*
¿Adónde corres tan feliz? — *Où cours-tu si heureux ?*

¿Dónde?

6- ¿Cómo? : comment ?

¿Cómo te llamas? — *Comment t'appelles-tu ?*
¿Cómo se dice "merci" en español? — *Comment dit-on "merci" en espagnol ?*

¿Cómo?

7- ¿Cuánto? : combien ?

¿Cuánto vale este disco? — *Combien coûte ce disque ?*
¿Cuántas pesetas te quedan? — *Combien de pesetas te reste-t-il ?*
¿Cuántos años tienes? — *Quel âge as-tu ?*

Cuánto peut être adverbe invariable ou adjectif interrogatif qui s'accorde en genre et en nombre avec le nom.

¿Cuánto?

3 L'interrogation indirecte

No sé cómo se llama — *Je ne sais pas comment il s'appelle*

Lorsque l'idée d'interrogation est présente (même sans les points d'interrogation), les interrogatifs gardent leur accent écrit.

4 Particularité

Prefiero callarme, ¿está bien o mal? — *Je préfère me taire, c'est bien ou c'est mal ?*

L'interrogation peut ne porter que sur une portion de phrase qui se trouve alors encadrée par les points d'interrogation à l'envers et à l'endroit.

Leçon n°33 L'exclamation

1 La phrase exclamative simple

¡Es un verdadero escándalo! — *C'est un véritable scandale !*

¡Ya lo creo! — *Je crois bien !*

La phrase exclamative est toujours précédée d'un point d'exclamation à l'envers et suivie d'un point d'exclamation à l'endroit.

2 Les constructions avec mots exclamatifs

Ils portent tous un accent écrit, comme les interrogatifs.

1- ¡Qué **tiempo**! — *Quel temps !*

¡Qué **curioso**! — *Comme c'est curieux !*

¡Qué **bien**! — *Comme c'est bien !*

¡Qué **interesante es este reportaje**! — *Comme ce reportage est intéressant !*
¡ qué + adjectif + verbe !

¡Qué **pronto llegó el huracán**! — *L'ouragan est arrivé tellement vite !*

Qué s'emploie avec un nom, un adjectif ou un adverbe. Il se traduit par "quel / quelles (s) ...", "comme". Avec un verbe, **qué** est immédiatement suivi de l'adjectif ou de l'adverbe sur lequel porte l'exclamation.

¡Qué!

2- Tournure de renforcement sans verbe

¡Qué **historia** tan **extraña**!
¡ qué + nom + tan + adjectif !
Quelle histoire étrange !

¡Qué **hombre** tan **aburrido**!
Quel homme ennuyeux !

¡Qué **aventura** más **estupenda**!
¡ qué + nom + más + adjectif !
Quelle aventure formidable !

¡Qué **crimen** más **horroroso**!
Quel crime affreux !

La même construction avec **tan** ou **más** permet de renforcer l'exclamation en mettant en relief l'adjectif.

¡Cómo!

¡Cómo **calienta el sol aquí**! — *Comme le soleil est chaud ici !*
cómo + verbe

¡Cómo **puedes hacer eso**! — *Comment peux-tu faire cela !*

Cómo se construit avec un verbe. Il se traduit par "comme", "comment" et fait porter l'exclamation sur la manière .

¡Cuánto!

¡Cuánto **llueve hoy**! — *Comme il pleut aujourd'hui !*
cuánto + verbe + nom

¡Cuántas **flores tienes en casa**! — *Que de fleurs tu as chez toi !*
cuánto,a(s) + nom + verbe

Cuánto est soit suivi d'un verbe et invariable, soit suivi d'un nom avec lequel il s'accorde en genre et en nombre. Il se traduit par "comme", "que", "combien" et fait porter l'exclamation sur la quantité.

3 Tournures particulières

¡Vaya **catástrofe**! — *Quelle catastrophe !*
vaya + nom

Vaya (le verbe **ir** au subjonctif présent) s'emploie avec un nom.

¡Lo que **bebes**! — *Qu'est-ce que tu bois !* (= combien)
lo que + verbe

¡Lo **rápido** que **se acerca la lava**! — *Comme la lave se rapproche vite !*
lo + adj. + que + verbe

¡Eso sí que **es un acontecimiento**! — *En voilà un événement !*
eso sí que + verbe

¡Maldito volcán! — *Maudit volcan !*

Leçon n°34 Le verbe

1 Modes et temps

INFINITIF
PARTICIPE PASSÉ / GÉRONDIF

	INDICATIF				CONDITIONNEL	
Temps simples	Passé simple	Imparfait	Présent	Futur	Passé	Présent
Temps composés	Passé antérieur	Plus-que-parfait	Passé composé	Futur antérieur		

SUBJONCTIF : Imparfait, Présent, Plus-que-parfait

IMPÉRATIF

Les différences majeures entre l'espagnol et le français résident dans :

- **l'emploi beaucoup plus fréquent du passé simple ;**
- **l'existence de la forme progressive (la durée) ;**
- **l'emploi beaucoup plus rigoureux et logique des modes indicatif et subjonctif espagnols** avec un **respect strict des concordances de temps dans les phrases avec subordonnée(s).**

L'indicatif et le subjonctif se distinguent selon un critère bien précis :
l'indicatif est le mode du réel, des faits, des actions réalisées ou supposées réalisées ;
le subjonctif est le mode de la virtualité, de la probabilité, de l'action possible mais non réalisée, du doute ; on le rencontre le plus souvent dans les subordonnées.
Ainsi le subjonctif français ne se traduira pas nécessairement par un subjonctif espagnol, ni l'indicatif français par un indicatif espagnol.

2 Conjugaisons régulières et irrégulières

En espagnol, il y a comme en français **3 conjugaisons régulières** :

- les verbes du **1er groupe** = radical + terminaison à l'infinitif en **-ar** comme **bailar**
- les verbes du **2e groupe** = radical + terminaison à l'infinitif en **-er** comme **comer**
- les verbes du **3e groupe** = radical + terminaison à l'infinitif en **-ir** comme **vivir**

Les verbes irréguliers sont de deux types :

- soit ils appartiennent à l'un des 6 groupes de verbes (cf. pages 207-213, Tableau récapitulatif p. 252) ayant les mêmes irrégularités ;
- soit ils cumulent plusieurs irrégularités et il faut les apprendre un par un. (cf.Tableaux p. 253-263)

Attention aux accents.

3 3 verbes auxiliaires et des semi-auxiliaires

haber + participe passé = temps composés

ser + participe passé = voix passive

estar + gérondif = durée de l'action

Haber est le seul auxiliaire utilisé pour former les temps composés.

Ser, estar (2 versions du verbe "être") sont aussi des auxiliaires :
- **ser** est utilisé avec un participe passé pour former la voix passive
- **estar** est utilisé avec un gérondif pour exprimer la durée

L'utilisation d'autres verbes employés comme auxiliaires pour enrichir ou nuancer est très courante.

4 Verbes impersonnels

En invierno llueve, nieva y hiela — *En hiver, il pleut, il neige et il gèle*

Certains verbes ne s'emploient qu'à la 3e personne du singulier sans véritable sujet comme en français.

5 Accord et place du verbe dans la phrase

El sol brilla — *Le soleil brille*
sujet + verbe

Le verbe se place généralement après le sujet.

¿Es negra la nieve en las ciudades? — *La neige est-elle noire dans les villes ?*
sujet

L'inversion verbe-sujet est plus commune en espagnol qu'en français surtout dans les phrases interrogatives.

La mayor parte de los chicos juega(n) — *La plupart des enfants joue(nt)*
sujet collectif

Le verbe s'accorde avec le sujet. Mais il peut se mettre au pluriel après un nom collectif (singulier) suivi d'un pluriel.

6 Particularité

(que yo) bailare — subj. futur simple

(que yo) hubiere bailado — subj. futur antérieur

Il existe deux temps au subjonctif qui n'existent pas en français : le futur simple et le futur antérieur du subjonctif. Ces temps ne sont plus employés dans la langue actuelle.

Indicatif : présent,

1 Les 3 conjugaisons régulières

	BAILAR *danser* 1ère conjugaison	COMER *manger* 2e conjugaison		VIVIR *vivre* 3e conjugaison
yo	1 **bailo** *je danse* =	1 **como** *je mange*	=	1 **vivo** *je vis*
tú	2 **bailas**	2 **comes**	=	2 **vives**
Ud., él, ella	3 **baila**	3 **come**	=	3 **vive**
nosotros	1 **bailamos**	1 **comemos**	≠	1 **vivimos**
vosotros	2 **bailáis**	2 **coméis**	≠	2 **vivís**
Uds., ellos, ellas	3 **bailan**	3 **comen**	=	3 **viven**

Le présent de l'indicatif se forme à partir du radical de l'infinitif. La terminaison en **-o** à la 1ère personne du singulier est la même pour tous les verbes réguliers.
Les verbes des 2e et 3e conjugaisons ont une même terminaison en **-e** sauf pour les deux 1ères personnes du pluriel où les verbes de la 3e conjugaison forment leur présent en **-i**.

2 Les verbes irréguliers

	SER *être*	HABER *avoir*	IR *aller*
1	**soy** *je suis*	**he** *j'ai...*	**voy** *je vais...*
2	**eres** *tu es...*	**has**	**vas**
3	**es**	**ha**	**va**
1	**somos**	**hemos**	**vamos**
2	**sois**	**habéis**	**vais**
3	**son**	**han**	**van**

Certains verbes sont irréguliers à toutes les personnes du présent de l'indicatif.

	ESTAR	HACER	SABER	PONER	TRAER	VALER	DECIR
	estoy *je suis*	**hago** *je fais*	**sé** *je sais*	**pongo** *je mets*	**traigo** *j'apporte*	**valgo** *je vaux*	**digo** *je dis*
tú	**estás...**	**haces...**	**sabes...**	**pones...**	**traes...**	**vales...**	**dices...**

	DAR	VER	TENER	CAER	CABER	VENIR	SALIR
yo	**doy** *je donne*	**veo** *je vois*	**tengo** *j'ai*	**caigo** *je tombe*	**quepo** *je tiens* (dans un espace)	**vengo** *je viens*	**salgo** *je sors*
tú	**das...**	**ves...**	**tienes...**	**caes...**	**cabes...**	**vienes...**	**sales...**

Certains verbes sont irréguliers à la 1ère personne, soit par leur terminaison, soit par leur radical. (Pour **tener** et **venir**, cf. Verbes irréguliers de type 1, p. 208)

passé simple Indicatif

Leçon n°36

1 Les 3 conjugaisons régulières

	BAILAR *danser* 1ère conjugaison		COMER *manger* 2e conjugaison			VIVIR *vivre* 3e conjugaison	
yo	1 **bailé**	*je dansai*	1 **comí**	*je mangeai*	=	1 **viví**	*je vécus*
tú	2 **bailaste**	*tu dansas*	2 **comiste**		=	2 **viviste**	
Ud., él, ella	3 **bailó**	*il dansa*	3 **comió**		=	3 **vivió**	
nosotros	1 **bailamos**		1 **comimos**		=	1 **vivimos**	
vosotros	2 **bailasteis**		2 **comisteis**		=	2 **vivisteis**	
Uds., ellos, ellas	3 **bailaron**		3 **comieron**		=	3 **vivieron**	

Le passé simple se forme à partir du radical de l'infinitif.

1- **El sábado pasado Marcos bailó con María** — *Samedi dernier Marcos dansa avec María*
≠ **Esta noche bailo con Dolores** — *Ce soir je danse avec Dolores*

Pour les verbes de la 1ère conjugaison, c'est l'accent écrit qui différencie la 3e personne du singulier du passé simple et la 1ère personne du singulier du présent.

2- **Ayer bailamos tan bien** — *Hier nous dansâmes si bien* (avons dansé)
≠ **Bailamos muy a menudo la salsa** — *Nous dansons souvent la salsa*

El año pasado vivimos felices — *L'année dernière nous vécûmes heureux* (avons vécu)
≠ **Ahora vivimos en París** — *Maintenant nous vivons à Paris*

Les verbes des 1ère et 3e conjugaisons ont la même terminaison à la 1ère personne du pluriel du passé simple et du présent.

2 Les verbes irréguliers

SER ou IR *être ou aller*	DAR *donner*	ESTAR *être*
1 **fui**	1 **di**	1 **estuve**
2 **fuiste**	2 **diste**	2 **estuviste**
3 **fue**	3 **dio**	3 **estuvo**
1 **fuimos**	1 **dimos**	1 **estuvimos**
2 **fuisteis**	2 **disteis**	2 **estuvisteis**
3 **fueron**	3 **dieron**	3 **estuvieron**

ANDAR	PODER	HABER
anduve	**pude**	**hube**
je marchai	*je pus*	*j'eus*
PONER	**TENER**	**SABER**
puse	**tuve**	**supe**
je mis	*je tins*	*je sus*
QUERER	**VENIR**	**HACER**
quise	**vine**	**yo hice**
je voulus	*je vins*	*je fis*
		él hizo

Ser et **ir** ont le même passé simple, irrégulier.
Dar prend les terminaisons des 2e et 3e conjugaisons sans accent écrit.

TRAER	DECIR
yo traje	**yo dije**
j'apportai	*je dis*
ellos trajeron	**ellos dijeron**

Leçon n°37 Participe passé

1 Les 3 conjugaisons régulières

BAILAR	COMER	VIVIR
1ère conjugaison	2e conjugaison	3e conjugaison
bailado *dansé*	**comido** *mangé* =	**vivido** *vécu*
infinitif + **-ado**	infinitif + **-ido**	

Le participe passé se forme à partir du radical du verbe en ajoutant la terminaison **-ado** pour les verbes de la 1ère conjugaison et la terminaison **-ido** pour les autres.

2 Les participes passés irréguliers

ABRIR **abierto** *ouvert*	**VOLVER** **vuelto** *revenu*	**HACER** **hecho** *fait*	**MORIR** **muerto** *mort*
CUBRIR **cubierto** *couvert*	**RESOLVER** **resuelto** *résolu*	**DECIR** **dicho** *dit*	**ESCRIBIR** **escrito** *écrit*
▼ **DESCUBRIR** **descubierto** *découvert*	**PONER** **puesto** *mis*	▼ **BENDECIR** **bendecido** *béni*	**ROMPER** **roto** *cassé*
	▼ **IMPONER** **impuesto** *imposé*	**MALDECIR** **maldecido** *maudit*	**VER** **visto** *vu*

Les participes passés des composés des verbes ayant un participe passé irrégulier sont aussi irréguliers sauf pour **bendecir** et **maldecir**.

3 Les verbes à double participe passé

DESPERTAR	HARTAR	IMPRIMIR	INCLUIR
despertado	**hartado**	**imprimido**	**incluido**
despierto *réveillé*	**harto** *rassasié*	**impreso** *imprimé*	**incluso** *inclus*
SALVAR	**SOLTAR**	**ELEGIR**	**CONVENCER** (etc.)
salvado	**soltado**	**elegido**	**convencido**
salvo *sauvé*	**suelto** *lâché*	**electo** *élu*	**convicto** *convaincu*

He despertado a mi hermana — *J'ai réveillé ma soeur*
Estoy despierto desde las seis — *Je suis réveillé depuis six heures*

Certains verbes ont deux participes passés : l'un régulier, l'autre irrégulier. Le participe passé régulier se conjugue avec l'auxiliaire **haber** pour former les temps composés (cf. p. 205). Le participe irrégulier est employé avec les autres verbes auxiliaires , (**estar, tener** cf. p. 217, 221) ou comme adjectif.

Passé simple et passé composé

Leçon n°38

1 Emploi du passé simple

Salió antes del final de la película y telefoneó a Camila	*Il <u>sortit</u> du cinéma avant la fin du film et <u>téléphona</u> à Camila*
Obtuvo su bachillerato en 1990	*Il <u>a obtenu</u> son baccalauréat en 1990*
El año pasado se fue de vacaciones a Andalucía	*L'an dernier, il <u>est allé</u> en vacances en Andalousie*

En espagnol, on emploie obligatoirement le passé simple pour toute action ponctuelle terminée au moment où l'on parle. Ce n'est donc pas seulement le temps de la narration, du récit au passé ou d'un style soutenu. **Le passé simple est d'usage courant en espagnol oral, beaucoup plus qu'en français,** et souvent un verbe au passé composé en français se traduit par un verbe au passé simple en espagnol.

2 Forme et emploi du passé composé

He bailado	*J'<u>ai</u> dansé*
He venido	*Je <u>suis</u> venu*
haber + participe passé invariable	

Le passé composé se forme **toujours** avec l'auxiliaire **haber** suivi d'un participe passé invariable. Attention aux participes passés irréguliers (cf. p. 196).

Se compró una bicicleta y desde entonces ya no ha cogido el metro	*Il s'<u>est acheté</u> un vélo et depuis il n'<u>a</u> plus <u>pris</u> le métro* (il ne le prend toujours pas)
Esta mañana me han robado mi coche y no puedo ir a trabajar	*Ce matin on m'<u>a volé</u> ma voiture et je ne peux pas aller travailler* (maintenant, aujourd'hui)
Estoy cansado porque he andado todo el día	*Je suis fatigué parce que j'<u>ai marché</u> toute la journée*

On emploie le passé composé quand l'action n'est pas terminée au moment où l'on parle ou lorsque les circonstances ou conséquences de l'action passée sont toujours actuelles.

¡Ayer jugué muy bien, hoy he jugado mejor!

Leçon n°39 Indicatif : imparfait,

1 Les 3 conjugaisons régulières

	BAILAR *danser* 1ère conjugaison	COMER *manger* 2e conjugaison		VIVIR *vivre* 3e conjugaison
yo	1 **bailaba** *je dansais*	1 **comía** *je mangeais*	=	1 **vivía** *je vivais*
tú	2 **bailabas**	2 **comías**	=	2 **vivías**
Ud., él, ella	3 **bailaba**	3 **comía**	=	3 **vivía**
nosotros	**1 bailábamos**	**1 comíamos**	=	**1 vivíamos**
vosotros	**2 bailabais**	**2 comíais**	=	**2 viváis**
Uds., ellos, ellas	**3 bailaban**	**3 comían**	=	**3 vivían**

L'imparfait se forme à partir du radical de l'infinitif. Les verbes de la 1ère conjugaison prennent la terminaison **-aba** + les marques spécifiques de la personne .
Les verbes des 2e et 3e conjugaisons ont une même terminaison en **-ía** + les marques spécifiques de la personne.

Bailáis bien ≠ **Bailabais mal**	**Coméis mucho** ≠ **Comíais poco**	*Vous dansez bien* ≠ *Vous dansiez mal*	*Vous mangez beaucoup* ≠ *Vous mangiez peu*

Attention aux accents, toujours sur le premier **-i-** quand il y en a deux.

2 Les verbes irréguliers

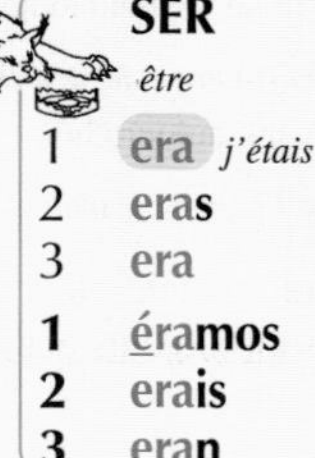

SER *être*	VER *voir*	IR *aller*
1 **era** *j'étais*	1 **veía** *je voyais*	1 **iba** *j'allais*
2 **eras**	2 **veías**	2 **ibas**
3 **era**	3 **veía**	3 **iba**
1 éramos	**1 veíamos**	**1 íbamos**
2 erais	**2 veíais**	**2 ibais**
3 eran	**3 veían**	**3 iban**

Certains verbes sont irréguliers à toutes les personnes de l'imparfait de l'indicatif.

3 Emploi

Antes, Eva leía mucho — *Avant, Eva lisait beaucoup*
Cada domingo, comía espaguetis — *Il mangeait des spaghetti tous les dimanches*

L'imparfait s'utilise bien souvent comme en français, pour exprimer dans le passé : la durée sans précision de début ni de fin, ou une action habituelle.

futur simple

Leçon
n°40

1 Les 3 conjugaisons régulières

	BAILAR *danser* 1ère conjugaison		COMER *manger* 2e conjugaison		VIVIR *vivre* 3e conjugaison
yo	1 **bailaré** *je danserai*	=	1 **comeré**	=	1 **viviré**
tú	2 **bailarás** *tu danseras*	=	2 **comerás**	=	2 **vivirás**
Ud., él, ella	3 **bailará**	=	3 **comerá**	=	3 **vivirá**
nosotros	1 **bailaremos**	=	1 **comeremos**	=	1 **viviremos**
vosotros	2 **bailaréis**	=	2 **comeréis**	=	2 **viviréis**
Uds., ellos, ellas	3 **bailarán**	=	3 **comerán**	=	3 **vivirán**

Le futur se forme à partir de l'infinitif en ajoutant les terminaisons qui correspondent en fait à celles du verbe **haber** (h**e**, h**as**, h**a**, h**emos**, hab**éis**, h**an**) au présent de l'indicatif. Ces terminaisons portent toutes un accent écrit sauf la 1ère psersonne du pluriel.

2 12 verbes irréguliers

HABER
- **habré** *j'aurai*
- **habrás**
- **habrá**
- **habremos**
- **habréis**
- **habrán**

HACER
haré ...
je ferai

QUERER
querré ...
je voudrai

DECIR
diré ...
je dirai

SABER
sabré ...
je saurai

PODER
podré ...
je pourrai

CABER
cabré ...
je contiendrai

PONER
pondré ...
je mettrai

TENER
tendré ...
j'aurai

VALER
valdré ...
je vaudrai

VENIR
vendré ...
je viendrai

SALIR
saldré ...
je sortirai

Mañana les diremos que nos vamos

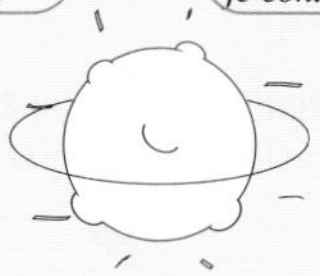

3 Emploi : leçons 62, 77

GRAMMAIRE

Leçon n°41

Conditionnel présent

1 Les 3 conjugaisons régulières

		BAILAR *danser* 1ère conjugaison			COMER *manger* 2e conjugaison			VIVIR *vivre* 3e conjugaison
yo	1	**bailaría** *je danserais*	=	1	**comería**	=	1	**viviría**
tú	2	**bailarías** *tu danserais*	=	2	**comerías**	=	2	**vivirías**
Ud., él, ella	3	**bailaría**	=	3	**comería**	=	3	**viviría**
nosotros	1	**bailaríamos**	=	1	**comeríamos**	=	1	**viviríamos**
vosotros	2	**bailaríais**	=	2	**comeríais**	=	2	**viviríais**
Uds., ellos, ellas	3	**bailarían**	=	3	**comerían**	=	3	**vivirían**

Le conditionnel se forme à partir de l'infinitif en ajoutant les terminaisons de l'imparfait des 2e et 3e conjugaisons. Toutes les terminaisons portent un accent écrit sur le **-í-**.

2 Les 12 verbes irréguliers

HABER
habría *j'aurais*
habrías
habría
habríamos
habríais
habrían

SABER	HACER	PONER	VENIR
sabría ... *je saurais*	haría ... *je ferais*	pondría ... *je mettrais*	vendría ... *je viendrais*
PODER	**QUERER**	**TENER**	**SALIR**
podría ... *je pourrais*	querría ... *je voudrais*	tendría ... *j'aurais*	saldría ... *je sortirais*
CABER	**DECIR**	**VALER**	
cabría ... *je tiendrais* (dans un espace)	diría ... *je dirais*	valdría ... *je vaudrais*	

Ces verbes présentent la même irrégularité de radical au conditionnel présent qu'au futur simple de l'indicatif.

3 Emploi : leçons 77, 83

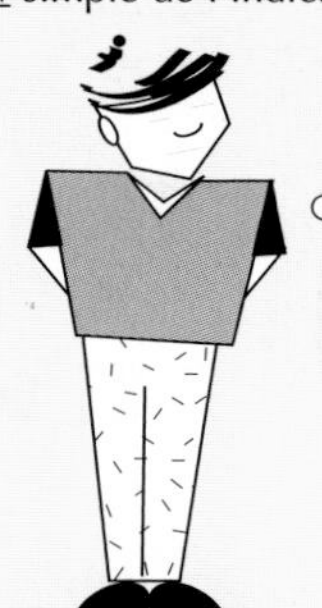

Yo querría irme con vosotros

Gérondif

1 Les 3 conjugaisons régulières

BAILAR	COMER	VIVIR
1ère conjugaison	2e conjugaison	3e conjugaison
bailando *en dansant*	**comiendo** *en mangeant* =	**viviendo** *en vivant*
radical + **-ando**	radical + **-iendo**	

Le gérondif se forme à partir du radical du verbe en ajoutant la terminaison **-ando** pour les verbes de la 1e conjugaison et la terminaison **-iendo** pour les autres.

2 Les gérondifs irréguliers

DECIR	PODER	VENIR (etc.)
diciendo *en disant*	**pudiendo** *en pouvant*	**viniendo** *en venant*

3 Emploi : leçons 69, 71, 79, 83

Corro cantando — *Je cours en chantant*

Se fue llorando — *Il s'en alla en pleurant*

Le gérondif correspond généralement au participe présent français précédé de "en".

Me caí yendo a comprarte flores

Impératif

1 Les 3 conjugaisons régulières

	BAILAR *danser* 1ère conjugaison		COMER *manger* 2e conjugaison		VIVIR *vivre* 3e conjugaison
tú	2 **baila**	*danse*	2 **come**	=	2 **vive**
Ud., él, ella	3 **baile**	*dansez*	3 **coma**	=	3 **viva**
nosotros	1 **bailemos**	*dansons*	1 **comamos**	=	1 **vivamos**
vosotros	2 **bailad**	*dansez*	2 **comed**	≠	2 **vivid**
Uds., ellos, ellas	3 **bailen**	*dansez*	3 **coman**	=	3 **vivan**

L'impératif se forme à partir du radical de l'infinitif. Pour la 1ère personne du pluriel, le vouvoiement et les 3e personnes du singulier et du pluriel, on utilise le subjonctif présent. Voir l'enclise. (cf. p. 206)

2 Les verbes irréguliers

HACER		PONER		TENER	
haz	*fais*	**pon**	*mets*	**ten**	*tiens*
haced	*faites*	**poned**	*mettez*	**tened**	*tenez*

SER		IR		DECIR		VENIR		SALIR		OIR	
sé	*sois*	**ve**	*va*	**di**	*dis*	**ven**	*viens*	**sal**	*sors*	**oye**	*écoute*
sed	*soyez*	**id**	*allez*	**decid**	*dîtes*	**venid**	*venez*	**salid**	*sortez*	**oíd**	*écoutez*

Les verbes irréguliers ne le sont qu'à la 2e personne du singulier.

3 L'impératif négatif

tú	2 **no bailes**	2 **no comas**	=	2 **no vivas**
Ud., él, ella	3 **no baile**	3 **no coma**	=	3 **no viva**
nosotros	1 **no bailemos**	1 **no comamos**	=	1 **no vivamos**
vosotros	2 **no bailéis**	2 **no comáis**	≠	2 **no viváis**
Ud., ellos, ellas	3 **no bailen**	3 **no coman**	=	3 **no vivan**

On utilise le subjonctif présent précédé de **no**.
Attention aux modifications aux 2e personnes du singulier et du pluriel.

Subjonctif présent

1 Les 3 conjugaisons régulières

	BAILAR *danser* 1ère conjugaison ► e	COMER *manger* 2e conjugaison ► a	VIVIR *vivre* 3e conjugaison ► a
yo	1 **baile**	1 **coma**	1 **viva**
tú	2 **bailes**	2 **comas**	2 **vivas**
Ud., él, ella	3 **baile**	3 **coma**	3 **viva**
nosotros	1 **bailemos**	1 **comamos**	1 **vivamos**
vosotros	2 **bailéis**	2 **comáis**	2 **viváis**
Uds., ellos, ellas	3 **bailen**	3 **coman**	3 **vivan**

Le présent du subjonctif se forme à partir du radical de l'infinitif.
Les terminaisons sont inversées par rapport au présent de l'indicatif : la terminaison en **-a** devient **-e** pour la 1e conjugaison, les terminaisons en **-e** ou **-i** deviennent **-a** pour les 2e et 3e conjugaisons. Noter que la 1ère et la 3e personne du singulier sont identiques.

2 Les verbes irréguliers

SER	HABER	IR	SABER
1 **sea** *que je sois*	1 **haya** *que j'aie*	1 **vaya** *que j'aille*	1 **sepa** *que je sache*
2 **seas**	2 **hayas**	2 **vayas**	2 **sepas**
3 **sea**	3 **haya**	3 **vaya**	3 **sepa**
1 **seamos**	1 **hayamos**	1 **vayamos**	1 **sepamos**
2 **seáis**	2 **hayáis**	2 **vayáis**	2 **sepáis**
3 **sean**	3 **hayan**	3 **vayan**	3 **sepan**

Certains verbes sont irréguliers à toutes les personnes du présent du subjonctif. Leur radical est différent de celui de l'infinitif.

	HACER	VER	DECIR	OIR
yo	**hago** ► **haga** (indicatif / subj.) *que je fasse*	**veo** ► **vea** (indicatif / subj.) *que je voie*	**digo** ► **diga** (indicatif / subj.) *que je dise*	**oigo** ► **oiga** (indicatif / subj.) *que j'entende*
tú	**hagas**...	**veas**...	**digas**...	**oigas**...

Pour certains verbes irréguliers, le subjonctif présent se construit à partir du radical de la 1ère personne du présent de l'indicatif.

3 Emploi : leçons 54, 55, 62, 63, 72, 77, 78, 80, 82, 84

Leçon n°45 Subjonctif imparfait

1 Les 3 conjugaisons régulières

	BAILAR *danser* 1ère conjugaison **bailaron ▶ baila-**		**COMER** *manger* 2e conjugaison **comieron ▶ comie-**		**VIVIR** *vivre* 3e conjugaison **vivieron ▶ vivie-**
yo	1 **bailara** ou	**bailase**	1 **comiera**	=	1 **viviese**
tú	2 **bailaras**	**bailases**	2 **comieras**	=	2 **vivieses**
Ud., él, ella	3 **bailara**	**bailase**	3 **comiera**	=	3 **viviese**
nosotros	1 **bailáramos**	**bailásemos**	1 **comiéramos**	=	1 **viviésemos**
vosotros	2 **bailarais**	**bailaseis**	2 **comierais**	=	2 **vivieseis**
Uds., ellos, ellas	3 **bailaran**	**bailasen**	3 **comieran**	=	3 **viviesen**
			(ou **comiese** ...)		(ou **viviera** ...)

L'imparfait du subjonctif se forme à partir de la 3e personne du pluriel du passé simple en substituant à **-ron** l'une des deux terminaisons qui lui sont propres en **-ra** ou en **-se**.

... que bailáramos	subjonctif imparfait	*que nous dansassions (mais on dit : "que nous dansions")*
≠ **Bailábamos**	indicatif imparfait	*Nous dansions*

Attention à l'accent écrit de la 1ère personne du pluriel à l'imparfait du subjonctif comme à l'imparfait de l'indicatif. En français, le subjonctif imparfait ne s'utilise pas. On lui substitue le subjonctif présent.

2 Les verbes irréguliers

SER ou IR
fueron ▶ **fuera ...**
3e pers. pl. passé simple ou **fuese ...**

ANDAR *marcher*
anduvieron ▶ **anduviera...** ou **anduviese...**

DAR *donner*
dieron ▶ **diera ...** ou **diese ...**

TENER *avoir*
tuvieron ▶ **tuviera ...** ou **tuviese ...**

PODER *pouvoir*
pudieron ▶ **pudiera ...** ou **pudiese ...**

HABER *avoir*
hubieron ▶ **hubiera ...** ou **hubiese ...**

SABER *savoir*
supieron ▶ **supiera ...** ou **supiese ...**

PONER *mettre*
pusieron ▶ **pusiera ...** ou **pusiese ...**

QUERER *vouloir*
quisieron ▶ **quisiera ...** ou **quisiese ...**

HACER *faire*
hicieron ▶ **hiciera ...** ou **hiciese...**

TRAER *apporter*
trajeron ▶ **trajera** ou **trajese ...**

DECIR *dire*
dijeron ▶ **dijera ...** ou **dijese...**

VENIR *venir*
vinieron ▶ **viniera ...**

L'imparfait du subjonctif des verbes irréguliers se forme de la même façon que pour les verbes réguliers, à partir de la 3e personne du pluriel du passé simple.

3 Emploi : leçons 54, 55

Les temps composés Leçon n°46

Haber + participe passé invariable (p.p.)

Infinitif passé	**haber bailado** infinitif + p.p. ***avoir** dansé* **haber venido** ***être** venu*			
	Passé antérieur	Plus-que-parfait	Passé composé	Futur antérieur
Indicatif	**hube bailado** p. simple + p.p. ***j'eus** dansé* **hube venido** ***je fus** venu*	**había bailado** imparfait + p.p. ***j'avais** dansé* **había venido** ***j'étais** venu*	**he bailado** présent + p.p. ***j'ai** dansé* **he venido** ***je suis** venu*	**habré bailado** futur + p.p. ***j'aurai** dansé* **habré venido** ***je serai** venu*
Conditionnel passé	**habría bailado** cond. présent + p.p. ***j'aurais** dansé* **habría venido** ***je serais** venu*			
		Plus-que-parfait	Passé	
Subjonctif		**hubiera / hubiese bailado** subj. imparfait + p.p. **hubiera / hubiese venido**	**haya bailado** présent + p.p. **haya venido**	

No conocía a las muchachas que he sacado a bailar anoche — *Je ne connaissais pas les jeunes filles que j'ai invitées à danser hier soir*

La niña había venido con su gato — *La petite fille était venue avec son chat*

Me he divertido mucho — *Je me suis beaucoup amusé(e)*

Les temps composés de tous les verbes se forment avec l'auxiliaire **haber** suivi du participe passé du verbe. Ce participe passé est toujours invariable et ne peut en aucun cas être séparé de **haber** par un adverbe (contrairement à l'habitude française).
Haber traduit à la fois les auxiliaires français "être" et "avoir".
Pour la conjugaison complète de **haber** : cf. p. 254.

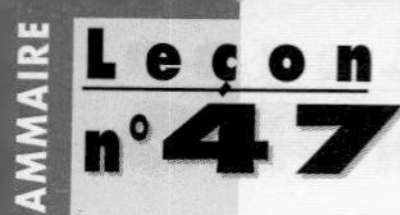
Leçon
n°47

L'enclise des pronoms

1 Enclise obligatoire

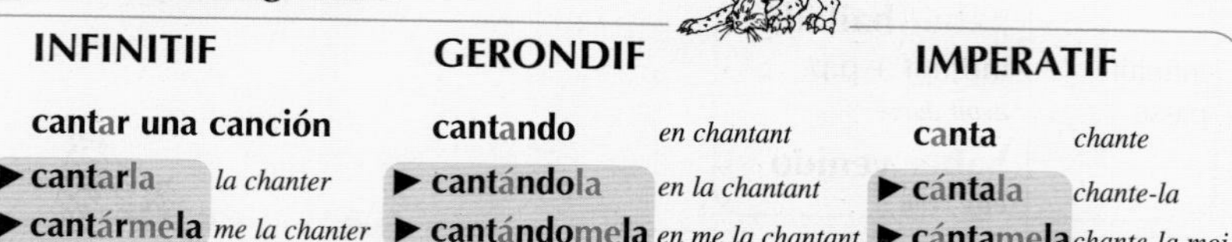

INFINITIF		GERONDIF		IMPERATIF	
cantar una canción		**cantando**	*en chantant*	**canta**	*chante*
▶ **cantarla**	*la chanter*	▶ **cantándola**	*en la chantant*	▶ **cántala**	*chante-la*
▶ **cantármela**	*me la chanter*	▶ **cantándomela**	*en me la chantant*	▶ **cántamela**	*chante-la moi*

A l'infinitif, au gérondif et à l'impératif (affirmatif), le ou les pronom(s) personnel(s) sont attachés à la fin du verbe. Attention aux accents. Si deux pronoms sont utilisés, la règle générale sur la place des pronoms s'applique : le pronom COI précède le pronom COD.

2 Enclise facultative

Estás cantándola	=	**la estás cantando**	*Tu es en train de la chanter*
Estás cantándomela	=	**me la estás cantando**	*Tu es en train de me la chanter*

Avec un verbe conjugué, l'enclise n'est pas obligatoire.

Están preparándose para irse

Les verbes irréguliers
type 1 à 6 - De la leçon 48 à 53

Acertar	*réussir*	p. 208
acostarse	*se coucher*	p. 209
adquirir	*acquérir*	p. 208
afluir	*affluer*	p. 213
almorzar	*déjeuner*	p. 209
amanecer	*faire jour*	p. 212
anochecer	*faire nuit*	p. 212
apetecer	*désirer*	p. 212
argüir	*arguer*	p. 213
arrepentirse	*se repentir*	p. 211
atender	*s'occuper de*	p. 208
Caer(se)	*tomber*	p. 213
calentar	*chauffer*	p. 208
cerrar	*fermer*	p; 208
ceñir	*ceindre*	p. 210
cocer	*cuire*	p. 209
colgar	*suspendre*	p. 209
competir	*rivaliser*	p. 210
concebir	*concevoir*	p. 210
concernir	*concerner*	p. 208
concluir	*conclure*	p. 213
conducir	*conduire*	p. 212
confesar	*avouer*	p. 208
conocer	*connaître*	p. 212
consolar	*consoler*	p. 209
constituir	*constituer*	p. 213
contribuir	*contribuer*	p. 213
construir	*construire*	p. 213
contar	*compter*	p. 209
corregir	*corriger*	p. 210
costar	*coûter*	p. 209
crecer	*grandir*	p. 212
Deducir	*déduire*	p. 212
defender	*défendre*	p. 208
despertar	*réveiller*	p. 208
derretir	*fondre*	p. 210
discernir	*discerner*	p. 208
disminuir	*diminuer*	p. 213
distribuir	*distribuer*	p. 213
divertir	*amuser*	p. 211
doler	*avoir mal*	p. 209
dormir	*dormir*	p. 211
Elegir	*choisir*	p. 210
empezar	*commencer*	p.208
encender	*allumer*	p.208
encontrar	*rencontrer*	p. 209
entender	*comprendre*	p.208
excluir	*exclure*	p. 213
Freír	*frire*	p. 210
Gemir	*gémir*	p. 210
Helar	*geler*	p.208
henchir	*enfler*	p. 210
hervir	*bouillir*	p. 211
huir	*fuir*	p. 213
Inducir	*induir*	p. 212
inquirir	*rechercher*	p.208
instituir	*instituer*	p. 213
introducir	*introduire*	p. 212
instruir	*instruire*	p. 213
invertir	*investir*	p. 210
Jugar	*jouer*	p. 209
Leer	*lire*	p. 213
lucir	*briller*	p. 212
Llover	*pleuvoir*	p. 209
Medir	*mesurer*	p. 210
mentir	*mentir*	p. 211
merendar	*goûter*	p.208
morder	*mordre*	p. 209
morir	*mourir*	p. 211
mostrar	*montrer*	p. 209
mover	*remuer*	p. 209
Nacer	*naître*	p. 212
negar	*nier*	p.208
nevar	*neiger*	p.208
Obedecer	*obéir*	p. 212
oír	*entendre*	p. 213
oler	*sentir*	p. 209
Parecer	*paraître*	p. 212
pedir	*demander*	p. 210
pensar	*penser*	p. 208
perder	*perdre*	p. 208
pertenecer	*appartenir*	p. 212
poseer	*posséder*	p. 213
preferir	*préférer*	p. 211
probar	*prouver*	p. 209
producir	*produire*	p. 212
Querer	*vouloir*	p. 208
Recordar	*rappeler*	p. 209
reducir	*réduire*	p. 212
reír(se)	*rire*	p. 210
rendir	*soumettre*	p. 210
reñir	*disputer*	p. 210
rodar	*rouler*	p. 209
roer	*ronger*	p. 213
rogar	*prier*	p. 209
Seducir	*séduire*	p. 212
seguir	*suivre*	p. 210
sembrar	*semer*	p. 208
sentar(se)	*s'asseoir*	p. 208
sentir	*sentir*	p. 211
servir	*servir*	p. 210
soler	*avoir l'habitude*	p. 209
soltar	*lâcher*	p. 209
sonar	*sonner*	p. 209
soñar	*rêver*	p. 209
substituir	*substituer*	p. 213
sugerir	*suggérer*	p. 211
Teñir	*teindre*	p. 210
tostar	*griller*	p. 209
torcer	*tordre*	p. 209
traducir	*traduire*	p. 212
Vestir	*vêtir, être vêtu*	p. 210
volar	*voler*	p. 209
volver	*revenir*	p. 209

Leçon n° 48 Les verbes irréguliers Type 1

e ► ie accentué

Le dernier **-e-** du radical du verbe diphtongue en **-ie-** quand il est accentué, c'est-à-dire aux 3 personnes du singulier et à la 3e personne du pluriel, aux présents de l'indicatif et du subjonctif ainsi qu'à l'impératif . (Il se produit la même chose en français avec les verbes "tenir", "venir", etc.). Ce type de verbes existe dans les trois conjugaisons.

1 1ère conjugaison : les verbes du type **pensar** *penser*

Indicatif présent	Impératif présent	Subjonctif présent
1 **pienso**		1 **piense**
2 **piensas**	2 **piensa**	2 **pienses**
3 **piensa**	←	3 **piense**
1 **pensamos**	←	1 **pensemos**
2 **pensáis**	2 **pensad**	2 **penséis**
3 **piensan**	←	3 **piensen**

acertar *réussir* **confesar** *avouer* **helar** *geler* **nevar** *neiger*
calentar *chauffer* **despertar** *réveiller* **merendar** *goûter* **sembrar** *semer*
cerrar *fermer* **empezar** *commencer* **negar** *nier* **sentarse** *s'asseoir* etc.

2 2e conjugaison : les verbes du type **perder** *perdre*

Indicatif présent	Impératif présent	Subjonctif présent
1 **pierdo**		1 **pierda**
2 **pierdes**	2 **pierde**	2 **pierdas**
3 **pierde**	←	3 **pierda**
1 **perdemos**	←	1 **perdamos**
2 **perdéis**	2 **perded**	2 **perdáis**
3 **pierden**	←	3 **pierdan**

atender *s'occuper* **encender** *allumer* **querer** *vouloir*
defender *défendre* **entender** *comprendre* etc.

3 3e conjugaison

concernir *concerner* **adquirir** *acquérir*
discernir *discerner* **inquirir** *rechercher*

yo 1 **discierno** 1 **adquiero**
nosotros 1 **discernimos** 1 **adquirimos**

Ces 4 verbes sont les seuls de la 3e conjugaison dont le **-e-** ou le **-i-** du radical diphtonguent en **-ie-** dans les même conditions que **pensar** et **perder**.

Les verbes irréguliers Type 2

Le dernier **-o-** du radical du verbe diphtongue en **-ue-** quand il est accentué : aux 3 personnes du singulier et à la 3e personne du pluriel, aux présents de l'indicatif et du subjonctif ainsi qu'à l'impératif . Ce type de verbes existe seulement dans les 1ère et 2e conjugaisons.

1 1ère conjugaison : les verbes du type soñar *rêver*

Indicatif présent	Impératif présent	Subjonctif présent
1 **sueño**		1 **sueñe**
2 **sueñas**	2 **sueña**	2 **sueñes**
3 **sueña**	←	3 **sueñe**
1 **soñamos**	←	1 **soñemos**
2 **soñáis**	2 **soñad**	2 **soñéis**
3 **sueñan**	←	3 **sueñen**

acostarse *se coucher* — **contar** *compter* — **probar** *prouver* — **soltar** *lâcher*
almorzar *déjeuner* — **costar** *coûter* — **recordar** *rappeler* — **sonar** *sonner*
colgar *suspendre* — **encontrar** *rencontrer* — **rodar** *rouler* — **tostar** *griller*
consolar *consoler* — **mostrar** *montrer* — **rogar** *prier* — **volar** *voler*

jugar ► Juega conmigo por favor *Joue avec moi s'il te plaît*

Jugar est le seul verbe dont le **-u-** du radical diphtongue en **-ue-**.

2 2e conjugaison : les verbes du type mover *remuer*

Indicatif présent	Impératif présent	Subjonctif présent
1 **muevo**		1 **mueva**
2 **mueves**	2 **mueve**	2 **muevas**
3 **mueve**	←	3 **mueva**
1 **movemos**	←	1 **movamos**
2 **movéis**	2 **moved**	2 **mováis**
3 **mueven**	←	3 **muevan**

cocer *cuire* — **llover** *pleuvoir* — **oler** *sentir* — **torcer** *tordre*
doler *faire mal* — **morder** *mordre* — **soler** *avoir l'habitude* — **volver** *revenir*

oler ► Hueles a tabaco *Tu sens le tabac*

Quand il diphtongue, le verbe **oler** commence par un **h-**.

volver ► Se ha vuelto rico *Il est devenu riche*

Les verbes terminés en **-olver** forment leur participe passé en **-uelto.**

Leçon n°50 Les verbes Type 3

1 Les verbes du type pedir *demander*

Indicatif présent	Impératif présent	Subjonctif présent	Passé simple	Subj. imparfait	Gérondif
1 pido		1 pida	1 pedí	1 pidiera	pidiendo
2 pides	2 pide	2 pidas	2 pediste	2 pidieras	
3 pide	←	3 pida	3 pidió	3 pidiera	
1 pedimos	←	1 pidamos	1 pedimos	1 pidiéramos	
2 pedís	2 pedid	2 pidáis	2 pedisteis	2 pidierais	
3 piden	←	3 pidan	3 pidieron	3 pidieran	

Pour tous les verbes de la 3e **conjugaison** dont la dernière voyelle du radical est un **-e-** (sauf les verbes de type 1 et 4), ce **-e-** se change en **-i-** sauf si la terminaison comporte déjà un **-i-** accentué (naturellement ou avec un accent écrit = souligné dans cette page).

competir *rivaliser* **corregir** *corriger* **elegir** *choisir* **invertir** *investir* **seguir** *suivre*
concebir *concevoir* **derretir** *fondre* **gemir** *gémir* **medir** *mesurer* **servir** *servir*

2 Les verbes en -eír du type reír *rire* et -eñir du type reñir *quereller*

Indicatif présent	Impératif présent	Subjonctif présent	Passé simple	Subj. imparfait	Gérondif
1 río		1 ría	1 reí	1 riera	riendo
2 ríes	2 ríe	2 rías	2 reíste	2 rieras	
3 ríe	←	3 ría	3 rió	3 riera	
1 reímos	←	1 riamos	1 reímos	1 riéramos	
2 reís	2 reíd	2 riáis	2 reísteis	2 rierais	
3 ríen	←	3 rían	3 rieron	3 rieran	

Ind. présent	Impératif	Subj. présent	Passé simple	Subj. imparfait	Gérondif
1 riño		1 riña	1 reñí	1 riñese ...	riñendo
2 riñes	2 riñe	2 riñas	2 reñíste		
3 riñe	←	3 riña	3 riñó		
1 reñimos	←	1 riñamos	1 reñimos		
2 reñís	2 reñid	2 riñáis	2 reñisteis		
3 riñen	←	3 riñan	3 riñeron		

Noter que le **-i-** de la 3e conjugaison aux 3es personnes du passé simple, au subjonctif imparfait et au gérondif est omis après un radical finissant par un **i-**, un **ñ-** ou **ch-** et **ll-**.

freír *frire* **ceñir** *ceindre* **teñir** *teindre* **henchir** *enfler*

Les verbes irréguliers Type 4

e ► ie + e ► i
accentué — non accentué

1 Les verbes en -entir, -erir, -ertir du type sentir *sentir*

Indicatif présent	Impératif présent	Subjonctif présent	Passé simple	Subj. imparfait	Gérondif
1 **siento**		1 **sienta**	1 **sentí**	1 **sintiera**	**sintiendo**
2 **sientes**	2 **siente**	2 **sientas**	2 **sentiste**	2 **sintieras**	
3 **siente**	←	3 **sienta**	3 **sintió**	3 **sintiera**	
1 **sentimos**	←	1 **sintamos**	1 **sentimos**	1 **sintiéramos**	
2 **sentís**	2 **sentid**	2 **sintáis**	2 **sentisteis**	2 **sintierais**	
3 **sienten**	←	3 **sientan**	3 **sintieron**	3 **sintieran**	

Ces verbes de la 3e conjugaison cumulent **les irrégularités des verbes irréguliers de type 1 et 3** :
- au présent de l'indicatif et de l'impératif, ils se comportent comme des verbes de **type 1** (le dernier **-e-** du radical diphtongue en **-ie-** aux 3 personnes du singulier et à la 3e personne du pluriel) ;
- aux 3e personnes du passé simple, au subjonctif imparfait et au gérondif, ils se comportent comme des verbes de **type 3** (le dernier **-e-** du radical se change en **-i-** sauf si la terminaison comporte déjà un **-i-** accentué).
- Au subjonctif présent, les 2 types d'irrégularité se cumulent, la diphtongaison étant prioritaire.

arrepentirse se *repentir* — **hervir** *bouillir* — **preferir** *préférer*
divertir *amuser* — **mentir** *mentir* — **sugerir** *suggérer*

2 Les verbes dormir et morir

Indicatif	Impératif présent	Subjonctif	Passé simple	Subj. imparfait	Gérondif
1 **duermo**		1 **duerma**	1 **dormí**	1 **durmiese**	**durmiendo**
2 **duermes**	2 **duerme**	2 **duermas**	2 **dormiste**	2 **durmieses**	
3 **duerme**	←	3 **duerma**	3 **durmió**	3 **durmiese**	
1 **dormimos**	←	1 **durmamos**	1 **dormimos**	1 **durmiésemos**	
2 **dormís**	2 **dormid**	2 **durmáis**	2 **dormisteis**	2 **durmieseis**	
3 **duermen**	←	3 **duerman**	3 **durmieron**	3 **durmiesen**	

Les verbes irréguliers
Type 5

c ► zc devant **-a** ou **-o**

Pour les verbes en **-acer, -ecer, -ocer et -ucir,** le dernier **-c-** du radical se change en **-zc-** devant un **-a** ou un **-o**, c'est-à-dire au présent de l'indicatif et du subjonctif.

1 Les verbes du type conocer *connaître*

	Indicatif présent		Subjonctif présent
1	**conozco**	1	**conozca**
2	**conoces**	2	**conozcas**
3	**conoce**	3	**conozca**
1	**conocemos**	1	**conozcamos**
2	**conocéis**	2	**conozcáis**
3	**conocen**	3	**conozcan**

nacer *naître* **anochecer** *faire nuit* **parecer** *paraître* **lucir** *briller*
apetecer *désirer* **crecer** *croître* **pertenecer** *appartenir*
amanecer *faire jour* **obedecer** *obéir* etc.

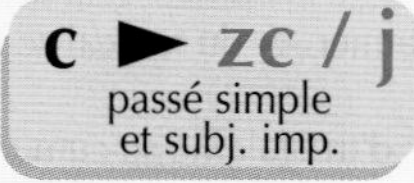

c ► zc / j passé simple et subj. imp.

2 Les verbes du type conducir *conduire*

	Indicatif présent		Subjonctif présent		Passé simple		Subjonctif imparfait
1	**conduzco**	1	**conduzca**	1	**conduje**	1	**condujese**
2	**conduces**	2	**conduzcas**	2	**condujiste**	2	**condujeses**
3	**conduce**	3	**conduzca**	3	**condujo**	3	**condujese**
1	**conducimos**	1	**conduzcamos**	1	**condujimos**	1	**condujésemos**
2	**conducís**	2	**conduzcáis**	2	**condujisteis**	2	**condujeseis**
3	**conducen**	3	**conduzcan**	3	**condujeron**	3	**condujesen**

Pour les verbes en **-ducir**, non seulement le dernier **-c-** du radical se change en **-zc-** au présent de l'indicatif et du subjonctif mais il se change aussi en **-j-** au passé simple et au subjonctif imparfait.
Noter que le **-i-** que l'on trouve normalement dans la 3e conjugaison aux 3es personnes du passé simple et donc aussi au subjonctif imparfait est omis après le **j-**.

Voici les verbes du type **conducir** :

deducir *déduire* **introducir** *introduire* **reducir** *réduire* **traducir** *traduire*
inducir *induire* **producir** *produire* **seducir** *séduire*

Les verbes irréguliers Type 6

1 Les verbes en -uir du type huir *fuir*

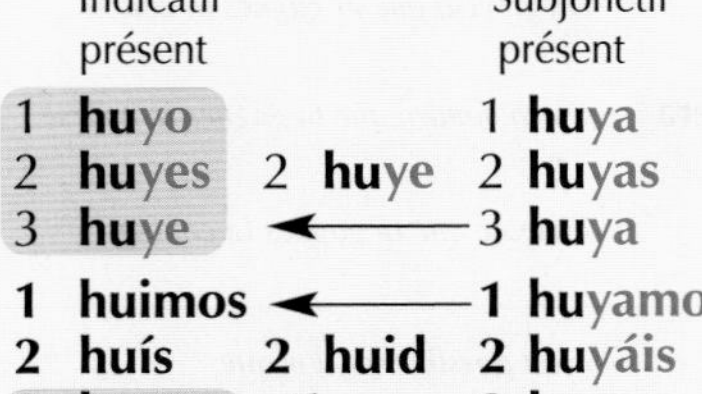

Indicatif présent		Subjonctif présent
1 huyo		1 huya
2 huyes	2 huye	2 huyas
3 huye	←	3 huya
1 huimos	←	1 huyamos
2 huís	2 huid	2 huyáis
3 huyen	←	3 huyan

Passé simple	Subjonctif imparfait
1 huí	1 huyera
2 huiste	2 huyeras
3 huyó	3 huyera
1 huimos	1 huyéramos
2 huisteis	2 huyerais
3 huyeron	3 huyeran

Gérondif
huyendo

Pour les verbes en **-uir**, à tous les temps construits sur le radical, on ajoute un **-y-** à la fin du radical devant les voyelles **-a, -e, -o** de la terminaison. Quand la terminaison devrait commencer par un **-i-** suivi d'une voyelle, ce **-i-** (alors situé entre 2 voyelles) se change aussi en **-y-**

afluir *affluer* **constituir** *constituer* **disminuir** *diminuer* **instituir** *instituer*
argüir *arguer* **contribuir** *contribuer* **distribuir** *distribuer* **instruir** *instruire*
concluir *conclure* **construir** *construire* **excluir** *exclure* **substituir** *substituer* *etc.*

2 Les verbes en -aer, -eer, -oer, -oír du type leer *lire*

Passé simple	Imparfaits du subjonctif			Gérondif
1 leí	1 leyera	ou	leyese	leyendo
2 leíste	2 leyeras		leyeses	
3 leyó	3 leyera		leyese	
1 leímos	1 leyéramos		leyésemos	
2 leísteis	2 leyerais		leyeseis	
3 leyeron	3 leyeran		leyesen	

Pour ces verbes le **-i-** de la terminaison se change en **-y-** s'il est suivi d'une voyelle.

caer *tomber* **roer** *ronger* **poseer** *posséder* **oír** *entendre*

¡Oigamos! — *Ecoutons !*
Oigo **algo** — *J'entends quelque chose*
¿Oyes **lo mismo?** — *Entends-tu la même chose ?*

Pour les verbes en **-aer, -oer et oír** (mais pas -eer), le **-e-** ou le **-i-** se change en **-ig-** devant un **-o** ou un **-a** c'est-à-dire à la 1e personne du présent de l'indicatif et au subjonctif présent. Pour le verbe **oír**, on rencontre un **-i-** intervocalique qui se change en **-y-** aussi au présent de l'indicatif (aux 3 personnes du singulier et à la 3e personne du pluriel).

Leçon n° 54 La concordance des temps

La difficulté porte sur le temps du verbe des subordonnées au subjonctif car l'espagnol exige une concordance parfaite avec le temps du verbe de la principale, à l'oral comme à l'écrit, ce qui n'est pas le cas en français.

1 Principale INDICATIF — Subordonnée SUBJONCTIF PRÉSENT

Principale	Subordonnée	
Diego quiere (présent)	que ganes la carrera (présent)	*Diego veut que tu gagnes la course*
Clara querrá (futur)	que ganes la carrera (présent)	*Clara voudra que tu gagnes la course*
Imagínate (impératif)	que ganes la carrera (présent)	*Imagine que tu gagnes la course*

Es posible que mienta — *Il est possible qu'il mente*

Será normal que te ayude pues eres mi amiga — *Il sera normal que je t'aide car tu es mon amie*

Si le verbe de la principale est au présent ou au futur de l'indicatif ou à l'impératif, celui de la subordonnée est au subjonctif présent.

2 Principale INDICATIF — Subordonnée SUBJONCTIF IMPARFAIT

Principale	Subordonnée	
Quería (imparfait)	que ganaras / ganases la carrera (imparfait du subjonctif)	*Je voulais que tu gagnes la course*
Quise (passé simple)	que ganaras / ganases la carrera (imparfait du subjonctif)	*J'ai voulu que tu gagnes la course*
Querría (conditionnel)	que ganaras / ganases la carrera (imparfait du subjonctif)	*Je voudrais que tu gagnes la course*

Quiso que le dijese todo lo que sabía — *Il voulut que je lui dise tout ce que je savais*

Estaría encantada que la tomaran por una actriz — *Elle serait ravie qu'on la prenne pour une actrice*

Si le verbe de la principale est à l'imparfait ou au passé simple de l'indicatif, ou bien au conditionnel présent, celui de la subordonnée est au subjonctif imparfait.

He querido que ganaras la carrera — *J'ai voulu que tu gagnes la course*

Carlos ha pedido que Alicia venga hoy — *Carlos a demandé qu'Alicia vienne aujourd'hui*

Si le verbe de la principale est au passé composé, généralement la subordonnée est au subjonctif imparfait. Mais si l'action se réalise au présent, on peut trouver un subjonctif présent dans la subordonnée.

3 Como si + subjonctif imparfait

Da órdenes como si fuera el jefe (como si + subj. imparfait) — *Il donne des ordres comme s'il était le chef*

Tiemblas como si hubieras visto a un marciano (como si + subj. plus-que-parfait) — *Tu trembles comme si tu avais vu un martien*

Après **como si, lo mismo que si ...** et les autres composés formés avec **si**, il faut utiliser le subjonctif imparfait ou plus-que-parfait.

Le style indirect

Leçon n° 55

1 Subordonnée à l'indicatif ou au conditionnel

1- Avec un verbe déclaratif

Principale	Simultanéité "Lo sé: mientes" *Je le sais : tu mens*	Postériorité "Lo sé: mentirás" *Je le sais : tu mentiras*	Antériorité "Lo sé: mentiste" *Je le sais : tu as menti*
Dice présent **Dirá** futur	▶ **que** mientes présent	▶ **que** mentirás futur	▶ **que** mentiste / has mentido passé simple / composé
Dijo passé **Decía**	▶ **que** mentías imparfait	▶ **que** mentirías conditionnel	▶ **que** habías mentido plus-que-parfait

La concordance des temps dépend du temps du verbe de la principale et de la relation de simultanéité / antériorité / postériorité entre les propositions principales et subordonnées.

2- Dans les interrogatives indirectes

"¿Piensas que es mi culpa?"	*Tu penses que c'est de ma faute ?*
▶ **Me preguntas** si **pienso que es tu culpa**	*Tu me demandes si je pense que c'est de ta faute*
▶ **Fabián le preguntó a Inés** si **pensaba que era su culpa**	*Fabián a demandé à Inés si elle pensait que c'était de sa faute*

S'il s'agit d'une question dont la réponse peut être oui ou non, l'interrogation indirecte se construit avec **si**. Les pronoms personnels, possessifs et les verbes changent de personne en fonction de la personne du verbe de la principale.

"¿Por qué José no me ha respondido?"	*Pourquoi José ne m'a-t-il pas répondu ?*
▶ **No sé** por qué **no te ha respondido**	*Je ne sais pas pourquoi José ne t'a pas répondu*
▶ **No sabía** por qué **no te había respondido**	*Je ne savais pas pourquoi José ne t'avait pas répondu*
"¿Dónde te esconderás?"	*Où te cacheras-tu ?*
▶ **Le pregunta** dónde **se esconderá**	*Il lui demande où il se cachera*
▶ **Le preguntó** dónde **se escondería**	*Il lui a demandé où il se cacherait*

S'il s'agit d'une interrogation partielle où la question est construite avec un mot interrogatif, l'interrogation indirecte se contruit avec le même mot interrogatif qui conserve son accent écrit (cf. leçon 32).

3 Subordonnée au subjonctif : l'ordre ou la défense au style indirect

¡Cante!
▶ **Victor ordena a Marcos** que cante — *Victor ordonne à Marcos de chanter*

¡Reconoce tu culpa!
▶ **Me dijeron** que reconociera **mi culpa** — *On me demanda de reconnaître ma faute*

¡No vayas al cine!
▶ **Paco prohibió a Sergio** que fuera **al cine** — *Paco interdit à Sergio d'aller au cinéma*

Dans la subordonnée conjonctive au subjonctif, la concordance des temps se fait normalement. Attention, en français la subordonnée est tout simplement à l'infinitif.

Leçon n° 56

Ser exprime le fait d'exister en soi, l'essence d'un être, d'une chose. On l'emploie pour désigner, définir ou caractériser quelqu'un, quelque chose, une action en soi.

Soy inteligente	*Je suis intelligent*
La leche es blanca	*Le lait est blanc*

1 Avec un nom, pronom, numéral, indéfini, infinitif (attributs)

Adriano es fotógrafo	*Adriano est photographe*
Este disco es mío	*Ce disque est à moi*
No sois muchos. Sólo sois seis	*Vous n'êtes pas nombreux. Vous n'êtes que six*
Son las nueve de la noche	*Il est neuf heures du soir*
Todo lo que quiero es dormir	*Tout ce que je veux c'est dormir*

Ser permet ainsi d'indiquer la profession, la propriété, la quantité, l'heure etc.

2 Avec préposition

La caja es de metal	*La boîte est en métal*
La carta es de Francia. Es para ti	*La lettre vient de France. Elle est pour toi*

Ser s'emploie pour définir la matière, l'origine, la destination.

3 Avec un adjectif désignant une caractéristique essentielle

La tierra es redonda	*La terre est ronde*
Las fresas son rojas	*Les fraises sont rouges*
Somos españoles	*Nous sommes espagnols*
Celina es alta	*Celina est grande*
Es muy simpático	*Il est très sympa*
Soy feliz	*Je suis heureux*

Ser malo = *être méchant*
Ser listo = *être intelligent*
Ser ciego = *être aveugle*
Ser moreno = *être brun*
Ser vivo = *être malin*

*Avec **ser** ou **estar** certains adjectifs ont des sens différents.*

Ser est employé pour indiquer la forme, la couleur, la nationalité, une caractéristique physique ou morale, un trait de caractère immanent.

4 Avec un participe passé pour exprimer une action à la voix passive

El ratón es comido por el gato	*La souris est mangée par le chat*
Esta novela fue escrita por mi abuela	*Ce roman a été écrit par ma grand-mère*

Ser est l'auxiliaire de la voix passive. L'accent est mis sur l'action elle-même, en cours de réalisation. Le participe passé s'accorde en genre et en nombre avec le sujet.

5 Expressions idiomatiques

Es imposible *C'est impossible*	**Es de día** *Il fait jour*	**Eso es** *C'est cela*
Es necesario *C'est nécessaire*	**Es tarde** *C'est tard*	

Estar

Estar indique un état dépendant d'un fait extérieur. On l'emploie pour situer quelqu'un ou quelque chose dans l'espace ou le temps.

Estoy en una sala	*Je suis dans une salle*
Mi leche está demasiado caliente	*Mon lait est trop chaud*

1 Avec un complément de lieu

Su coche está en el garaje	*Sa voiture est au garage*
Estoy en la tienda	*Je suis dans le magasin*

Pour situer dans l'espace, on emploie **estar**. Mais pour rendre la tournure impersonnelle "avoir lieu" (qui insiste plus sur l'idée d'événement que sur le lieu) on emploie **ser**.

≠ **La fiesta es en mi casa**	*La fête a lieu chez moi*

2 Avec un complément de temps

Estamos a 15 de junio	*Nous sommes le 15 juin*
Estamos en verano	*Nous sommes en été*

Estar indique la date, la période. Mais on emploie **ser** pour rendre la tournure impersonnelle "c'est + nom".

≠ **Hoy es jueves**	*Aujourd'hui c'est jeudi*

3 Avec un adjectif indiquant un état lié aux circonstances

Estoy contenta	*Je suis contente*
Está enfermo	*Il est malade*
Mis padres estaban preocupados	*Mes parents étaient préoccupés*
El mar está agitado	*La mer est houleuse*
Esta fresa no está roja	*Cette fraise n'est pas rouge*

Estar indique l'état de santé, d'esprit, d'âme de quelqu'un.
Il exprime un aspect ou un état qui dépend d'un fait ou d'un élément extérieur. Mais il ne s'agit pas forcément d'un état passager.

Siempre estoy contenta	*Je suis toujours contente*
Soy estudiante	*Je suis étudiant*

Estar malo = *être malade*
Estar listo = *être prêt*
Estar ciego = *ne pas vouloir voir*
Estar moreno = *être bronzé*
Estar vivo = *être vivant*

4 Avec un participe passé pour indiquer le résultat d'une action

Su libro está escrito pero no publicado	*Son livre est écrit mais pas publié*
¡Ya está! El cuadro está vendido	*Ça y est ! Le tableau est vendu.*

L'emploi de **estar** + participe passé indique que l'action a été réalisée.

5 Expressions

Estaba de rodillas	*Il était à genoux*
Están de vacaciones	*Ils sont en vacances*
Manuel está con su amiga	*Manuel est avec son amie*
Está bien	*C'est bien*
¿Estás por esta ley?	*Es-tu pour cette loi ?*

GRAMMAIRE

Leçon n°58 La voix passive

1 Verbe passif = ser + participe passé et complément d'agent

Mi abuela escribió **esta novela** sujet — verbe actif — COD	*Ma grand-mère a écrit ce roman*
Esta novela fue escrita por **mi abuela** sujet passif — ser + p. passé — c. d'agent	*Ce roman fut écrit par ma grand-mère*
Los dos perros son perseguidos por **los chicos**	*Les deux chiens sont poursuivis par les enfants*
Carlota era admirada por **sus amigos**	*Carlota était admirée par ses amis*

L'auxiliaire de la voix passive est **ser**. Le participe passé s'accorde en genre et en nombre avec le sujet passif. Le complément d'agent est introduit par la préposition **por**.

¡Ya está! El cuadro está vendido — *Ça y est ! Le tableau est vendu*

Attention : quand l'accent n'est pas mis sur l'action passive elle-même mais sur le résultat, on emploie l'auxiliaire **estar**.
Malgré la similitude, il ne s'agit plus d'une phrase à la voix passive.

2 Cas où la voix passive n'est pas nécessaire

La voix passive est beaucoup moins employée en espagnol qu'en français.
Elle est souvent remplacée par d'autres tournures.

1- Cas où la voix active est souvent préférée

Mi abuela escribió esta novela
Los chicos persiguen a los dos perros
Sus amigos admiraban a Carlota

2- Mise en relief du COD en tête de phrase

Esta novela	la	escribió	**mi abuela**	
COD	pronom explétif	verbe actif	sujet inversé	*Ce roman fut écrit par ma grand-mère*

A los dos perros los persiguen **los chicos** — *Les deux chiens sont poursuivis par les enfants*

La voix passive met en avant le sujet passif d'une action. Ce même effet peut être obtenu à la voix active en mettant en relief le COD en tête de phrase.
Le pronom explétif **lo(s), la(s),** représentant le COD, précède le verbe, tandis que le sujet inversé se trouve en dernière position.

Haber impersonnel "il y a"

Haber est toujours <u>soit</u> auxiliaire pour former les temps composés, <u>soit</u> impersonnel. Il ne signifie jamais "avoir" au sens de "posséder" (c'est **tener** qui a ce sens).

1 Il y a : hay ...

Hay **gente** présent	*<u>Il y a</u> du monde*
No hay **nada que ver**	*<u>Il n'y a</u> rien à voir*

Hay est une forme particulière de **haber** employé en tant que verbe impersonnel.

Habrá **jóvenes y viejos**	*<u>Il y aura</u> des jeunes et des vieux*
Hubo **mucha publicidad**	*<u>Il y eut</u> beaucoup de publicité*
Había **diez kilómetros de marcha**	*<u>Il y avait</u> dix kilomètres de marche*

Aux autres temps **haber** se conjugue normalement à la 3e personne du singulier.

<u>Había</u> habido **muertos** auxiliaire + part. passé	*<u>Il y avait eu</u> des morts*

Les formes composées de **haber** s'emploient uniquement lorsqu'il est impersonnel.

2 Il y en a , il y en a qui ... : los hay, las hay que ...

Son franceses pero los hay **de origen español**	*Ils sont français mais* *<u>il y en a</u> d'origine espagnole*
¿Hay rosas en tu jardín?	*Y a-t-il des roses dans ton jardin ?*
¿Las hay **blancas?**	*<u>Y en a-t-il</u> des blanches ?*

Attention à l'accord en genre.

Los hay que **piensan como yo** = Hay quienes **piensan como yo**	*<u>Il y en a qui</u> pensent la même chose que moi*

<u>Expressions</u>

¿ Qué hay **de nuevo ?**	*Quoi de neuf ?*
Hay **que hacerlo**	*Il faut le faire*
No hay **por qué decirlo**	*Il n'y a pas lieu de lui dire*

Leçon n° 60 Voici, voilà ...

En fonction de leur signification, on traduit "voici" ou "voilà" soit par des pronoms démonstratifs, soit par des adverbes de lieu placés en tête de phrase et suivis du verbe nécessaire. On peut toujours traduire ces deux adverbes en espagnol par la tournure "**he** + adverbe de lieu" qui reste cependant peu employée.

1 Pour désigner : pronoms démonstratifs + verbe

Éste	**es**	**el día de mi cumpleaños**	*Voici le jour de mon anniversaire*
pr. dém. + ser			
Éstos	**son**	**mis hermanos**	*Voilà mes frères*
Eso	**es**	**lo que quiero**	*Voilà ce que je veux*
Aquélla	**era**	**mi juventud**	*Voilà ce qu'était ma jeunesse*

Pour désigner quelque chose ou quelqu'un, on utilise les pronoms démonstratifs avec le verbe **ser**. **Éste, a /éstos, as** traduit la même idée de proximité que "voici" tandis que **ése, a /ésos, as** et **aquél, aquélla / aquéllos, as** traduisent l'éloignement suggéré par "voilà". Le verbe s'accorde et se conjugue au temps qui convient.

2 Pour situer quelque chose ou quelqu'un : adverbes de lieu + verbe

1- Estar

Estar

Aquí	**está**	**mi colegio**	*Voici mon école*
adv. lieu. + estar			
Ahí	**está**	**el hotel**	*Voilà l'hôtel*
Allí	**están**	**la iglesia y el ayuntamiento**	*Voilà l'église et la mairie (là-bas)*

Pour situer quelqu'un, quelque chose (sans idée de déplacement), on utilise les adverbes de lieu avec le verbe **estar**. Le choix de l'adverbe dépend de l'éloignement de ce dont on parle.

2- Llegar, ir, venir

Ir, venir

Aquí	**llegan**	**los invitados**	*Voici les invités (qui arrivent)*
Allá	**va**	**el coche del alcalde**	*Voilà la voiture du maire (qui passe là-bas)*

Pour situer quelqu'un, quelque chose en mouvement (avec déplacement), on utilise les adverbes de lieu avec des verbes de mouvement comme **ir, venir** et **llegar**.

3 La tournure he aquí, he ahí, he allí

He aquí **el camino de la virtud**	*Voici le chemin de la vertu*
He ahí **la verdad**	*Voilà la vérité*

He ... est le verbe **haber** à la troisième personne du singulier. Il est suivi d'un COD. Cette tournure est peu utilisée.

Les semi-auxiliaires + participe passé

Certains verbes peuvent jouer le rôle d'auxiliaires à la place de **haber, ser** ou **estar.**
Chacun d'entre eux ajoute une nuance particulière à la phrase.
Ils ne peuvent donc s'employer indifféremment les uns à la place des autres.
Le participe passé s'accorde en genre et en nombre et peut être séparé du semi-auxiliaire par un adverbe.

1 Pour remplacer HABER

1 - Tener

Tengo la ventana abierta — *La fenêtre est ouverte*

Tener insiste sur le résultat.

2- Llevar

Lleva escritas dos páginas — *Il a déjà écrit deux pages* (il lui en reste encore à écrire)

Llevar insiste sur le fait que l'action est encore en cours de réalisation.

3- Traer

Vicente traía puestos unos zapatos rojos — *Vicente portait des chaussures rouges*

Traer / llevar / tener + puesto (de **poner**, mettre) s'emploient pour parler des vêtements ou bijoux que l'on porte sur soi. Le participe passé s'accorde avec le COD.

2 Pour remplacer SER et ESTAR

1 - Ir, venir, andar

Va siempre vestida de negro — *Elle est toujours habillée en noir*

Vendrán agotados y helados — *Ils viendront épuisés et gelés* (ils arrivent)

Anda muy enojado por el robo de su reloj — *Il est très irrité par le vol de sa montre*

Ir, venir et **andar** ajoutent une nuance de mouvement, de déplacement dans l'espace ou d'état. Le participe passé s'accorde avec le sujet.

Mouvement (espace)

2- Quedar, resultar

Paula quedó conmovida por la película — *Paula a été émue par le film*

Pablo resultó herido en el accidente — *Pablo a été blessé dans l'accident*

Quedar et **resultar** présentent l'action comme un résultat, une conséquence, l'état final d'un processus achevé. Le participe passé s'accorde avec le sujet.

Résultat (temps)

Leçon n°62 L'ordre et la défense

1 Avec l'impératif et le subjonctif

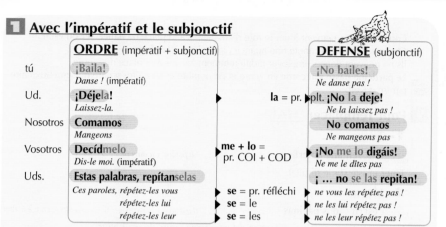

	ORDRE (impératif + subjonctif)		**DEFENSE** (subjonctif)
tú	**¡Baila!** *Danse !* (impératif)		**¡No bailes!** *Ne danse pas !*
Ud.	**¡Déjela!** *Laissez-la.*	**la** = pr. plt.	**¡No la deje!** *Ne la laissez pas !*
Nosotros	**Comamos** *Mangeons*		**No comamos** *Ne mangeons pas*
Vosotros	**Decídmelo** *Dis-le moi.* (impératif)	**me + lo** = pr. COI + COD	**¡No me lo digáis!** *Ne me le dîtes pas*
Uds.	**Estas palabras, repítanselas**		**¡ ... no se las repitan!**
	Ces paroles, répétez-les vous	**se** = pr. réfléchi	*ne vous les répétez pas !*
	répétez-les lui	**se** = le	*ne les lui répétez pas !*
	répétez-les leur	**se** = les	*ne les leur répétez pas !*

L'ordre s'exprime à l'impératif aux 2e personnes de la conjugaison et au subjonctif pour toutes les autres. La défense, l'interdiction s'expriment au subjonctif à toutes les personnes. Attention à l'enclise des pronoms personnels (compléments ou réfléchis) : elle n'a lieu que pour l'ordre, le pronom COI précédant toujours le pronom COD. Rappel : à la 3e personne les pronoms COI **le, les**, s'ils sont suivis d'un pronom COD sont remplacés par **se**.
Pour l'ordre et la défense au style indirect, voir leçon 55.

Sentémonos *Asseyons-nous* **Callaos** *Taisez-vous* (tutoiement) ≠ **Idos** *Allez-vous en*

Attention, avec les pronoms réfléchis, à la 1e personne du pluriel le **-s** disparaît devant **nos** et à la 2e personne du pluriel du tutoiement le **-d** disparaît devant **os** (cf. p. 231)

2 Avec l'infinitif

¡Callar! *Taisez-vous* **¡Escucharme!** *Ecoutez-moi*

L'infinitif permet d'exprimer un ordre adressé à une collectivité à la 2e personne du pluriel. Il correspond à un niveau de langue familier.

¡A trabajar! *Au travail ! (Travaillons !)* **¡A dormir!** *Au lit ! (Allons dormir !)*

Dans certaines expressions familières qui expriment une invitation collective à la 1e personne du pluriel, le verbe **vamos** (**a trabajar**) est sous-entendu.

3 Avec l'indicatif présent

Tú me obedeces y te das prisa *Toi, tu m'obéis et tu te dépêches*
Vienes en seguida *Tu viens tout de suite*

Le présent de l'indicatif peut exprimer l'ordre si l'intonation est péremptoire.

4 Avec le futur

Serás bueno *Sois sage* **No matarás** *Tu ne tueras pas*

Le futur peut exprimer l'ordre strict ou l'interdiction absolue.

Le souhait et le regret

Leçon n°63

GRAMMAIRE

1 Avec le subjonctif

SOUHAIT	REGRET
¡Que aprovechen el buen tiempo! que + subjonctif présent *Profitez bien du beau temps !*	**¡Quién fuera rico!** quién + subjonctif imparfait *Ah ! si j'étais riche !*
Señores, ¡que aprovechen! *Messieurs, bon appétit !*	**¡Quién pudiera vivir en Sevilla!** *Ah ! si je pouvais vivre à Séville !*
¡Que te diviertas! *Amuse-toi bien !*	**¡Quién tuviera un hermano!** *Comme j'aimerais avoir un frère !*

Le souhait peut toujours s'exprimer avec **que** suivi du subjonctif présent (action pas encore réalisée).

Le regret personnel (à la 1e personne du singulier) peut s'exprimer avec la tournure impersonnelle **quién** + subjonctif imparfait (action non réalisée).

2 Avec la tournure : ¡Ojalá!

SOUHAIT	REGRET
¡Ojalá lleguemos a tiempo! ojalá + subjonctif présent *Pourvu que nous arrivions à temps !*	**¡Ojalá lo hubiéramos sabido antes!** ojalá + subjonctif plus-que-parfait *Ah ! si nous l'avions su avant !*
¡Ojalá no haya problemas! *Pourvu qu'il n'y ait pas de problèmes !*	**¡Ojalá hubieras escuchado las noticias!** *Ah ! si tu avais écouté les informations !*

¡Ojalá tuviéramos un coche!
ojalá + subjonctif imparfait
Ah ! si nous avions une voiture !

¡Ojalá trabajaras más!
Ah ! si tu travaillais plus !

¡Ojalá! peut être suivi d'un verbe à n'importe quelle personne. Avec un verbe au subjonctif présent, cette tournure exprime le souhait. Avec le subjonctif plus-que-parfait, elle exprime le regret. Avec le subjonctif imparfait, elle peut exprimer soit le souhait, soit le regret, selon le sens de la phrase et le contexte.

Expressions

¡Bienvenido seas!	*Sois le bienvenu !*
!Buena suerte!	*Bonne chance !*
!Ánimo!	*Bon courage !*
¡Qué lástima!	*Quel dommage !*

Leçon n°64 La proposition relative

La proposition relative est introduite par un **pronom relatif**.
Ce pronom peut :

- être sujet, COD, complément de nom, de verbe, d'adjectif, de lieu ou de temps de la relative,
- avoir pour antécédent un nom de chose ou de personne et être précédé d'une préposition.

Le choix du pronom dépend de sa fonction grammaticale au sein de la relative et de la nature de son antécédent.

1- Que : "que", "qui" (chose ou personne)

Olvidas este barrio que se llama el Barrio Gótico
(chose) sujet

Tu oublies ce quartier qui se nomme le Quartier gothique

El restaurante que vemos es famoso
(chose) COD

Le restaurant que nous voyons est réputé

El chico que nos acompaña es mejicano
(personne) sujet

Le garçon qui nous accompagne est mexicain

Todos los turistas que ves son japoneses
(personnes) COD

Tous les touristes que tu vois sont japonais

Que est invariable. Il peut avoir pour antécédent un nom de chose ou de personne.
Il peut être sujet ou complément.

2- Que avec préposition : "que", "lequel", "dont"

Que

La maleta con que viajo es nueva
(chose) prép.+ complément

La valise avec laquelle je voyage est neuve

El museo de que te hablo está cerrado hoy
(chose) prép.+ complément de verbe

Le musée dont je te parle est fermé aujourd'hui

Los niños a los que miras viven en la calle
(personne) a + COD

Les enfants que tu regardes vivent dans la rue

La camarera a la que habla es muy inteligente
(personne) prép.+ COI

La serveuse à laquelle il parle est très intelligente

La maleta con la que, con la cual ...
El museo del que, del cual ...

Que avec préposition = préposition + **el que, el cual** ...

3- Lo que = "ce qui", "ce que"

No creo lo que veo — *Je ne crois pas ce que je vois*

Lo que llevas es bonito — *C'est joli ce que tu portes*

Entiendo parte de lo que dices — *Je comprends en partie ce que tu dis*

1- Quien avec préposition : "que", "lequel", "dont"

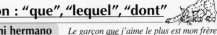

El chico a quien quiero más es mi hermano — *Le garçon que j'aime le plus est mon frère*
(personne) a + COD

La chica de quien estoy enamorado me mira — *La fille dont je suis amoureux me regarde*

Me voy de vacaciones a casa de los amigos con quienes juego al tenis — *Je vais en vacances chez les amis avec qui je joue au tennis*

Si **quien, quienes**, dont l'antécédent est toujours une (ou des) personnes, est le COD du verbe de la relative, il est alors précédé de la préposition **a. Quien, quienes** peut traduire "dont" ou "lequel, laquelle, lesquels".

2- Quien sans antécédent : "celui qui"

Quienes miran el partido son apasionados — *Ceux qui regardent le match sont passionnés*

Quien poco tiene, nada teme — *Qui ne possède rien, n'a rien à redouter*

Quien, quienes peut s'employer sans antécédent. Il se traduit alors par "celui qui", "ceux qui" ou tout simplement par "qui".

Quien, quienes

3- Quien : "qui" (une personne)

El Rey, quien asume la jefatura del Estado, (personne) sujet **también nombra al Presidente del Gobierno** — *Le roi, qui assume la fonction de Chef d'Etat, nomme également le Président du Gouvernenement*

Los obispos, quienes dirigen las diócesis, pueden consagrar sacerdotes — *Les évêques, qui dirigent les diocèses, peuvent consacrer des prêtres*

Quien, quienes ont pour antécédent une personne avec laquelle ils s'accordent.
Ils sont plus littéraires, plus formels que **que**. En fait, on utilise presque toujours **que**.

El cual, la cual, lo cual, los cuales, las cuales

1- Mi amigo torero me muestra su traje de luces, el cual es impresionante — *Mon ami torero me montre son habit de lumière, lequel est impressionnant*

El / la cual, los / las cuales s'emploient aussi bien pour des choses que des personnes et traduisent le plus souvent "lequel, laquelle, lesquels".

2- En las corridas se mata al toro, lo cual es una tradición — *Dans les corridas, on tue le taureau ce qui est une tradition*

Lo cual, pronom neutre a pour antécédent toute la proposition principale et traduit "ce qui, ce que".

3- Es la razón por la cual voy a las corridas — *C'est la raison pour laquelle je vais aux corridas*

Das una explicación de la cual no puedo estar satisfecho — *Tu donnes une explication dont je ne peux me satisfaire*

Ces pronoms peuvent s'employer avec des prépositions.

GRAMMAIRE

Leçon n°65

Les traductions de dont et où

1 Les traductions de "dont"

"Dont" peut se traduire à l'aide des relatifs **que, quien, cual** quand il est complément de verbe ou d'adjectif (cf. p. 224). Mais quand "dont" est complément de nom, il se traduit par **cuyo, a (s)**.

Cuyo, cuya(s)

El hombre cuya hija es tu amiga es mi tío (sujet)	*L'homme dont la fille est ton amie est mon oncle*
Prefiero la margarita cuyos pétalos son blancos (complément)	*Je préfère la marguerite dont les pétales sont blancs*

Cuyo, a (s) est suivi immédiatement du nom, sans article. Il s'accorde en genre et en nombre avec ce nom. Il peut être sujet ou complément de la relative.

No conozco a Jaime en cuyo piso tiene lugar la fiesta	*Je ne connais pas Jaime dans l'appartement duquel a lieu la fête*

Cuyo, a (s) peut être précédé d'une préposition. Il traduit alors "duquel, de laquelle, desquels(les)".

Todas mis amigas están disfrazadas, cuatro de las cuales en brujas (numéral + de+ las cuales)	*Toutes mes amies sont déguisées dont quatre en sorcières*
Demos algo de comer a los chicos, algunos de los cuales ya están hambrientos (indéfini)	*Donnons quelque chose à manger aux garçons dont quelques-uns sont déjà affamés*

Employé avec un numéral ou un indéfini, "dont" se traduit par une tournure inversée et le relatif **cual.**

2 Les traductions de "où"

Donde (lieu)

La casa donde vivo es muy bonita	*La maison où je vis est très belle*
Nunca me dice adonde va	*Il ne me dit jamais où il va*
Los cines donde / en que / en los que / en los cuales **hechan buenas películas están lejos**	*Les cinémas où l'on projette de bons films sont loin*

Donde, qu'il soit ou non en combinaison avec une préposition, traduit toujours une idée de lieu. Il peut être remplacé par **en que**, **en el cual** (ou **en donde**, moins utilisé…)

En que (lieu+temps)

La mañana en que vino, / El día que vino, — yo no estaba	*Le matin où il est venu, / Le jour où il est venu, — je n'étais pas là*

Quand "où" traduit une idée de temps, il se rend par **en que**.
Attention, après **día, noche, año, vez,** on peut aussi utiliser **que**.

Tableau récapitulatif
des relatifs des leçons 64 et 65

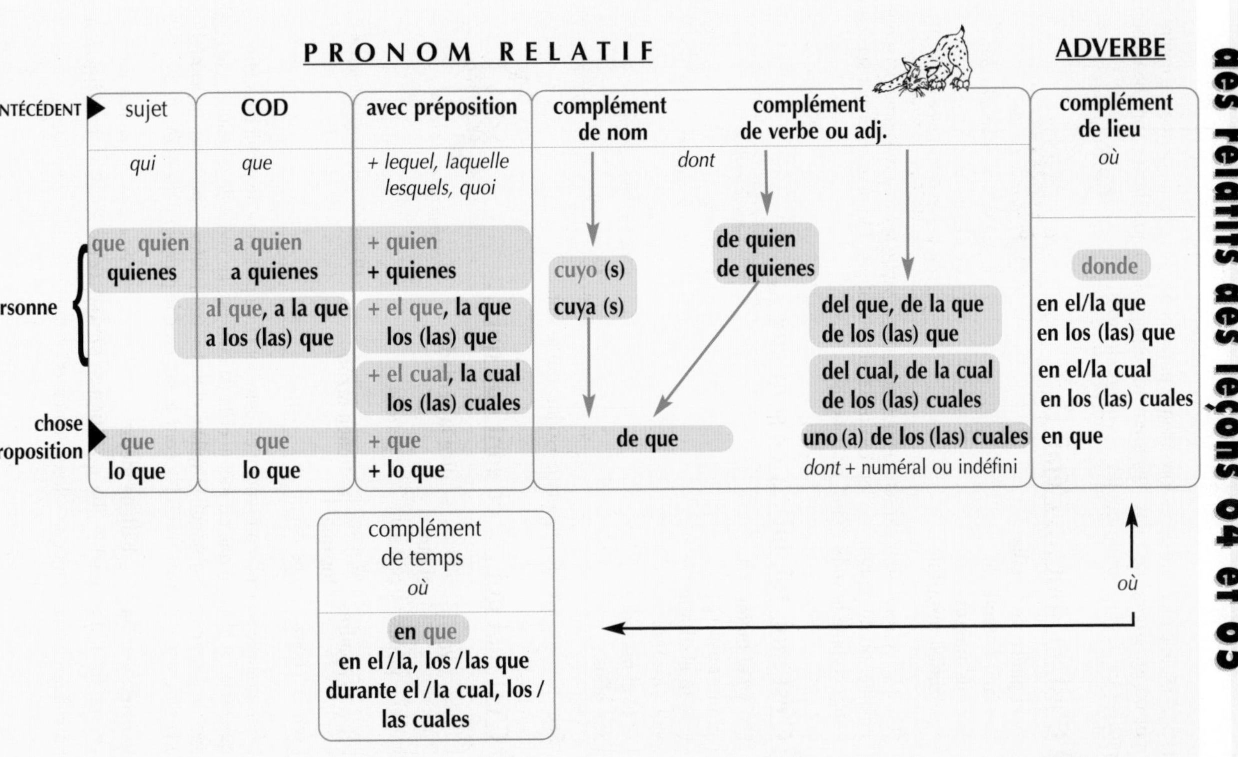

ANTÉCÉDENT	sujet	COD	avec préposition	complément de nom	complément de verbe ou adj.	complément de lieu
	PRONOM RELATIF					ADVERBE
	qui	*que*	*+ lequel, laquelle lesquels, quoi*	*dont*	*dont*	*où*
personne	que quien quienes	a quien a quienes	+ quien + quienes	cuyo (s) cuya (s)	de quien de quienes	donde
personne		al que, a la que a los (las) que	+ el que, la que los (las) que		del que, de la que de los (las) que	en el/la que en los (las) que
personne			+ el cual, la cual los (las) cuales		del cual, de la cual de los (las) cuales	en el/la cual en los (las) cuales
chose proposition	que lo que	que lo que	+ que + lo que	de que	uno (a) de los (las) cuales *dont* + numéral ou indéfini	en que

complément de temps *où*
en que en el / la, los / las que durante el / la cual, los / las cuales

Leçon n°66 C'est, c'est ... que

"C'est ..." est une tournure de renforcement typiquement française qui permet de mettre en relief un mot ou un groupe de mots. Les tournures espagnoles équivalentes sont beaucoup moins employées par les Espagnols, qui les jugent trop lourdes.

1 C'est, ce sont ..., c'était ...

Es **el padre de Cecilia**	*C'est le père de Cecilia*
Era **fácil entenderlo**	*C'était facile de le comprendre*
Son **tus amigos**	*Ce sont tes amis*
Será **difícil negarlo**	*Ce sera difficile à nier*

"C'est", "ce sont" se traduisent uniquement par le verbe **ser** à la troisième personne du singulier ou du pluriel. "C'" et "ce" ne se traduisent pas. On peut employer **ser** à tous les temps comme le verbe "être" en français.

2 C'est moi, toi, lui ..., ce sont eux ...

Soy **yo el mejor**	*C'est moi le meilleur*
Somos **nosotros**	*C'est nous*
Eres **tú el último**	*C'est toi le dernier*
Sois **vosotros**	*C'est vous*
Es **él el más alto**	*C'est lui le plus grand*
Son **ellos**	*Ce sont eux*

Ser s'accorde avec le pronom personnel qui le suit.

3 C'est moi qui ..., ce sont eux qui ...

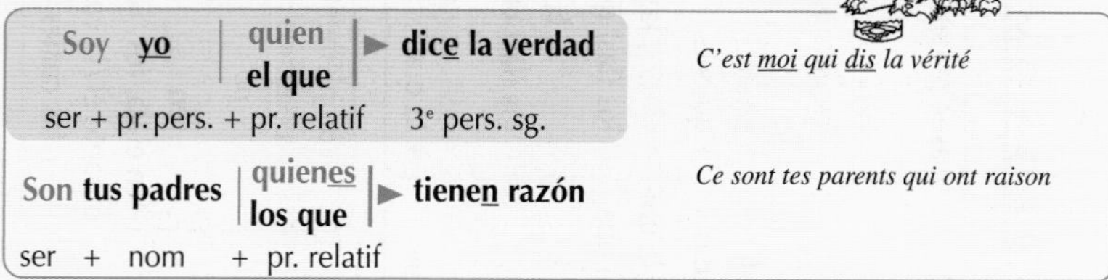

Soy yo | quien / el que | ▸ **dice la verdad** — *C'est moi qui dis la vérité*
ser + pr. pers. + pr. relatif — 3ᵉ pers. sg.

Son **tus padres** | **quienes** / **los que** | ▸ **tienen razón** — *Ce sont tes parents qui ont raison*
ser + nom + pr. relatif

Le pronom personnel représentant évidemment une personne, le relatif peut être **quien(es)** ou **el/la (s) que** ou même **el/la (s) cual(es)**. Le verbe de la relative s'accorde avec le pronom relatif singulier (**quien, el que** = celui qui = 3ᵉ pers. sg.) ou pluriel à la différence du français où l'accord se fait avec le pronom personnel.

Era **yo** quien (la que) **bailaba mejor**	*C'est moi qui dansais le mieux*
Fueron **los niños** quienes (los que) **tiraron piedras**	*Ce sont les enfants qui jetèrent des pierres*

L'auxiliaire **ser** se conjugue selon le temps du verbe de la subordonnée.

4 Ce qui, ce que

Es **la música** lo que **más me interesa** — *C'est la musique, ce qui m'intéresse le plus*

relatif neutre

5 C'est ... que

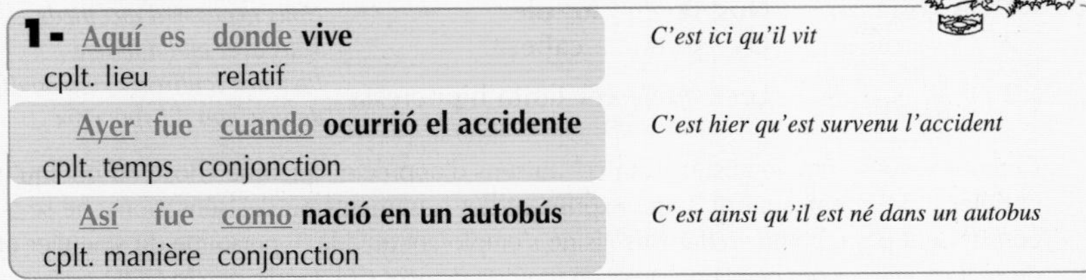

1- Aquí es donde **vive** — *C'est ici qu'il vit*
cplt. lieu — relatif

Ayer fue cuando **ocurrió el accidente** — *C'est hier qu'est survenu l'accident*
cplt. temps — conjonction

Así fue como **nació en un autobús** — *C'est ainsi qu'il est né dans un autobus*
cplt. manière — conjonction

Le choix du pronom relatif ou de la conjonction qui suit le verbe **ser** dépend de la nature du complément (lieu, temps, manière ...) qui est placé en tête de phrase.

2- Con **su hermana baila** — *C'est avec sa soeur qu'il danse*

"C'est ... que" peut tout simplement se traduire par le déplacement en tête de phrase du complément à mettre en évidence.

6 Cas où estar est employé à la place de ser

Está **bien** ≠ Está **mal** — *C'est bien ≠ C'est mal*

Está **hecho** — *C'est fait*
estar + part. passé

Devant les adverbes **bien** et **mal** et devant les participes passés, "c'est" se rend avec les verbe **estar** (idée de résultat cf. 217).

Leçon n°67 Tournures affectives

1 Verbes transitifs

1	(A mí)	**Me** gusta **el fútbol**	*J'aime le football*
2	(A ti)	**Te** gustan **mis hamburguesas**	*Tu aimes mes hamburgers*
3	(A él, a ella, A usted)	**Le** gusta **leer**	*Il, elle aime lire* *Vous aimez lire*
1	(A nosotros)	**Nos** duelen **los pies**	*Nous avons mal aux pieds*
2	(A vosotras)	**Os** duele **la cabeza**	*Vous avez mal à la tête*
3	(A ellos, a ellas, A ustedes)	**Les** duele **ver tanta hipocresía**	*Ils, elles souffrent / vous souffrez de voir tant d'hypocrisie*

Certains verbes comme **gustar** ("aimer" au sens d'apprécier quelque chose ou quelqu'un) et **doler** ("avoir mal, souffrir"), qui expriment des sentiments ou des sensations, ne se construisent pas comme en français. Ils ne s'emploient qu'à la 3ᵉ personne du singulier ou du pluriel. Le pronom personnel sujet en français devient COI tandis que le COD en français devient sujet. Ainsi **gustar** se construit comme "plaire" et **doler** comme "faire souffrir". Attention à l'accord du verbe avec le sujet (qui suit).

Me gusta el cine. Me gustan las viejas películas — *J'aime le cinéma. J'aime les vieux films*
COI + gustar + sujet

A Silvia y a su amiga les gustan los helados — *Silvia et son amie aiment les glaces*

A él / A ella, A usted ▸ le duelen los dientes — *Lui, il a / Elle, elle a, Vous, vous avez mal aux dents*

Si le sujet en français est un nom, devenu COI en espagnol, il est précédé de la préposition **a**. De même, si le pronom personnel est exprimé, pour renforcer le COI ou permettre de lever une ambiguïté de sens à la 3ᵉ personne, il est précédé de **a**.

Voici quelques verbes qui se construisent comme **gustar** et **doler** :

Apetecer	Me apetece **este turrón**	*Ce touron me fait envie*
Avergonzar	**¿No** te avergüenza **esa mentira?**	*N'as-tu pas honte de ce mensonge ?*
Encantar	**A Pedro** le encantaba **el tenis**	*Le tennis enchantait Pedro*
Ilusionar	Nos ilusionó **la noticia**	*La nouvelle nous remplit de joie*
Maravillar	Os maravilla **la ciencia**	*Vous êtes émerveillés par la science*
Tocar	**A ti** te toca	*A toi de jouer (c'est ton tour ...)*

2 Verbes réfléchis

Ocurrirse	**¿**Se **te** ocurre **una idea?**	*Il te vient une idée ?*
Antojarse	Se **le** antojó **ir a Méjico**	*Il lui vint l'envie d'aller au Mexique*
Figurarse	**¡Qué** se han figurado**!**	*Qu'est-ce qu'ils se sont imaginés !*
Olvidarse	Se **me** han olvidado **las llaves**	*J'ai oublié mes clés*

3 Locutions avec le verbe dar

Me da lástima **lo que te ocurre**	*Ce qui t'arrive me fait de la peine*
Pero a él le da ganas de **reír**	*Mais lui il a envie de rire*
Te da rabia **ese fracaso. - ¡Me** da igual**!**	*Cet échec te met en rage. - Ça m'est égal !*
Nos da miedo **su carácter**	*Son caractère nous fait peur*

Verbes pronominaux

PRESENT

SENTARSE *s'asseoir*

Indicatif		Impératif		Subjonctif	
1 Me	**siento**			1	**No me siente**
2 Te	**sientas**	2	**siéntate**	2	**No te sientes**
3 Se	**sienta**	Ud.	**siéntese**	Ud.	**No se siente**
1 Nos	**sentamos**		**sentémonos**	1	**No nos sentemos**
2 Os	**sentáis**	2	**sentaos**	2	**No os sentéis**
3 Se	**sientan**	Uds.	**siéntense**	Uds.	**No se sienten**

Gérondif

sentándose

PASSÉ

Haberse sentado *s'être assis*

Passé composé	Gérondif passé
1 **Me he sentado ...**	**habiéndose sentado**

1

Ayer ella se sentó a mi lado — *Hier elle s'est assise à côté de moi*
Recuérdame su nombre por favor — *Rappelle-moi son nom s'il te plaît*
Verónica y su hermana se escribían a menudo — *Verónica et sa soeur s'écrivaient souvent*
Escribirse regularmente no es tan fácil — *Ce n'est pas si facile de s'écrire régulièrement*

Les verbes pronominaux de sens réfléchi comme **sentarse**, ou de sens réciproque comme **escribirse** sont toujours précédés du pronom réfléchi sauf à l'infinitif, à l'impératif et au gérondif où ils s'attachent à la fin du verbe. On parle alors d'enclise du pronom (p. 206).

2 Modifications à l'impératif

1- Perte du **-s** à la 1e pers. du pluriel

Es el final del discurso, levantémonos
levantemo~~s~~+nos
C'est la fin du discours, levons-nous

Perte du **-d** à la 2e pers. du pluriel

¡Pues quedaos! Todavía no ha acabado
queda~~d~~+os
Mais restez donc ! Il n'a pas encore fini

≠ **¡Pues idos por fin!**
Eh bien, allez-vous en à la fin !

A la 1e pers. du pluriel, l'enclise entraîne la suppression du **-s** de la conjugaison.
A la 2e pers. du pluriel, l'enclise entraîne la suppression du **-d** de la conjugaison sauf pour le verbe **irse.**

2- No te levantes. No es necesario — *Ne te lève pas. Ce n'est pas nécessaire*
¡No os quedéis aquí! — *Ne restez pas ici !*

Il n'y a pas d'enclise à l'impératif négatif. Le pronom précède normalement le verbe.

Leçon n°69 Début, fin de l'action + semi-auxiliaires

1 Début de l'action : semi-auxiliaire + infinitif

Verbe	Construction	Exemple
ir empezar ponerse	a + infinitif	**Voy a trabajar dentro de unos minutos** *Je vais travailler dans quelques minutes* (futur proche) **Empezó a leer muy tarde** *Il a commencé à lire très tard.* **¿Te pones a aprender poemas ahora?** *Tu te mets à apprendre des poèmes maintenant ?*
echar	a + andar, correr, volar, nadar	**Del miedo echamos a correr** *De peur, nous nous sommes mis à courir*
echarse romper	a + reír, llorar	**De pronto se echó a reír** *Tout à coup, il se mit à rire* **No rompas a llorar** *Ne te mets pas à pleurer*

L'idée de "commencer" une action est rendue par des constructions de type verbe + préposition **a** + infinitif. Attention, les verbes **echar a, echarse a** et **romper a** ne s'emploient qu'avec certains verbes exprimant un démarrage soudain ou brutal.

2 Fin de l'action : semi-auxiliaire + infinitif ou gérondif

Acabar

1- Passé immédiat : "venir de"

Acabo de lavar mi coche — *Je viens de laver ma voiture*
acabar de + infinitif

Acababa de terminar su libro — *Il venait de finir son livre*

Cette construction affirmative signifie que l'action vient de prendre fin au moment où l'on parle (passé immédiat).

2- Résultat d'un processus : "finir par"

Acabó durmiéndose en la mesa — *Il finit par s'endormir à table*
acabar + gérondif

Acabará reembolsando sus deudas — *Il finira par rembourser ses dettes*

Cette construction affirmative permet de donner le résultat final d'un processus, le gérondif rendant compte de la durée de ce processus.

Dejar de

3- Arrêt d'une action : "cesser de"

Quiero que deje de fumar — *Je veux qu'il cesse de fumer*
dejar de + infinitif

Dejó de sonreír — *Il cessa de sourire*

L'idée de "cesser", "arrêter", mettre fin à une action, se rend par la construction **dejar de (parar de)** + verbe à l'infinitif.

Répétition de l'action

1 Simple réitération de l'action

Volver a

Vuelvo a <u>soñar</u> con arañas
volver a + infinitif

Sueño de nuevo con arañas — *Je rêve à nouveau d'araignées*
verbe + de nuevo

Sueño otra vez con arañas
verbe + otra vez

Vuelve a <u>hacer</u> frío = Hace frío de nuevo — *Il fait de nouveau froid = Il <u>re</u>fait froid*

Los vampiros volvieron a <u>entrar</u> en la casa = Los vampiros entraron otra vez en la casa — *Les vampires entrèrent à nouveau dans la maison*

L'idée de répétition, qui s'exprime en français avec le préfixe "re-" ou l'expression "à nouveau", se rend en espagnol par la tournure **<u>volver a + infinitif</u>** ou les expressions **de nuevo** ou **otra vez**. Le préfixe **re-** n'existe que pour peu de verbes espagnols.

2 L'habitude : verbe + infinitif

Soler

Sueles cenar a las siete — *Tu <u>as l'habitude de</u> dîner à 19 h*
soler + infinitif

Suelen llevar sombreros — *Ils portent <u>généralement</u> des chapeaux*

¡Solía bañarse una vez a la semana! — *Il pren<u>ait</u> un bain une fois par semaine !*

Desde el año pasado suelo leer mucho — *Depuis l'an dernier, j'ai l'habitude de lire beaucoup*

L'idée d'habitude s'exprime en général avec le verbe **soler** suivi de l'infinitif. Attention, **soler** est un verbe irrégulier du 2e groupe (cf. p. 209).

Tener la costumbre

Mi vecino tiene la costumbre de dormir con las ventanas abiertas — *Mon voisin a l'habitude de dormir les fenêtres ouvertes*

Me acostumbré a comer queso — *Je me suis habitué à manger du fromage*

Los españoles acostumbran a salir de noche — *Les Espagnols ont l'habitude de sortir le soir*

Le verbe **acostumbrar**, plus littéraire, est d'utilisation moins courante que le verbe **soler** ou l'expression **tener la costumbre de**.

Leçon n° 71 La durée de l'action :

Cette idée de durée se rend par l'emploi du gérondif avec **estar** ou un semi-auxiliaire.

1 Action en cours

Estar

¿Qué está haciendo? — *Qu'est-il en train de faire ?*
estar + gérondif

Está hablando de ti — *Il est en train de parler de toi (il parle de toi)*
Están comiendo sus bocadillos — *Ils sont en train de manger leurs sandwichs*
Estaba lloviendo — *Il était en train de pleuvoir (il pleuvait)*

L'action envisagée comme un processus en cours au moment où l'on parle se rend par l'emploi de **estar** avec le gérondif du verbe.

2 Progression

Ir

La tasa de desempleo va aumentando — *Le taux de chômage augmente* (lentement)
ir + gérondif

Voy recordando las palabras de la gitana — *Je me rappelle peu à peu les paroles de la gitane*

L'action envisagée comme une progression lente se rend par l'emploi du semi-auxiliaire **ir** avec le gérondif du verbe.

Su estado de salud iba mejorando cada día — *Son état de santé allait en s'améliorant chaque jour*

Sebastián irá interesándose más y más por este trabajo — *Sebastián s'intéressera de plus en plus à ce travail* (avec le temps)

3 Continuité

Seguir Venir

Seguía dejando mensajes en mi contestador — *Il continuait à laisser des messages sur mon répondeur*
seguir + gérondif

Sigo queriéndole — *Je continue à l'aimer*

Hace diez años que vienes contando la misma historia — *Cela fait dix ans que tu racontes la même histoire*

L'idée de poursuite d'une action déjà commencée se rend par l'emploi du semi-auxiliaire **seguir** avec le gérondif du verbe. **Venir** ajoute une idée de répétition.

Semi-auxiliaires + gérondif

Pasarse
Andar

Se ha pasado **la mañana durmiendo** pasarse + gérondif	*Il a passé la matinée à dormir*
Se pasó **toda la semana estudiando**	*Il a passé toute la semaine à étudier*
Anda **todo el día protestando** andar + gérondif	*Il râle toute la journée*
Andaba **siempre burlándose de mí**	*Il passait son temps à se moquer de moi*

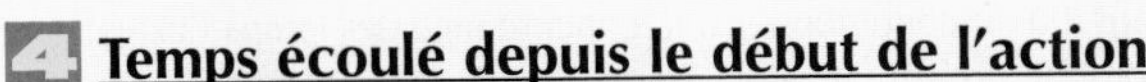

4 Temps écoulé depuis le début de l'action

Llevar
Hacer...que

Llevo **un mes esperando** llevar + gérondif **una carta de Miguel**	*Il y a un mois que j'attends une lettre de Miguel*
Ya llevaba **un año estudiando en Salamanca**	*Il y avait un an déjà qu'il étudiait à Salamanque*
Hace **un año** que **deseo conocerle**	*Cela fait un an que je désire vous connaître*
Hacía **un buen rato** que **se había ido**	*Il y avait un bon moment qu'il était parti*

L'idée de continuité peut aussi se rendre avec les semi-auxiliaires **seguir, pasarse, andar, llevar**, suivi du gérondif du verbe ou avec **hacer** impersonnel.

Llevamos dos horas esperando.
¿Seguimos esperando?

GRAMMAIRE

Leçon n°72 La proposition complétive

C'est une proposition subordonnée complément ou attribut, introduite par la conjonction **que** ou construite avec un infinitif.

1 Que + indicatif (comme en français)

Creo que los extraterrestres existen (conviction) *Je crois que les extraterrestres existent*
¿Sabes que el sol es una estrella? (fait connu) *Sais-tu que le soleil est une étoile ?*
Contaba que había visto un angel (fait rapporté) *Il racontait qu'il avait vu un ange*
Le dijo que lo buscaría (parole rapportée) *Il lui a dit qu'il le chercherait*

La complétive est à l'indicatif (ou au conditionnel si la concordance des temps l'exige) après un verbe déclaratif comme "croire", "savoir", "dire", "voir", "entendre" etc. qui informe objectivement sur les faits, les opinions, les convictions, les perceptions énoncés dans la complétive, en les présentant comme réels, certains, avérés.

2 Que + subjonctif (comme en français)

Doute

No creo que los extraterrestres existan *Je ne crois pas que les extraterrestres existent*
No piensa que yo sea su mejor amigo *Il ne pense pas que je sois son meilleur ami*

La complétive est au subjonctif quand le verbe de la principale (à la forme négative) sert à nier ou mettre en doute les faits, opinions, perceptions énoncés dans la complétive.

Crainte possibilité

Temo que Tomás se vaya *Je crains que Tomás ne s'en aille*
Tiene miedo de que descubras su secreto *Il a peur que tu découvres son secret*
Es posible que mienta *Il est possible qu'il mente*

La complétive est au subjonctif, mode du possible, quand le verbe de la principale exprime une crainte, une possibilité. Le "ne" en français ne se traduit pas en espagnol. Si la complétive est complément d'un nom ou d'un adjectif normalement suivi d'une préposition, elle reste précédée de cette préposition.

Volonté Ordre Souhait

Quiero que me diga Ud. todo lo que sabe *Je veux que vous me disiez tout ce que vous savez*
Desea que yo obedezca a mi padre *Il souhaite que j'obéisse à mon père*

La complétive est au subjonctif quand le verbe de la principale indique une volonté, un ordre ou une interdiction, ou même seulement un conseil, un désir, une prière, un souhait. L'action énoncée dans la complétive n'est pas réalisée au moment où l'on parle.

Opinion Sentiment

Es normal que te ayude pues eres mi amiga *C'est normal que je t'aide car tu es mon amie*
Me gusta que me tomen por un actor *J'aime qu'on me prenne pour un acteur*
Tengo ganas de que escuchemos otro disco *J'ai envie que nous écoutions un autre disque*

La complétive est au subjonctif, mode de ce qui est subjectif, quand le verbe de la principale donne un jugement de valeur, une opinion ou exprime un sentiment, une émotion sur le contenu de la complétive.

3 Infinitif (comme en français)

Odio ir a la piscina	*Je déteste aller à la piscine*
Quiero comprender	*Je veux comprendre*

4 Ordre, volonté, interdiction, conseil, désir, prière, regret : verbes construits avec infinitif ou subjonctif

1- Infinitif (comme en français)

Juan quiere pasear por el parque	*Juan veut se promener dans le parc*
Los niños piden mirar televisión	*Les enfants demandent à regarder la télévision*
Luego los obligas a cepillarse los dientes	*Après tu les obliges à se brosser les dents*
Te permito salir	*Je te permets de sortir*
Está prohibido fumar	*Il est interdit de fumer*

Quand le verbe de la principale indique une volonté, un ordre ou une interdiction, ou un conseil, un désir, une prière, un souhait ..., la complétive se construit aussi en espagnol avec l'infinitif si :

- le sujet de la principale est le même que celui de la complétive ;
- le verbe de la principale a un COD ou COI sous la forme pronominale ;
- le verbe de la principale n'a pas de complément.

Noter l'absence de traduction de la préposition "de" française en espagnol.

2- Que + subjonctif (mais infinitif en français)

Ordena a Marcos que se explique verbe + nom cplt. + que + subjonctif	*Il ordonne à Marc de s'expliquer*
Manda a su hijo que traiga el martillo	*Il commande à son fils d'apporter le marteau*
Señor, le aconsejo que hable	*Monsieur, je vous conseille de parler*
Señores, les ruego que tomen su decisión	*Messieurs, je vous demande de prendre votre décicion*
Prohíbo a mis padres que entren en mi habitación	*J'interdis à mes parents d'entrer dans ma chambre*

La complétive se construit avec que + subjonctif en espagnol si :

- le sujet de la principale est différent de celui de la complétive,
- le verbe de la principale a un COD ou COI sous la forme d'un nom.

Leçon n°73 Les traductions de

1 Changement passager

Me pongo colorada cuando me mira — *Je deviens rouge (je rougis) quand il me regarde*
ponerse + adjectif

Ponerse

Va a ponerse furiosa — *Elle va devenir furieuse*

Se puso muy serio — *Il devint très sérieux*

L'idée d'un changement passager, subit, accidentel, non voulu par le sujet, se rend par le verbe **ponerse** (ou **tornarse** qui est moins fréquent).

2 Changement durable, voire définitif

1- Volverse + adjectif ou nom

Volverse

Ricardo se volvió miope a los trece años — *Ricardo est devenu myope à 13 ans*

Julio se ha vuelto muy pesimista — *Julio est devenu très pessimiste*

¿Os habéis vuelto locos? — *Vous êtes devenus fous ?*

L'idée de "devenir" impliquant un changement durable ou définitif, se rend en général par le verbe **volverse** employé avec un adjectif ou un nom. Cependant **volverse** peut aussi s'utiliser pour un changement passager dans l'expression "devenir fou" au sens figuré.

2- Hacerse + adjectif ou nom

Hacerse

Se hizo rico gracias al petróleo — *Il est devenu riche grâce au pétrole*

Los dos hermanos se hicieron peluqueros — *Les deux frères sont devenus coiffeurs*

Se hizo malo de tanto sufrir — *Il est devenu méchant à force de souffrir*

Hacerse permet de rendre non seulement l'idée d'un changement durable, assez progressif, mais surtout <u>volontaire</u>.

¡Te estás volviendo humano!

 Fin d'une étape, aboutissement d'un processus

Quedarse

1- Résultat subi : **quedarse** + adjectif

Se quedó **ciego a los ocho años**	*Il est devenu aveugle à huit ans*
El niño se quedó **pálido**	*L'enfant devint tout pâle*

2- **Llegar a ser** + adjectif ou nom

El soldado llegó a ser **coronel**	*Le soldat est devenu colonel*
Llegará a ser **el mejor cantante**	*Il deviendra le meilleur chanteur*

Llegar a ser
Acabar por ser

3- **Acabar por ser** + nom

¡Acabará por ser **la primera mujer presidenta del país!**	*Elle finira par être la première femme présidente du pays !*

4- **Ser de** + nom

¿Qué es de **tus padres?**	*Que deviennent tes parents ?*
¿Qué es de **Teresa?**	*Que devient Teresa ?*

L'idée de "devenir" impliquant l'aboutissement d'un processus ou un résultat définitif, se rend soit par le verbe **quedarse** (quedar = rester), soit par des tournures avec **ser**. Avec **quedarse**, le changement est toujours involontaire (le sujet subit le résultat) tandis qu'avec **llegar a ser** il peut être volontaire (le sujet ne subit jamais le résultat).

 Les traductions de "rendre quelqu'un + adjectif"

La muerte de sus hijos <u>**la**</u> volvió **loca** pr. COD + volver + adjectif	*La mort de ses enfants l'a rendue folle*
Esta historia <u>**los**</u> puso **muy tristes**	*Cette histoire les rendit tristes*
Su tercera novela hizo **famosa a Silvia**	*Son troisième roman rendit célèbre Silvia*

L'idée de "rendre quelqu'un fou, triste etc." au sens de "faire devenir" se rend avec les mêmes verbes que "devenir" (**volver, poner, hacer**) employés non avec un pronom réfléchi mais avec un pronom COD.

GRAMMAIRE

Leçon n° 74

L'obligation impersonnelle

L'obligation impersonnelle ne s'impose à personne en particulier mais à tout le monde en général. En français, elle se rend uniquement par les tournures impersonnelles "il faut + infinitif" et "on doit + infinitif". En espagnol, il y a plusieurs traductions possibles, toutes suivies de l'infinitif.

1 Hay que + infinitif

Hay que **trabajar** para tener éxito hay que + infinitif	*Il faut travailler pour avoir du succès*
¿Había que creer lo que decía?	*Fallait-il croire ce qu'il disait ?*
¡No hay que hacer trampas!	*Il ne faut pas tricher !*

Hay est une forme irrégulière du verbe **haber** au présent de l'indicatif. Aux autres temps, **haber** se conjugue normalement (à la 3ᵉ personne du singulier). La forme négative **no hay que** permet de rendre l'idée d'obligation exprimée en français par "il ne faut pas".

2 Es necesario + infinitif

Es necesario / preciso / menester + **infinitif**

Es necesario **aprender**	*Il faut apprendre*
Fue preciso **tranquilizarlo**	*Il fallut le rassurer*
Será menester **llegar con anticipación**	*Il faudra arriver en avance*

No es necesario llegar una hora antes	*Il est inutile (il n'est pas nécessaire) d'arriver une heure à l'avance*
≠	
Es necesario **no cansarse**	*Il est nécessaire de ne pas se fatiguer*

L'idée d'obligation se rend indifféremment avec **es necesario / preciso / menester** (moins utilisé). **Ser** se conjugue à tous les temps. A la forme négative, attention à la place de la négation : avant **es necesario ...** elle implique l'absence totale d'obligation. Pour traduire l'obligation de "il est nécessaire de ne pas ...", la négation doit se placer juste devant l'infinitif.

Hace falta + infinitif

Hace falta **leer el poema hasta el último verso** hacer falta + infinitif	*Il faut lire le poème jusqu'au dernier vers*
No hacía falta **esperarlos**	*Il n'était pas nécessaire de les attendre*
¿Piensa Ud. que haría falta **suprimir los exámenes?**	*Pensez-vous qu'il faudrait supprimer les examens ?*

3 Se debe

Se debe **respetar a los padres** se debe + infinitif	*Il faut respecter ses parents* *= on doit respecter ses parents*
Siempre se debe **decir la verdad**	*Il faut toujours dire la vérité* *= on doit toujours dire la vérité*

L'idée d'obligation au sens moral est rendue par le verbe **deber**.

L'obligation personnelle

Leçon n°75

GRAMMAIRE

L'obligation personnelle implique une personne qui est sujet de la subordonnée comme dans "il faut que je ..." (construction impersonnelle) ou sujet du verbe de la principale comme dans "je dois ..." (construction personnelle).

1 Construction impersonnelle : locution verbale + subjonctif

Es necesario que + subjonctif

Es ▶ necesario / preciso / menester	▶ que + subjonctif	**Es necesario que conduzcas** *Il faut que tu conduises* **Fue preciso que tuviéramos cuidado** *Il a fallu que nous fassions attention* **Era menester que Julia te hablara** *Il fallait que Julia te parle*
Hace falta		**Hará falta que compre pan** *Il faudra que j'achète du pain*

Hace falta que + subjonctif

Ces tournures sont toutes équivalentes. **Es menester** est moins utilisé.
Attention à la concordance des temps.

2 Construction personnelle : verbe + infinitif

1- Tener

Tengo que levantarme temprano — *Je dois me lever tôt*
tener que + infinitif — *Il faut que je me lève tôt*
Julián tendrá que ir a la peluquería — *Julián devra aller chez le coiffeur*
Tuvieron que llamar a la policía — *Ils ont dû appeler la police*

Tener que + infinitif

La tournure **tener que** + infinitif est la plus simple et la plus courante pour exprimer l'obligation personnelle indépendante de la volonté du sujet. Le verbe **tener** se conjugue à toutes les personnes.

2- Deber

Debes escuchar para entender — *Tu dois écouter pour comprendre*
deber + infinitif
No debería leer sólo tebeos — *Il ne devrait pas lire uniquement des B.D.*

Deber + infinitif

Avec **deber**, l'obligation a souvent un sens moral.

3- Haber de

He de ver el telediario esta noche — *Il faut que je regarde le journal télévisé ce soir*
haber de + infinitif
Han de casarse — *Ils doivent se marier*

Haber de + infinitif

Avec **haber de** + infinitif, l'obligation est quasiment inexistante, il s'agit d'une simple convenance.

Leçon n°76 Le besoin et le manque

1 Le besoin

"Avoir besoin" se rend par le verbe **necesitar** et la tournure **hacer falta** qui peuvent se contruire soit avec une personne sujet (construction personnelle), soit de manière impersonnelle. En français, l'idée de besoin peut aussi se traduire par le verbe "falloir".

1- Construction personnelle

Necesito **una almohada para dormir** necesitar + nom	*J'ai besoin d'un oreiller pour dormir*
Algunos necesitan **menos sueño que otros**	*Certains ont besoin de moins de sommeil que d'autres*
¡Javier no necesitará **ningún peine con ese corte de pelo!**	*Javier n'aura besoin d'aucun peigne avec cette coupe de cheveux !*
Me haría falta **un milagro...** pr. pers + hacer falta + nom	*J'aurais besoin d'un miracle ...*
Te haría falta **un vestido azul**	*Il te faudrait une robe bleue*

2- Construction impersonnelle

Se necesita **tiempo** se necesita + nom	*On a besoin de temps*
Se necesitaban **platos**	*On avait besoin d'assiettes*
No se necesitan **mantas en verano**	*On n'a pas besoin de couverture en été*
Harán falta **nuevas lámparas**	*Il faudra de nouvelles lampes*
Lo que hacía falta **eran cortinas**	*Ce qu'il fallait, c'était des rideaux*

2 Le manque

¡Aquí falta **la música!**	*Ici il manque la musique !*
No faltarán **más que frutas y legumbres**	*Il ne manquera plus que les fruits et les légumes*
Me faltaban **las gafas**	*Il me manquait mes lunettes*

Le manque s'exprime avec le verbe **faltar**, personnel ou impersonnel. Attention aux accords et aux temps.

Quelques expressions :

Por poco **se cae** (présent)	*Il a failli tomber*
Falta poco **para que llegue**	*Il va arriver dans peu de temps* (il "manque" peu de temps)

La possibilité et la probabilité

La possibilité s'exprime au subjonctif, soit avec des adverbes signifiant "peut-être", soit avec le verbe **poder** ou la tournure **es posible que**.

1 La possibilité

1- Au subjonctif

• Indépendante avec "peut-être"

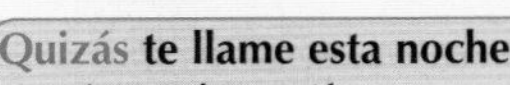

Quizás **te llame esta noche** quizás + subjonctif	*Il t'appellera peut-être ce soir*
Quizá **esté muy cansado**	*Il est peut-être très fatigué*
Tal vez **haya perdido tu número** tal vez + subjonctif	*Il a peut-être perdu ton numéro*
Tal vez **Mario no quiera ir**	*Peut-être que Mario ne veut pas y aller*
Acaso **venga a verte**	*Il viendra peut-être te voir*

• Conjonctive : "il se peut que"

Puede que **olvide** puede que + subjonctif	*Il se peut qu'il oublie*
Puede ser que **esté durmiendo**	*Il se peut qu'il soit en train de dormir*
Es posible que **llueva**	*Il se peut qu'il pleuve*

2- A l'indicatif

A lo mejor **está de vacaciones** — *Il est peut-être en vacances*

2 La probabilité : à l'indicatif

La probabilité s'exprime le plus souvent par un futur (hypothèse dans le présent) ou un conditionnel ou un futur antérieur qui sont des futurs dans le passé (hypothèse dans le passé). On peut aussi utiliser le verbe **deber** suivi de la préposition **de** + l'infinitif.

1 - Hypothèse dans le présent	**Deber de** + infinitif	
FUTUR		
¿Se irá **de viaje?**	¿Debe de **irse de viaje?**	*Doit-il partir en voyage ?*
¿Qué edad tendrá**?**	**¿Qué edad** debe de **tener?**	*Quel âge peut-il bien avoir ?*
2- Hypothèse dans le passé		
CONDITIONNEL		
Trabajaría **poco**	Debía de **trabajar poco**	*Il devait travailler peu*
Serían las once	Debían de **ser las once**	*Il devait être onze heures*
FUTUR ANTERIEUR		
Habrá sufrido **mucho**	Ha debido de **sufrir mucho**	*Il a dû beaucoup souffrir*

Leçon n°78 Futur français = subjonctif présent

Certaines subordonnées au futur en français sont au présent du subjonctif en espagnol car l'action future n'est pas encore réalisée.

1 Les subordonnées de temps

Cuando tenga dieciocho años podré votar subj. présent — futur	*Quand j'aurai 18 ans je pourrai voter*
¡Serás libre cuando comprendas la verdad!	*Tu seras libre quand tu comprendras la vérité !*
Fregarás los platos mientras yo limpie el horno	*Tu laveras la vaisselle pendant que je nettoierai le four*

Lisa le abrazaría cuando le dijera sí conditionnel — subj. imparfait	*Lisa l'embrasserait quand il lui dirait oui*

Attention à la concordance des temps : si le verbe de la principale est au conditionnel, le verbe de la subordonnée est au subjonctif imparfait.

¿Cuándo celebrarás tu cumpleaños?	*Quand fêteras-tu ton anniversaire ?*
No sé cuándo vendrá	*Je ne sais pas quand elle viendra*

Attention : dans le cas de l'interrogation directe ou indirecte, le verbe est au futur.

2 Les subordonnées de lieu

Iremos a cenar donde quieras	*Nous irons dîner où tu voudras*
Será feliz donde vaya	*Il sera heureux partout où il ira*
¿Adónde irás mañana? - No sé adónde iré futur	*Où iras-tu demain ? - Je ne sais pas où j'irai*

3 Les subordonnées de manière

Arregle el problema como pueda	*Réglez le problème comme vous pourrez*
Haz como quieras	*Fais comme tu voudras*

4 Les subordonnées relatives

Quienes aprueben el examen recibirán un premio	*Ceux qui réussiront l'examen recevront un prix*
Me importará todo lo que digas	*Tout ce que tu diras aura de l'importance pour moi*
Podrían servir de testigos los que hubieran visto al ladrón	*Ceux qui auraient vu le voleur pourraient servir de témoins*

5 Esperar que + subjonctif

El campesino espera que llueva	*Le paysan espère qu'il pleuvra*

La subordonnée de manière

Leçon n°79

La manière peut s'exprimer soit par l'infinitif après la préposition **con** ou la locution adverbiale **de tanto**, soit par le gérondif. Dans tous les cas, la subordonnée répond à la question **¿cómo?** (= "comment ?").

1 Con + infinitif

Con tocar **esta tecla se pone en marcha el ordenador** con + infinitif	*En appuyant sur cette touche on met en marche l'ordinateur*
Con no decir **nada, le das razón**	*En ne disant rien, tu lui donnes raison*

2 De tanto + infinitif

Me aburre de tanto alabarse de tanto + infinitif	*Il m'ennuie à force de se vanter*
De tanto leer **acabará miope**	*A force de lire, il deviendra myope*

3 Le gérondif

¿Cómo reaccionó cuando lo detuvieron?	*Comment a-t-il réagi quand on l'a arrêté ?*
Siguió al médico sonriendo	*Il a suivi le médecin en souriant*
Su cómplice se entregó a la policía gritando **su inocencia**	*Son complice s'est rendu à la police en criant son innocence*
Robando **violas la ley**	*En volant, tu violes la loi*

Le gérondif, qui peut être suivi d'un complément, équivaut à la tournure "en" + participe présent en français.

Se dicen adiós abrazándose

Leçon n°80 La subordonnée

La subordonnée temporelle est soit à l'indicatif soit au subjonctif. Elle peut exprimer une action antérieure, simultanée ou postérieure à l'action de la proposition principale.

1 Indicatif ou subjonctif ?

Cuando viene, se queda a cenar — *Quand il vient, il reste dîner*
Cuando seas rico, invítanos — *Quand tu seras riche, invite-nous*

La subordonnée de temps est à l'indicatif si elle exprime une action réalisée, au subjonctif si elle exprime une action non réalisée par rapport à la principale.

2 Antériorité

1 - Après que

Después que +indicatif ou subjonctif		**Después de** + infinitif
Se lava los dientes después que se afeita después que + indicatif (action réalisée) *Il se lave les dents après s'être rasé*	=	**Después de afeitarse se lava los dientes** después de + infinitif *Il se lave les dents après s'être rasé*
Después que almorcemos hablaremos de eso después que + subjonctif (action non encore réalisée) *On parlera de ça après le déjeuner*		**Hablaron de eso después de almorzar** *Ils en parlèrent après avoir déjeuné*

On trouve aussi **después de + haber + participe passé** : **después de haber almorzado ...**

2- Depuis que

Desde que han llegado no hablan — *Depuis qu'ils sont arrivés, ils ne parlent pas*

L'idée de durée de l'action du verbe de la principale peut se rendre par un verbe au passé, dans une subordonnée introduite par **desde que**.

3 Succession : Dès que, aussitôt que, à peine ... que

luego que	**Luego que llegó, rompió a llorar**	*Dès qu'il est arrivé, il s'est mit à pleurer*
en cuanto	**En cuanto haya acabado con este trabajo, te llamará**	*Dès qu'il aura fini ce travail, il t'appellera*
tan pronto como	**Lo he querido tan pronto como lo he visto**	*Je l'ai aimé aussitôt que je l'ai vu*
	Tan pronto como venga, salúdalo	*Aussitôt qu'il viendra, salue-le*
apenas	**Apenas se habían ido que se durmío**	*Ils étaient à peine partis qu'il dormait déjà*
	Apenas hayas terminado, márchate	*Dès que tu auras terminé, pars*

Attention aux emplois de l'indicatif et du subjonctif (cf. leçons 54, 78).

4 Simultanéité

1 - Quand, lorsque

Me iré cuando empieces a fumar	*Je m'en irai quand tu commenceras à fumer*
Cuando era joven odiaba los cigarrillos	*Lorsque j'étais jeune, je détestais les cigarettes*

2 - Pendant que, à mesure que

Le gusta escuchar música mientras cocina	*Elle aime écouter de la musique pendant qu'elle cuisine*
Mientras escucha música, nos deja tranquilos	*Pendant qu'il écoute de la musique, ils nous laisse tranquilles*
A medida que explica, entiendo mejor	*Au fur et à mesure qu'elle explique, je comprends mieux*

3 - Al + infinitif

Al llegar, le ofreció flores
al + infinitif
En arrivant, il lui offrit des fleurs

Al despertarse, recordó su sueño
En se réveillant, il se souvint de son rêve

Al llegar Juan, tuve ganas de reír
Quand Juan est arrivé, j'ai eu envie de rire

Gérondif

Corriendo, se rompió una pierna
gérondif
En courant, il s'est cassé une jambe

Riendo, Claudio se tragó una mosca
En riant, Claudio a avalé une mouche

Esperando, Alicia leyó el diario
En attendant, Alicia lut le journal

Avec la tournure al + infinitif, le sujet de l'infinitif peut être différent de celui du verbe de la principale. Le gérondif indique une certaine durée, tandis que l'infinitif indique un moment plus court.

5 Postériorité

1 - Avant que, avant de

Antes de que + subjonctif

Tengo que terminar antes de que llegue
antes de que + subjonctif
Il faut que je finisse avant qu'il n'arrive

=

Antes de + infinitif

Hay que reflexionar antes de escoger
antes de + infinitif
Il faut réfléchir avant de choisir

Le "ne" français ne se traduit pas en espagnol.

2 - Jusqu'à ce que

Esperó a Angel hasta que se pusiese a llover
hasta que + subjonctif
Il attendit Angel jusqu'à ce qu'il se mette à pleuvoir

GRAMMAIRE

Leçon n°81

La cause et la conséquence

1 La cause

1- A l'indicatif

No ha venido conmigo porque está enferma	*Elle n'est pas venue avec moi parce qu'elle est malade*
Los precios iban bajando pues era el período de las rebajas	*Les prix baissaient car c'était l'époque des soldes*
Vamos al supermercado puesto que / ya que la tienda está cerrada	*Allons au supermarché puisque le magasin est fermé*
Es difícil obtener préstamos dado que la coyuntura está muy mala	*C'est difficile d'obtenir des prêts étant donné que la conjoncture est très mauvaise*
Como había olvidado su tarjeta de crédito pagó con cheque	*Comme il avait oublié sa carte de crédit il a payé avec un chèque*

La cause s'exprime le plus souvent à l'indicatif car elle correspond à une action réalisée, un fait réel.

2- A l'infinitif

La aplaudieron por denunciar el escándalo / haber sido valiente por + infinitif	*On l'a applaudie <u>parce qu</u>'elle a dénoncé le scandale / <u>pour avoir</u> été courageuse*
Por <u>no</u> llegar a tiempo no pudo encontrar a su amigo	*<u>Faute d'</u>être arrivé à temps, il ne put rencontrer son ami*

2 La conséquence

El dolor fue tan fuerte verbe + tan + adj. (ou adv.)	**que se desmayó** +que + indicatif	*La douleur fut <u>si</u> forte <u>qu</u>'il s'évanouit*
Le dolió tanto el brazo verbe + tanto		*Son bras lui fit <u>tellement</u> mal <u>qu</u>'il s'évanouit*
Vio tantas víctimas tanto, a(s) + nom		*Il vit <u>tellement</u> de victimes <u>qu</u>'il s'évanouit*

El texto había sido escrito de manera que sólo su amigo <u>podía</u> entenderlo (indicatif)	*Le texte avait été écrit de telle manière que seul son ami <u>pouvait</u> le comprendre*
Firme el contrato de modo que <u>podamos</u> enviar las mercaderías (subjonctif)	*Signez le contrat de telle sorte que nous <u>puissions</u> envoyer les marchandises*
Murió el ingeniero así que / por eso / por lo tanto fracasó el proyecto	*L'ingénieur mourut si bien que le projet échoua*

La conséquence s'exprime <u>soit à l'indicatif</u> lorsqu'il s'agit d'un fait réel ou d'un résultat évident, <u>soit au subjonctif</u> si le résultat prévu pourrait ne pas être obtenu.

Le but

Leçon n°82

GRAMMAIRE

1 A l'infinitif

1- Définir un objectif

Muchos jóvenes van al extranjero para encontrar trabajo para + infinitif	*Beaucoup de jeunes vont à l'étranger pour trouver du travail*
¡El médico me ha recetado vacaciones para no estar cansada!	*Le médecin m'a prescrit des vacances pour ne pas être fatiguée !*
Me fui a fin de evitar una pelea	*Je suis parti afin d'éviter une dispute*

Si le sujet du verbe de la principale est le même que celui de la subordonnée, ou est accompagné d'un pronom, le verbe de la subordonnée est à l'infinitif.

2- But atteint ou non atteint : résultat d'une action

Qu'il soit atteint ou non atteint, le but présenté sous l'angle du résultat s'exprime par un verbe suivi de l'infinitif, si le sujet de la principale et de l'infinitif est le même.

Logró pagar sólo la mitad del precio	*Il est parvenu à ne payer que la moitié du prix*
No consiguió entrar por la ventana	*Il n'a pas réussi à entrer par la fenêtre*

2 Au subjonctif : le but n'est pas encore atteint

No le digo nada para que no se enfade para que + subjonctif	*Je ne lui dis rien pour qu'il ne se fâche pas*
Llamé al cerrajero a fin de que abriera la puerta	*J'ai appelé le serrurier pour qu'il ouvre la porte*

Le but est exprimé au subjonctif car le résultat cherché n'est pas encore atteint au moment où l'on parle (action non encore réalisée). Attention à la concordance.

Ayer Esteban vino a que le ayudáramos verbe de mouvement + a que	*Hier Esteban est venu pour que nous l'aidions*

Après un verbe de mouvement, la préposition **a** suffit devant la conjonction **que**. Attention à la concordance.

Venid todos
para que los ayudemos

Leçon n°83 La condition

1 Avec la conjonction si

1- Condition réalisable dans le présent ou le futur = si + indicatif présent

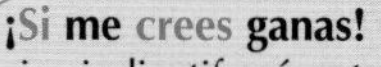

¡Si me crees ganas!	*Si tu me crois, tu gagnes !*
si + indicatif présent	
Si no me crees tendrás problemas	*Si tu ne me crois pas tu auras* (futur) *des problèmes*
Si quieres que te respeten	*Si tu veux qu'on te respecte,*
respeta a los demás.	*respecte* (impératif) *les autres.*

La proposition conditionnelle est le plus souvent introduite par la conjonction **si**. Le verbe est au présent de l'indicatif si la condition est, ou paraît, réalisable au moment où l'on parle.

2- Condition irréalisable dans le présent = si + subjonctif imparfait

¡Si me creyeras ganarías!	*Si tu me croyais, tu gagnerais !*
si + subjonctif imparfait	(conditionnel présent)
Si tuvieras tiempo visitaríamos la región	*Si tu avais le temps, nous visiterions la région*
Si te gustara la cerveza entraríamos aquí	*Si tu aimais la bière, nous entrerions ici*

Le verbe de la proposition conditionnelle est au subjonctif imparfait en espagnol si la condition n'est pas, ou ne paraît pas, réalisable au moment où l'on parle.

3- Condition non réalisée dans le passé = si + subjonctif plus-que-parfait

¡Si me hubieras creído hubieras ganado!	*Si tu m'avais cru, tu aurais gagné !*
si + subj. plus-que-parfait	(conditionnel passé)
Si me hubieras escuchado	*Si tu m'avais écouté*
hubieras acertado tu examen	*tu aurais eu ton examen*

Le verbe de la proposition conditionnelle est au subjonctif plus-que-parfait en espagnol si la condition ne s'est pas réalisée au moment où l'on parle.

Si le hablaba no respondía — *Si (= quand) elle lui parlait il ne répondait pas*

Attention de ne pas confondre la conjonction **si** introduisant une condition qui peut être suivie du subjonctif et **si** signifiant "quand" toujours suivie de l'indicatif.

2 Avec le gérondif

Queriéndola se casará con ella	*S'il l'aime, il l'épousera*
gérondif + futur	
Queriéndola se casaría con ella	*S'il l'aimait, il l'épouserait*
gérondif + conditionnel	

3 Avec de + infinitif

De conocer a más gente me gustaría vivir aquí	*Si je connaissais plus de gens, ça me plairait de vivre ici*
De haber encontrado a Lea aquí me quedaría	*Si j'avais rencontré Lea ici, je resterais*

Concession, restriction, opposition

1 La concession

1- Bien que + fait réel = indicatif ou infinitif

Aunque me falta experiencia puedo trabajar aunque + indicatif	*Bien que je manque d'expérience,* *je peux travailler*
A pesar de que somos pocos tenemos los mismos derechos	*Bien que nous soyons peu nombreux,* *nous avons les mêmes droits*
A pesar de negociar no logran firmar la paz	*Malgré les négociations,* *ils ne réussissent pas à signer la paix*

2- Même si + supposition = subjonctif

Aunque los periódicos lo digan yo no lo creo aunque + subjonctif	*Même si les journaux le disent,* (indicatif) *moi je n'y crois pas*
A pesar de que fuera tu opinión pensaría lo contrario	*Même si c'était ton avis,* *je penserais le contraire*

3- Avoir beau + fait réel ou supposition = indicatif ou subjonctif

Por más que lo busca no se acuerda	*Il a beau chercher, il ne se rappelle pas* (indicatif : il cherche vraiment)
Por mucho que lea, nunca leerá tanto como tú	*Il a beau lire, il ne lira jamais autant que toi* (subjonctif : il prétend qu'il lit énormément)
Por muy inteligente que sea no sabe	*Il a beau être très intelligent, il ne sait pas* (je ne suis pas convaincu qu'il soit très intelligent)

4- Quoi que …

Digan lo que digan, faltan pruebas	*Quoi qu'on dise, il manque des preuves*
Sea lo que sea, estoy de acuerdo contigo	*Quoi qu'il en soit, je suis d'accord avec toi*

2 La restriction

1- A moins que : subjonctif

Es un suicidio a no ser que sea un crimen a no ser que + subjonctif	*C'est un suicide à moins que ce ne soit un crime* (on n'en sait rien)
Murió de una sobredosis a no ser que la hayan envenenado	*Elle est morte d'une overdose à moins* *qu'elle n'ait été empoisonnée*

2- Pourvu que : subjonctif

El bebé sobrevivirá con tal que no haya infección con tal (de) que + subjonctif	*Le bébé survivra* *pourvu qu'il n'y ait pas d'infection*
Con que sea en buena salud serán felices	*Pourvu qu'il soit en bonne santé, ils seront heureux*

"Pourvu que" se rend par **con tal (de) que** ou **con que** + subjonctif lorsqu'il a le sens de "à condition que", "du moment que". (Lorsqu'il s'agit d'une tournure exclamative cf. ¡Ojalá! p. 223)

3 L'opposition : tandis que

Los tiburones son peces mientras que los delfines son mamíferos	*Les requins sont des poissons* *tandis que les dauphins sont des mammifères*

Tableau récapitulatif
des 6 types de verbes irréguliers

1 Verbes du 1er type

e ▶ ie (accentué)

1e conjugaison	2e conjugaison	3e conjugaison
pensar *penser*	**perder** *perdre*	**concernir** *concerner* **adquirir** *acquérir* (i ⇒ ie)

2 Verbes du 2e type

o / u ▶ ue (accentué)

1e conjugaison	2e conjugaison	
soñar *rêver* **jugar** *jouer*	**mover** *bouger*	**oler** *sentir* **volver** *devenir*

3 Verbes du 3e type

3e conjugaison	
pedir *demander*	**reír** *rire* **reñir** *(se) disputer*

4 Verbes du 4e type

o ▶ ue (accentué)
+ o ▶ u (non accentué)

3e conjugaison
dormir *dormir* **morir** *mourir*

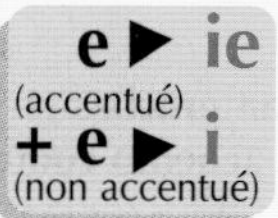

3e conjugaison
verbes en **-entir** **-erir** **-ertir** **sentir** *sentir*

5 Verbes du 5e type

c ▶ zc devant -a ou -o

2e/3e conjugaison		
conocer *connaître*	verbes en **-acer** **-ecer**	**-ocer** **-ucir**

c ▶ zc / j au passé simple + subj. imp.

3e conjugaison	
verbes en **-ducir**	**conducir** *conduire*

6 Verbes du 6e type

i ▶ y (entre 2 voyelles)

3e conjugaison	2e / 3e conjugaison	
verbes en **-uir** **huir** *exclure*	verbes en **-aer** **-eer** **-oer** **-oír**	 **leer** *lire* **oír** *entendre*

Tableaux des verbes
ci-dessous pages 254 à 263

¡Feliz viaje…
y hasta pronto!

Verbes réguliers

verbes réguliers

	INDICATIF **présent**	IMPÉRATIF **présent**	SUBJONCTIF **présent**	INDICATIF **imparfait**
BAILAR *danser*	Bailo Bailas Baila Bailamos Bailáis Bailan	 Baila Baile Bailemos Bailad Bailen	Baile Bailes Baile Bailemos Bailéis Bailen	Bailaba Bailabas Bailaba Bailábamos Bailabais Bailaban
COMER *manger*	Como Comes Come Comemos Coméis Comen	 Come Coma Comamos Comed Coman	Coma Comas Coma Comamos Comáis Coman	Comía Comías Comía Comíamos Comíais Comían
VIVIR *vivre*	Vivo Vives Vive Vivimos Vivís Viven	 Vive Viva Vivamos Vivid Vivan	Viva Vivas Viva Vivamos Viváis Vivan	Vivía Vivías Vivía Vivíamos Vivíais Vivían
SER *être*	Soy Eres Es Somos Sois Son	 Sé Sea Seamos Sed Sean	Sea Seas Sea Seamos Seáis Sean	Era Eras Era Éramos Erais Eran
HABER *auxiliaire*	He Has Ha Hemos Habéis Han	*peu usité* He Haya Hayamos Habed Hayan	Haya Hayas Haya Hayamos Hayáis Hayan	Había Habías Había Habíamos Habíais Habían

INDICATIF **passé simple**	SUBJONCTIF **imparfait**	INDICATIF **futur**	CONDITIONNEL **présent**	PART. PASSÉ GERONDIF
Bailé	Bailara	Bailaré	Bailaría	
Bailaste	Bailaras	Bailarás	Bailarías	Bailado
Bailó	Bailara	Bailará	Bailaría	
Bailamos	Bailáramos	Bailaremos	Bailaríamos	
Bailasteis	Bailarais	Bailaréis	Bailaríais	Bailando
Bailaron	Bailaran	Bailarán	Bailarían	
Comí	Comiese	Comeré	Comería	
Comiste	Comieses	Comerás	Comerías	Comido
Comió	Comiese	Comerá	Comería	
Comimos	Comiésemos	Comeremos	Comeríamos	
Comisteis	Comieseis	Comeréis	Comeríais	Comiendo
Comieron	Comiesen	Comerán	Comerían	
Viví	Viviera	Viviré	Viviría	
Viviste	Vivieras	Vivirás	Vivirías	Vivido
Vivió	Viviera	Vivirá	Viviría	
Vivimos	Viviéramos	Viviremos	Viviríamos	
Vivisteis	Vivierais	Viviréis	Viviríais	Viviendo
Vivieron	Vivieran	Vivirán	Vivirían	
Fui	Fuera	Seré	Sería	
Fuiste	Fueras	Serás	Serías	Sido
Fue	Fuera	Será	Sería	
Fuimos	Fuéramos	Seremos	Seríamos	
Fuisteis	Fuerais	Seréis	Seríais	Siendo
Fueron	Fueran	Serán	Serían	
Hube	Hubiera	Habré	Habría	
Hubiste	Hubieras	Habrás	Habrías	Habido
Hubo	Hubiera	Habrá	Habría	
Hubimos	Hubiéramos	Habremos	Habríamos	
Hubisteis	Hubierais	Habréis	Habríais	Habiendo
Hubieron	Hubieran	Habrán	Habrían	

Verbes irréguliers Verbes

	INDICATIF présent	IMPÉRATIF présent	SUBJONCTIF présent	INDICATIF imparfait
ESTAR *être*	Estoy Estás Está Estamos Estáis Están	 Está Esté Estemos Estad Estén	Esté Estés Esté Estemos Estéis Estén	Estaba Estabas Estaba Estábamos Estabais Estaban
ANDAR *marcher*	Ando Andas Anda Andamos Andáis Andan	 Anda Ande Andemos Andad Anden	Ande Andes Ande Andemos Andéis Anden	Andaba Andabas Andaba Andábamos Andabais Andaban
DAR *donner*	Doy Das Da Damos Dais Dan	 Da Dé Demos Dad Den	Dé Des Dé Demos Deis Den	Daba Dabas Daba Dábamos Dabais Daban
SABER *savoir*	Sé Sabes Sabe Sabemos Sabéis Saben	 Sabe Sepa Sepamos Sabed Sepan	Sepa Sepas Sepa Sepamos Sepáis Sepan	Sabía Sabías Sabía Sabíamos Sabíais Sabían
IR *aller*	Voy Vas Va Vamos Vais Van	 Ve Vaya Vayamos* Id Vayan	Vaya Vayas Vaya Vayamos Vayáis Vayan	Iba Ibas Iba Íbamos Ibais Iban

* Vamos **dans la langue courante**

INDICATIF **passé simple**	SUBJONCTIF **imparfait**	INDICATIF **futur**	CONDITIONNEL **présent**	PART. PASSÉ GERONDIF
Estuve Estuviste Estuvo Estuvimos Estuvisteis Estuvieron	Estuviera Estuvieras Estuviera Estuviéramos Estuvierais Estuvieran	Estaré Estarás Estará Estaremos Estaréis Estarán	Estaría Estarías Estaría Estaríamos Estaríais Estarían	Estado Estando
Anduve Anduviste Anduvo Anduvimos Anduvisteis Anduvieron	Anduviera Anduvieras Anduviera Anduviéramos Anduvierais Anduvieran	Andaré Andarás Andará Andaremos Andaréis Andarán	Andaría Andarías Andaría Andaríamos Andaríais Andarían	Andado Andando
Di Diste Dio Dimos Disteis Dieron	Diera Dieras Diera Diéramos Dierais Dieran	Daré Darás Dará Daremos Daréis Darán	Daría Darías Daría Daríamos Daríais Darían	Dado Dando
Supe Supiste Supo Supimos Supisteis Supieron	Supiera Supieras Supiera Supiéramos Supierais Supieran	Sabré Sabrás Sabrá Sabremos Sabréis Sabrán	Sabría Sabrías Sabría Sabríamos Sabríais Sabrían	Sabido Sabiendo
Fui Fuiste Fue Fuimos Fuisteis Fueron	Fuera Fueras Fuera Fuéramos Fuerais Fueran	Iré Irás Irá Iremos Iréis Irán	Iría Irías Iría Iríamos Iríais Irían	Ido Yendo

Verbes irréguliers Verbes

	INDICATIF présent	IMPÉRATIF présent	SUBJONCTIF présent	INDICATIF imparfait
PODER *pouvoir*	Puedo Puedes Puede Podemos Podéis Pueden	 Puede Pueda Podamos Poded Puedan	Pueda Puedas Pueda Podamos Podáis Puedan	Podía Podías Podía Podíamos Podíais Podían
QUERER *vouloir, aimer*	Quiero Quieres Quiere Queremos Queréis Quieren	 Quiere Quiera Queramos Quered Quieran	Quiera Quieras Quiera Queramos Queráis Quieran	Quería Querías Quería Queríamos Queríais Querían
PONER *mettre, poser*	Pongo Pones Pone Ponemos Ponéis Ponen	 Pon Ponga Pongamos Poned Pongan	Ponga Pongas Ponga Pongamos Pongáis Pongan	Ponía Ponías Ponía Poníamos Poníais Ponían
TENER *avoir = posséder*	Tengo Tienes Tiene Tenemos Tenéis Tienen	 Ten Tenga Tengamos Tened Tengan	Tenga Tengas Tenga Tengamos Tengáis Tengan	Tenía Tenías Tenía Teníamos Teníais Tenían
VENIR *venir*	Vengo Vienes Viene Venimos Venís Vienen	 Ven Venga Vengamos Venid Vengan	Venga Vengas Venga Vengamos Vengáis Vengan	Venía Venías Venía Veníamos Veníais Venían

INDICATIF **passé simple**	SUBJONCTIF **imparfait**	INDICATIF **futur**	CONDITIONNEL **présent**	PART. PASSÉ GERONDIF
Pude Pudiste Pudo Pudimos Pudisteis Pudieron	Pudiera Pudieras Pudiera Pudiéramos Pudierais Pudieran	Podré Podrás Podrá Podremos Podréis Podrán	Podría Podrías Podría Podríamos Podríais Podrían	**Podido** **Pudiendo**
Quise Quisiste Quiso Quisimos Quisisteis Quisieron	Quisiera Quisieras Quisiera Quisiéramos Quisierais Quisieran	Querré Querrás Querrá Querremos Querréis Querrán	Querría Querrías Querría Querríamos Querríais Querrían	**Querido** **Queriendo**
Puse Pusiste Puso Pusimos Pusisteis Pusieron	Pusiera Pusieras Pusiera Pusiéramos Pusierais Pusieran	Pondré Pondrás Pondrá Pondremos Pondréis Pondrán	Pondría Pondrías Pondría Pondríamos Pondríais Pondrían	Puesto **Poniendo**
Tuve Tuviste Tuvo Tuvimos Tuvisteis Tuvieron	Tuviera Tuvieras Tuviera Tuviéramos Tuvierais Tuvieran	Tendré Tendrás Tendrá Tendremos Tendréis Tendrán	Tendría Tendrías Tendría Tendríamos Tendríais Tendrían	**Tenido** **Teniendo**
Vine Viniste Vino Vinimos Vinisteis Vinieron	Viniera Vinieras Viniera Viniéramos Vinierais Vinieran	Vendré Vendrás Vendrá Vendremos Vendréis Vendrán	Vendría Vendrías Vendría Vendríamos Vendríais Vendrían	**Venido** **Viniendo**

Verbes irréguliers

	INDICATIF présent	IMPÉRATIF présent	SUBJONCTIF présent	INDICATIF imparfait
HACER *faire*	Hago Haces Hace Hacemos Hacéis Hacen	Haz Haga Hagamos Haced Hagan	Haga Hagas Haga Hagamos Hagáis Hagan	Hacía Hacías Hacía Hacíamos Hacíais Hacían
DECIR *dire*	Digo Dices Dice Decimos Decís Dicen	Di Diga Digamos Decid Digan	Diga Digas Diga Digamos Digáis Digan	Decía Decías Decía Decíamos Decíais Decían
TRAER *apporter*	Traigo Traes Trae Traemos Traéis Traen	Trae Traiga Traigamos Traed Traigan	Traiga Traigas Traiga Traigamos Traigáis Traigan	Traía Traías Traía Traíamos Traíais Traían
CAER *tomber*	Caigo Caes Cae Caemos Caéis Caen	Cae Caiga Caigamos Caed Caigan	Caiga Caigas Caiga Caigamos Caigáis Caigan	Caía Caías Caía Caíamos Caíais Caían
CABER *contenir*	Quepo Cabes Cabe Cabemos Cabéis Caben	Cabe Quepa Quepamos Cabed Quepan	Quepa Quepas Quepa Quepamos Quepáis Quepan	Cabía Cabías Cabía Cabíamos Cabíais Cabían

INDICATIF passé simple	SUBJONCTIF imparfait	INDICATIF futur	CONDITIONNEL présent	PART. PASSÉ GERONDIF
Hice	Hiciera	Haré	Haría	
Hiciste	Hicieras	Harás	Harías	Hecho
Hizo	Hiciera	Hará	Haría	
Hicimos	Hiciéramos	Haremos	Haríamos	
Hicisteis	Hicierais	Haréis	Haríais	Haciendo
Hicieron	Hicieran	Harán	Harían	
Dije	Dijera	Diré	Diría	
Dijiste	Dijeras	Dirás	Dirías	Dicho
Dijo	Dijera	Dirá	Diría	
Dijimos	Dijéramos	Diremos	Diríamos	
Dijisteis	Dijerais	Diréis	Diríais	Diciendo
Dijeron	Dijeran	Dirán	Dirían	
Traje	Trajera	Traeré	Traería	
Trajiste	Trajeras	Traerás	Traerías	Traído
Trajo	Trajera	Traerá	Traería	
Trajimos	Trajéramos	Traeremos	Traeríamos	
Trajisteis	Trajerais	Traeréis	Traeríais	Trayendo
Trajeron	Trajeran	Traerán	Traerían	
Caí	Cayera	Caeré	Caería	
Caíste	Cayeras	Caerás	Caerías	Caído
Cayó	Cayera	Caerá	Caería	
Caímos	Cayéramos	Caeremos	Caeríamos	
Caísteis	Cayerais	Caeréis	Caeríais	Cayendo
Cayeron	Cayeran	Caerán	Caerían	
Cupe	Cupiera	Cabré	Cabría	
Cupiste	Cupieras	Cabrás	Cabrías	Cabido
Cupo	Cupiera	Cabrá	Cabría	
Cupimos	Cupiéramos	Cabremos	Cabríamos	
Cupisteis	Cupierais	Cabréis	Cabríais	Cabiendo
Cupieron	Cupieran	Cabrán	Cabrían	

Verbes irréguliers Verbes

	INDICATIF présent	IMPÉRATIF présent	SUBJONCTIF présent	INDICATIF imparfait
SALIR *sortir, partir*	Salgo Sales Sale Salimos Salís Salen	Sal Salga Salgamos Salid Salgan	Salga Salgas Salga Salgamos Salgáis Salgan	Salía Salías Salía Salíamos Salíais Salían
VALER *valoir*	Valgo Vales Vale Valemos Valéis Valen	Vale Valga Valgamos Valed Valgan	Valga Valgas Valga Valgamos Valgáis Valgan	Valía Valías Valía Valíamos Valíais Valían
OÍR *entendre*	Oigo Oyes Oye Oímos Oís Oyen	Oye Oiga Oigamos Oíd Oigan	Oiga Oigas Oiga Oigamos Oigáis Oigan	Oía Oías Oía Oíamos Oíais Oían
VER *voir*	Veo Ves Ve Vemos Veis Ven	Ve Vea Veamos Ved Vean	Vea Veas Vea Veamos Veáis Vean	Veía Veías Veía Veíamos Veíais Veían
IRSE *s'en aller*	Me voy Te vas Se va Nos vamos Os vais Se van	Vete Váyase Vayámonos Idos Váyanse	Me vaya Te vayas Se vaya Nos vayamos Os vayáis Se vayan	Me iba Te ibas Se iba Nos íbamos Os ibais Se iban

INDICATIF passé simple	SUBJONCTIF imparfait	INDICATIF futur	CONDITIONNEL présent	PART. PASSÉ GERONDIF
Salí	Saliera	Saldré	Saldría	
Saliste	Salieras	Saldrás	Saldrías	Salido
Salió	Saliera	Saldrá	Saldría	
Salimos	Saliéramos	Saldremos	Saldríamos	
Salisteis	Salierais	Saldréis	Saldríais	Saliendo
Salieron	Salieran	Saldrán	Saldrían	
Valí	Valiera	Valdré	Valdría	
Valiste	Valieras	Valdrás	Valdrías	Valido
Valió	Valiera	Valdrá	Valdría	
Valimos	Valiéramos	Valdremos	Valdríamos	
Valisteis	Valierais	Valdréis	Valdríais	Valiendo
Valieron	Valieran	Valdrán	Valdrían	
Oí	Oyera	Oiré	Oiría	
Oíste	Oyeras	Oirás	Oirías	Oído
Oyó	Oyera	Oirá	Oiría	
Oímos	Oyéramos	Oiremos	Oiríamos	
Oísteis	Oyerais	Oiréis	Oiríais	Oyendo
Oyeron	Oyeran	Oirán	Oirían	
Vi	Viera	Veré	Vería	
Viste	Vieras	Verás	Verías	Visto
Vio	Viera	Verá	Vería	
Vimos	Viéramos	Veremos	Veríamos	
Visteis	Vierais	Veréis	Veríais	Viendo
Vieron	Vieran	Verán	Verían	
Me fui	Me fuera	Me iré	Me iría	
Te fuiste	Te fueras	Te irás	Te irías	(Haberse) ido
Se fue	Se fuera	Se irá	Se iría	
Nos fuimos	Nos fuéramos	Nos iremos	Nos iríamos	
Os fuisteis	Os fuerais	Os iréis	Os iríais	Yéndose
Se fueron	Se fueran	Se irán	Se irían	

Lenguaje, comunicación

1 El concepto de comunicación

La comunicación es la transmisión de un **mensaje** de un **emisor** a un **receptor.** La comunicación se hace en un **contexto**, es decir en una **situación** en la cual se encuentran el emisor y el receptor. Ese contexto ayuda al emisor y al receptor, para entender el mensaje.

2 Código

El mensaje se transmite por medio de un **código**, es decir de una serie de elementos o símbolos que se combinan para dar un sentido.

Ejemplos de códigos :

1 - Código de un semáforo

Rojo *Stop* **Verde** *Paso* **Amarillo** *Cuidado*

2- Código (alfabeto) Morse

T O N T O = _ _ _ _ _ . _ _ _ _

3- Código de la lengua

T + O + N + T + O

3 El signo

Si observamos el código de la lengua, vemos que está formado por **signos**.
Estos signos se componen de:
- **unidades** (letras o palabras por ejemplo)
- y **reglas** (de gramática por ejemplo)

que se asocian y permiten así la comunicación, es decir entenderse.

4 Los morfemas y fonemas

Podemos dividir todavía más los signos de la lengua (los signos lingüísticos) en unidades más reducidas y precisas.

De ese modo encontramos:
- **el morfema**: es la división más pequeña dotada de significación
A su vez, es posible dar más precisiones sobre el tipo de morfema.
Tenemos entonces:
el morfema gramatical: signo que se refiere a la gramática
y el morfema léxico (o lexema): signo que se refiere al sentido
- **el fonema**: es una segunda división, pero que no posee ninguna significación.
Su función es diferenciar los "significantes" (ver 5).

TONTAS ▶

- **los morfemas**

T O N T: es un lexema que significa "no muy inteligente"
A: morfema que define lo "femenino"
S: morfema que define lo "plural"

- **los fonemas**

/T/ /O/ /N/ /T/ /A/ /S/

5 Los tres niveles de la lengua

En cada signo, también se asocian tres niveles:
- **el significante**: la palabra escrita (en la hoja) o dicha oralmente,
- **el significado**: la idea que representa,
- **el referente**: la realidad.

6 Un sistema

Así, vemos que la lengua está formada por una gran cantidad de elementos, niveles, símbolos y signos que dependen los unos de los otros.
El conjunto de todos esos elementos se llama el **"sistema de la lengua"**.

Index grammatical

A

Index grammatical

Index grammatical

E

F

G

H

I

J

L

Index grammatical

LL

Llegar a ser + **nom** *devenir* p. 236

Llevar + **gérondif** p. 235

Llevar + **part. pas.** p. 221

M

Mais : **pero** p. 187

Majuscules (accent) p. 145

Mal apocope p. 155

Mandar + **inf. ou subj** p. 237

Más *plus,* exclamation p. 190
- **Cuanto más... más** *de plus en plus* p. 170
- **Más ... que** *plus ... que* p. 172
- **El más ..., el ... más** *le plus* p. 155, 171

Mayor = **más grande** p. 172

Medida = a ~ que *à mesure que* p. 247

Mejor = **más bueno** p. 172

Même : **mismo, yo mismo ...** *moi-même* ; **hasta, incluso** p. 160 ; **aun** (sans accent) p. 179

Même pas : **ni ..., ni ... siquiera** p. 185

Même si ... : **aunque + subj.** p. 251

Menester =es ~ *il faut ...* p. 240, 241

Menor = **más pequeño** p. 172

Menos *moins*
- **Cuanto menos ... menos** p. 170
- **Menos ... que** p. 172
- **El menos ..., el ... menos** p. 171

-mente suffixe des adv. manière p. 182

Menudo = a ~ *souvent* p. 178

Mientras *pendant que* p. 244, 247

Mientras que *tandis que, alors que* p. 251

Mío *mien, à moi* p. 162, 163

Mismo p. 160, 161, 179

Modifications orthographiques p. 143
- **Genre et nombre** des noms et adjectifs p. 150-153
- **Suffixes** p. 158
- **Se lo ...** pronoms personnels p. 161
- **Perte du "s" ou "d"** p. 222, 231

Manera = de ~ que = de modo que *de sorte que,* p. 248

Manière 29 (prépositions, adverbes) ; Subordonnée de manière p. 244, 245

Manque 76

Moi : **yo** p. 161
- **C'est moi ...** p. 228
- **A moi : mío** p. 162
- **Préposition + moi : mí** p. 161
- **Avec moi : conmigo** p. 161
- **Según, salvo, excepto, entre, hasta + yo** p. 161

Moins **menos** p. 170

Moins que ... p. 172

Moins que = à ~ **a no ser que + subj.** p. 251

Morir *mourir* Verbe irrégulier de **type 4** p. 211

Mover *remuer* Verbe irrégulier de **type 2** p. 209

Mouvement prépositions p. 174, 175, 177, 181, semi-auxiliaires p. 221

Mucho *beaucoup* p. 170
- **Por mucho que + subj.** *avoir beau ...* p. 251

Multiplication p. 157

Muy *très* p. 170, 171

N

Nada *rien* Indéfinis p. 166, Double construction p. 184.

Nadie *personne* p. 166

Ne ... pas p. 184

Ne ... pas ... mais p. 187

Ne ... plus p. 179, 185

Ne ... même pas p. 185

Necesario = es ~ *il faut* p. 240, 241

Necesitar *avoir besoin, falloir* p. 242

Négation 30

Neutre art. **lo** p. 154 ; pron. démonstratifs p. 164

Ni p. 185

¡Ni + infinitif ! *pas question !* p. 184

N'importe quel : **cualquier, cualquiera** p. 155, 166

Ningún, ninguno *aucun* p. 166, apocope p. 155

No *non* p. 184
- **No ... sino** *ne ... pas mais* Coordination p. 187
- **No sólo ... sino que** *non seulement ... mais* p. 187
- **No ... más que** *ne ... que* p. 185
- **No ... tampoco** *... non plus* p. 185
- **No todos ...** *tous ne ...* p. 184

A no ser que + **subj.** *à moins que* p. 251

Nom genre p. 150, pluriel p. 151

Nombre nom p. 151, adjectif p. 153

Nombres cardinaux p. 156, ordinaux p. 157

Non : **no** p. 184

Non plus : **no ... tampoco** p. 185

Nul (personne) : **ningún, nadie** p. 166

Numéraux cardinaux p. 156, ordinaux p. 157

Nunca *jamais* p. 179, Double construction p. 184

O *ou, ou bien* p. 186

Obligation personnelle 74 *il faut que je = je dois* p. 241

Index grammatical

Index grammatical

Index grammatical

Proverbios y expresiones

- Al César lo que es del César
  Il faut rendre à César ce qui appartient à César
- A cuentas claras amigos viejos
  Les bons comptes font les bons amis
- A quien madruga, Dios le ayuda
  Le monde appartient à ceux qui se lèvent tôt
- A pícaro, pícaro y medio
  A malin, malin et demi
- Aburrirse como una ostra
  S'ennuyer comme un rat mort
- Al freír será el reír, al pagar será el llorar
  Rira bien qui rira le dernier
- Amar y saber no puede ser
  L'amour est aveugle
- Bailarle el agua (a uno)
  Lécher les bottes
- Bienes mal adquiridos a nadie han enriquecido
  Bien mal acquis ne profite jamais
- Buscar cinco pies al gato
  Chercher minuit à 14 heures
- Cada loco con su tema
  A chaque fou sa marotte
- Caer como moscas
  Tomber comme des mouches
- Cría cuervos y te sacarán los ojos
  Oignez vilain, il vous poindra
- Tal palo, tal astilla
  Tel père, tel fils
- Cuando el gato no está, los ratones bailan
  Quand le chat n'est pas là, les souris dansent
- Dar luz verde
  Donner le feu vert
- De hombres es errar, de bestias; perseverar en el error
  L'erreur est humaine, mais persévérer est diabolique
- Descubrir el pastel
  Découvrir le pot aux roses
- Dime con quien andas y te diré quien eres
  Dis-moi qui tu hantes, je te dirai qui tu es
- Echar leña al fuego
  Jeter de l'huile sur le feu
- El tiempo es oro
  Le temps c'est de l'argent
- En la tierra de los ciegos, el tuerto es rey
  Au royaume des aveugles, les borgnes sont rois
- Estar en ascuas
  Etre sur les charbons ardents
- Hacer novillos
  Faire l'école buissonière
- Haber gato encerrado
  Il y a anguille sous roche
- Hombre prevenido vale por dos
  Un homme prévenu en vaut deux
- La noche es buena consejera
  La nuit porte conseil
- La palabra vuela y el escrito queda
  Les paroles s'envolent, les écrits restent
- Las paredes oyen
  Les murs ont des oreilles
- Lo prometido es deuda
  Chose promise, chose due
- Llamar al pan pan y al vino vino
  Appeler un chat un chat
- Mañana será otro día
  Demain sera un autre jour
- Más vale tarde que nunca
  Mieux vaut tard que jamais
- Mucho ruido para nada
  Beaucoup de bruit pour rien

- No dejes para mañana lo que puedes hacer hoy
  Ne remets pas à demain ce que tu peux faire aujourd'hui
- No es oro todo lo que reluce
  Tout ce qui brille n'est pas de l'or
- No hay dos sin tres
  Jamais deux sans trois
- No hay atajo sin trabajo
  On n'a rien sans peine
- No hay fuego sin humo
  Il n'y a pas de fumée sans feu
- No hay ni un gato
  Il n'y a pas un chat
- No se enseña a nadar a un pez
  On n'apprend pas à un vieux singe à faire la grimace
- No se ganó Zamora en una hora
  Paris ne s'est pas fait en un jour
- No tener ni pies ni cabeza
  N'avoir ni queue ni tête
- Pasarlas moradas
  En voir des vertes et des pas mûres
- Perder los estribos
  Perdre les pédales
- Quien bien te quiera te hará llorar
  Qui aime bien châtie bien
- Quien mucho abarca poco aprieta
  Qui trop embrasse mal étreint
- Quien fue a Sevilla perdió su silla
  Qui va à la chasse perd sa place
- Remover Roma con Santiago
  Remuer ciel et terre
- Vivir con pan y cebollas
  Vivre d'amour et d'eau fraîche
- Quien siembra vientos recoge tempestades
  Qui sème le vent récolte la tempête

Sommaire du vocabulaire

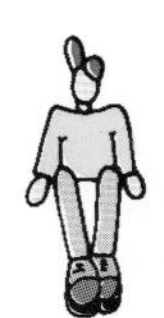

ABRÉVIATIONS

a. (adj.)	adjectif
dém.	démonstratif
f.	genre du nom : féminin
inf.	infinitif
ind.	indicatif
m.	genre du nom : masculin
n.	nom
part. pas. (p.p.)	participe passé
prép.	préposition
pron.	pronom
qq chose	quelque chose
qq'un	quelqu'un
subj.	subjonctif
v.	verbe
verbe irrég.	verbe irrégulier

Vous trouverez ci-après un vocabulaire de base, pour un travail de compréhension ou d'éventuels exercices de version. Dans ce sens, nous avons privilégié les termes dont le sens pouvait ne pas être évident pour l'apprenant.

VOCABULAIRE

Lexique

A

abaisser	bajar, rebajar
abandon	abandono
abandonner	abandonar, renunciar
s'~ à	entregarse a
abattre	derribar
abeille	abeja
abîme	abismo
abondance	abundancia
abonner	suscribir
abonnement	una tarjeta (carte)
carte d'~	de abono
aboyer	ladrar
abri, abriter	abrigo **m.**, abrigar **v.**
abricot	un albaricoque **m.**
absence	ausencia
absurde	absurdo
abus	abuso
accabler	agobiar
accélérer	acelerar
accent	acento
accepter	aceptar
accès	acceso
accident	el accidente **m.**
accomoder (s'~ de)	acomodarse a
accompagner (s'~ à)	acompañar(se) (con)
accomplir	realizar, cumplir
accord	acuerdo
accoucher	dar a luz
accouchement	el parto **m.**
accoutumer	acostumbrar
accrocher	enganchar
~ à (un clou)	colgar de
accroître	acrecentar
accroupir (s')	acurrucarse
accueil	acogida
accueillir	acoger
accuser	acusar
achat	una compra **n. f.**
acheter	comprar
acide	ácido
acier	el acero **m.**
acquérir	adquirir
acte	acto
acteur	actor **m.**, actriz **f.**
action	acción
actualité	actualidad
actualités	el telediario **m.** (les informations télévisées)
actuel	actual
adapter	adaptar
addition	adición (restaurant), suma (calcul)
adieu	adiós **m.**, despedida **f.**
dire ~ à	despedirse de
admettre	admitir
administrer	administrar
admirer	admirar
adolescent(e)	adolescente **a., n.**
adonner (s')	darse a, entregarse
adoucir	endulzar
adresse	destreza **f.** (habileté)
(domicile)	dirección,
(domicile)	las señas **f. pl.**
adroit	hábil, mañoso
adulte	adulto **a., n.**
adversaire	adversario
aéronaute	el aeronauta **m.**
aéroport	aeropuerto
affaiblir	debilitar
affaire	un asunto **n. m.**, negocio (commerce)
affaisser (s')	desplomarse
affamé	hambriento
affecté à	destinado
affectueux	cariñoso
affection	el cariño **m.**
affiche	un cartel **m.**
coller des ~	fijar carteles
affirmer	afirmar
affluence	afluencia
affoler	enloquecer
affranchir	libertar, franquear
affreux	horroroso
affront	una afrenta **f.**
affronter	enfrentar
affrontement	enfrentamiento
affût (être à l')	estar al acecho
agacer	molestar
âge	la edad **f.**
âgé	un hombre de edad (un homme âgé), los ancianos (les personnes âgées)
agence	agencia
agenouiller (s')	arrodillarse
agent	agente, auxiliar administrativo (agent administratif)
~ de la circulation	guardia de la circulación
aggraver	agravar
agile, agilité	ágil **a.**, agilidad **n. f.**
agir	obrar, actuar
agir (s')	tratarse de
agiter	agitar
agneau	cordero
agonie	agonía
agoniser	agonizar
agrafes	grapas **f.** (papiers),
agrafer	sujetar (agrafes)
agrandir	engrandecer
agrandissement	ampliación (photo), ensanche (ville)
agréable	agradable
agresseur	agresor
agressif	agresivo
agression	agresión
agricole	agrícola
agrumes	cítricos
agriculture	agricultura
agroalimentaire	agroalimentario
aguets (être aux)	estar en acecho
ahuri	alelado
aide, aider	ayuda **f.**, ayudar **v.**
aïeux	antepasados **m. pl.**
aigle	un águila **f.**
aigre	agrio, acre
aigu	agudo
aiguille	aguja (couture), manecilla (heure)
ail	ajo
aile	ala
ailleurs	en otra parte
aïoli	alioli **m.**
aimer	amar, querer, gustar
aine	la ingle **f.**
aîné	primogénito, mayor
ainsi	así
air	el aire **m.**
aire (une)	área
airbus	airbús
aisselle	el sobaco **m.**
ajourner	aplazar, citar
ajouter	añadir
alarme	alarma
alcool	alcohol
alcoolisme	alcoholismo
alentours	alrededores **m. pl.**
algèbre	el álgebra **f.**
algue	alga
alibi	coartada
aliénation	enajenación
aliéner	alienar, enajenar
aligner	alinear
aliment	alimento
alimentaire	alimenticio **a.**
alimenter	alimentar
allée (d'arbres)	alameda
alléger	aligerar
allégresse	alegría
aller	ir a
aller (s'en)	irse, marcharse
aller (un)	una ida **f.**
alliance	una alianza (traité), un anillo **m.** (bague)
allonger	alargar
allumer	encender, alumbrar
allumette	cerilla, fósforo
allure	marcha, paso
alors	entonces
alourdir	hacer pesado, entorpecer
alphabet	alfabeto

Français/Espagnol

alpiniste (un) alpinista
alltercation el altercado **m.**
alternative alternativa
altesse alteza **f.**
altier altivo
altitude altura
altruiste altruista **a. / n. m.**
aluminium aluminio
amabilité amabilidad
amaigrir adelgazar
amande almendra
amandier almendro
amant amante **a. / n.**
amas montón
amasser amontonar
amateur aficionado **a. / n.,**
ambassade embajada
ambassadeur embajador
ambiance el ambiente **m.**
ambigu ambiguo
ambitieux ambicioso
ambulance ambulancia
âme alma
amélioration mejora, mejoría
améliorer mejorar
aménager arreglar
amende multa
amener traer
amer amargo
amertume amargura
ameublement mobiliario
ami amigo **a. et n.**
amical amistoso
amiral almirante
amitié amistad
amnistier amnistiar
amoindrir aminorar
amont (en) río arriba
amortir amortiguar, amortizar
amortisseur amortiguador
amour amor
amoureux enamorado
ample amplio
ampleur amplitud
amplitude amplitud
amplificateur amplificador
ampoule ampolla (pied), bombilla (électrique)
amusant divertido
amusement recreo
amuser divertir, entretener
s'~ à divertirse en (+ inf.)
an, année el año **m.**
analogie analogía
analyse un análisis **m.**
analyser analizar
ananas la piña **f.**
anarchie anarquía
anatomie anatomía
ancêtre antepasado **m.**
anchois la anchoa **f.**

ancien antiguo, anciano
ancre ancla
ancrer anclar
andouille la morcilla **f.**
âne asno, burro
anecdote anécdota
ange ángel
angélique angélico
angine angina
angle ángulo
angoisse angustia
angoisser angustiar
animal animal **a., n. m.**
animateur animador
animation animacíon
anis anís
anisette anisado **m.**
anneau anillo
annexe un anexo **m.**
annexer anexionar
annihiler aniquilar
anniversaire aniversario (commémoration), el cumpleaños **m. sg.** (âge)
annonce un anuncio **m.**
annoncer anunciar
annoter anotar, apuntar
annuaire un anuario, la guía telefónica
anoblir ennoblecer
anomalie anomalía
anonyme anónimo
antenne antena
rendre l'~ devolver la conexión
antipathie antipatía
antiquaire anticuario
antiquité antigüedad
anxiété ansiedad
anxieux ansioso
août agosto
apaisement sosiego
apaiser sosegar
apercevoir percibir
apercevoir (s') darse cuenta
apéritif aperitivo
à peu près poco más o menos
apeuré asustado
aphone afónico
aplatir aplastar
apogée : el apogeo **m.**
apostrophe el apóstrofe **m.**
apparaître aparecer
appareil aparato
appareil-photo cámara fotográfica
apparence apariencia
appartement piso, vivienda
appartenir pertenecer
appauvrissement empobrecimiento
appeler llamar
appétit apetito

Bon appétit! ¡Buen provecho!
applaudissement aplauso
appliquer aplicar
apprécier apreciar
apprendre aprender, enseñar
approcher (s'~ de) acercar(se) a
approfondir profundizar
approprier (s') apropiarse
approuver aprobar
approvisionner abastecer, proveer
appui apoyo
appuyer apoyar
âpre áspero
après después, luego, tras
après-midi la tarde **f.**
apte apto
aquarelle acuarela
aquatique acuático
aqueduc acueducto
araignée araña
arbitre árbitro
arbre árbol
arc arco
arc-en-ciel arco iris
archétype arquetipo
archevêque arzobispo
archipel archipiélago
architecte arquitecto
archives el archivo **m.**
arctique ártico
ardoise (tableau) pizarra **f.**
aire una área **f.**
arène plaza de toros
argent dinero (monnaie), la plata **f.** (métal)
argile la arcilla **f.**
argument argumento
aride árido
aridité la aridez **f.**
aristocrate un aristócrata **m.**
arme el arma **f.**
armée el ejército **m.**
armement armamento
armistice armisticio
armoire un armario **m.**
armure armadura
arôme el aroma
arracher arrancar
arranger arreglar
arrestation el arresto **m.**
arrêt parada, decreto
arrêter detener, parar, arrestar
arrière atrás
arrivée llegada
arriver llegar, ocurrir
~à ses fins salirse con la suya
arrondir redondear
arrondissement distrito (ville)
arroser regar
arrosoir la regadera **f.**

Lexique

art, arts — arte **m.pl. et** artes **f.pl.**
artichaut — la alcachofa **f.**
article — artículo
artifice — artificio
feux d'~ — fuegos artificiales
artillerie — artillería
artisan — artesano
artiste — un(a) artista **m. et f.**
artistique — artístico
ascendant — ascendiente **n. m.**
ascenseur — ascensor
asile — asilo
~ d'aliénés — manicomio
aspect — aspecto
asperger — rociar
asphalte — el asfalto **m.**
asphyxie — asfixia
asphyxier — asfixiar
aspirateur — aspirador
aspirine — aspirina **f.**
assaillir — asaltar
assainir — sanear
assaisonner — sazonar
assassin — un asesino **a. et n.**
assassiner — asesinar
assaut — asalto
assemblée — asamblea
assembler — juntar, reunir
asseoir — sentar
asservir — esclavizar
assez — bastante
assiéger — sitiar
assiette — el plato **m.**
assimiler — asimilar
assis — sentado
assistance — asistencia
assistance publique — asistencia pública
assister — asistir
associé — socio, asociado
assombrir — oscurecer
assommer — aporrear
assoupir (s') — adormecerse
assoupissement — sopor
assouplir — suavizar
assourdir — ensordecer
assouvir — saciar
assumer — asumir
assurance — seguridad
compagnie d'~ — compañía de seguros
assurer (s') — asegurarse
asticot — gusano
astre — astro
astrologie — astrología
astrologue — astrólogo
astuce — astucia
astucieux — astuto
atelier — taller, estudio (artiste)
athlète — atleta
Atlantique (océan) — Atlántico

atmosphère — atmósfera
atome — átomo
atomiseur — spray, atomizador
atours — adornos
atroce — atroz
atrocité — atrocidad
attabler (s') — sentarse a la mesa
attachement — afecto, cariño
attacher — atar
attaque — un ataque **m.**
attaquer — atacar
atteinte (hors d') — fuera de alcance
attelage — tiro (chevaux), yunta (boeufs)
atteler — enganchar
attendre — esperar
attentat — atentado m.
attente — espera **f.**
salle d'~ — sala de espera
attentif — atento **a.**
attention — atención
atterrir — aterrizar
atterrissage — aterrizaje
attirant — atractivo a.
attirer — atraer
attitude — actitud
attrait — el atractivo **m.**
attraper — coger
attribuer — atribuir
aube — el alba **f.**
auberge — posada, mesón
aubergine — berenjena
audace — audacia
audacieux — audaz **a.**
audience — audiencia
auditeur — radioyente (radio)
auditoire — auditorio
augmentation — aumento **m.**
~ de salaire — mejora salarial
~ des prix — incremento de los precios
augmenter — aumentar
aujourd'hui — hoy
aumône — limosna
auparavant — antes, primero
aurore — aurora
aussi — también
autant (~ plus que) — tanto más que
autarchie — autarquía
autarcie — autarcía
auteur — autor **m.**, autora **f.**
authentique — auténtico
autobus — autobús
autographe — autógrafo
automatique — automático
automne — otoño
automobile — automóvil
automobiliste — el automovilista **m.**
autonome — autónomo
autoroute — autopista

autorité — autoridad
autour — alrededor, en torno
autre — otro
autrefois — en otro tiempo
aval (en) — río abajo
avalanche — alud **m.**
avaler — tragar
avance — el adelanto **m.**
avancement — ascenso (salaire)
avancer — adelantar
avant — antes
avantage — la ventaja **f.**
avantager — aventajar
avant-bras — antebrazo
avant-dernier — penúltimo
avant-garde (d'~) — vanguardista
avant-garde — vanguardia
avare — avaro
avarice — avaricia
avarie — avería
avec — con **prép.**
avenir — un porvenir
aventure — aventura
aventurer (s') — aventurarse
aventurier — aventurero
avenue — avenida
averse — aguacero, chaparrón
avertir — advertir, avisar
avertissement — aviso
aveu — confesión
aveugle — ciego **a. et n.**
aveugler — cegar
avide — ávido
avidité — avidez
aviron — remo
avis — opinión, aviso (au public)
aviser — avisar, advertir
avocat — abogado (loi), aguacate (fruit)
avoine — la avena **c**
avoir — tener
~ (auxiliaire) — voir haber p. 84
avortement — aborto
avorter — abortar
avouer — confesar
avril — abril
poisson d'~ — inocentada **f.**
axe — eje

B

babyfoot — futbolín
baccalauréat — bachillerato
bachelier — bachiller superior
bactérie — bacteria
badge — un distintivo **m.**
bagage — equipaje

Français/Espagnol

bagarre	lucha, pelea
baguette	varilla (bois), palillos (tambour, riz), batuta (chef d'orchestre)
baie	bahía.
baigner	bañar
baignoire	un baño **m.**
bailler	bostezar
bain, baignade	baño
baiser (un)	beso
baisse	baja
baisser	bajar, rebajar
bal	baile
balai	una escoba **f.**
balance	balanza
balancer	balancear
balançoire	el columpio **m.**
balayer	barrer
balayeur	barrendero
balcon	balcón
baleine	una ballena **f.**
ballade	una balada **f.**(poème)
balle	pelota (jeu), bala (fusil)
ballon	balón
balnéaire	balneario
banal	común
banane	plátano
banc	banco (pour s'asseoir)
bandage	venda **m.**
bande	faja, cinta (film), pandilla (amis)
B.D.	tebeo
bande dessinée	tira cómica
bandit	bandido
banlieue	afueras **f. pl.**
bannir	desterrar
banque	banco **m.**
banqueroute	bancarrota
baptiser	bautizar
barbare	bárbaro
barbarie	la barbarie **f.**
barbe	barba **f.**
barbu	barbudo
baril	barril
baroque	barroco
bar	el bar
barque	barca
barrage	presa **f.**; cordón (police)
barrer	cerrar (passage), tachar (un mot)
barricade	barricada
barrière	barrera
bas	bajo, media(s) **f.** (jambe)
en ~, à ~	abajo
~ -côté	el borde **m.**
~ -relief	bajorrelieve **m.**
basané	atezado
basculer	voltear
base	una base **f.**
baser	basar
basilique	basílica
basket-ball	baloncesto
baskets	zapatillas (chaussures)
basque	vasco **a.**, vascuence **n.** (langue)
basse-cour	el corral **m.**
bassesse	bajeza
bassin	el estanque (eau) **m.**, la cuenca (géographie, rivière)
bataille	batalla
bateau	barco **m.**
bâtiment	edificio, embarcación (bateau)
bâtir	edificar, construír
bâton	palo
battement	latido (del corazón)
batterie	batería
battre	batir (oeufs, adversaires), golpear (frapper), latir (cœur)
baume	bálsamo
bavarder	charlar
bave	baba
béatitude	beatitud
beau	hermoso, guapo
beaucoup	mucho
beau-fils	yerno
beau-frère	cuñado
beau-père	suegro
beauté	belleza
beaux-arts	bellas artes **f. pl.**
beaux-parents	suegros
bébé	bébé, nene(a)
~ éprouvette	niño probeta
bec	pico
bêcher	cavar
bègue	tartamudo
beignet	buñuelo, churros
belle-fille	nuera
belle-sœur	cuñada
belle-mère	suegra
bénédiction	bendición
bénéfice	beneficio
bénéficier	beneficiar
bénévole	benévolo
bénin	benigno
bénir	bendecir
béquille	muleta, soporte (moto)
berceau	la cuna **f.**
bercer	mecer
béret	una boina **f.**
berge	orilla , ribera
berger	pastor
bergerie	majada
besoin	necesidad
bétail	ganadería, ganado menor (petit) mayor (gros)
bête	bestia, animal **m.**, estúpido, tonto **a.**
betterave	remolacha
beurre	la mantequilla **f.**
biberon	biberón
Bible	Biblia
bibliothèque	biblioteca
bicyclette	bicicleta
bidon	lata, bote
bidonville	chabolas **f. pl.**
bien que	aunque **+ ind.**
bien	bien
~-être	bienestar
bientôt	pronto
à ~	hasta pronto
bienveillant	benévolo
bienvenu	bienvenido
bière	cerveza
bifteck	biftec
bijou	una joya **f.**
bijouterie	joyería
bilan	balance **m.**, chequeo (santé)
bille	bola
billet	billete
~ aller simple	~ sencillo
~ aller retour	~ de ida y vuelta
biographie	biografía
biologie	biología
biscuit	bizcocho, galleta
bistouri	bisturí
bistrot	taberna
blague	broma
blâmer	censurar, reprobar
blanc	blanco
blancheur	blancura
blasphème	una blasfemia **f.**
blé	trigo
blesser	herir, ofender
blessure	herida
bleu	azul
bloc	bloque
blocage	congelación
~ des salaires	salarial
blocage	bloqueo
~ de la direction	de dirección (auto)
blocus	bloqueo
blond	rubio
blottir (se)	acurrucarse
blouson	cazadora
blue-jean	pantalón vaquero
bœuf	buey **m.**
boire	beber **v.**
bois	bosque **m.** (arbres) madera **f.** (matière) leña **f.** (mort)
boisson	bebida **f.**
~ gazeuse	gaseosa
boîte	caja

Lexique

~ de vitesses caja de cambios
~ aux lettres buzón m.
~ noire (avion) caja negra
boiter cojear
boiteux cojo a. et n. m.
bol tazón
bombarder bombardear
bombe bomba
bon bueno, buen a.
~ de commande orden de pedido
~ de livraison orden de expedición
bond salto, brinco
bonheur felicidad
bonjour buenos días m. pl.
bonne criada n. f.
bonsoir buenas tardes f. pl.
bonté bondad
bord borde m., orilla
borgne tuerto
borne borne m., mojón
bosse joroba, chichón (coup)
bossu jorobado n. et a.
botte bota, estocada (escrime)
bouche boca
bouchée el bocado m.
boucher tapar v., carnicero n.
bouchon tapón, corcho (liège)
boucherie carnicería
boucle hebilla, bucle m. (cheveux)
~ d'oreille pendiente
boudin morcilla f.
boue el barro m.
bouée boya
bouger moverse
bougie vela, bujía (auto)
bouillabaisse sopa de pescado
bouillant hirviente
bouillie papilla
bouillon caldo
boulangerie panadería f.
boule bola (billard), pelota
boulet bala (canon)
bouleverser trastornar
boum fiesta
bouquet ramillete m., ramo (fleurs), aroma (vin) m.
bourgade aldea
bourgeois burgués
bourgeon yema f., brote m.
bourgeonner brotar
bourreau verdugo
bourse bolsa, beca (études)
boursoufler hinchar
bousculer atropellar
boussole brújula
(au) bout de al cabo de
bouteille botella
bouteille de lait botellin de leche
boutique tienda
bouton botón, grano (peau)
~ de manchette gemelo
boutonner abotonar
boutonnière el ojal m.
bovin bovino
boxe el boxeo m.
boxeur boxeador
boyau tripa
boycotter boicotear
bracelet pulsera
braconnier cazador furtivo
braise brasa
brancard la camilla f.
branchage el ramaje
branche la rama f., el ramo m.
branchies branquias f. pl.
bras brazo
brasier brasero
brasse braza
brave valiente n. et a.
braver desafiar
brebis oveja
bref breve
bretelles tirantes m. pl.
brevet un diploma
bricolage bricolage
bridés (yeux) oblicuos
brigade anti-gangs brigada anti-disturbios
briller brillar
brique un ladrillo m.
briquet mechero
bris de vitrine fractura de escaparate
brise brisa
brise-glace un rompehielos m.
broc jarro m.
broche asador m. (four), un broche m. (bijou)
brochet lucio
brochette brocheta
brochure un folleto m.
brocoli el brécol
broder bordar
bronches bronquios m.
bronchite la bronquitis f.
bronze bronce
bronzé (être) estar moreno
bronzer ponerse moreno
brosse el cepillo m.
brosser cepillar
brouette carretilla
brouillard niebla
brouillon borrador
brouter pacer
bru nuera
bruit ruido, el rumor
brûler quemar, arder
brûlure quemadura
brume bruma
brun moreno
brusque brusco
brusquer atropellar, apresurar
brut bruto (poids), crudo (pétrole)
bruyant ruidoso
budget el presupuesto
bûche leño
bûcher la hoguera
bûcheron leñador
buée colada, vaho
buffet aparador (meuble), fonda (gare)
buisson matorral m.
bulle burbuja (air), bocadillo (B.D.), bula (Pape)
bulletin boletín m., parte (météo), papeleta (vote)
bureau despacho (pièce, meuble), oficina (lieu)
bureau de tabac estanco
bureaucratie burocracia
burlesque burlesco
buste busto m.
but meta f., fin m., objeto
butin botín m.
butte loma f.

C

ça eso
cabane cabaña, choza
cabine camarote m. (bateau), cabina (téléphone), vestuario (~ d'essayage)
~ de consultation consultorio (médecin)
câble cable
cacahuète cacahuete
cacao cacao
cache-nez bufanda
cacher esconder, ocultar
cachet matasellos m. (poste), sello (médicament)
cachot calabozo m.
cadavre cadáver m.
cadeau regalo
cadenas candado m.
cadre marco m.
~ supérieur ejecutivo
cafard cucaracha f.
café café m.
cage jaula
cahier cuaderno m.

caillou guijarro **m.**
caisse caja **f.**
~ d'épargne caja de ahorros
calcaire calcáreo
calamité calamidad **f.**
calcium calcio
calcul cálculo **m.**
calculatrice calculadora
caleçon calzoncillos
calendrier calendario
caler (moteur) calar
calife califa
calme la calma **f.**
calamar calamar
calmant un calmante
calmer calmar
calorie caloría
calomnie calumnia
camarade camarada **m.**
caméra cámara (cinéma)
camion camión
~ citerne camión tanque
camomille manzanilla
campagne el campo **m.**, campaña (publicitaire, électorale)
camper acampar
campeur campista
canal canal
~ d'irrigation acequia
canaliser canalizar
canapé canapé
canard pato
cancer cáncer
canif navaja **f.**
canne (à pêche) caña (de pescar)
canoé piragua **f.**
canon cañon
canot de sauvetage lancha **f.**
~ pneumatique un bote de goma **m.**
cantine cantina
caoutchouc caucho **m.**,goma **f.**
cap cabo
capable capaz
capacité capacidad
capitaine capitán
capital (el) capital **a. / n. m.**
capitale la capital **f.**
capot capó
caprice capricho
capricorne capricornio
captif cautivo **a. / n. m.**
capture captura
capturer capturar
capuchon capucha **f.**
car porque, pues
caractère carácter **m.**, genio (tempérament)
caractériser caracterizar
caramel caramelo
carapace concha (tortue), carapazón (tatou)
carat un quilate
caravane caravana
caravelle carabela
carême cuaresma **f.**
caresse caricia
caresser acariciar
carnaval carnaval
carnet un carnet
~ de chèques talonario de cheques
carotte zanahoria **f.**
carré cuadrado **a. / n. m.**
carrelage embaldosado
carreau baldosa **f.** (sol), cuadro (tissu), azulejo (faïence)
carrefour encrucijada **f.**
carrière carrera (profession), cantera (pierres)
carrosserie carrocería
cartable cartapacio
carte tarjeta (postale), el mapa **m.** (géo.), naipe **m.** (à jouer)
~ de crédit tarjeta de crédito
carton cartón
cartouche cartucho (munitions), recambio (stylo)
cas caso
cascade cascada **f.**
caserne cuartel **m.**, parque (pompiers)
casque casco
casier judiciaire registro de antecedentes penales
cassé roto
casser romper
casserole cacerola, cazo, cazuela
cassette cassette
cassoulet fabada
casquette gorra
castagnettes castañuelas
catalogue catálogo
catastrophe una catástrofe **f.**
catégorie categoría
cathédrale catedral **f.**
catholicisme catolicismo
cauchemar una pesadilla **f.**
cause causa
caution resguardo **m.**
cavalier jinete **m.**
cave sótano (sous-sol), bodega (cave à vin)
c'est-à-dire o sea
c'est pourquoi por eso
céder ceder
ceinture cinturón **m.**
célèbre célebre, famoso
célébrer celebrar
célébrité fama
célibataire soltero
cellule celda
cendre ceniza
cendrier cenicero
censure censura
centième centavo
centime céntimo
centimètre centímetro
central central **a.**
centrale central **f.**
centre centro
cependant sin embargo
cercle círculo
cérémonie ceremonia **f.**
cerf ciervo
cerise cereza
certain cierto
certes por supuesto
certificat certificado
certitude certeza
cerveau cerebro
cesser de dejar de
chacun cada uno
chagrin pesar **m.**
chaîne cadena
~ de montagnes cordillera, sierra
~ stéréo el estéreo
chair carne
chaise silla
chaleur el calor **m.**
chambre el cuarto **m.**, habitación (pièce), dormitorio (à coucher), cámara (commerce, parlement)
chameau camello
champ campo
~ de courses hipódromo
champagne el champaña
champion campeón
championnat campeonato
chance suerte **f.**
change cambio
changer cambiar
~ vêtements mudar (de ropa)
chanson canción
chant canto
chantage chantaje
chanter cantar
chanteur el / la cantante, el cantaor (flamenco)
chantier astillero, obra
chapeau sombrero
chapelle capilla
chapitre capítulo
chaque cada
charbon carbón

Lexique

charcuterie embutidos **m. pl.**, tocinería (magasin)
charge carga (impôt), cargo (responsabilité)
charger cargar, encargar **(fig.)**
chariot carro
charitable caritativo
charité caridad
charme encanto
charmer encantar
charpentier carpintero
charrue un arado
chasse caza
chasser cazar
chasseur cazador
chat gato
château castillo
château-fort alcázar
chaud caliente (eau), cálido (climat), caluroso (temps)
chauffage calefacción
chauffer calentar
chauffeur chófer, taxista (taxi)
chaussée calzada
chaussette calcetín
chaussure zapato
chauve calvo
chef jefe, chef (cuisine)
~ d'oeuvre obra maestra
chemin camino
chemin de fer ferrocarril
cheminée chimenea
chemise camisa, camisón (de nuit)
chemisier blusa
chêne encina **f.**, roble **m.**
chèque cheque
cher querido (aimé), caro (prix élevé)
cheval caballo **m.**
chevalier caballero
cheveu un cabello
cheveux el pelo **m. sg.**
cheville tobillo **m.**
chèvre cabra
chewing-gum un chicle
chez a /en casa de
chien perro
chiffon trapo
chiffre una cifra **f.**
chimie la química
chips patatas fritas a la inglesa
chirurgie cirugía
choc el choque
chocolat chocolate
choisir escoger
choix elección
chomâge paro
chômeur un parado **m.**

choquer chocar
chorale el coro
chose cosa
chou la col **f.**
chou-fleur la coliflor
chrétien cristiano
Christ Cristo
chronologique cronológico
chronomètre cronómetro
chute caída
cicatrice cicatriz
cidre sidra
ciel cielo
cierge cirio
cigare puro
cigarette cigarrillo
cil una pestaña **f.**
ciment cemento
cimetière cementerio
cinéma cine
circuit circuito
circulation tráfico
cire cera
cirer encerar, sacar brillo a los zapatos
cirque circo
ciseaux tijeras **f. pl.**
citadin ciudadano
citation cita
cité ciudad
citoyen ciudadano
citron limón
civilisation civilización
clair claro
clarté claridad
classe clase
classer clasificar
classique clásico
clef la llave **f.**, ~ de encendido (de contact), de recambio (double), clave (musique)
client cliente **m.**
climat clima
clin d'oeil (en un ~) en un abrir y cerrar de ojos
clinique clínica
clochard vagabundo
cloche campana
clou clavo
clouer clavar
cobaye cobayo
cocaïne cocaína
cochon cerdo, puerco
cocotte-minute olla a presión
cocorico quiquiriquí
code código
~ postal número de distrito
coeur corazón
coffre arca, cofre **m.**
coffre-fort caja fuerte

coiffer peinar
coiffeur peluquero
coin rincón, esquina (de rue)
col cuello, paso (montagne)
colère cólera, ira
colis bulto, paquete
colonie colonia
collaborer colaborar
colle cola, pega
collection colección
collège colegio, instituto
collégien colegial **n. m. / f.**
collègue colega
collier collar **m.**
colline colina
colombe paloma
colonne columna, el espinazo (vertébrale)
coloniser colonizar
colorer colorear
combat combate **m.**
commande pedido (commerce), mandos (avion)
commander mandar, encargar **(fig.)**
comme como
commencer empezar, comenzar
commencement principio
comment cómo
commentateur comentarista **m.**
commenter comentar
commerce comercio, negocio
commissariat comisaría **f.**
commun común
commune municipio
communauté comunidad
communisme comunismo
communiquer comunicar
compagnie empresa
~ aérienne línea aérea
~ d'assurances compañía de seguros
comparer comparar
compétition competencia
compléter completar
complexe complejo **a. / n. m.**
compliquer complicar
composer componer
compréhensif comprensivo
comprendre comprender, entender
compte cuenta
compter contar
concentrer concentrar
concerne (en ce qui ~) respecto a, en cuanto a
concerner concernir
concert concierto
concevoir concebir
concierge portero
conclure concluir

concours concurso
concurrence competencia
concurrencer hacer la competencia
concurrent competidor
condamner condenar
condition condición
conducteur conductor
conduite cañería (canalisation), conducción (voiture), conducta (comportement)
conférence (au sommet) una cumbre **f.**
confiance confianza
confier confiar
confidence confidencia
confiture mermelada
conflit conflicto
confondre confundir
confus confuso
congeler congelar
congélateur congelador
conjonction conjunción
conjugaison conjugación
connaissance conocimiento
~ (personne) un conocido **m.**
connaître conocer
conquérant conquistador
conquérir conquistar
conscience conciencia
conseil consejo
conseiller aconsejar
conséquence consecuencia
conséquent (par ~) por consiguiente
conserver conservar
considérer considerar
consigne consigna
consommation consumo (essence, société de ~)
consommation consumición (boissons)
constater advertir, comprobar (vérifier)
constituer constituir
construire construir
consulter consultar
consultation consulta
contemporain contemporáneo
contenir contener
content contento
continent continente
continuer continuar, seguir
contracter contraer
contradiction contradicción
contraire contrario **a.**, lo contrario (le ~), al contrario (au ~)
contrat contrato
contravention multa
contre contra **prép.**
contredire contradecir

contresens contrasentido **m.**
contribuer contribuir
contrôle control
~ des naissances limitación de la natalidad
contrôler registrar
convaincant convincente
convaincre convencer
convaincu convencido, convicto
convenable conveniente
convenir convenir
conversation conversación
conviction convicción
convoiter codiciar
convoquer convocar
copain compañero
copie copia
copier copiar
coq gallo
coquelicot la amapola **f.**
coquillage concha **f.** (coquille) mariscos **m. pl.** (fruits de mer)
coquille Saint-Jacques vieira
corail coral **m.**
Coran Corán
corbeau cuervo
corbeille canasta
corde cuerda
cordonnier zapatero
corne un cuerno
cornemuse gaita
corps cuerpo
correspondant corresponsal **m.** (journaux)
corriger corregir
corrompre corromper
corruption corrupción
cosmonaute cosmonauta
costume traje **m.**
cotation cotización
cote (Bourse) cotización
côte cuesta (pente), costilla (os), costa (mer)
côté lado, costado (corps)
coton algodón
cou cuello
couche capa (peinture), los pañales **m. pl.** (bébé)
coucher (se) acostarse
coucher (soleil) la puesta del sol
coude codo
coudre coser
couler manar (liquide), hundir(se) (bateau)
~ à pic irse a pique
couleur un color m.
couleuvre culebra

couloir pasillo
coup golpe
coupable culpable
coupe el corte **m.** (cheveux), copa (trophée), tala (arbre)
couper cortar
couple una pareja **f.**
coupure de presse recorte de prensa
cour un patio **m.** (maison), la corte **m.** (du roi)
courage ánimo, valor
courbe una curva **n.**, curvo **a.**
courir correr
couronne corona
couronner coronar
courrier correo
cours curso
course carrera
faire ses ~s ir de compras
court corto **a.**, la pista **n. f.** (tennis)
cousin(e) primo(a)
couteau cuchillo
coûter costar
coutume costumbre
couture costura
couturier(ière) el / la modista
couvent convento
couvercle una tapa **f.**
couvert (mettre le) poner la mesa
couverture manta (lit), cubierta (livre), portada (magazine), cobertura (social)
couvrir cubrir, tapar (couvercle)
cracher escupir
craie tiza
craindre temer
crampe un calambre **m.**
crâne cráneo
craquer crujir
cravate corbata
crayon lápiz
créer crear
crème nata **f.** (produit laitier)
~ solaire crema bronceadora
cremerie lechería
créole criollo
crépuscule crepúsculo
creuser cavar
creux hueco
crever pinchar (pneu)
crevette un camarón **m.**
cri grito
crier gritar
crime crimen
criminel criminal
crise de nerfs crisis de nervios
crise cardiaque ataque del corazón
critiquer criticar

Lexique

crochet gancho (pour suspendre, coup de poing), rodeo (détour)
crocodile cocodrilo
croire creer
croisade cruzada
croiser cruzar
croisière un crucero
croissance el crecimiento
croître crecer
croix cruz **f.**
croyance creencia
croyant creyente
cru crudo
cruauté crueldad
cruel cruel
cueillir coger
cuillère cuchara
cuir cuero **m.**, piel **f.**
cuire cocer
cuisine cocina
cuisiner guisar
cuisinier(ère) cocinero(a) **f.**
~ électrique cocina eléctrica
cuisse el muslo **m.**
cuivre cobre **m.**
culotte braga(s) (femme), calzón
cultivé culto (savant)
cultiver cultivar
culture (los) cultivo(s) (production), la cultura (savoir)
cumul d'emplois pluriempleo
cupidité codicia
curé un cura **m.**
curieux curioso
cuve cuba, tina
cuvette palangana, jofaina
cycliste un ciclista **m.**
cygne cisne **m.**
cylindre cilindro

D

d'abord en primer lugar, primero **adv.**
dactylo mecanógrafa **f.**
daigner dignarse a
dalle losa
dame dama, señora
danger peligro
dangereux peligroso
dans en, dentro
danse un baile **m.**, danza **f.**
danseur(se) bailador(a), bailarín (ballet) bailaor(a) (flamenco)

danser bailar
date fecha
dauphin delfín
davantage más **adv.**
débarquement desembarco
débat debate **m.**
débit caudal (fleuve), despacho (de boissons), estanco (de tabac)
débiter cargar en cuenta (compte bancaire)
débiteur deudor
débonnaire bonachón
déborder desbordar (rivière), rebosar (récipient)
déboucher destapar (bouteille)
~ sur desembocar en
debout de pie
débris restos **m. pl.**
débrouiller (se) arreglárselas
début (au ~) (al) principio
au ~ de a principios de
débutant un principiante **m.**
débuter principiar
décadence decadencia
décapiter decapitar
décembre diciembre
décence decencia
décent decente
décerner otorgar
décès fallecimiento, defunción
déception decepción, desengaño
décevoir decepcionar, desengañar
déchaîner desencadenar
décharge descarga
décharger descargar
déchet desperdicio
déchiffrer descifrar
déchirer desgarrar
décider decidir
décisif decisivo
décision decisión
déclaration declaración
déclarer declarar
déclin descenso
décliner declinar
décoiffer despeinar
décoller despegar
décolleté escote **m.**
~ en V escote en uve
décolorer decolorar (cheveux)
décomposer descomponer
décompte descuento
déconcerter desconcertar
décor el decorado **m.**
décoration decoración **f.**, condecoración (insigne honrifique)

décorer condecorar
découler proceder
découper recortar
découverte el descubrimiento **m.**
découvrir descubrir
décret decreto
décrire describir
décroître decrecer, menguar (lune)
décrue el descenso **m.**.
dédaigner desdeñar
dédain desdén **m.**
dedans dentro
dédicace dedicatoria
dédier dedicar
dédommager indemnizar
déduction deducción
déduire deducir
déesse diosa
défaire deshacer
défaite derrota
défaut defecto
défavorable desfavorable
défectueux defectuoso
défendre defender
défense defensa, colmillo (éléphant)
défenseur defensor
défi desafío, reto
défiance desconfianza
défier desafiar, retar
déficient deficiente
déficit deficit
défilé desfile
définir definir
définitif definitivo
définition definición
déformer deformar
défunt difunto **m.**
dégager despejar (ciel), desprenderse (odeur)
dégât daño, estrago
dégel deshielo
dégeler deshelar
dégénérer degenerar
dégoût desgana, asco
dégoûtant asqueroso
dégoûter disgustar
degré grado
déguiser disfrazar
déguster saborear
dehors fuera
déjà ya **adv.**
déjeuner desayunar, almorzar
déjeuner desayuno (le petit- ~) almuerzo
délai plazo, demora
délégué delegado
~ syndical sindical
déléguer delegar

délibération deliberación
délibérer deliberar
délicat delicado
délice una delicia **f.**
délicieux delicioso
délier desatar
délimitation demarcación
délimiter delimitar
délinquant delincuente
délirant delirante
délire delirio
délirer delirar
délit delito
délivrer librar, libertar
déluge diluvio
demain mañana
demande petición (mariage), pregunta (question), demanda (≠ offre)
~ d'emploi solicitud de empleo
demander pedir, preguntar (questionner)
demandeur demandante
~ d'emploi de empleo
démarche paso
démarches (faire des) gestionar
démarrage arranque **m.**
démarrer arrancar
déménagement la mudanza **f.**
déménager mudar (de casa)
dément demente
demeure vivienda, morada
demeurer permanecer (rester), residir (résider)
demi medio, un doble (bière)
demi-finale semifinal
démission dimisión
démissionner dimitir
démocrate demócrata **m.**
démocratie democracia
démodé pasado de moda
démographie demografía
demoiselle señorita
démon demonio
démontrer demostrar
démonter desmontar
dénoncer denunciar
dénouement desenlace
dénouer desenlazar
denrée género **m.**, comestibles **m. pl.**
dense denso
densité densidad
dent un diente **m.**, una muela **f.**
dentelle el encaje **m.**
dentifrice dentífrico
dentiste un / una dentista
denture dentadura
déodorant desodorante **n.**

départ salida, partida
département departamento
dépasser adelantar, superar(a), sobresalir
dépêche despacho **m.**
dépêcher (se) apresurarse, darse prisa
dépendre depender (de)
dépense un gasto **m.**
dépenser gastar
dépeupler despoblar
dépit despecho
déplacement traslado, desplazamiento **m.**
déplacer trasladar, desplazar
déplaire desagradar
déplier desplegar
déploiement de forces de police despliegue policial
déplorer deplorar, lamentar
déployer desplegar
déposer deponer
déposséder desposeer
dépôt depósito
dépouiller despojar
dépourvu desprovisto
dépourvu (au) de improviso
dépression depresión
déprimer deprimir
depuis desde
depuis peu desde hace poco
député un diputado
dérailler descarrilar
déraisonnable irrazonable
déraisonner desatinar
déranger desarreglar (qq chose), molestar (gêner)
dérisoire irrisorio
dériver derivar
dernier último **a.**, postrero
le mois ~ el mes pasado
dérouler desarrollar **v.**
déroute derrota **f.**
derrière detrás de **prép.**, atrás **adv.**
dès desde
dès que en cuanto, tan pronto como
désaccord desacuerdo
désagréable desagradable
désagrément disgusto
désapprouver desaprobar
désarmement desarme **m.**
désarmer desarmar
désastre desastre
désastreux desastroso
descendre bajar
descente bajada, descenso (ski), redada (police)

description descripción
déséquilibrer desequilibrar
désert desierto
désespérer desesperar
désespoir desesperación
déshabiller desnudar
désigner designar
désinfecter desinfectar
désintégrer desintegrar
désir deseo
désirer desear
désobéissant desobediente
désobéir desobedecer
désodorisant desodorante
désœuvré ocioso
désolant desolador
désolé (je suis ~) lo siento
désordre desorden
désormais en lo sucesivo
despote déspota **m.**
dessein propósito
desservir quitar la mesa, perjudicar **(fig.)**
dessert postre **m.**
dessin dibujo, diseño
~ animé animado
dessiner dibujar
dessous debajo, bajo
dessus encima, sobre
destin(ée) destino, suerte
destinataire destinatario
destination un destino **m.**
destiner destinar
destructeur destructor **a.**
détacher desatar, destacar **(fig.)**
détail detalle **m.**
détective privé detective privado
détendre aflojar, relajar
détente el descanso **m.**
détergent detergente **m.**
détériorer deteriorar
déterminer determinar
déterrer desenterrar
détester detestar
détour rodeo
détournement secuestro
~ d'avion de avión
détourner desviar
détresse el desamparo **m.**
détroit estrecho
détruire destruir
dette deuda
deuil duelo, luto (vêtements noirs)
deux dos
deux (tous les) ambos
dévaluer desvalorizar
devancer adelantar
devant delante, ante
devanture el escaparate **m.**

Lexique

dévaster devastar
développement desarrollo
~ photo revelado **m.**
développer desarrollar
~ photo revelar **v.**
devenir volverse, ponerse, tornarse, hacerse, convertirse, llegar a ser
dévier desviar
deviner adivinar
devinette adivinanza
devis presupuesto
devise divisa (monnaie) lema (slogan)
dévisser destornillar
dévoiler revelar
devoir deber
devoir (le) el deber **m.**, tarea (scolaire)
dévorer devorar
dévotion devoción
dévouement sacrificio
dévouer (se) dedicarse, consagrarse
diable diablo
diagnostic diagnóstico
diagonal diagonal
dialecte dialecto
dialogue diálogo **m.**
diamant diamante
diamètre diámetro
diapositive diapositiva
diarrhée diarrea
dictateur dictador
dictature dictadura
dictée dictado
dicter dictar
dictionnaire diccionario
diète dieta
Dieu Dios **m. sg.**
diffamer difamar
différence diferencia
différent diferente
différer diferir
difficile difícil
difficulté dificultad
difforme disforme
diffus difuso
diffuser difundir
digérer digerir
digestif digestivo
digestion digestión
digne digno
dignité dignidad
dilater dilatar
diligence diligencia
diligent diligente
dimanche domingo
diminuer disminuir

diminution disminución
dîner cenar
dîner (le) cena
diplomate un diplomático **m.**
diplôme un diploma **m.**
dire decir
direct directo
directeur director
direction dirección
dirigeant dirigente **a.** et **n.**
disciple discípulo
discipline disciplina
discorde discordia
discothèque discoteca
discours discurso
discrétion discreción
discret discreto
disparaître desaparecer
disparition desaparición
dispensaire ambulatorio
dispense dispensa
disperser dispersar
disponible disponible
disposer disponer
dispositif dispositivo
disproportion desproporción **f.**
dispute disputa,un altercado **m.**, pelea
disputer (se) pelearse, reñir
disque disco
dissident disidente
dissocier disociar
dissolution disolución
dissoudre disolver
dissuader disuadir
distance distancia
distinct distinto
distinction distinción
distinguer distinguir
distraire distraer
distrait distraído
distribuer distribuir, repartir
distributeur distribuidor
distribution reparto
district distrito
divergence divergencia
divers diverso
diversion diversión
diversité diversidad
divertir divertir, distraer
divertissant divertido
divin divino
divinité deidad, divinidad
diviser dividir, partir
division división
divorce divorcio
divorcer divorciar
dizaine decena
docteur doctor
doctrine doctrina

document documento
documentaire documental
dogme dogma **m.**
doigt dedo
dollar dólar
domaine dominio, hacienda (propriété), campo **(fig.)**
domestique doméstico
domestique (un) un criado **m.**
domicile domicilio
dominateur dominador
dominer dominar
dommage daño, perjuicio
quel ~ ! ¡qué lástima!
dompter domar
don don (avoir un ~ pour qq chose), donativo (cadeau)
donc pues, así pues
donnée un dato **m.**
donner dar
dorénavant desde ahora, en adelante
dorloter mimar
dormir dormir
dortoir dormitorio
dos la espalda (homme), el lomo (animal, livre)
dose dosis **f.**
doser dosificar
dossier expediente (documents), respaldo (chaise)
dot dote **m.** et **f.**
doter dotar
douane aduana
douanier aduanero
doublage doblaje (film)
double doble
doubler doblar, adelantar (voiture)
doublure el forro **m.** (vêtement)
~ d'un acteur el suplente **m.**
douceur dulzura, suavidad **f.**
douceurs golosinas, dulces **m. pl.**
douche / doucher ducha, duchar
douleur el dolor
doute / douter duda, dudar
douter (s'en) sospechar
douteuse dudoso
doux dulce (goût), suave (toucher), manso (calme)
douzaine docena
dragée peladilla
draguer dragar
drame drama **m.**
drap sábana
drapeau bandera
dresser levantar, erguir (ériger), domar (animal)
drogue droga

drogué	drogadicto
droit	derecho **a.** et **n.**, recto **a.**
à droite	a la derecha
drôle	gracioso (amusant), raro (étrange)
duc	duque
duchesse	duquesa
duel	duelo
dune	duna
duper	engañar
duperie	un engaño **m.**
dur	duro
durable	duradero
durcir	endurecer
durée	duración
durer	durar
dynamique	dinámico
dynamite	dinamita
dynastie	dinastía

E

eau	el agua, las aguas **f.**
eau-de-vie	aguardiente
éblouir	deslumbrar
ébranler	quebrantar
écarter	apartar, descartar
échange	cambio, intercambio
échanger	cambiar
échapper	escapar de
écharpe	bufanda
échec	fracaso
échecs (jouer aux)	jugar al ajedrez **m.**
échelle	escalera, escala **(fig.)**
échelon	escalón
écho	eco
échouer	encallar (bateau), fracasar **(fig.)**
éclair	relámpago
éclairage	alumbrado
éclaircir	aclarar
éclairer	alumbrar, iluminar
éclat	brillo, esplendor **m.**; una astilla **f.** (bois)
éclater	estallar, reventar
école	escuela
~ secondaire	instituto
économie	economía, ahorro(s) (d'argent)
économique	económico
écorce	corteza **f.**
écouler (s')	transcurrir (temps)
écouter	escuchar
écran	la pantalla **f.**
écraser (s')	aplastar, atropellar (accident), agobiar (travail)
écrire	escribir
écriteau	letrero, cartel
écriture	escritura
écrivain	escritor
écrouler (s')	derrumbarse, venirse abajo
écureuil	una ardilla **f.**
écurie	cuadra
édifier	edificar
éditer	editar
édition	edición
~ spéciale	número especial
éducation	educación
éduquer	educar
effacer	borrar, cancelar
effet	efecto
efficace	eficaz
effondrer (s')	hundirse
efforcer (s')	esforzarse
effort	esfuerzo
effrayant	pavoroso
effrayer	asustar
effroi	susto, temor
égal	igual
égaler	igualar
égalité	igualdad
église	iglesia
égoïsme	egoísmo
égorger	degollar
élan	arranque **m.**
élargir	ensanchar
élastique	elástico
électricité	electricidad
électricien	electricista **m.**
élégant	elegante
élément	elemento
élevage	ganadería
élève	alumno **m.**, alumna **f.**
élever	elevar, criar (enfants)
élire	elegir
éloge	elogio
éloigner	alejar, apartar
élu	elegido, electo
émanciper	emancipar
emballer	embalar
embarquer	embarcar
embarras	apuro m.
embellir	embellecer
embêter (s')	fastidiar, aburrir(se)
embrasser	abrazar, abarcar (bras), besar (bouche)
émeraude	esmeralda
émerveiller	maravillar
émettre	emitir
émeute	motín
émigrer	emigrar
émission	emisión, programa (télévision)
fin des émissions (télé)	despedida y cierre
emmener	llevar (consigo)
émouvoir	conmover
emparer (s')	apoderarse
empêcher	impedir
empereur	emperador
empirer	empeorar
emploi	empleo
~ du temps	horario
employé	empleado **n.**, oficinista **n.**
employée de maison	asistenta
employer	emplear
emporter	llevarse
emprisonner	encarcelar
emprunter	tomar prestado
encaisser	encajar (coup), cobrar (argent)
enchanter	encantar
encore	todavia **adv.**, aún
encourager	animar, alentar
encre	tinta
endetter (s')	endeudarse
endommager	dañar
endroit	sitio (lieu), derecho (≠ envers)
endurer	padecer
énergie	energía
enfance	infancia, niñez **f.**
enfant(s)	niño, hijos
enfer	infierno
enfermer	encerrar
enfin	en fin, por fin
enflammer	inflamar
enfler	hinchar
enfoncer	hundir
enfuir (s')	fugarse, escaparse
engager	empeñar (parole), contratar (employer), fichar (un sportif)
engager (s')	comprometerse
énigme	un enigma **m.**
énivrer	embriagar, emborrachar
enlèvement	secuestro
enlever (détourner un avion)	secuestrar
enlever	quitar, secuestrar (kidnapper)
ennemi	enemigo
ennui	fastidio, aburrimiento **m.**
ennuyer	fastidiar (ennui), molestar (embêter qqu'un)
ennuyer (s')	aburrirse
enquête	encuesta
enregistrer	registrar
enrhumer (s')	constiparse, resfriarse
enrichir	enriquecer

Lexique

enseignement enseñanza
enseigner enseñar
ensemble (un) conjunto
ensemble junto **a.**
ensuite luego **adv.**
entendre oír
entendre (s') entenderse, llevarse bien
enterrement entierro
enthousiasmer entusiasmar
entier entero
entourer rodear, cercar
entr'acte descanso
entraîner arrastrar, acarrear (conséquences)
entraîner (s') entrenarse
entraîneur entrenador
entrée entrada
entrepôt almacén
entreprendre emprender
entrepreneur empresario, maestro de obras (maçon)
entreprise empresa
entrer entrar
entretenir mantener, sostener
entrevue entrevista
enveloppe un sobre **m.** (lettre)
envelopper envolver
envers (à l') revés (al)
envie envidia
avoir ~ de tener ganas de
environ hacia **prép.**, más o menos
environs alrededores **m. pl.**
environnement medio ambiente
envisager enfocar, considerar
envoi envío
envoyé spécial enviado especial
envoyer enviar, mandar
épais espeso
épaisseur el espesor **m.** (mur), espesura (feuillage)
épargne ahorro
épargner ahorrar
épaule el hombro **m.**
épée espada
épeler deletrear
épicerie tienda de comestibles/ ultramarinos
épicier tendero
épidémie epidemia
épinard la espinaca **f.**
épier espiar
épine espina
épingle alfiler
~ de sûreté imperdible **m.**
épisode episodio
éponge esponja
épopée epopeya
époque época
épouser casarse con
épouvanter espantar
épouvante espanto
époux esposo
épreuve prueba
éprouver probar (test), experimentar (sentir)
épuiser agotar
équateur ecuador
équilibre equilibrio
équilibrer equilibrar
équipage tripulación (bateau)
équipe un equipo **m.** (sport), cuadrilla (ouvriers)
~ de reporters (télé) equipo de reporteros
équipement equipo
équitation equitación
ère era
errer errar
erreur un error **m.**
escalade escalada
escalader escalar
escalier escalera
~ roulant ~ móvil
~ de secours ~ de incendios
esclavage esclavitud
esclave esclavo
escroquer estafar
escroquerie estafa
espace espacio **m.**
~ vert zona verde
espèce especie
espérer esperar
espion espía
espionner espiar
esprit espíritu **m.**, mente **f.** (pensée), ingenio (finesse)
essai ensayo **m.**, pueba **f.**
essayer ensayar, intentar
~ de tratar de **+ inf.**
~ des chaussures probarse calzado
essence gasolina (moteur), esencia (parfum, philo.)
essuyer secar (assiettes), enjugar (sueur)
est este (≠ ouest)
esthétique estético **a. / m.**
estimer estimar
estomac estómago
estrade el tablado **m.**
étable el establo **m.**
établir establecer
étage piso
étang estanque
étant donné que dado que
état estado
été verano
éteindre apagar, extinguir
étendre extender, ampliar
~ le linge tender la ropa
éternel eterno
étincelle chispa, centella
étinceler chispear, centellear
étiquette etiqueta
étirer estirar
étoffe tela
étoile estrella
étonner asombrar, sorprender
étouffer ahogar, sofocar
étourdir aturdir
étrange extraño, raro
étranger extranjero **a. m.**, forastero (d'une autre ville)
étrangler estrangular
être ser / estar
étroit estrecho
étude estudio
étudiant estudiante
étudier estudiar
évacuer evacuar
évader (s') evadirse
évanouir (s') desmayarse
éveiller despertar
événement acontecimiento
éventail abanico
évêque obispo
évidemment desde luego
évidence evidencia
évier fregadero
éviter evitar
évolution evolución
évoquer evocar
exact exacto
exagérer exagerar
examen examen
examiner examinar
excellent excelente
excès exceso
exciter excitar
exclamer exclamar
excuse excusa
excuser excusar, disculpar
exécuter ejecutar
exemple ejemplo
exercice ejercicio
exercer ejercer
s'~ à ejercitarse en
exiger exigir
exil exilio, destierro
existence existencia
exister existir
expédier expedir, despachar (faire vite)
expéditeur remitente
expérience experiencia
expérimenter experimentar
explication explicación
expliquer explicar
exploit hazaña **f.**

exploiter explotar
explorer explorar
exploser estallar
exposer exponer
exprès adrede, expreso
exprimer expresar (pensée), exprimir (fruit)
expulser expulsar
extérieur exterior
externe externo
extraire extraer
extraordinaire extraordinario, estupendo
extrême extremo, sumo
extrémité extremidad

F

fable fábula
fabricant fabricante **m.**
fabrique fábrica
fabriquer fabricar
façade fachada
face cara, faz
fâcher enfadar
facile fácil
facilité facilidad
façon manera, modo
facteur cartero
facture factura
faculté facultad
fade soso, insípido
faible débil, flojo
faiblesse debilidad, flaqueza **f.**
faiblir debilitar, aflojar
faillite quiebra
faillir faltar
faim hambre
faire hacer
fait hecho **m.**
falaise el acantildo **p.p, m.**
falloir ser necesario, hacer falta
falsifier falsificar
familial familiar
familier familiar
famille familia
fantaisie fantasía
fantôme un fantasma **m.**
farce broma, farsa (théâtre)
farine harina
fasciner fascinar
fascisme fascismo
fatal fatal
fatalité fatalidad
fatigant cansador
fatigue cansancio **m.**, fatiga
fatiguer cansar, fatigar
faubourg arrabal
faufiler (se) colarse
faute falta, culpa
fauteuil sillón, la butaca **f.**
faux (la) guadaña
faux falso, postizo
faveur el favor **m.**
favorable favorable
favoriser favorecer
fécond fecundo
féconder fecundar
fée el hada **f.**
feindre fingir, simular
félicitation felicitación **f.**
féliciter felicitar
femelle hembra
féminin femenino
femme mujer
~ de chambre doncella
~ de ménage asistenta
fendre hendir
fenêtre ventana
fer hierro
~ à cheval la herradura **f.**
~ à repasser la plancha **f.**
ferme (la) granja, el cortijo **m.**
ferme firme **a.**
fermer cerrar
fermeture cierre
féroce feroz
férocité ferocidad
ferrer herrar
fertile fértil
fertiliser fertilizar
fesse nalga
festival festival
fête fiesta
fêter festejar, celebrar
feu fuego **m.**
~ de joie fogata
~ rouge semáforo
feuillage follaje **m.**
feuille hoja
feuilleter hojear
feuilleton folletín
feutre (stylo) rotulador
fève haba
février febrero
fiancé novio
fiancer (se) desposarse
fibre fibra
ficelle cuerda fina
fiche ficha
fiction ficción
fidèle fiel
fidélité fidelidad
fier (se) fiarse
fierté soberbia, orgullo
fièvre calentura, fiebre
figue el higo **m.**
figure cara (visage), figura
fil el hilo, la hebra
~ de fer el alambre (de púas = barbelé)
filer hilar (laine)
filet la red **f.**
fille hija, chica, muchacha, moza
vieille ~ solterona
film una película **f.**
filmer filmar
fils hijo
filtre filtro
filtrer filtrar, colar
fin (la) el fin **m.**
à la ~ al fin
à la ~ de a finales de
fin fino **a.**
finalement finalmente
finir terminar, acabar
fixation fijación
fixer fijar
flacon frasco
flamber arder, soflamar
flamme llama
flan flan
flaque un charco **m.**
flatter halagar
flatterie halago **m.**
flèche flecha
fleur flor **f.**
fleurir brotar, florecer
fleuve río
flexible flexible
flocon (neige) copo
flottante fluctuante (monnaie)
flotte flota, armada
flotter flotar
flûte flauta, copa (verre à pied)
foi fe
foie hígado
foin heno
foire feria
fois vez
folie locura
fonction función
fonctionnaire funcionario
fonctionner funcionar
fond fondo
fondamental fundamental
fondations los cimientos (maison)
fondateur fundador
fonder fundar, fundamentar
fondre fundir
fonds fondos
fontaine fuente **f.**
fonte fusión (neige), fundición (métal)
football fútbol
joueur de ~ futbolista **m.**
force fuerza

Lexique

forcer	forzar
forêt	selva
forge	fragua
forger	forjar
forgeron	herrero **m.**
formalité	formalidad, requisito, trámite **m.**
formation	formación **f.**
forme	forma **f.**
former	formar
formidable	formidable
fort	fuerte
forteresse	fortaleza **f.**
fortifier	fortalecer
fortune	fortuna, suerte (sort) **f.**
fosse	fosa
fossé	la cuneta **f.**
fou	loco
foudre	el rayo **m.**
fouet	látigo
fouille	excavación
fouiller	excavar
foulard	fular, pañuelo
foule	muchedumbre **f.**
fouler	pisar
four	horno
fourchette	el tenedor **m.**
fourgon	furgón
fourmi	hormiga
fourneau	fogón
fournir	abastecer, suministrar
fournisseur	proveedor
fournitures (scolaires)	material escolar
fourrure	pelaje (animal), piel (manteau)
foyer	hogar, foco **(fíg.)**
fracture	fractura
fragile	frágil
fragment	fragmento
frais (les)	gastos **m. pl.**
frais	fresco **a.**
fraise	fresa
franc	franco **a.**
franchise	franqueza, franquicia (absence de droits)
frapper	pegar, golpear
fraternel	fraterno
fraternité	fraternidad
fraude	el fraude **m.**
frauder	defraudar
frayeur	el susto **m.**
frein	freno
freinage	frenada
freiner	frenar
fréquence	frecuencia
fréquent	frecuente
frère	hermano
frigo	nevera **f.**
fripon	bribón
frire	freír
friser	rizar
frisson	escalofrío
frissonner	tiritar
frites	patatas fritas
frivole	frívolo
froid	frío **a.** et **m.**
froideur	frialdad
fromage	queso
front	el frente (guerre)
frontière	frontera
frotter	frotar, rozar
fruit	fruta **f.** (pomme)
~ de mer	mariscos
fuir	huir
fuite	fuga, huida
fumée	el humo **m.**
fumer	fumar (cigarettes), humear (cheminée)
fumeur	fumador
funérailles	funerales **m. pl.**
fureur	el furor **m.**
furieux	furioso
fusée	el cohete **m.**
fusil	fusil
fusiller	fusilar
futur	futuro

G

gâcher	echar a perder (abîmer)
gage	una prenda **f.**
gagner	ganar
gai	alegre
gaieté	alegría
gain	ganancia,
galerie	galería
galette	torta
~ des Rois	roscón de Reyes
galop	galope **m.**
galoper	galopar
gamme	gama
gant	guante
garage	garaje
garantie	garantía
garantir	garantizar
garçon	muchacho, chico, mozo
~ de café	camarero
garde	guardia (militaire)
~ du corps	guardaespaldas
garder	guardar
gardien	guardián
~ de but	guardameta
gare	estación
garer	aparcar
garniture	guarnición
gaspiller	desperdiciar, despilfarrar
gastronomie	gastronomía
gâteau	pastel m., tarta **f.**
gâter	echar a perder, mimar (un enfant)
gauche (la)	izquierda (≠ droite)
à ~	a la izquierda
gaucher	zurdo **a. / m.**
gaz	gas
gazon	el césped **m.**
géant	gigante
gel	helada
gelée blanche	escarcha
gelée (de fruits)	jalea
geler	helar
gémeaux	gemelos **m. sg.**
gémir	gemir
gencive	encía
gendarme	guardia civil
gendre	yerno
gêne	molestia (dérangement), aprieto (embarras), apuro (pauvreté)
gêner	molestar, estorbar
général	general **a. / m.**
généraliser	generalizar
génération	generación
généreux	generoso
génie	genio
genou	la rodilla **f.**
genre	género, especie **f.**
gens	la gente **f.**
gentil	amable
géographie	geografía
géométrie	geometría
gérant	administrador
gérer	administrar, gestionar
germe	germen
germer	germinar
geste	ademán, acción **(fig.)**
gibier	la caza **f.**
gifle	bofetada
gifler	abofetear
gigot	pierna (de cordero)
gilet	chaleco **m.**
~ pare-balles	chaleco antibala
girafe	jirafa
gisement	yacimiento
gitan	gitano
gîte	albergue **m.**
givre	la escarcha **f.**
glace	hielo **m.**, un helado **m.** (crème glacée)
glacer	helar
glaçon	cubito de hielo
glaise	arcilla
gland	una bellota **f.** (chêne)
glisser	resbalar
global	global
globe	globo
globe-trotter	un trotamundos **m.**
gloire	gloria

Français	Espagnol
glorieux	glorioso
glorifier	glorificar
golfe	golfo
gomme	goma
gonfler	hinchar (genou), inflar (pneu)
gorge	garganta (gosier), pecho **m.** (de femme)
gorgée	un trago **m.**, un sorbo **m.**
gosse	un chaval **m.**
gothique	gótico
goudron	alquitrán **m.**
goudronner	alquitranar
gourmand	goloso
gourmandise	golosina
goût	gusto **m.**, afición **f.** (fig.)
avoir le ~ de	saber a (fraise)
goûter	probar, merendar (enfants)
goûter (le)	merienda
goutte	gota
gouvernement	gobierno
gouverner	gobernar
grâce à	gracias a
grâce	indulto (d'un condamné)
gracier	indultar
grade	grado
graduer	graduar
grain	grano
~ de beauté	lunar **m.**
graine	semilla
graisse	grasa
graisser	engrasar
grammaire	gramática **f.**
gramme	gramo
grand	grande (gran)
grandes vacances	el veraneo
grandeur	grandeza
grand-père	abuelo
grappe	el racimo **m.**
gratis	gratis
gratitude	gratitud
gratte-ciel	un rascacielos **m.**
gratter	rascar
gratuit	gratuito
grave	grave
graver	grabar
gravier	la grava **f.**
gravure	el grabado **m.**
gré (de bon)	de buen grado
greffe	un injerto **m.**
greffer	injertar
grêle (la)	el granizo **m.**
grelotter	tiritar
grenier	desván **m.** (maison)
grenouille	rana
grève	huelga
gréviste	un huelguista **m.**
griffe	garra
gril	la parrilla **f.**
grille-pain	tostador
grille	reja (fenêtre), verja (clôture)
griller	asar (viande), tostar (pain)
grimace	mueca
grimper	trepar, escalar
grincer	rechinar, chirriar
grincement	chirrido
grippe	gripe
gris	gris
grogner	gruñir
gronder	reñir a un niño
gros	gordo, grueso
grossesse	el embarazo **m.**
grossir	engordar
grotesque	bufo, grotesco
grotte	gruta, cueva, caverna
groupe	grupo, conjunto
grouper	agrupar
guêpe	avispa
guérir	sanar, curar
guérison	cura, curación
guerre	guerra
guerrier	guerrero
guerroyer	guerrear
guetter	acechar
guichet	la taquilla **f.**
guide	guía **m.**
guider	guiar
guitare	guitarra
gymnaste	gimnasta **m.**
gymnastique	gimnasia

H

Français	Espagnol
habile	hábil
habileté	habilidad
habiller	vestir
habit	vestido **m.**
habitant	habitante
habitation	habitación
habiter	vivir, morar
habitude	costumbre
avoir l'habitude de	soler (+ inf.)
habituel	habitual
habituer	acostumbrar, habituar
hache	un hacha **f.**,
haillon	harapo
haine	el odio **m.**
haïr	odiar
haleine	el aliento **m.**
haleter	jadear
halluciner	alucinar
halte	parada, ¡alto!
hamburger	la hamburguesa **f.**
hamac	una hamaca **f.**
hameau	una aldea **f.**
hameçon	anzuelo
hanche	cadera
hand-ball	balonmano
handicapé	minusválido
hanté (maison)	(casa) encantada
hantise	obsesión
harceler	hostigar
hardi	atrevido
hardiesse	atrevimiento
haricot	judía **f.** (grain ou ~ vert), habichuela **f.**, alubia
harmonie	armonía
harmonieux	armonioso
harpe	el arpa **f.**
hasard	azar, casualidad **f.**
hausse	alza
haut	alto
hauteur	altura
haut-parleur	altavoz **m.**
hebdomadaire	semanal **a.**
hebdomadaire (un)	semanario **m.**
héberger	albergar
hélice	helice
hélicoptère	helicóptero
hémisphère	hemisferio
hennir	relinchar
herbe	hierba
héréditaire	hereditario
hérédité	herencia
hériter	heredar
héritier	heredero
héroïne	heroína
héroïsme	heroísmo
héros	héroe
hésiter (à)	vacilar (en), dudar (en)
heure	hora
heureux	feliz **a.**
heureusement	afortunadamente
heurter	chocar contra, tropezar con
hier	ayer
hier soir	anoche
hiérarchie	jerarquía
hiéroglyphe	jeroglífico
hippodrome	hipódromo
hirondelle	golondrina
hispanisme	hispanismo
hispanique	hispánico
histoire	historia
hispanophone	hispanohablante
hiver	invierno **m.**
homéopathie	homeopatía
hommage	homenaje
homme	hombre
honnête	honrado, honesto **a.**
honnêteté	honradez

Lexique

honneur	honor, honra
honorable	honorable
honoraires	honorarios **m. pl.**
honorer	honrar, respetar
honte	vergüenza
honteux	vergonzoso
hôpital	hospital
horaire	horario
horizon	horizonte **m.**
horizontal	horizontal
horloge	un reloj **m.**
horreur	el horror **m.**
horrible	horrible
horrifier	horrorizar
hors (de)	fuera de
hors-d'œuvre	entremeses **m. pl.**
hospice	hospicio
centre hospitalier	centro hospitalario
hospitalité	hospitalidad
hostile	hostil
hostilité	hostilidad
hôte	huésped
hôtel	hotel
hôtel de ville	ayuntamiento
hôtelier	hotelero
hotesse de l'air	azafata
housse	funda
huer	abuchear (a)
huile	el aceite **m.**
huiler	aceitar, engrasar
huître	ostra
humain	humano
humanité	humanidad **f.**
humble	humilde
humer	aspirar
humeur	el humor **m.**
humide	húmedo
humidité	humedad
humidifier	humedecer
humilier	humillar
humoristique	humorístico
humour	humorismo
hurler	aullar **v.** (animal), gritar (pers.)
hutte	choza
hygiène	higiene
hymne	himno
hypnotiser	hipnotizar
hypocrite	hipócrita
hypothèse	hipótesis **f.**

I

ibère	íbero
ibérique	ibérico
ici	aquí, acá
idéal	ideal
idée	idea
identifier	identificar
identité	identidad
pièce d'identité	documento de identidad
idéologie	ideología
idiot	idiota
ignorance	ignorancia
île	isla
illégal	ilegal
illuminer	iluminar
illusion	ilusión
illustration	ilustración
illustrer	ilustrar
image	imagen **f.**
imagination	imaginación
imaginer	imaginar, figurarse **v.**
imbécile	imbécil
imitation	imitación
imiter	imitar
immatriculation	matrícula
immatriculer	matricular
immédiat	inmediato
immigrer	inmigrar
immobile	inmóvil
immoral	inmoral
immortaliser	inmortalizar
immortel	inmortal
immuniser	inmunizar
impact	impacto
impair	impar **a.**
imparfait	imperfecto
impartial	imparcial
impasse	callejón sin salida
impassible	impasible
impatience	impaciencia
impatient	impaciente
impatienter	impacientar
impératif	imperativo
imperfection	imperfección
impérial	imperial
impérialisme	imperialismo
imperméable	impermeable
impersonnel	impersonal **a.**
impertinence	impertinencia
impertinent	impertinente
implanter	implantar
impliquer	implicar
implorer	implorar
impoli	descortés
importance	importancia
important	importante
importation	importación
importer	importar
imposer	imponer
impossible	imposible
impôt	impuesto
impression	impresión
impressionner	impresionar
imprimé	imprimido, impreso
imprimer	imprimir
imprimerie	imprenta
improviser	improvisar
imprudence	imprudencia
imprudent	imprudente
impulsion	impulso **m.**
imputer	imputar
inactif	ocioso
inattendu	inesperado
inaugurer	inaugurar
incapable	incapaz
incarcération	el encarcelamiento
incarner	encarnar
incassable	irrompible
incendie	incendio
incendier	incendiar
incertain	inseguro
incident	incidente
inciter	incitar
inclinaison	inclinación
inclination	afición (sentiments)
incliner	inclinar
inclure	incluir
inclus	incluido, incluso
incommoder	incomodar
incompréhensible	incomprensible
inconnu	desconocido
inconscient	inconsciente
inconvénient	inconveniente
incorporer	incorporar
incrédule	incrédulo
incroyable	increíble
inculper	inculpar
indécent	indecente
indécis	indeciso
indemniser	indemnizar
indemnité de chômage	seguro de paro
indépendance	independencia
indépendant	independiente
indésirable	indeseable
index	índice (livre, doigt)
indication	una señal **f.**
indice de fécondité	índice de fecundidad
indien	indio, indígena
indifférent	indiferente
indigène	indígena
indigeste	indigesto
indigestion	indigestión
indigne	indigno
indigner	indignar
indiquer	indicar, señalar
indiscret	indiscreto
indispensable	indispensable
individu	individuo
indivisible	indivisible
induire	inducir
indulgence	indulgencia
indulgent	indulgente
industrie	industria
inégal	desigual
inégalité	desigualdad

inespéré	inesperado
inévitable	inevitable
inexact	inexacto
infaillibilité	infalibilidad
infaillible	infalible
infâme	infame
infamie	infamia, deshonra **f.**
infatigable	incansable
infecter	infectar
inférieur	inferior
infester	infestar
infidèle	infiel
infini	infinito
infirme	impedido (impotent)
infirmier	enfermero
inflammable	inflamable
influence	influencia
influer	influir
information	información
informelle économie ~	informal,
infraction	infracción
infrastructure	infraestructura
ingénieur	ingeniero
ingénieux	ingenioso
ingrat	desagradecido
inhiber	inhibir
initier (à)	iniciar (en)
injecter	inyectar
injection	inyección
injurier	injuriar
injuste	injusto
injustice	injusticia
innocent	inocente
innover	innovar
inoffensif	inofensivo
inondation	inundación
inonder	inundar
inoubliable	inolvidable
inquiet	inquieto, intranquilo
inquiéter	inquietar
inquisition	inquisición
inscrire	inscribir
inscription	inscripción
insecte	insecto
insecticide	un insecticida **m.**
insensé	insensato
insérer	insertar
insignifiant	insignificante
insinuer	insinuar
insister (sur)	insistir (en)
insolent	insolente
insomnie	el insomnio **m.**
insouciant	descuidado
inspecteur	inspector
inspecter	inspeccionar
inspirer	inspirar
installation	instalación
installer	instalar
instant	instante
instantané	instantáneo
instinct	instinto
instituer	instituir
institut	instituto
instituteur	institutor, maestro
instruction	instrucción
instruire	instruir
instruit	culto
instrument	instrumento
insulaire	isleño
insulte	un insulto **m.**
insulter	insultar
insurger (s')	rebelarse
intact	intacto
intègre	íntegro
intégrer	integrar
intelligence	inteligencia
intelligent	inteligente, listo
intensifier	intensificar
intensité	intensidad
intention	intención, propósito **m.**
interdiction	prohibición
interdire	prohibir
intéressant	interesante
intéresser	interesar
intérêt	interés
intérieur	interior
international	internacional
interne	interno
interprète	intérprete
interpréter	interpretar
interrompre	interrumpir
intervalle	intervalo
intervenir	intervenir
interview	entrevista
intestin	intestino
intime	íntimo
intitulé	encabezamiento
intolérance	intolerancia
intrigue	intriga
introduire	introducir
inutile	inútil
inutilisable	inservible
invalide	inválido
inventer	inventar
invention	invención **f.**
investissement	una inversión
invincible	invencible
invitation	invitación
invité (un) n.	el convivado
inviter	invitar, convidar
involontaire	involuntario
ironie	ironía
ironique	irónico
ironiser	ironizar
irrégulier	irregular
irrésistible	irresistible
irrigable	de regadio
irrigation	irrigación
irriguer	irrigar, regar
irriter	irritar
irruption	irrupción
isolement	aislamiento
isoler	aislar
issue	salida **f.** (de secours), el fin **m.** (résultat)
isthme	istmo
itinéraire	itinerario
ivre	ebrio, borracho **a.**
ivresse	embriaguez **f.**
ivrogne	borracho **m.**

J

jadis	antiguamente
jaillir	brotar, surgir
jalousie	envidia, los celos **m. pl.** (amour)
jamais	jamás, nunca
jambe	pierna
jambon	jamón
janvier	enero
jardin	jardín
jardin potager	huerto
jardin public	parque
jardinier	jardinero
jars	ganso
jasmin	jazmín
jaune	amarillo (couleur), yema (d'œuf)
jaunisse	ictericia **f.**
jean (blue-)	vaquero, tejano (tissu)
jeter	tirar, echar, lanzar
jeu	juego
jeudi	jueves
jeun (à)	en ayunas
jeune	joven
jeune-fille	chica
jeûne	ayuno
jeûner	ayunar
jeunesse	juventud
joailler	joyero
joie	alegría
joindre	juntar, unir
joli	bonito, lindo
joue	mejilla, el carrillo **m.**
jouer	jugar, tocar (musique), desempeñar (un rôle)
jouet	juguete **m.**
joug	yugo **m.**
jouir	gozar, disfrutar
jouissance	goce **m.**, disfrute **m.**
jour	día **m.**
~ de congé	fiesta
~ de semaine	día laborable
journal	periódico, diario (intime)
journalier	bracero
journaliste	periodista
journée	día **m.**, jornada **f.**

Lexique

joyau	joya, alhaja
joyeux	alegre
juge	juez **m.**
jugement	juicio (raison)
juger	juzgar
juif	judío
juillet	julio
juin	junio
jumeau	gemelo
jumelles	gemelos (appareil)
jument	yegua
jungle	selva
jupe	falda
jupon	la enagua **f.**
juré	jurado **m.**
jurer	jurar, blasfemar
juridique	jurídico
juron	palabrota
jury	jurado **m.**
jus	jugo (viande), zumo (fruit)
jusque	hasta
juste	justo
justice	justicia
justicier	justiciero
justifier	justificar
juvénile	juvenil

K

kidnapper	secuestrar
kilogramme	kilogramo **m.**
kilomètre	kilómetro **m.**
kiosque	quiosco **m.**
klaxon	la bocina **f.**, bocinazo (coup de ~)

L

là	ahí, allí
là-bas	allá
labeur	la labor **f.**
laboratoire	laboratorio
laborieux	laborioso, penoso
labour	el labor **m.**
labourer	arar (charrue), labrar
laboureur	labrador, labriego
lac	lago
lacer	atar
lacet	cinta, cordón
lâche	flojo (mou), cobarde (couard)
lâcher	soltar, plantar (laisser tomber)
lâcheté	cobardía
lacustre	lacustre
lagon	laguna **f.**
laid	feo
laideur	fealdad
lainage	punto
laine	lana
laïque **n.**	laico
laisser	dejar
lait	leche
laiterie	lechería
laitier	lechero
laitue	lechuga
lame	hoja (couteau), ola (mer)
lamentable	lamentable
lamenter	lamentar
lampadaire	lámpara de pie, farol **m.** (rue)
lampe	lámpara
lance	lanza
lancement	lanzamiento
lancer	lanzar, soltar, tirar
lanceur	lanzador
langage	lenguaje
langue	lengua **f.** (anat.), idioma **m.**
lanterne	linterna, farol **m.**
lapalissade	perogrullada
lapin	conejo
lard	tocino
lardons	torreznos
large	ancho
largeur	la anchura **f.**
larme	lágrima
larmoyant	lloroso
larmoyer	lagrimear
lasso	lazo
latent	latente **a.**
latin	latín **m.**
latino-américain	latinoaméricano
latitude	latitud **f.**
lavabo	lavabo
lavage	lavado
laver	lavar
laverie (aut.)	lavandería
leader	líder
lécher	lamer
leçon	lección
lecteur	lector
lecture	lectura
légal	legal
légaliser	legalizar
légalité	legalidad
légende	leyenda
léger	ligero
législation	legislación
légitime	legítimo
légume	la legumbre **f.**
~ vert	verdura, hortaliza
lendemain	el día siguiente
lent	lento
lenteur	lentitud **f.**
lentille	lente **f.** (optique), lenteja (légume)
lèpre	lepra
lépreux	leproso
lessive	lejía (produit), colada (action)
lessiver	colar
lettre	letra (caractère), carta (courier)
lever	levantar, alzar
lever (le)	levantamiento **f.**, salida (soleil)
levier	la palanca **f.**
lèvre	el labio **m.**
lexique	léxico
lézard	lagarto **m.**
liaison	enlace **m.**
libeller	redactar
libéral	liberal
liberalisme	liberalismo
liberateur	libertador
libération	liberación
libérer	libertar, soltar (liens)
liberté	libertad
librairie	librería **f.**
libre	libre
licence	licencia **f.**
licenciement	despido
licencier	despedir
liège	corcho
lien	ligadura **f.**, vínculo **(fig.)**
lier	atar, ligar
lieu	lugar, sitio
lieue (une)	legua
lieutenant	teniente **m.**
lièvre	la liebre **f.**
ligne	línea, raya (main)
lignée	prole **f.**
ligue	liga
limace	babosa
lime	lima (para las uñas)
limer	limar
limitation de vitesse	el límite de velocidad
limite	el límite **m.**
limiter	limitar
limonade	gaseosa
limpide	límpido
limpidité	limpidez
linge	ropa **f.**
linguiste	lingüista **m.**
linteau	dintel
lion	león
liquide	líquido **m.**
liqueur	un licor **m.**
lire	leer
lisse	liso

Français	Espagnol
lisser	alisar
liste	lista
lit	la cama **f.**
litige	litigio
litre	litro
littéraire	literario
littérature	literatura
littoral	litoral
livide	lívido
livraison	entrega
livre	libro
livrer	entregar
livret	una libreta **f.**
local	local
localiser	localizar
localité	localidad
locataire	inquilino
location	alquiler
locomotive	una locomotora **m.**
locution	locución
loge	portería (concierge), palco (theâtre)
logement	alojamiento
loger	alojar
logique	lógico
logique (la)	la lógica **f.**
loi	ley
loin	lejos
lointain	lejano
loisir	ocio
long	largo
longer	costear
longitude	longitud **f.**
longtemps	largo tiempo, mucho tiempo
longueur	longitud **f.**
loque	harapo
loqueteux	andrajoso
lorsque	cuando
lot	lote, premio (loterie)
loterie	lotería
lotion	loción
louer	alquilar (maison), alabar (vanter)
loup	lobo
loupe	lupa
lourd	pesado
loyal	leal
loyauté	lealtad
loyer	alquiler **m.**
lucide	lúcido
lucidité	lucidez
lucratif	lucrativo
lugubre	lúgubre
lumière	luz **f.**
lumineux	luminoso
lundi	lunes **m.**
lune	luna
lunette	el anteojo **m.**
lunettes	gafas **f. pl.**
lutte	lucha
lutter	luchar
luxe	lujo
luxueux	lujoso
luxure	lujuria
luxuriant	frondoso
lycée	liceo **m.**, instituto **m.**
lyre	lira
lyrique	lírico
lyrisme	lirismo

M

Français	Espagnol
macabre	macabro
macaroni	macarrón
mâcher	masticar
machinal	maquinal **a.**
machine	máquina
~ à calculer	la calculadora
~ à écrire	máquina de escribir
~ à laver	lavadora
~ à sous	el tragaperras
machiniste	maquinista **m.**
mâchoire	mandíbula
maçon	albañil
franc ~	masón
madame	señora
mademoiselle	señorita
magasin	almacén **m.**, tienda **f.** (boutique)
magazine	revista **f.**
magie	magia
magique	mágico
magnésium	magnesio
magnifique	magnífico
maigre	delgado, flaco
maigrir	adelgazar
maillon	eslabón
maillot de bain	traje de baño
main	la mano **f.**
main-d'œuvre	mano de obra
maintenant	ahora
maintenir	mantener
maire	alcalde **m.**
mairie	el ayuntamiento
maïs	maíz
maison	casa, hogar **m.** (foyer)
maître	amo (propiétaire), maestro (enseignant)
maîtrise	dominio
maîtriser	dominar
majesté	majestad **f.**
majestueux	majestuoso
majeur	mayor
majorité	mayoría
mal	mal (≠ bien), dolor **m.** (douleur)
se faire ~	hacerse daño
malade	enfermo, malo
maladie	enfermedad **f.**
maladif	enfermizo
maladresse	torpeza
maladroit	torpe
malaise	malestar
malchance	mala suerte
malchanceux	desgraciado
mâle	macho (animal), varón (homme)
malédiction	maldición
maléfique	maléfico (malfaisant)
malgré	a pesar de
malheur	desgracia **f.**
malheureux	desgraciado, desdichado
malhonnête	deshonesto
malicieux	malicioso
malin	maligno (tumeur), astuto (rusé)
malle	baúl **m.**, cofre **m.**
malsain	malsano
maltraitement	maltrato
maltraiter	maltratar
manche (un)	mango **m.**
manche (une)	manga **f.**
mandat	mandato, giro (poste)
manger	comer
manie	manía
maniement	manejo
manier	manejar
manière	manera **f.**, modo **m.**
manifestant	manifestante
manœuvre	una maniobra **f.**
manœuvrer	maniobrar
manque	la falta **f.**
manquer	faltar, fallar (cible), perder (train)
mansarde	buhardilla
manteau	abrigo **m.**
~ de fourrure	abrigo de pieles
manuel	manual
manuscrit	manuscrito **m.**
maquillage	maquillaje **m.**
maquiller	pintar, maquillar
marais	pantano
marbre	mármol
marchand	comerciante **m.**, negociante, tendero (tienda)
~ de journaux	vendedor de periódicos
marchandise	mercancía
marche	marcha (action)
~ d'escalier	escalón **m.**
marché	mercado **m.**, negocio (affaires)
marcher	andar
mardi	martes **m.**
marée	marea

Lexique

marginal marginado **m.**
marguerite margarita
mari marido **m.**
mariage matrimonio (sacrement), casamiento, boda (noce)
marier casar
marin marino **a. / m.**, marinero **m.**
marionnette títere **m.**
marque marca, señal **f.**
marquer marcar, señalar
marquis marqués **m.**
marraine madrina
marron la castaña **f.** (fruit), marrón (couleur)
mars marzo **m.**
marteau martillo
martyr un mártir **m.**
martyriser martirizar
marxisme marxismo
masculin masculino
masque la máscara **f.**, el antifaz **m.** (loup)
masquer enmascarar
massacre una matanza **f.**, la masacre
massage masaje **m.**
masse masa
masser (se) agruparse
match match, partido
match nul empate **m.**
matelas colchón **m.**
matelot marinero **m.**
matériaux materiales **m. pl.**
matériel material **a. et m.**
maternel materno **a.**
maternité maternidad **f.**
mathématiques matemáticas **f.**
matière materia
~ première materia prima
matin la mañana **f.**
matinal madrugador
matinée (ciné) sesión de tarde
matricule la matrícula **f.**
maturité madurez **f.**
maudire maldecir
maudit maldito
mauvais malo
mauve malva **a., n. f.**
mayonnaise mahonesa
mécanicien mecánico **m.**
mécanique mecánico **a.**
mécaniser mecanizar
mécanisme mecanismo
méchanceté maldad **f.**
méchant malo
mèche mecha
méconnaître desconocer
mécontent descontento
médaille medalla
médecin médico **m.**
médecine medicina **f.**
médical medical
médicament medicamento
Méditerranée Mediterráneo
méditer meditar
méfiance desconfianza
méfiant desconfiado
méfier desconfiar
mégot la colilla **f.**
meilleur mejor
mélancolie melancolía
mélancolique melancólico
mélange una mezcla **f.**
mêler mezclar
mélodie melodía
melon melón
membre miembro
même mismo, hasta, incluso
même si aunque **+ subj.**
mémoire memoria
mémorable memorable
menaçant amenazador
menace amenaza
menacer amenazar
ménage (faire le ~) limpiar
mendiant mendigo
mendier mendigar
mener llevar, conducir
menottes las esposas **f. pl.**
mensonge la mentira **f.**
mensuel mensual
mental mental
mentalité mentalidad **f.**
menteur mentiroso
menthe menta
mentionner mencionar
mentir mentir
menton barbilla **f.**
menu menú
menuisier carpintero
mépris desprecio
méprise equivocación
mépriser despreciar
mer el mar
merci gracias **f. pl.**
dire ~ dar las gracias
mercredi miércoles **m.**
mercure mercurio
mère madre
mérite mérito
mériter merecer
merveille maravilla
merveilleux maravilloso
message mensaje **m.**, encargo (commission)
messe misa **f.**
messie mesías **m.**
mesure medida
mesurer medir
métal metal **m.**
métallique metálico
métallurgie metalurgia
métaphore metáfora
méthode un método **m.**
métier oficio, profesión
métis mestizo
métissage mestizaje
mètre metro
métro metro
métropole metrópoli
metteur en scène director de cine
mettre poner, meter (introduire), echar (verser)
meuble mueble **m.**
meubler amueblar
meunier molinero
meurtre homicidio, asesinato
meutrier asesino **m.**
meurtrier mortífero
miauler maullar
microbe microbio
microscope microscopio
midi mediodía **m.**
mie miga
miel la miel **f.**
miette migaja
mieux mejor
mignon bonito, lindo
migration migración
milieu medio
militaire militar
mille mil
millième milésimo
million millón
millionnaire millonario
minaret alminar
mince delgado
minceur delgadez **f.**
mincir adelgazar
mine (crayon, gisement) mina **f.**
mine (air) cara
minerai un mineral
mineur menor (âge), minero (ouvrier)
minime mínimo
ministère ministerio
ministre ministro
minorité minoría
minuit medianoche **f.**
minuscule minúsculo
minute un minuto **m.**
miracle milagro
miraculeux milagroso
mirage espejismo
miroir espejo
mis (p.p.) puesto
mise puesta
~ au point enfoque **m.**
~ en scène presentación
miser apostar

misérable miserable
misère miseria
miséricorde misericordia
missile misíl m., cohete
mission misión
missionnaire misionero
mi-temps un tiempo (football)
travailler à ~ trabajar media jornada
mobile móvil
mobiliser movilizar
mobilité movilidad
mode (manière) modo m.
~ d'emploi instrucciones para el uso
mode (à la) (de) moda
modèle modelo m.
modérer moderar
moderne moderno
moderniser modernizar
modeste modesto
modifier modificar
moindre menor
moine fraile m., monje m.
moins menos
mois mes m.
moisson siega, cosecha
moissonner segar (faucher), cosechar (récolter)
moitié mitad
molaire muela
mollesse blandura, flojera (fig.)
mollet la pantorrilla f.
moment momento, rato
momentané momentáneo
momie momía
momifier momíficar
monarchie monarquía
monarchique monárquico
monarque un monarca m.
monastère monasterio
monde mundo, gente f.
mondial mundial
monétaire monetario
monnaie moneda
rendre la ~ dar la vuelta
petite ~ cambio, suelto
monologue monólogo
monopole monopolio
monopoliser monopolizar
monotone monótono
monotonie monotonía
monsieur señor, caballero
monstre monstruo
monstrueux monstruoso
mont monte m.
montagne montaña
montagneux montañoso
montée subida
monter subir (pente), montar (cheval)
montre(-bracelet) un reloj m. (de pulsera)
montrer mostrar (manifester), enseñar (faire voir)
monument monumento
moquer (se) burlarse
moquerie burla
moqueur burlón
moral moral
morale la moral, la ética
moralité moralidad
morceau pedazo, trozo, terrón (sucre)
mordre morder
moresque morisco
moribond moribundo a.
mort la muerte, muerto (p.p.)
mortel mortal
mortier mortero (récipient), mezcla
morue el bacalao m.
mosaïque un mosaico m.
mosquée mezquita f.
mot una palabra f., vocablo m.
gros ~ una palabrota f.
mots croisés el crucigrama
moteur motor m.
motif motivo, el fin m.
motiver motivar
mou blando, flojo (fig.)
mouche mosca
moucher (se) sonarse
mouchoir pañuelo
moudre moler
mouiller mojar, fondear (maritime)
moule (un) molde m.
moulin molino
moulure moldura
mourir morir
moustique mosquito
moutarde mostaza
mouton cordero
mouvement movimiento
mouvementé animado
mouvoir mover
moyen medio, mediano (médiocre)
moyen (un) medio m.
moyennant mediante prép.
muet mudo
mulâtre mulato
mule, mulet mula, mulo
multiple múltiple
multiplier multiplicar
municipalité municipio
munition munición
mur la pared f., muro (ville), tabique m. (cloison)
mûr maduro
muraille muralla
mûrir madurar
murmurer murmurar
muscat moscatel
muscle músculo
musée museo
musical musical
musicien músico m.
musique música
musulman musulmán
mutation mutación
mutiler mutilar
mutinerie un motín m.
mutuel mutuo
myope miope
myopie miopía
mystère misterio
mythe mito

N

nager nadar
~ sous l'eau bucear
nageur nadador
naïf cándido
nain enano
naissance el nacimiento m.
naître nacer
nappe un mantel m.
narcotique narcótico
narrateur narrador
natalité natalidad
natation natación
natif nativo
nation nación
nationalité nacionalidad
natte trenza (tresse)
naturaliser naturalizar
nature naturaleza
naturel natural
naufrage naufragio
naufrager naufragar
naufragé náufrago m.
nausée náusea
nautique náutico
navigable navegable
navigateur navegante
naviguer navegar
navire buque m., navío
néanmoins no obstante
nécessaire necesario
nécessité necesidad
nécessiter necesitar
négatif negativo
négation negación
négligence el descuido m.
négliger descuidar
négoce negocio
négociant negociante
négocier negociar

Lexique

nègre negro
neige nieve **f.**
neiger nevar
nerf nervio
nerveux nervioso
nervosité nerviosismo
net neto, limpio
nettoyage limpieza
nettoyer limpiar
neuf nuevo (≠ vieux)
neuf (le 9) nueve
neutraliser neutralizar
neutralité neutralidad
neutre neutro
neveu sobrino
nez la nariz **f.**
niais necio
nid nido
nièce sobrina
nier negar
niveau nivel
niveler nivelar
n'importe quand cuando quiera
noble noble
noblesse nobleza
noce boda, casamiento
nocturne nocturno
nœud nudo
~ papillon pajarita
Noël Navidad
noir negro
noircir ennegrecer
noisette avellana
noix nuez
nom nombre
~ de famille apellido **m.**
~ de jeune fille apellido de soltera
nomade nómada
nombre número
nombreux numeroso
nomination nombramiento
nommer nombrar (à un poste), llamar (donner un nom)
nord norte
nord-est nordeste
nord-ouest noroeste
normal normal
normaliser normalizar
norme norma
nostalgie nostalgia
notamment especialmente
note nota, cuenta (facture)
noter notar (remarquer), apuntar (inscrire)
notifier notificar
notion noción
nouer anudar, atar
nougat turrón
nouille tallarín
nourrice nodriza
nourrir alimentar, nutrir **(fig.)**
nourrisson bebé
nourriture alimento **m.**, comida
nouveau nuevo
nouveauté novedad
nouvelle (une) noticia (information), novela corta (littérature)
novembre noviembre **m.**
noyau hueso (fruit), núcleo **(fig.)**
noyer (se) ahogar(se)
nu-pieds descalzo
nuage la nube **f.**
nuageux nublado
nuages (se couvrir de) nublarse
nuance el matiz **m.**
nucléaire nuclear
nuire dañar, perjudicar
nuisible perjudicial
nuit la noche **f.**
nul nulo **adj.**, nadie (pron. = personne)
nullement de ningún modo
numéro número
numéroter numerar
nuque nuca

O

obéir obedecer
obéissance obediencia **f.**
obéissant obediente
objectif objetivo
objection objeción
objet objeto
obligation obligación
obligatoire obligatorio
obliger obligar
oblique oblicuo
obscur oscuro
obscurcir oscurecer
obscurité oscuridad
observation observación
observer observar
obstacle obstáculo
obstination obstinación
obstiner (s') empeñarse en
obtenir obtener, conseguir, lograr
occasion ocasión, oportunidad
bonne occasion ganga
occident occidente **m.**
occupation ocupación
occuper ocupar
s'~ de cuidar
océan océano
octave una octava **f.**
octobre octubre **m.**
odeur el olor **m.**
œil ojo
œuf huevo
œuvre obra
offense ofensa
offenser ofender
Office du Tourisme Oficina de Turismo
officiel oficial
offre oferta
offrir ofrecer, regalar
ogive ojiva
oignon la cebolla **f.**
oiseau pájaro, un ave **f.** / unas aves
oisif ocioso
olive aceituna
olivier olivo
olympique olímpico
ombre sombra
omelette tortilla
oncle tío
ongle una uña **f.**
opaque opaco
opéra la ópera **f.**
opération operación
opérer operar
opérette opereta
opinion opinión
opportunité oportunidad
opposer oponer
opposition oposición
oppression opresión
opprimer oprimir
optimisme optimismo
optimiste optimista
option opción
or oro (métal)
or (conj.) luego, pues
oracle oráculo
orage la tormenta **f.**
orageux tormentoso
oral oral
orange naranja
orangé anaranjado
oranger naranjo (arbre)
orchestre la orquesta **f.**
ordinaire ordinario
ordinateur ordenador
ordonner ordenar
ordre orden **m.** (classement), **f.** (commandement)
~ religieux orden **f.**
ordure basura
oreille oreja (organe), oído (ouïe)
oreiller una almohada **f.**
orfèvre orfebre, platero
organe órgano

organisation	organización
organiser	organizar
organisme	organismo
orgue	órgano
orgueil	orgullo
orgueilleux	orgulloso
orientation	orientación
orienter	orientar
original	original
origine(s)	origen (orígenes) **m.**
ornement	adorno
orner	adornar
orphelin	huérfano
orthographe	ortografía
os	hueso
oser	osar, atreverse
otage	rehén **m.**
ôter	quitar, sacar (prendre)
ou	o **(conj.)**
où	donde, en que (relatif)
oublier	olvidar
ouest	oeste
oui	sí
ouïe	el oído **m.**
ouragan	huracán
ours	oso
outil	una herramienta **f.**, utensilio
en outre	además
outremer	ultramar **m.**
ouvert	abierto
ouverture	apertura
~ d'esprit	anchura de miras
ouvrage	la obra **f.**
ouvre-boîte	abrelatas **m.**
ouvrier	obrero
ouvrir	abrir
ovale	ovalado
ovation	ovación
oxyder	oxidar
oxygène	oxígeno

P

pacifier	pacificar
Pacifique	Pacífico
page	página
paiement	pago
paille	paja
pain	pan
pair	par **adj.** (≠ impair)
une ~ de	unos, as...
paître	pacer
paix	paz
palais	palacio (lieu)
pâle	pálido
pancarte	pancarta, cartel
panier	cesto, cesta (plus grand), canasto
panne	avería
panneau	tablero
pantoufle	zapatilla
Pape	el Papa **m.**
papier	papel **m.**
papillon	la mariposa **f.**
paquet	paquete **m.**
parachute	paracaídas **m.**
paradis	paraíso
paradoxe	una paradoja
paragraphe	párrafo
paraître	parecer
parallèle	paralelo
paralyser	paralizar
parapluie	un paraguas **m.**
parasol	parasol, quitasol
paravent	biombo
parce que	porque
parcmètre	parquímetro
parcourir	recorrer
pardon	perdón
pardonner	perdonar
parent (un)	pariente **m.**
parents	padres (père + mère)
paresse	pereza
paresseux	perezoso, holgazán vago, haragán
parfois	a veces
parfum	perfume **m.**, fragancia, aroma (goût)
pari	apuesta, quinielas (au football)
parking	aparcamiento
parler	hablar
parmi	entre
paroi	pared
parole	palabra
parquer	aparcar
parrain	padrino
part	parte
partager	partir, compartir
partenaire	socio
participation	participación
partir	irse, marcharse, salir (train)
partisan	partidario, guerrillero
parvenir	llegar, conseguir
pas (un)	paso
pas du tout	de ninguna manera
passage	paso, pasaje **m.** (ruelle, dans un livre)
~ clouté	paso de peatones
passager	pasajero
passe-temps	afición
passeport	pasaporte **m.**
passer	pasar
passion	pasión
passionner	apasionar
pasteur	pastor
pâte	pasta (tarte), masa (pain)
pâtes	pastas
paté de maison	manzana
patience	paciencia **f.**
patienter	tener paciencia
patinage	patinaje **m.**
pâtisserie	pastelería, repostería
patrie	patria
patronat	empresariado
patte	pata
pâturage	pastos **m. pl.**
paume	palma
paupière	el párpado **m.**
pause	pausa
pauvre	pobre
pauvreté	pobreza
pavillon (banlieue)	chalet
paye	paga
payer	pagar
pays	país
paysage	paisaje
paysan	campesino
péage	peaje **m.**
peau	piel **f.**
pêche	pesca (poissons), melocotón **m.** (fruit)
péché	pecado
pécher	pecar (faute)
pêcher	pescar (poisson)
pêcheur	pescador
peigne	peine
peigner	peinar
peindre	pintar
peine	pena
à ~	apenas
peintre	pintor
peler	pelar
pèlerinage	la peregrinación
pelle	pala
pellicule	película
pelote basque	pelota vasca
pelouse	el césped
penchant	la afición **f.** (sentiment)
pencher	inclinar(se)
pencher(se)	asomarse (au-dehors)
pendant	durante
pendant que	mientras
pendre	colgar, suspender, ahorcar (avec une corde)
pénétrer	penetrar
pénible	penoso
péninsule	península
pénitence	penitencia
pensée	un pensamiento **m.**
penser	pensar
pension	pensión
pente	pendiente, cuesta
Pentecôte	Pentecostés
pénurie	escasez **f.**

Lexique

pépin	pepita (raisin)v pipa
percer	perforar, taladrar (perceuse)
percevoir	percibir, cobrar (argent)
perdant	perdedor
perdre	perder
père	padre
perfection	perfección
péril	peligro
période	un período **m.**
périodique	periódico
périr	perecer
perle	perla
permettre	permitir
permis de conduire	carnet de conducir
permission	permiso **m.**
perpétuel	perpetuo **a.**
perroquet	loro, papagayo
perruque	peluca
persécuter	perseguir
persévérer	perseverar
persister	persistir
personnage	personaje
~ principal	el/la protagonista
personne	una persona, nadie (≠ quelqu'un)
personnel (le)	el personal
personnifier	personificar
persuader	persuadir
perte	pérdida
pervertir	pervertir
pesant	pesado
peser	pesar
peste	peste **f.**
pétale	pétalo
petit	pequeño, bajo (taille)
petit ami	novio
petit déjeuner	desayuno
petit-fils	nieto
petits pois	guisantes
pétrir	amasar
pétrole	petróleo
peu	poco
peuple	pueblo
peupler	poblar
peuplier	álamo
peur	el miedo **m.**
peut-être	quizás, tal vez, acaso
phare	faro
pharmacie	farmacia
phase	fase **f.**
phoque	la foca **f.**
phosphore	fósforo
photo	foto **f.**
photocopieuse	fotocopiadora **f.**
photographier	fotografiar
phrase	frase **f.**
physique	físico
pianiste	una pianista
pic	pico
pièce	pieza, habitación (maison), obra (théatre)
pied	pie **m.**
pieds nus	descalzo
piège	la trampa **f.**
pierre	piedra
piété	piedad
piéton	peatón
pigeon	la paloma
pieuvre	el pulpo **m.**
pieux(se)	piadoso (a)
piller	pillar
pilote	piloto
pilule	píldora
pin	pino
pinceau	pincel
pincer	pellizcar
ping-pong	tenis de mesa
pipe	pipa
piquer	picar, pinchar
piqûre	picadura (insecte), pinchazo (aiguille), inyección (avec une piqûre)
pirate	un pirata **m.**
pire	peor
piscine	piscina
piste	pista
pitié	piedad **f.**, lástima
pittoresque	pintoresco
placard	armario
place	plaza
placer	colocar, poner
plafond	techo
plage	playa
plaie	llaga
plaindre	compadecerse de alguien
plaindre (se)	quejarse
plaine	llanura
~ irriguée	huerta
plainte	queja
plaire	agradar
plaisanter	bromear
plaisanterie	broma, un chiste **m.**
plaisir	placer **m.**, gusto
plan	plano, plan
planche	tabla, acuaplano (surf)
planète	el planeta **m.**
plante	planta
planter	plantar
plastique	plástico
plat	llano, raso
plat (un mets)	**adj.** plato, manjar
plateau	una meseta **f.** (géo.), plató (ciné), bandeja (objet)
plein	lleno
pleur	llanto
pleurer	llorar
pleuvoir	llover
plier	plegar, doblar
plomb	plomo **m.**
plombier	fontanero
plongeon	la zambullida
plonger	zambullirse
plume	pluma
plupart (la)	la mayor parte
plus	más
plusieurs	varios
plus-value	plusvalía
pluie	lluvia
pluvieux	lluvioso
PME	pymes (pequeñas y medianas empresas)
pneu	neumático
poche	el bolsillo **m.**
poêle (un)	una estufa **f.**
poêle (une)	sartén **f.**
poème	un poema **m.**
poésie	poesía
poète	un poeta **m.**
poids	peso
poignard	puñal
poignée	un puñado **m.**
~ de main	un apretón **m.**
poignet	la muñeca **f.**
poil	pelo
poing	puño
point	punto
point-virgule	punto y coma
pointe	punta
poire	pera
pois chiche	garbanzo
poison	veneno
poisson	pez **m.** (vivant), pescado **m.** (pêché)
poissonnier	pescadero
poitrine	el pecho **m.**
poivre	la pimienta **f.**
pôle	el polo
polémique	polémica
poli	cortés
police	policía **f.**
policier	el policía **m.**
politesse	cortesía
politique	política
pollution	contaminación
pomme	manzana
~ de pin	piña
~ de terre	la patata
pompier	bombero
pont	puente, cubierta **f.** (bateau)
populaire	popular
population	población
porc	puerco, cerdo (viande)
port	puerto
~ de plaisance	puerto deportivo

porte puerta
porte-avions un portaviones **m.**
portée (hors de) fuera de alcance
portefeuille la cartera
portemanteau perchero **f.**
porte-parole un portavoz
porte-voix megáfono
porter llevar, traer
portier portero (personne)
portion porción, ración
portrait retrato **m.**
poser poner, colocar
~ un problème plantear un problema
posséder poseer
possible posible
poste (un) puesto
bureau de ~ oficina de correos **f.**
pot jarro (eau), tarro (confiture)
pot de fleurs una maceta **f.**
pot-au-feu olla, cocido
pot-de-vin soborno
poterie alfarería
pou piojo
poubelle cubo de la basura
pouce pulgar **m.**, dedo gordo (pied)
poudre el polvo **m.**
~ à canon pólvora
poulain potro
poule gallina
poulet pollo
poumon pulmón
poupée muñeca
pour para, por
pourboire la propina **f.**
pourquoi por qué, para qué
pourrir podrir
poursuivre perseguir, proseguir (continuer)
pourtant sin embargo
pousser empujar, crecer
poussière el polvo **m.**
poutre viga
pouvoir poder
~ d'achat poder adquisitivo
pratiquer practicar
pré prado
précaution precaución
précéder preceder
précieux precioso, afectado (maniéré), rebuscado (style)
précipiter precipitar
précis preciso **adj.**, un compendió **n.**
préciser precisar
préface un prefacio **m.**
préférence preferencia
préjudice perjuicio
préjugé prejuicio
préméditer premeditar
premier primero, (primer)
prendre coger, tomar
prénom nombre de pila
préoccuper preocupar
préparer preparar
présentateur (télé) presentador **m.**
présence presencia
présenter presentar
président presidente **m.**
presque casi
prestige prestigio
presse prensa
presser apretar (serrer), exprimir (fruit)
presser (se) apresurarse, darse prisa
pression presión
prêt listo
prêter prestar
prétexte pretexto
prêtre sacerdote **m.**
preuve prueba
prévenir avisar, advertir, prevenir (une maladie)
prévision previsión
~ s météo pronóstico meteorológico
prévoir prever
prier rezar, orar (Dieu), rogar (quelqu'un)
prière oración
prime prima
prince príncipe **m.**
principal principal
principe principio
printemps la primavera **f.**
priorité prioridad **f.**
prise presa, toma (conquête, sang)
~ de courant el enchufe **m.**
prison cárcel **f.**
prisonnier preso **m.**, prisionero (guerre)
priver privar
privilège privilegio
prix precio **m.**, premio (Nobel)
~ de revient precio de coste
hausse de ~ incremento de precios
problème un problema **m.**
procédé procedimiento
procéder proceder
procès proceso, pleito
procession procesión
prochain próximo
proche (de) cerca de, cercano
proclamer proclamar
procurer proporcionar
production producción
produire producir
produit national brut producto nacional bruto
professeur profesor
profession profesión
profil perfil **m.**
profit provecho
au ~ de en provecho de
profiter de aprovechar
profond profundo, hondo
profondeur profundidad, hondura
programme un programa **m.**
~ télé cartelera
progrès progreso
progresser progresar
progressiste progresista
projet proyecto
projeter proyectar
promenade un paseo **m.**
promener (se) pasear ir de paseo
promesse promesa
promettre prometer
promotion promoción
prononcer pronunciar
proportion proporción
propos (à) a propósito
proposer proponer
propre limpio, propio (à quelqu'un)
propreté limpieza
propriétaire propietario, amo
~ foncier terrateniente
propriété propriedad, hacienda **f.** (maison + terres), finca (maison à la campagne)
prose prosa
prospectus prospecto
prospère próspero
protection protección
protestation protesta
protestant protestante **m.**
protester protestar
protocole protocolo
prouesse hazaña
prouver probar
provenance (en ~ de) procedente de
provenir provenir
proverbe proverbio, refrán
providence providencia
province provincia
provision provisión
provisoire provisional
provoquer provocar
proximité proximidad
prudence prudencia

Lexique

prudent prudente
psychiatre psiquiatra **m.**
psychique psíquico
psychologie psicología
public público
publicité publicidad, anuncio
publier publicar
pudeur el pudor **m.**
puer apestar
puis luego, después
puisque puesto que, ya que
puissance potencia (moteur)
les grandes ~ las grandes potencias
puissant poderoso
puits pozo
pull-over jersey
punir castigar
punition el castigo **m.**
pur puro
purée el puré **m.**
pureté pureza
puzzle un rompecabezas **m.**
pyjama pijama **m.**
pyramide pirámide **f.**

Q

quai andén **m.** (gare), muelle **m.** (port)
qualification calificación
qualifier calificar
qualité calidad (bonne ou mauvaise), cualidad (personne, vie …)
quand cuando
quant à en cuanto
quantité cantidad
quarantaine cuarentena
quart cuarto
quartier barrio (ville)
quatrain cuarteto (vers = 11 syllabes), cuarteta **f.** (vers = 8 syllabes)
quatuor cuarteto
quelque alguno, algún
quelque chose algo
quelques-uns unos cuantos
quelquefois algunas veces, a veces
quelqu'un alguien
querelle riña
question pregunta, cuestión
poser une ~ hacer una pregunta
questionner interrrogar, preguntar
quête busca, colecta (collecte)
quêter buscar, recolectar
queue cola **f.**, rabo **m.** (fruit)
faire la ~ hacer cola
qui que ce soit quien quiera
quiconque quien quiera
quintal quintal **m.**
quiproquo quid pro quo
quitter quitar, dejar, alejarse (partir de)
quoique aunque
quotidien diario, periódico
quotient cociente **m.**
rabais rebaja
vendre au ~ vender con rebaja

R

rabbin rabino
raccourcir acortar(se)
race raza
racine raíz **f.**
raconter contar
rade rada
radeau la balsa **f.**
radiateur radiador
radiation radiación
radio radio **f.**
rafale ráfaga
raffiner refinar
rafraîchir refrescar
rafraîchissement refresco
rage rabia
ragoût guiso **m.**
raide tieso
rail riel **m.**, carril **m.**
raisin la uva **f.**
raison razón
raisonner razonar
rajeunir rejuvenecer
ralentir aminorar, ir más despacio
ralentissement desaceleración
~ économique económica
ramasser recoger
ramer remar
ramper arrastrarse
rançon el rescate **m.**
rancune el rencor **m.**
rang fila, condición
rangée hilera
ranimer reanimar
rapace rapaz **m.**
râper rallar (fromage)
rapide rápido
rapidité rapidez **f.**, velocidad
rappeler(se) recordar, acordarse
rapport informe **m.** (compte-rendu), producto, renta (revenu)
par ~ à con relación a
rapporter devolver (restituer), traer (de nuevo),
rapprochement acercamiento
raquette raqueta
rare raro, escaso
rareté rareza
raser (se) afeitar(se)
rasoir électrique maquinilla de afeitar
rassasié hartado, harto
rassasier hartar
rassembler juntar
rassurer tranquilizar
rat una rata **f.**
ration ración
raturer borrar
ravage estrago
ravager estragar
ravin barranco
ravir encantar (enchanter)
ravisseur secuestrador
ravitailler abastecer
rayon rayo (soleil), radio (géométrie)
rayonner radiar, resplandecer (joie)
rayonnement la irradiación, el resplandor **m.**
réaction reacción
réagir reaccionar
realisateur director (cinéma)
réaliser realizar
réalité realidad
rebelle rebelde **m.**
rebeller (se) rebelarse
recensement censo
récent reciente
réception recepción
récession recesión
recette el ingreso **m.** (argent), receta (cuisine)
receveur cobrador
recevoir recibir
recherche busca
à la ~ de en busca de
rechercher buscar, investigar
récipient recipiente **m.**
récit relato
réclamer reclamar
récolte cosecha
récolter cosechar
recommander recomendar, certificar (une lettre)
recommencer empezar de nuevo /otra vez, volver a
récompense recompensa
récompenser recompensar, premiar (prix)
réconcilier reconciliar
reconnaissance reconocimiento, agradecimiento (gratitude)
reconnaître reconocer

reconquête reconquista
record récord
battre un ~ batir un récord
rectangle rectángulo
rectangulaire rectangular
rectifier rectificar
reçu recibo
recueillir recoger
reculer retroceder
rédacteur du journal télévisé redactor informativo
rédaction redacción
rédiger redactar
redouter temer
réduction reducción **f.**
réduire reducir
réel real
référer (se) referirse
réfléchir reflejar (lumière), reflexionar (penser)
reflet reflejo
réforme réforma
réformer reformar
refrigérateur la nevera **f.**
refroidir enfriar
refuge refugio
réfugier (se) refugiarse
refus rechazo, la negativa **f.**
refuser rehusar
se ~ à negarse **a.**
regard la mirada **f.**
regarder mirar
régime régimen
régiment regimiento
région región, área
registre registro
règle regla
règlement reglamento
régler reglar, arreglar
règne reinado
régner reinar
regret pesar **m.**
regretter sentir (déplorer), echar de menos (le passé)
régulier regular
rein riñón
reine reina
rejeter rechazar
réjouir (se) alegrar(se)
rejoindre reunirse con,
relation relación
relever levantar, relevar (relayer),
relief relieve
relier conectar, enlazar, encuadernar (un livre)
religion religión
remarquer notar, fijarse en
rembourser reembolsar, devolver
remède remedio
remercier dar las gracias
remettre volver a poner, entregar (quelque chose à quelqu'un)
remise entrega, (coupe) un descuento **m.** (prix)
remords remordimiento
rempart la muralla **f.**
remplacer reemplazar, sustituir
remplir llenar, rellenar
remuer mover, menear
renaissance el renacimiento **m.**
renard zorro
rencontre el encuentro **m.**
rencontrer encontrar,
~ qq'un ~se con alguien
rendement rendimiento
rendez-vous la cita **f.**
rendre devolver
renfermer encerrrar
renier renegar
renommé famoso **adj.**
renommée fama **n.**
renoncer renunciar
renouvellement renovación
renseignement informe **m.**
rente renta
rentrée apertura (scolaire)
rentrer volver, regresar a casa (à la maison)
renverser invertir (inverser), derribar (chose, gouvernement), atropellar (un piéton), volcar (un récipient)
renvoyer devolver (rendre), despedir (congédier), despachar
répandre derramar (liquide, odeur), difundir (nouvelle), propagar
réparation reparación
réparer reparar
repas comida **f.**
repasser planchar (linge)
repère la señal **f.**
répéter repetir, ensayar (théâtre)
répondre contestar, responder
réponse contestación, respuesta
reporter (un) reportero
repos descanso
reposer (se) descansar
repousser rechazar
représenter representar
reprise économique recuperación
reproche reproche **m.**
reprocher reprochar
reptile reptil **m.**
république república
réputation fama
requin tiburón
réseau una red **f.**
réservation reserva
réserver reservar
réservoir depósito
résider dans radicar en
résigner (se) resignarse, conformarse con
résistance resistencia
résister resistir
résolution resolución
résoudre resolver, solucionar
respect respeto
respecter respetar
respirer respirar
responsable responsable
responsabilité responsabilidad
ressembler à parecerse a
ressentir sentir, expérimentar (éprouver)
ressortir sobresalir, destacar
ressusciter resucitar
restaurant restaurante **m.**
reste resto **m.**, sobras (repas)
reste (le) lo demás
rester quedar(se), permanecer
résultat resultado **m.**
résumé resumen **m.**
résumer resumir
rétablir (se) restablecerse
retard retraso, atraso
être en ~ llevar retraso
retarder demorar, retrasar (une montre)
retenir retener
retirer quitar, sacar, retirar (candidature)
retour regreso, vuelta
retourner volver, regresar, devolver (une lettre)
retraite retirada (guerre) retiro (vieillesse pour 1 militaire) jubilación
rétrograder retroceder
rétroviseur retrovisor
réunion reunión
réunir reunir
réussir lograr, conseguir, salir bien, tener éxito aprobar (examen)
réussite acierto, el éxito **m.**
rêve sueño
réveil despertar **m.**
~ -matin despertador **m.**

Lexique

réveillé	despertado, despierto
réveiller (se)	despertar(se)
révéler	revelar
revenir	volver, regresar, salir (coûter)
revenu	la renta **f.**
rêver	soñar
rêveur	soñador
réviser	revisar,
révolution	revolución
révolver	revólver
revue	revista
rez-de-chaussée	planta baja
rhum	ron **m.**
rhumatisme	un reuma **m.**
rhume	un constipado, un resfrío
riche	rico
richesse	riqueza
ride	arruga
rideau	la cortina **f.**, telón **m.** (théâtre)
tirer le ~	correr la cortina
ridicule	ridículo
rien	nada
rigueur	el rigor **m.**
rime	rima
rimer	rimar
riposte	réplica
rire	reírse
rire (le)	la risa **f.**
risque	riesgo
risquer	arriesgar
rivage	la ribera **f.**
rival	rival
rivaliser	competir
rive	orilla
rivière	un río **m.**
riz	arroz **m.**
robe	un vestido **m.**
~ de mariée	traje de boda
~ du soir	traje de noche
~ de chambre	bata
robinet	grifo
robuste	robusto
roc	la roca **f.**
rocher	una peña **f.**, peñon
rocheux	rocoso
roi	rey
rôle	papel **m.** (théâtre)
roman	novela,
~ policier	~ policíaca (policier)
romantique	romántico
ronde	ronda
ronfler	roncar
rose	rosa
rosée	el rocío **m.**
rossignol	ruiseñor
rôti	asado **m.**
rôtir	asar
roue	rueda
~ de secours	rueda de repuesto
rouge	rojo, colorado,
~ à lèvres	carmín de labios
vin ~	tinto
rouge-gorge	petirrojo
rougeole	el sarampión **m.**
rouget	salmonete **m.**
rougeur	el rubor **m.**
rougir	enrojecer, ruborizarse (fig.)
rouille	herrumbre **f.**
rouiller	oxidar
rouleau	rollo (papier)
rouler	rodar, circular
route	carretera
~ départementale	carretera comarcal
routine	rutina
roux	pelirrojo
royal	real
royaume	reinado
ruban	una cinta **f.**
ruche	colmena
rude	rudo
rudesse	rudeza
rue	calle **f.**
ruine	ruina
ruiner	arruinar
ruisseau	arroyo
rumeur	el rumor **m.**
rupture	rotura (câble, os), ruptura (contrat)
ruse	astucia
rusé	astuto
rustique	rústico
rythme	ritmo, compás

S

sable	la arena **f.**
sabot	zueco
~ de cheval	casco
sabotage	sabotaje
sac	saco, bolsa (en papier /plastique)
sac à dos	mochila
sac à main	bolso de mano
saccager	saquear
sacrer	consagrar
sacrifice	sacrificio
safran	azafrán **m.**
sage	sabio
sage-femme	comadrona
sagesse	sabiduría
saignante	poco hecha (viande)
saigner	sangrar
salir	ensuciar, manchar
sain	sano
saint	santo (san)
Saint-Esprit	Espíritu Santo
Saint-Siège	la Santa Sede **f.**
saisie	embargo **m.**, secuestro (journal)
saisir	coger, agarrar (prendre), aprovechar (occasion)
saison	estación, temporada (touristique)
salade	ensalada
salaire	salario, sueldo
salarié	asalariado
sale	sucio
saler	salar
saleté	suciedad
salière	el salero **m.**
salle	sala
~ à manger	el comedor m.
~ de bains	el cuarto de baño
~ de séjour	la sala de estar
~ d'opération	el quirófano **m.**
salon	salón
saluer	saludar
salut	saludo, salvación (religion)
salutation	saludo **m.**
samedi	sábado **m.**
sanction	sanción
sanctionner	sancionar
sandale	sandalia
sandwich	bocadillo
sang	la sangre **f.**
sang-froid	sangre fría
sanglant	sangriento
sanglier	jabalí
sanglot	sollozo
sangloter	sollozar
sangria	sangría
sanitaire	sanitario
sans	sin
santé	salud **f.**
boire à la ~	brindar por
service de ~	sanidad
sapeur-pompier	bombero
sapin	abeto, árbol de Navidad (de Noël)
sarcasme	sarcasmo
sardine	sardina
Satan	Satanás **m.**
satellite	satélite **m.**
par satellite	vía satélite
satire	sátira
satirique	satírico
satisfaction	satisfacción
satisfaire	satisfacer
satisfait	satisfecho (de)
sauce	salsa
saucisse	salchicha, butifarra
saucisson	salchichón
sauf	salvo (vivant)

Français	Espagnol
sauf	salvo, excepto
saumon	salmón
saut	salto
sauter	saltar
sauvage	salvaje, silvestre (plante)
sauver	salvar
sauvetage	salvamento
bouée de ~	salvavidas m.
sauveur	salvador
savant	sabio, docto
savant (un)	un sabio
saveur	el sabor m.
savoir	saber
savon	jabón
savonner	jabonar, enjabonar
savourer	saborear
savoureux	sabroso
saxophone	saxofón
scandale	escándalo
scandaliser	escandalizar
sceau	sello
sceller	sellar, empotrar (fixer)
scénario	guión
scène	escena
sceptique	escéptico
scie	sierra
science	ciencia
scientifique	científico
scier	aserrar
scintiller	centellear
scintillement	centello
scission	escisión
scolaire	escolar
scolarité	escolaridad
score	tanteo
scorpion	escorpión
scotch	cinta adhesiva
scrutin	escrutinio
sculpter	esculpir
sculpteur	escultor
sculpture	escultura
séance	sesión
seau	cubo
sec	seco, enjuto
sèche-cheveux	secador de pelo
sécher	secar, enjugar
sècheresse	sequedad, sequía
second	segundo a.
seconde	un segundo m.
secondaire	secundario
secouer	sacudir
secourir	socorrer
secours (au ~)	¡Socorro !
secret	secreto
secrétaire	secretario(a), escritorio (meuble)
secrétariat	secretaría
secte	secta
secteur	sector
section	sección

Français	Espagnol
sécurité	seguridad
sédentaire	sedentario
séducteur	seductor
séduire	seducir
segment	segmento
seiche	sepia
seigle	centeno
seigneur	señor
sein	el seno, el pecho
au ~ de	en el seno de
séjour	estancia
sel	la sal f.
selon	según
sélection	selección
self-service	autoservicio
selle	silla, sillín f. (bicyclette)
selon	según
selon (c'est)	depende
semaille	siembra
semaine	semana
semblable	semejante
semblant (faire)	fingir
sembler	parecer
semelle	suela (sous les chaussures), plantilla (dans les chaussures)
semence	semilla
semer	sembrar
semestre	semestre m.
semoule	sémola
sénat	senado
sénateur	senador
sens	sentido, significado
bon ~	sentido común
sensation	sensación
sensationnel	sensacional
sensé	sensato
sensible	sensible
sensuel	sensual
sentence	sentencia
sentier	sendero
sentiment	sentimiento
sentir	sentir, oler
séparation	separación
séparer	separar
septembre	septiembre m.
séquestrer	secuestrar
serein	sereno
sergent	sargento
série	serie
sérieux	serio
sérieux (le)	la seriedad f.
prendre au ~	tomar en serio
serin	canario
seringue	jeringa
serment	juramento
sermon	sermón
serpent	la serpiente f.
serre	garra (aigle), el invernadero m. (plantes)

Français	Espagnol
serrer	apretar, estrechar
serrure	cerradura
serrurier	cerrajero
service	servicio
~ compris	servicio incluido
rendre ~	prestar servicio
serviette	cartera (documents)
~ de toilette	toalla
~ de table	servilleta
servir	servir
serviteur	servidor, criado
servitude	servidumbre
seuil	umbral m.
seul	solo
seulement	sólo
sévère	severo
sexe	sexo
shampooing	champú
short	pantalón corto
show télévisé	tele show
si	si, tan (tellement)
s'il vous plaît	por favor
sidérurgie	siderurgia
siècle	siglo
siège	asiento (pour s'asseoir), la sede f. (organisme), sitio (militaire)
siéger	residir
sieste	siesta
faire la ~	echar la siesta
sifflement	silbido
siffler	silbar, pitar
sifflet	pito, silbato
sigle	una sigla f.
signal	una señal f.
signaler	señalar
signature	firma
signe	signo, la señal f.
signer	firmar
signification	significación
signifier	significar
silence	silencio
silencieux	silencioso
silhouette	silueta
sillon	surco
similitude	similitud
simple	simple, sencillo (≠ compliqué)
simplicité	simplicidad, sencillez
simplifier	simplificar
simuler	simular
simultané	simultáneo
sincère	sincero
sincérité	sinceridad
singe	mono
singulier	singular
sinistre	siniestro
sinon	si no (ou alors), sino (excepté)
sirène	sirena

sirop jarabe
sitôt que tan pronto como
sitting (faire un ~) mantener una sentada
situation situación
~ de famille estado de familia
bonne ~ un buen empleo
situer situar
skate-board patinete
ski esquí **m.**
~ de fond esquí de fondo
skier esquiar
skieur esquiador
sobre sobrio
sobriété sobriedad
social social
socialisme socialismo
socialiste un socialista **m.**
société sociedad
~ de consommation sociedad de consumo
~ multinationale empresa multinacional
sœur hermana
soi-disant supuesto
soie seda
soif sed **f.**
soigner cuidar
soigneux cuidadoso
soin cuidado
prendre ~ de cuidar ade
soir la tarde **f.**, noche **f.** (après le coucher du soleil)
soirée velada
soit … soit sea … sea
sol suelo
solaire solar
soldat soldado
solde paga, saldo (comptes)
soldes rebajas **f. pl.**
sole el lenguado **m.**
soleil sol
solennel solemne
solennité solemnidad
solidarité solidaridad
solide sólido
solidité solidez
solitaire solitario
solitude soledad
solution solución
sombre sombrío
sommaire sumario
somme (une) suma **f.**
sommeil sueño
sommet cima, la cumbre **f.**
son sonido
sondage sondeo
sonde sonda
sonder sondear
sonner sonar, tocar, dar (heures)
sonnerie el timbre **m.**
~ d'alarme timbre de alarma
sonnette campanilla, el timbre **m.**
sorcellerie brujería
sorcier brujo **m.**
sordide sórdido
sort la suerte **f.**
tirer au ~ sortear **v.**
sorte (une) especie **f.**.
de ~ que de modo que
sortie salida
sortir salir, sacar (quelque chose)
sottise tontería
souci cuidado
soucier (se) preocuparse
soucieux inquieto
soudain súbito, de repente
soudainement súbitamente
souffle soplo, aliento
souffler soplar, apuntar (théâtre)
souffrance el sufrimiento **m.**
souffrant doliente
souffrir sufrir, padecer
souhait deseo
souhaiter desear
~ la bonne année felicitar el día de Año Nuevo
soulagement alivio
soulager aliviar
soulèvement sublevación, levantamiento
soulever levantar
soulever (se) rebelarse
souligner subrayar
soumettre someter
soumission sumisión
soupçon una sospecha **f.**
soupçonner sospechar
soupe sopa
souper cenar
souper (le) cena
soupière sopera
soupir suspiro
soupirer suspirar
souple flexible, ágil
souplesse flexibilidad, agilidad
source fuente **f.**
sourcil la ceja **f.**
sourd sordo
sourd-muet sordomudo
sourire (un) una sonrisa **f.**
sourire sonreír
souris un ratón **m.**
sous bajo, debajo de
sous-alimentation subalimentación
sous peu dentro de poco
sous-marin submarino
sous-sol subsuelo (roches), sótano (bâtiment)
sous-vêtements ropa interior
soutane sotana
soutenir sostener
souterrain subterráneo
soutien sostén, apoyo
soutien-gorge sostén **m.**
souvenir recuerdo **m.**
souvenir (se) recordar, acordarse de
souvent a menudo, muchas veces
souverain soberano
souveraineté soberanía
spatial espacial
speaker locutor
spécial especial
spécialiser (se) especializarse
spécialiste un especialista **m.**
spécifier especificar
spécifique específico
spectacle espectáculo
spectateur espectador
spéculation especulación
spéculer especular
sphère esfera
splendeur el esplendor **m.**
splendide espléndido
spontané espontáneo
sport deporte **m.**
sportif deportivo **a.**
sportif (un) un deportista **m.**
squelette esqueleto
stabilité estabilidad
stade estadio
stand puesto de venta
station parada (bus), estación (ski) emisora (radio)
~ service gasolinera, estación de servicio
~ spatiale estación espacial
stationnement aparcamiento
stationner aparcar (voiture)
statistique estadística
statue estatua
statut estatuto
steppe estepa
stock existencias **f. pl.**
stop ! ¡alto!
stopper parar
stratégie estrategia
strict estricto
structure estructura
studieux estudioso
studio estudio
stupéfaction estupefacción
stupéfait estupefacto
stupéfier asombrar, pasmar
stupeur el estupor **m.**
stupide estúpido

style estilo
stylo à bille bolígrafo
suave suave
subir sufrir, soportar
subit súbito, repentino
subsister subsistir
substance substancia
substituer sustituir
subtil sútil
succéder suceder
succès éxito
successeur sucesor
successif sucesivo
succession sucesión
succursale sucursal
sucer chupar
sucette chupa-chups
sucre azúcar **m. / f.**
sucrer azucarar
sucreries dulces **m. pl.**
sucrier azucarero
sud sur
sud-est sudeste
sud-ouest sudoeste
suer sudar
sueur el sudor **m.**
suffire bastar
suffit ! ¡basta!
suffrage sufragio
suggérer sugerir
suggestion sugestión
suicide suicidio
suicider (se) suicidarse
suite una serie, la continuación
tout de ~ en seguida
suivant siguiente
suivre seguir
~ un cours cursar
à ~ se continuará
sujet sujeto, tema, asunto
au sujet de a propósito de
superficie superficie
superficiel superficial
supérieur superior
supériorité superioridad
supermarché supermercado
supplément suplemento
supplice suplicio
supplier suplicar
supporter sostener, soportar
supposer suponer
supposition suposición **f.**
suppression supresión
supprimer suprimir
suprématie supremacia
sur sobre, encima
sûr (certain) seguro
surcharger sobrecargar
surchauffer requemar
surdité sordera
sûreté seguridad **f.**
sûreté (en) a salvo
surface superficie
surgelé congelado
surmonter superar
surnaturel sobrenatural **a.**
surnom apodo
surnommer apodar
surpasser superar
surprenant sorprendente
surprendre sorprender
surprise sorpresa
surréalisme surrealismo, superrealismo
sursauter sobresaltar
surtout sobre todo
surveillance vigilancia
surveillant vigilante **m.**
surveiller vigilar
survenir sobrevenir, ocurrir
survivre sobrevivir
suspect sospechoso
suspecter sospechar
suspendre à colgar (de)
suspendre suspender (interrompre)
syllabe sílaba
sylvestre silvestre
symbole símbolo
sympathie simpatía
symphonie sinfonía
syndical sindical
syndicat sindicato
synonyme sinónimo
synthèse síntesis **f.**
système un sistema **m.**

T

tabac tabaco
table mesa
tableau cuadro (peinture)
~ noir la pizarra **f.**
tablier delantal **m.**
tache mancha
tâche tarea **f.** (travail)
tacher manchar
tactique táctica
taille talla (stature), tamaño (grandeur),
taille-crayon sacapuntas **m.**
tailleur sastre **m.**, traje (costume)
taire (se) callar(se)
talent talento
talon talón, tacón (chaussure), matriz **f.** (carnet)
tambour tambor
tandis que mientras que
tant tanto
tante tía
taper pegar, golpear
taper à la machine escribir a máquina
tapis la alfombra **f.**
tapisserie el tapiz **m.**
tard tarde
tarder tardar
tarif la tarifa **f.**
tarte tarta
tas montón
tasse taza
taureau toro
taux la tasa **f.**, indice **m.**
taxe tasa, impuesto
taxi taxi
chauffeur de ~ de taxi, taxista **m.**
technicien técnico **m.**
technique técnica
tee-shirt la camiseta **f.**
teindre teñir
teint la tez **f.**
télégramme un telegrama **m.**
téléphone teléfono
téléphoner telefonear
télésiège la telesilla **f.**
téleski telesquí **m.**
téléviseur televisor
~ couleur televisor de color
témoin testigo, padrino (mariage)
température temperatura
tempête tempestad (mer), tormenta (terre)
temple templo
temps tiempo
tendance tendencia
tendre tender, alargar (bras), aspirar **(fig.)**
tendre (adj.) tierno
tendresse ternura, el cariño **m.**
tenir sujetar (quelque chose), tener, cumplir (promesse)
tennis tenis (sport), zapatillas (chaussures)
tentative tentativa
tente tienda
tenter tentar, intentar (essayer)
terme término (mot), plazo (délai)
terminer terminar, acabar
terrain terreno
~ vague solar **m.**
~ de sport campo
terre tierra
terreur el terror **m.**
terrible terrible, tremendo
terrifier aterrorizar

Lexique

territoire territorio
terroriste terrorista
tête cabeza
texte texto
textile textil **m.**
thé té **m.**
théâtre teatro
thème el tema **m.**, asunto
théorie teoría
thermomètre termómetro
thon atún
ticket billete
~ de caisse ticket de compra
tiède tibio, templado
tiers tercio
tiers-monde (du) tercer mundo
tigre(sse) tigre(sa)
timbre sello
timide tímido
tir tiro
tirage au sort sorteo
tire-bouchon sacacorchos **m.**
tirelire hucha
tirer tirar (corde), disparar (fusil), sacar (conclusion)
tiroir cajón
tisser tejer
tissu tejido
titre título,
gros ~ titular
toast brindis **m.**, tostada (pain grillé)
toile tela **f.**, el lienzo **m.** (peinture)
~ d'araignée telaraña
toilettes el aseo, el lavabo
toit tejado **m.**, techo
tolérer tolerar
tomate el tomate **m.**
tombeau la tumba **f.**
tombée de la nuit anochecer **m.**
tomber caer, caerse
tonne tonelada
tonnerre trueno
tordre torcer
tort la culpa **f.**
torrent torrente **m.**
tortue tortuga
tôt temprano
torture tortura
torturer torturar
toucher tocar
toujours siempre
tour (une) torre
tour (un) una vuelta **f.**, turno
touriste turista **m.**
tourner dar vueltas, girar, rodar (un film), volver (la tête), torcer (à droite)

tousser toser
tout todo
toux tos **f.**
tracer trazar, delinear
tract folleto de propaganda
tracteur tractor
tradition tradición
traduire traducir
trafic tráfico
trahison traición
trahir traicionar
traîner arrastrar
trait trazo **m.** (crayon), rasgo **m.** (visage, **fig.**)
trait d'union guión
traité tratado (accord)
traiter tratar
trajet trayecto
tramway el tranvía **m.**
tranche rebanada (pain), tajada, lonja (jambon)
tranquille tranquilo, quieto
tranquillité tranquilidad
transformer transformar
transmettre transmitir, radiar (à la radio)
transparent transparente
transpirer transpirar
transport transporte **m.**
transporter transportar
travail trabajo, labor **f.**
travailler trabajar
traverser atravezar, cruzar
trembler temblar
tremblement de terre terremoto
tremper remojar (pain)
très muy
trésor tesoro
triangle triángulo
tribunal tribunal
tricher hacer trampas, engañar
tricot tejido de punto
trimestre trimestre **m.**
triomphe triunfo
triompher triunfar
tripes callos (plat)
triste triste
tristesse tristeza
trompette trompeta
tromper engañar
tromper (se) equivocarse
tronc tronco
trop demasiado
trottoir la acera **f.**
trou agujero, hoyo (**dans la terre**), ojo (serrure)
troubler turbar
troubler (se) enturbiarse
troupe tropa

troupeau la manada **f.**, rebaño
trouver encontrar, hallar
tuile la teja **f.**
tube tubo
tuer matar
tunnel túnel **m.**
tutoyer tutear
tutoiement tuteo
tuyau tubo
~ d'arrosage la manga **f.**
type tipo
typique típico

U

ultérieur ulterior
uni unido, liso (couleur)
unique único
unifier unificar
uniforme uniforme
union unión
unir unir, ligar
unité unidad
univers universo
université universidad
urbain urbano
urgence urgencia
urgent urgente
usage uso, empleo, costumbre
user usar, emplear, gastar
usine fábrica
usure usura
utile útil
utiliser utilizar
utilité utilidad

V

vacances vacaciones **f. pl.**
vacarme alboroto
vaccin vacuna
vache vaca
vacher vaquero
vague ola (mer) vago **a.** (flou)
vaillant valiente
vaincre vencer
vainqueur vencedor
vaisseau la nave **f.**
vaisselle vajilla
valeur el valor **m.**
valide válido
valise maleta
vallée el valle **m.**
valoir valer, costar

Français/Espagnol

vampire	vampiro
vanité	vanidad **f.**
vaniteux	vanidoso
vannier	cestero
vanter	alabar
vanter (se)	alabarse, jactarse
vapeur	el vapor **m.**
variation	variación **f.**
varier	variar
vase (un)	vaso, vasija, jarrón (fleurs)
vassal	vasallo
vaste	vasto **a.**, amplio **a.**
vaurien	golfo, granuja **m.**
vautour	buitre **m.**
veau	ternero, ternera (viande), becerro (cuir)
véhicule	vehículo
veille	víspera (jour précédent), vela, vigilia
veiller (prendre soin)	cuidar **v.**
veine	vena
véloce	veloz
velocité	velocidad
vendeur	vendedor, el dependiente **m.** (magasin)
vendeuse	la dependienta (magasin)
vendre	vender
vendredi	viernes **m.**
vengeance	venganza
venger	vengar
venir	venir
venir de	acabar de **+ inf**
vent	viento
vente	venta
ventre	vientre
à plat ~	boca arriba, de bruces
venue	llegada
ver	gusano
verbal	verbal
verbe	verbo
verglas	hielo, escarcha
vérifier	verificar, comprobar
véritable	verdadero
vérité	verdad
verre	vidrio (matière), vaso (à boire)
prendre un ~	tomar una copa **f.**
vers	hacia
vers (poésie)	verso
versant	vertiente **m.**
verser	verter, echar en, derramar (sang, larmes), ingresar en cuenta de (argent sur un compte)
version	versión, traducción
vert	verde
vertu	virtud
veste	chaqueta
vêtement	una ropa **f.**
veuf	viudo
viande	carne
vice	vicio
vice-roi	virrey
victime	víctima
victoire	victoria
vide	vacío
vider	vaciar
vie	vida
vieillard	anciano
vieille fille	solterona
vieillesse	vejez
vieillir	envejecer
vieux	viejo, antiguo
vif	vivo
vigne	vid **f.**, viña
vignoble	viñedo
vigueur	el vigor **m.**
village	pueblo
ville	ciudad
vin (rouge)	vino (tinto)
vinaigre	vinagre **m.**
violence	violencia
violent	violento
violer	violar
violet	morado (couleur)
violon	violín
virage	viraje **m.**, curva **f.**
vis	tornillo
visa	visado
visage	la cara **f.**, el rostro **m.**
vision	visión
visite	visita
visiter	visitar
vipère	víbora
vitamine	vitamina
vite	pronto
vitesse	velocidad, rapidez **f.**
vitrail	la vidriera **f.**
vitre	el cristal **m.**, el vidrio **m.**
vitrine	el escaparate **m.**
vivant	vivo
vivre	vivir
vocabulaire	vocabulario
voeux	felicitaciones (de Nouvel An)
meilleurs ~	muchas felicidades
voie	vía, carril (sur route)
voile	vela
voilier	velero
voir	ver
voisin	vecino
voiture	el coche **m.**
~ de location	el coche alquilado
~ de sport	el coche deportivo
voix	voz
vol	vuelo (oiseau)
vol	robo (larcin)
~ à main armée	atraco
volant	un volante **m.** (robe, voiture …)
volcan	volcán **m.**
voler	volar (ciel)
voler (dérober)	robar
voleur	ladrón
volonté	voluntad
volume	volumen
vomir	vomitar
vote	voto
voter	votar, elegir
vouloir	querer
voûte	bóveda
voyage	viaje **m.**, jornada
voyageur	viajero
vrai	verdadero, real
vrai (c'est)	es verdad
vue	vista
vu	visto **(p.p.)**

W

wagon	vagón
wagon-lit	coche cama **m.**
wagon-restaurant	vagón restaurante
week-end	el fin de semana

X

xénophobe	xenófobo **a.**
xérès	jerez

Y

yacht	yate **m.**
yaourt	yogur **m.**
yeux	ojos **m. pl.**

Z

zèbre	la cebra **f.**
zéro	cero
zinc	cin = zinc **m.**
zone	zona **f.**, área
zoo	zoológico **m.**
zut !	¡maldito(a) sea!

Noms géographiques

Afghanistan Afganistán, afgano
Afrique África, africano
Allemagne Alemania, alemán
Algérie Argelia, argelino
Amérique América, americano
Andalousie Andalucía, andaluz
Angleterre Inglaterra, inglés
Arabie Arabia, árabe
Argentine Argentina, argentino
Asie Asia, asiático
Australie Australia, australiano
Autriche Austria, austriaco

Barcelone Barcelona, barcelonés
Basque (Pays) El País Vasco, vasco
Belgique Bélgica, belga
Biscaye Vizcaya, vizcaíno
Bolivie Bolivia, boliviano
Bordeaux Burdeos, bordelés
Bourgogne Borgoña, borgoñón
Brésil Brasil, brasileño
Bretagne Bretaña, bretón
Bruxelles Bruselas, bruselense
Bulgarie Bulgaria, búlgaro

Cadix Cádiz, gaditano
Canada Canadá, canadiense
Caraïbes Caribe, caribeño
Castille Castilla, castellano
Catalogne Cataluña, catalán
Colombie Colombia, colombiano
Corse Córcega, corso
Costa Rica C. Rica, costarriqueño
Cuba Cuba, cubano
Chili Chile, chileno
Chine China, chino

Danemark Dinamarca, danés

Ecosse Escocia, escocés
Egypte Egipto, egipcio
Equateur Ecuador, ecuatoriano
Etats-Unis Estados Unidos (EE.UU.), estadounidense
Europe Europa, europeo
Extremadure Extremadura, extremeño

Finlande Finlandia, finlandés
France Francia, francés

Galice Galicia, gallego
Galles (Pays) Gales, galés
Gaule Galia, galo
Gênes Génova, genovés
Genève Ginebra, ginebrino
Grande-Bretagne Gran Bretaña
Grèce Grecia, griego
Guatemala G., guatemalteco
Guyane Guyana

Haïti Haití, haitiano
Hambourg Hamburgo, hamburgués
La Havane La Habana, habanero
Hollande Holanda, holandés
Honduras H., hondureño
Hongrie Hungría, húngaro

Ibiza Ibiza, ibicenco
Inde India, indio-hindú
Iran Irán, iranio
Irlande Irlanda, irlandés
Israël Israel, israelí
Italie Italia, italiano

Jamaïque Jamaica, jamaicano
Japon Japón, japonés
Jérusalem Jerusalén, jerosolimitano
Judée Judea, judío

Koweit Kuwait, kuwaití
Liban Líbano, libanés
Lille Lila, lilés
Lisbonne Lisboa, lisbonés
Londres Londres, londinense
Luxembourg Luxemburgo, luxemburgués
Lyon Lyon / lionés

Madrid Madrid, madrileño
Majorque Mallorca, mallorquín
Manche La Mancha, manchego
Maroc Marruecos, marroquí
Marseille Marsella, marsellés
La Mecque La Meca, mecano
Mexique Méjico, mejicano
Minorque Menorca, menorquín
Monaco Mónaco, monegasco
Moscou Moscú, moscovita
Murcie Murcia, murciano

Naples Nápoles, napolitano
Nicaragua N., nicaragüense
Nice Niza, nizardo
New York Nueva Y., neoyorquino

Occident Occidente, occidental
Océanie Oceanía, oceánico
Orient Oriente, oriental

Palestine Palestina, palestino
Panama Panamá, panameño
Paraguay Paraguay, paraguayo
Paris París, parisiense
Pérou Perú, peruano
Philippines Filipinas, filipino
Polynésie Polinesia, polinesio

Pologne Polonia, polaco
Porto Rico Puerto R., puertorriqueño
Portugal Portugal, portugués
Provence Provenza, provenzal
Río de Janeiro carioca
Rome Roma, romano
Royaume-Uni Reino Unido, británico
Roumanie Rumania, rumano
Roussillon Rosellón, rosellonés
Russie Rusia, ruso

Sardaigne Cerdeña, sardo
Savoie Saboya, saboyano
Scandinavie Escandinavia, escandinavo
Sibérie Siberia, siberiano
Sicile Sicilia, siciliano
Slovaquie Slovaquia, eslavo
Soudan Sudán, sudanés
Suède Suecia, sueco
Suisse Suiza, suizo

Taïlande Tailanda, tailandés
Tchéque (Rép.) República Checa, checo
Toulon Tolón, tolonés
Toulouse Tolosa, tolosano
Tunisie Túnez, tunecino
Turquie Turquía, turco

Uruguay Uruguay, uruguayo

Vendée Vandea, vandeano
Venezuela Venezuela, venezolano
Venise Venecia, veneciano
Vienne Viena, vienés

Xéres Jerez, jerezano

Yougoslavie Yugoslavia, yugoslavo

Prénoms

Abraham	Abrahán
Achille	Aquiles
Adam	Adán
Adrien	Adriano
Agnès	Inés
Albert	Alberto
Alexandre	Alejandro
Alexis	Alejo
Alfred	Alfredo
Alice	Alicia
Aline	Alina
Alphonse	Alfonso
Amélie	Amalia
Anaïs	Anais
André	Andrés
Ange	Angel
Angèle	Angela
Angélique	Angélica
Anne	Ana
Antoine	Antonio
Apollon	Apolo
Archimède	Arquimedes
Aristote	Aristóteles
Arnaud	Arnaldo
Arsène	Arsenio
Arthur	Arturo
Auguste	Augusto
Augustin	Agustín
Aurélie	Aurelia
Aurélien	Aureliano
Bacchus	Baco
Balthazar	Baltasar
Baptiste	Bautista
Barthélémy	Bartolomé
Béatrice	Beatriz
Benjamin	Benjamín
Benoît	Benito
Bernard	Bernardo
Bertrand	Beltrán
Blaise	Blas
Bouddha	Buda
Brigitte	Brígida
Bruno	Bruno
Camille	Camila
Caroline	Carolina
Cassandre	Casandra
Catherine	Catalina
Cécile	Cecilia
Céline	Celina
César	César
Charlemagne	Carlomagno
Charles	Carlos
Charlotte	Carlota
Chimène	Jimena
Christian	Cristián
Christine	Cristina
Christophe	Cristóbal
Claire,Clarisse	Clara
Claude	Claudio
Clément	Clemente
Cléopâtre	Cleopatra
Corinne	Corina
Crésus	Creso
Cupidon	Cupido
Damien	Damián
Darius	Dario
Demosthène	Demóstenes
Denis	Dionisio
Diane	Diana
Diogéne	Diógenes
Dolores	Dolores
Dominique	Domingo
Dorothée	Dorotea
Edmond	Edmundo
Edouard	Eduardo
Elie	Elías
Elisabeth	Isabel
Elise	Elisa
Emile	Emilio
Emmanuel	Manuel, Manolo
Emmanuelle	Manuela
Epicure	Epicuro
Erasme	Erasmo
Esope	Esopo
Esther	Ester
Etienne	Esteban
Euclide	Euclides
Eve	Eva
Fabien	Fabián
Faust	Fausto
Ferdinand	Fernando
Fernand	Hernán
Fidèle	Fidel
Flore	Flora
Florence	Florencia
François	Franscico, Paco
Frédéric	Federico
Gaétan	Cayetano
Galilée	Galileo
Geneviève	Genoveva
Georges	Jorge
Grégoire	Gregorio
Guillaume	Guillermo
Hélène	Elena
Héloïse	Heloísa
Henri	Enrique
Hercule	Hércules
Homère	Homero
Honoré	Honorato
Horace	Horacio
Hugues	Hugo
Icare	Icaro
Ignace	Ignacio
Innocent	Inocencio
Isabelle	Isabel
Jacques	Santiago, Diego, Jaime, Jacobo
Jean (ne)	Juan, Juana
Jérémie	Jeremías
Jésus	Jesús
Jonas	Jonás
Joseph	José, Pepe
Judith	Judit
Jules, Julie	Julio, Julia
Julien	Julián
Juliette	Julieta
Laure	Laura
Laurent	Lorenzo
Lazare	Lázaro
Lise	Lisa
Louis (e)	Luis (a)
Luc	Lucas
Luther	Lutero
Lydie	Lidia
Madeleine	Magdalena
Mahomet	Mahoma
Marc	Marcos
Marguerite	Margarita
Marie	María, Maruja
Marius	Mario
Marthe	Marta
Martin	Martín
Mathias	Matías
Mathieu	Mateo
Mathusalem	Matusalén
Maurice	Mauricio
Melchior	Melchor
Mercedes	Mercedes
Michel	Miguel
Moïse	Moisés
Nathalie	Natalia
Neptune	Neptuno
Nestor	Néstor
Nicolas	Nicolás
Noé	Noé
Octave	Octavio
Œdipe	Edipo
Orphée	Orfeo
Pascal	Pascual
Patrice	Patricio
Paul	Pablo
Phébus	Febo
Philippe	Felipe
Pierre	Pedro
Platon	Platón
Pythagore	Pitágoras
Raoul	Raúl
Raphaël	Rafael
Raymond	Ramón
Richard	Ricardo
Rita	Rita
Rodolphe	Rodolfo
Rodrigue	Rodrigo
Roland	Roldán, Orlando
Rosalie	Rosalia
Rose	Rosa
Sabine	Sabina
Samson	Sansón
Sarah	Sara
Sébastien	Sebastián
Serge	Sergio
Simon	Simón
Socrate	Sócrates
Sophie	Sofía
Stéphane	Esteban
Suzanne	Susana
Sylvie	Silvia
Tantale	Tántalo
Thérèse	Teresa
Thomas	Tomás
Ulysse	Ulises
Valentin	Valentín
Valérie	Valeria
Véronique	Verónica
Victor	Víctor
Vincent	Vicente
Virgile	Virgilio
Xavier	Javier
Yolande	Yolanda
Zacharie	Zacarías
Zélie	Celia
Zoé	Zoe

Lexique

A

abajo en bas, à bas
abanico éventail
abarcar embrasser, renfermer
abastecer fournir, approvisionner
abeja abeille
abierto ouvert, béant
abogado avocat (loi)
aborto avortement
abrazar embrasser (étreindre, serrer dans ses bras)
abrazo accolade
abrelatas ouvre-boîte
abrigo manteau, abri
~ de pieles manteau de fourrure
abril avril
abrir ouvrir
abuelo grand-père
aburimiento ennui
aburrido ennuyeux
aburrir(se) s'ennuyer, s'embêter
abuso abus
acabar de (+ inf.) venir de
acabar finir, achever, terminer
acariciar caresser
acaso peut-être
acceso accès
acción geste, action
aceite huile
aceituna olive
acento accent
acera trottoir
acercarse s'approcher, accoster
acertar réussir, atteindre, deviner
aclarar éclaircir
acoger accueillir
aconsejar conseiller
acontecimiento événement
acortar(se) raccourcir
acostarse se coucher
acostumbrar accoutumer, habituer
actitud attitude, comportement
acto acte
actor acteur
actriz actrice
actuar agir
acuarela aquarelle
acuático aquatique
acueducto aqueduc
acuerdo accord
adaptar ajuster
adecuado approprié, adapté
adelantar dépasser, devancer doubler (voiture)
adelante en avant
adelanto avance, progrès
adelgazar maigrir, mincir, amaigrir
ademán geste
además en plus
adentro à l'interieur, dedans
adiós adieu, au revoir
adivinanza devinette
adivinar deviner
administrar gérer
adoquín pavé (pierre)
adormecerse s'assoupir
adormidera pavot, stupéfiant
adornar orner
adorno ornement
adquirir acquérir
adrede exprès
aduana douane
aduanero douanier
advertir avertir, prévenir, constater, aviser
aeropuerto aéroport
afeitar(se) se raser
aficionado amateur, passionné de
afligir affecter
afrenta affront
afuera dehors
afueras banlieue
agarrar saisir (prendre)
agente agent
agobiar accabler, écraser (travail)
agosto août
agotamiento surmenage
agotar épuiser
agotarse se tarir
agradable agréable
agradar plaire
agradecer savoir gré
agradecimiento reconnaissance, gratitude
agrupar grouper
agua eau
aguardiente eau-de-vie
agudo aigu
águila aigle
aguja aiguille
agujero trou
ahí là
ahogar(se) étouffer, (se) noyer
ahora maintenant
ahorrar épargner, économiser,
ahorro épargne, économie
aire air
aislar isoler
ajeno étranger
ajo ail
al revés à l'envers; au contraire
ala aile
alabanza louange
alabar vanter, louer
alameda allée (bordée d'arbres)
alano(s) alain(s) (peuple barbare du haut Moyen Age)
alargar allonger, tendre (bras)
alba aube
albañil maçon
albaricoque abricot
albergue gîte, auberge
alboroto vacarme, bagarre
alcachofa artichaut
alcalde maire
alcanzar rejoindre
alcázar château-fort, forteresse
alcohol alcool
aldea hameau
alegrar(se) se réjouir
alegre gai, joyeux
alegría allégresse, gaieté, joie
alejar éloigner
alfarería poterie
alfombra tapis
algo quelque chose
algodón coton
alguien quelqu'un
alguno (algún) quelque, quelq'un
aliento souffle, haleine
alimentar nourrir
alimenticio alimentaire
alma âme
almacén magasin
almendra amande
alminar minaret
almohada oreiller
almorzar déjeuner
almuerzo le déjeuner
alojamiento logement
alojar loger
alquilar louer (maison)
alquiler location, loyer
alrededor de autour de
alrededores alentours, environs
altavoz haut-parleur
alteza altesse
altiplanicie haut plateau
altiplano haut plateau
alto haut
¡alto! halte ! stop !
altura hauteur, altitude
alubia haricot blanc
alumbrado éclairage
alumbrar allumer
alumno élève
alza hausse
allá là-bas
allí là, là-bas
amable gentil
amante amant
amar aimer
amargo amer
amarillo jaune (couleur)
ambicioso ambitieux
ambiente ambiance; milieu
ambos (tous) les deux
amenazar menacer

amigo ami
amistad amitié
amistoso amical
amo maître, propriétaire
amor amour
ampliación agrandissement (maison)
ampliar étendre
amplio vaste
amplitud ampleur
amueblar meubler
análisis analyse
anaranjado orangé
anarquía anarchie
ancho large
anchura largeur
ancianos (los) les personnes âgées
andaluz andalou
andar marcher
andén quai (gare)
ángel ange
ángulo angle
angustia angoisse
anillo anneau, alliance (bague)
animado mouvementé, animé
animar encourager, animer
ánimo courage
aniversario anniversaire (commémoration)
anoche hier soir
anochecer tombée de la nuit
ansia désir
ansiedad anxiété
ansioso anxieux
ante devant
anteayer avant-hier
antepasados aïeux, ancêtres
antes avant, auparavant
antigüedad antiquité
antiguo ancien, vieux
anuario annuaire
anunciar annoncer
anuncio annonce, publicité
añadir ajouter
año an, année
apagar éteindre
aparato appareil
aparcamiento parking
aparcar garer, parquer
aparecer apparaître
apariencia apparence
apartar écarter, éloigner
apetecer désirer
apellido nom de famille
apenas à peine
apertura ouverture, rentrée (scolaire)
aplauso applaudissement
apodar surnommer
apoderarse s'emparer
apodo surnom
apostar miser
apoyar appuyer
aprender apprendre
apresurarse se presser, se dépêcher
apretar serrer, presser, resserrer
aprisionar emprisonner
aprobar approuver, réussir (un examen)
aprovechar profiter, saisir (occasion)
apuesta pari
aquí ici
arado charrue
araña araignée
árbol arbre
~de Navidad sapin de Noël
archipiélago archipel
arco iris, arc-en-ciel
arder brûler, flamber
ardilla écureuil
área aire, zone, région
arena sable
armamento armement
armario armoire, placard
armonía harmonie
aroma arôme, parfum (goût)
arquetipo archétype
arrancar arracher, démarrer
arrastrar traîner, entraîner
arreglar arranger, aménager, régler
arreglárselas se débrouiller
arrestar arrêter
arriano arien (adepte d'une hérésie chrétienne du Moyen Age : l'arianisme)
arriesgar risquer
arrodillarse s'agenouiller
arrojar jeter
arroyo ruisseau
arroz riz
arruga pli (faux pli), ride
arruinar ruiner
arte art
artesano artisan
ártico arctique
artista vedette, artiste
asalariado salarié
asaltar assaillir
asamblea assemblée
asar rôtir, griller (viande)
ascenso avancement (salaire)
asco dégoût
asegurarse s'assurer
aseo les toilettes
asesinato assassinat, meurtre
asesino assassin, meutrier
así ainsi
asiento siège, banquette (voiture, train)
asistenta femme de ménage
asno âne
asomarse se montrer, se pencher
asombrar étonner, stupéfier
aspecto aspect
asqueroso dégoûtant
astilla éclat de bois, écharde
astucia ruse
asumir assumer
asunto affaire,
asustar effrayer
atar attacher, lacer, lier, nouer
atasco embouteillage
atender s'occuper (de)
atentado attentat
atento attentif
aterrizar atterrir
aterrorizar terrifier
atestiguar attester
atraco vol à main armée
atractivo charme, attirant
atraer attirer
atrás arrière, derrière
atrasado en retard, arriéré
atraso retard
atravesar traverser
atreverse oser
atropellar renverser, écraser (accident)
aturdir étourdir
aullar hurler (animal)
aumentar augmenter
aún encore
aun même
aunque + **ind.** bien que
aunque + **subj.** même si
ausencia absence
autarquía autarchie
autopista autoroute
autor, autora auteur
autoridad autorité
auxilio aide, secours
¡auxilio! au secours !
ave oiseau
avenida avenue
aventurero un aventurier
avería panne, avarie
avisar avertir, prévenir
aviso avertissement, avis (au public)
¡ay! hélas !
ayer hier
ayudar aider
ayunas (en) à jeun
ayuno jeûne
ayuntamiento hôtel de ville
azafata hôtesse de l'air
azafrán safran
azar hasard
azote fouet, fléau
azúcar sucre
azucarero sucrier
azul bleu

Lexique

B

bahía	baie
bailador(a)	danseur(se)
bailaor(a)	danseur(se) (flamenco)
bailar	danser
baile	bal, danse
baja	baisse
bajada	descente
bajar	baisser, descendre
bajo	bas ; sous, dessous ; petit (en taille)
balance	bilan
balanza	balance
ballena	baleine
baloncesto	basket-ball
balsa	radeau
banco	banc (pour s'asseoir), banque
bandera	drapeau
banderilla	banderille
bandido	bandit
bañar(se)	baigner (se)
bañera	baignoire
baño	bain
barato	bon marché
barbilla	menton
barbudo	barbu
barca	barque
barco	bateau
barrer	balayer
barrera	barrière
barrio	quartier (ville)
barroco	baroque
bastante	assez
bastar	suffire
¡basta!	ça suffit !
bastidores	coulisses
basura	ordure, déchets, détritus
batalla	bataille
batir	battre (adversaires)
baúl	malle
bautizar	baptiser
BB.AA.	Buenos Aires
beber	boire
bebida	boisson
bellas artes	beaux-arts
belleza	beauté
bendecir	bénir
besar	embrasser
beso	un baiser
bienestar	bien-être
bienvenido	bienvenu
biftec	bifteck
bigote	moustache
bizcocho	biscuit
blando	mœlleux (un lit), mou
blanqueo	blanchiment (drogue)
bloqueo	blocus (économique)
blusa	chemisier, corsage
boca	bouche
bocadillo	sandwich
bocina	klaxon
boda	mariage, noce
bodega	cave à vin
bola	bille
bolígrafo	stylo à bille
bolsa	sac en papier / plastique
bolsillo	poche
bolso de mano	sac à main
bombero	pompier
bombilla	ampoule électrique
bonito	joli, mignon
Borbón	Bourbon (dynastie)
borracho	ivre, ivrogne
borrador	brouillon
borrar	effacer, raturer
bosque	bois, forêt
botón	bouton
botella	bouteille
bóveda	voûte
bracero	journalier
braga	culotte (femme)
brazo	bras
brindar por	boire à la santé de
broche	agrafe, broche
broma	plaisanterie
bromear	plaisanter
bronca	huées
bucear	nager sous l'eau
bufanda	écharpe
buñuelo	beignet
buque	navire
burla	moquerie
burlarse	se moquer
burlón	moqueur
burro	âne
buscar	chercher
butifarra	saucisse
buzón	boîte aux lettres

C

caballero	chevalier, noble, homme
caballo	cheval
cabello	cheveu(x)
caber	tenir, entrer, incomber, être possible
cabeza	tête
cabezudos	nains, grosses têtes (défilés, carnaval, fêtes)
cabo (al)	finalement
cabra	chèvre
cada	chaque
cadena	chaîne
cadera	hanche
caer	tomber
caída	chute
caja	boîte, caisse
cajón	tiroir
calcetín	chaussette
calculadora	machine à calculer
calefacción	chauffage
calendario	calendrier
calentar	chauffer
calidad	qualité (bonne, mauvaise)
cálido	chaud (climat)
caliente	chaud (eau)
califato	califat
calor	chaleur
caluroso	chaud (temps)
calvo	chauve
calzoncillo	caleçon
callar(se)	se taire
calle	rue
callos	tripes
cama	lit
cámara	chambre (parlement)
cámara fotográfica	appareil-photo
camarero	garçon de café
camarón	crevette
cambiar	changer, échanger
cambio	changement, échange, petite monnaie
en ~	en revanche
camello	chameau
camino	chemin
camisa	chemise
camiseta	tee-shirt
camisón	chemise de nuit
campana	cloche
campanario	clocher
campeón	champion
campeonato	championnat
campesino	paysan
campo	champ, campagne, terrain de sport, domaine
canasto	panier
canción	chanson
canguro	kangourou
cansador	fatigant
cansancio	fatigue
cansar	fatiguer
cantante	chanteur (euse)
cantaor	chanteur (flamenco)
cantar	chanter
canto	chant
caña de azúcar	canne à sucre
cañon	canon
capaz	capable
capítulo	chapitre
cara	face, figure (visage), mine (air)
carabela	caravelle
carbón	charbon
cárcel	prison
carecer de	manquer de (patience)
cargar	charger

Espagnol/Français

cargo charge (responsabilité)
caricia caresse
caridad charité
cariño tendresse, affection, attachement
cariñoso affectueux
carlista carliste
carne chair, viande
carnet de federado carte de membre
carnicería boucherie
caro cher (prix élevé)
carpintero charpentier, menuisier
carrera carrière (profession), course (sport)
carrete bobine (fil, film), moulinet (canne à pêche)
carretera route
carril rail, voie (sur route)
carrillo joue
carro char, chariot
carta lettre (courrier)
cartel écriteau, affiche
cartelera programme (cinéma, théâtre)
cartera portefeuille
cartero facteur
casa maison
casamiento mariage
casarse se marier
casco casque, coque (bateau) sabot de cheval
casete, cassette cassette (musique)
casi presque
caso cas
castañuelas castagnettes
castellano castillan
casticismo pureté, respect de la tradition
castigar punir
castigo punition
castillo château
casualidad hasard
caucho caoutchouc
caudal débit (fleuve)
cautivo captif, prisonnier
caza chasse, gibier
cazador chasseur
cazar chasser
cazuela casserole
CC. OO. (Comisiones Obreras) syndicat ouvrier
cebolla oignon
cebra zèbre
celda cellule
celebrar fêter
celoso jaloux
cementerio cimetière
cemento ciment
cena, cenar le dîner, dîner
cenicero cendrier
ceniza cendre
centavo centième, centime
centello scintillement
centésimo centième
céntimo centime
CEOE (Confederación Española de Organizaciones Empresariales), syndicat patronal
cepillo brosse
cera cire
cerca clôture
cerca de près de, auprès de
cercano proche
cercar entourer
cerdo cochon, porc (viande)
cerebro cerveau
cereza cerise
cerilla allumette
cero zéro
cerrajero serrurier
cerrar fermer,
certificado certificat
certificar recommander (une lettre)
cerveza bière
cesar cesser
césped gazon, pelouse
cesta panier
ciego aveugle
cielo ciel
cien, ciento cent
ciénaga marécage
ciencia science
cierre fermeture
cierto certain
ciervo cerf
cifra chiffre
cigarrillo cigarette
cinc zinc
cine cinéma
cinta bande (film), ruban, lacet
cinturón ceinture
circo cirque
círculo cercle
ciruela prune
ciruano chirurgien
cita citation, rendez-vous
citarse se donner rendez-vous
cítrico agrume
ciudad ville, cité
ciudadano citoyen, citadin
claridad clarté
claro clair, clairière
¡claro! bien sûr !
claroscuro clair-obscur
clase classe
clavar clouer
clavo clou
cliente client
cobarde lâche (couard)
cobordía lâcheté
cobertura couverture (sociale)
cobrar percevoir (argent)
cobre cuivre
cocer cuire
coche voiture
cochinillo cochon de lait
cocido pot-au-feu
cocina cuisine
cocinero(a) cuisinier(ère) (personne)
código code
codo coude
coger prendre, saisir, attraper, cueillir
col chou
cola colle ; queue (animal)
colchón matelas
colegio collège, école
colgante suspendu, pendentif
colgar (de) suspendre à, pendre
colina colline
collar collier
colocar poser, placer
columna colonne
color couleur
colorado rouge
comadrona sage-femme
comedor salle à manger
comendador commandeur
comer manger
comercio commerce
comida nourriture, repas
como /cómo comme / comment
compañero copain
compañía compagnie d'assurances
compartir partager
competencia compétence, concurrence, compétition
competidor concurrent
competir rivaliser
complejo complexe
comprar acheter
comprensible compréhensible
comprobar constater, vérifier
computadora ordinateur
comunidad communauté
con avec
con relación a par rapport à
con sólo rien qu'en
concebir concevoir
concierto concert
concluir conclure
condenar condamner
conducir mener, conduire
conejo lapin
confesar avouer
confesión aveu
confianza confiance
conformarse con se résigner à
conforme au fur et à mesure que
confundir confondre
congelado surgelé
conjugación conjugaison

Lexique

conjunto groupe, un ensemble
conmover émouvoir
conocer connaître
conocimiento connaissance (savoir)
conquistador conquérant
conquistar conquérir
conseguir obtenir, parvenir, réussir
consejo conseil
conserje concierge
considerar envisager
consiguiente (por ~) par conséquent
constiparse s'enrhumer
consulta consultation
consumo consommation
contaminación pollution
contar compter, raconter
contestar répondre
continuación suite
contra contre
contradecir contredire
contrasentido contresens
contrato contrat
convencer convaincre
conveniente convenable
convenio convention
convento couvent
conversación entretien, conversation
converso un converti **n. m.**
convertirse devenir
convidar inviter
convidado un invité **n. m.**
convivencia cohabitation
copa verre à pied, flûte, coupe (trophée)
tomar una ~ prendre un verre
corbardía lâcheté
corbata cravate
corcho liège
cordero agneau, mouton
cordillera chaîne de montagnes
corona couronne
corredor couloir, coureur
corregir corriger
correo courrier
Correos la poste
correr courir
cortar couper
corte taille, coupe (cheveux) cour du roi
Cortes (las) les 2 chambres législatives espagnoles
cortés poli
cortesía politesse
cortina rideau
corto court
cosa chose
cosechar récolter, moissonner
coser coudre
costa côte (mer)
costado côté (corps), flanc
costar coûter
costumbre coutume, habitude
costumbrista peinture de mœurs (littérature)
costura couture
cotización cote (Bourse)
cráneo crâne
crecer croître
crecimiento croissance
creencia croyance
creer croire
cría couvée
criado un domestique, valet
criar élever (enfants)
crimen crime
criollo créole (descendant d'Espagnol)
cristal verre, vitre
cristiano chrétien
Cristo Christ
cruce croisement
crudo cru
crueldad cruauté
cruz croix
cruzada croisade
cruzar croiser, traverser
cuaderno cahier
cuadrado carré
cuadrilla équipe (ouvriers, corrida)
cuadro carreau (tissu), tableau (peinture)
cualidad qualité (≠ défaut)
cuando quand, lorsque
cuanto (en ~ a) quant à
cuanto (en) dès que
cuartel caserne
cuarteto quatrain (vers = 11 syllabes), quatuor
cuarto chambre
~ de baño salle de bains
cuarto quart, quartier (partie)
cuba cuve
cubo de la basura poubelle
cubrir couvrir
cuchara cuiller
cuchillo couteau
cuello cou, col
cuenca bassin (géographie)
cuenta note (facture)
cuento conte (histoire), nouvelle (livre)
cuerda corde
cuerno corne
cuero cuir
cuerpo corps
cuesta côte, pente
cueva cave (cabaret), grotte, caverne
cuidado attention, zèle
cuidar soigner, veiller, prendre soin, s'occuper de
culpa faute, tort
culpable coupable
cultivo culture (production)
culto cultivé (savant), instruit
cultura culture (savoir)
cumbre (la) conférence (au sommet)
cumpleaños (el) anniversaire (âge)
(con)cumplir respecter, s'acquitter de, tenir (promesse)
cuna berceau
cura cure, guérison
curar guérir
curioso curieux
curso cours
curva courbe, virage

CH

chabola bidonville
chaleco gilet
chalet pavillon (banlieue), villa
chaparrón averse
chaqueta veste
charlar bavarder
chaval gosse
chicle chewing-gum
chico garçon (enfant)
chilindrón sauce du Pays Basque
chillido cri perçant
chimenea cheminée
chispa étincelle
chiste plaisanterie
chófer chauffeur
chorizo saucisson
choza hutte, cabane
chupa-chups sucette
chupar sucer
chupete tétine
churrigueresco churrigueresque (l'architecte Churriguera)
churro beignet

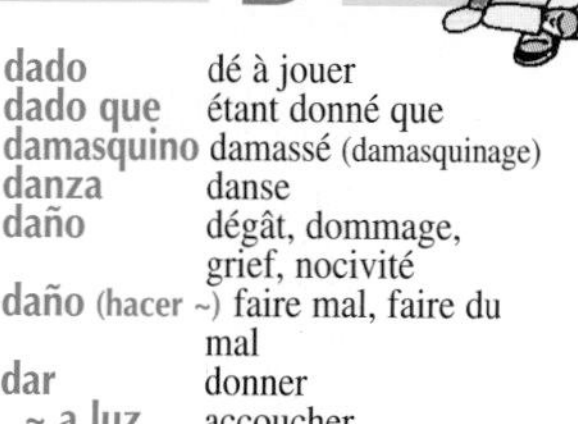

D

dado dé à jouer
dado que étant donné que
damasquino damassé (damasquinage)
danza danse
daño dégât, dommage, grief, nocivité
daño (hacer ~) faire mal, faire du mal
dar donner
~ a luz accoucher
~ igual être égal

~ la vuelta rendre la monnaie
~ las gracias dire merci, remercier
darse a s'adonner
darse cuenta s'apercevoir, se rendre compte
darse prisa se presser, se dépêcher
dato donnée
debajo dessous
deber devoir **n. / v.**
débil faible
debilidad faiblesse
decena dizaine
decepcionar décevoir
decir dire
decorado décor
decreto arrêt, decrêt
dedicar dédier
dedicarse se dévouer
dedo doigt
~ gordo doigt (pied)
deducir déduire
defecto défaut
defender défendre
dejar laisser, quitter
dejar de cesser de
delantal tablier
delante devant
delegado délégué
deletrear épeler
delfín dauphin
delgado mince, maigre
delicado délicat
delicia délice
delincuente délinquant
delirio délire
delito délit
demasiado trop
demonio démon
demorar retarder,
dentro dans, à l'intérieur
depender dépendre
dependienta vendeuse (magasin)
dependiente vendeur (magasin)
deporte sport
deportista un sportif
depósito réservoir,
diputado député
derecha (a la ~) à droite
derecho droit, endroit (≠ envers)
derrota défaite, déroute
desafío défi
desagradar déplaire
desagradecido ingrat
desanimar décourager
desaparecer disparaître
desaparición disparition
desarrollar dérouler, développer
desarrollo développement
desayuno petit déjeuner

descabello coup d'épée (tauromachie)
descalzo pieds nus, nu-pieds
descansar délasser, se reposer
descanso détente, repos, entr'acte
descargar décharger
descarrilar dérailler
descenso déclin, décrue, descente (ski)
desencadenar dechaîner
desconfiar se méfier
desconocer méconnaître
desconocido inconnu, méconnaissable
descontento mécontent
describir décrire
descubrimiento découverte
descubrir découvrir
descuidar négliger
desde ahora dorénavant
desde dès, depuis
desde luego évidemment
desear désirer
desembarco débarquement
desembocar en déboucher sur
desempeñar un papel jouer un rôle
desencadenar déchaîner, déclencher
desengaño déception
desenlace dénouement
deseo désir
desesperación désespoir
desfile défilé
desgracia malheur, disgrâce
desgraciado malheureux, malchanceux
deshacer défaire
deshonrar déshonorer
desierto désert
desigual inégal
deslumbrar éblouir
desmayarse s'évanouir
desmentir démentir
demostrar démontrer
desnudar déshabiller
desobedecer désobéir
desorden désordre
despachar débiter, expédier (faire vite), renvoyer
despacho bureau, dépêche, débit de boissons
despacio lentement
despedida adieu
despedir prendre congé, dire au revoir
despegar décoller
desperdiciar gaspiller
despertador réveil-matin
despertar(se) se réveiller
desplazamiento déplacement

despoblar dépeupler
desposarse se fiancer
desposeer déposséder
despreciar mépriser
desprecio mépris
después après, puis
destacar mettre en relief, se détacher **(fig.)**
destapar déboucher (bouteille)
destierro exil
destino destination, destin(ée)
destreza adresse, habileté
desvalorizar dévaluer
desván grenier (maison)
desviar dévier, détourner
detalle détail
detener arrêter
detrás de derrière
deuda dette
devolver rapporter (restituer), rembourser, rendre, renvoyer, retourner (une lettre)
día jour, journée
diario quotidien, journal
dibujo dessin
diciembre décembre
dictado dictée
dictadura dictature
diente dent
difundir (nouvelle) répandre, diffuser
diga ¡diga(me)! allô !
diluvio déluge
dimitir démissionner
dinero argent (monnaie)
dintel linteau
Dios Dieu
diosa déesse
dirección adresse (domicile)
director de cine metteur en scène, réalisateur
dirigente dirigeant
disco disque
discurso discours
disfrazar déguiser
disfrutar jouir
disgustar dégoûter, mécontenter
disgusto désagrément
disminuir diminuer
disolver dissoudre
disparar tirer (fusil)
distinto distinct
distraer distraire, divertir
distrito arrondissement (d'une ville), district
divertido amusant, divertissant
dividir diviser
divinidad divinité
doblar doubler
doble double, demi (bière)

Lexique

doce douze
docena douzaine
documentación carte grise (voiture)
documento de identidad pièce d'identité
dólar dollar
doler avoir mal
dolor douleur
dominar maîtriser
domingo dimanche
donde, dónde où (interrogatif, exclamatif)
dominio domaine, maîtrise
dormilón dormeur
dormitorio chambre à coucher, dortoir
dosis dose
droga drogue
drogadicto drogué
ducha douche
duda doute
dudar (en) hésiter (à)
duelo deuil, duel
dueña duègne
dueño propriétaire, maître
dulce confiserie, friandise ; doux (goût), sucré
dulces douceurs, sucreries
dulzura douceur (goût)
duque duc
duquesa duchesse
duración durée
durante pendant
dureza dureté

E

ebrio ivre
echar verser, mettre, jeter
~ a perder gâcher, gâter (un enfant)
echar de menos regretter (le passé)
eco écho
edad âge
edificar édifier
efecto effet
eficaz efficace
ejecutar exécuter
ejecutivo exécutif ; cadre sup.
ejemplo exemple
ejercicio exercice
ejército armée
elección choix, élection
elegir élire, voter
embajada ambassade
embarazo grossesse
embellecer embellir
emborrachar enivrer
embriaguez ivresse
embrujar ensorceler
embutidos charcuterie
emisora station (radio)
empate ballotage (vote), match nul
empeorar empirer
emperador empereur
empezar commencer
empleado employé
empleo emploi, usage
empobrecimiento appauvrissement
empresa entreprise, société, compagnie
empresariado patronat
empresario entrepreneur
empujar pousser
enamorado amoureux
encantar charmer, enchanter, ravir
encanto charme
encarcelar emprisonner
encargar commander, charger **(fig.)**
encargo message (commission)
encarnar incarner
encender allumer
encerrar enfermer, renfermer
enchufe prise de courant
encima dessus, sur
encontrar rencontrer, trouver
encuentro rencontre
encuesta enquête
enemigo ennemi
enero janvier
enfadar fâcher
enfermedad maladie
enfermero infirmier
enfermo malade
enfoque mise au point, point de vue
enfrentamiento affrontement
enfrente en face
enfriar refroidir
engañar tromper, duper, tricher
engordar grossir
engrandecer agrandir
enhorabuena félicitations
enloquecer affoler
ennegrecer noircir
enredo intrigue
enriquecer enrichir
enrojecer rougir
ensaimada feuilleté en spirale (gâteau)
ensalada salade
ensanche agrandissement (ville)
ensayar essayer, répéter (théâtre)
ensayo essai
enseñanza enseignement
enseñar enseigner, apprendre, montrer (faire voir)
ensuciar salir
entender comprendre
entenderse s'entendre
enterarse (de) s'informer de, se renseigner sur
entero entier
entierro enterrement
entonces alors, donc
entrada entrée
entrega livraison
entregar livrer, remettre
entregarse s'adonner
entremeses un hors-d'œuvre
entrenarse s'entraîner
entretanto pendant ce temps
entrevista entrevue, interview
envejecer vieillir
enviado especial envoyé spécial
enviar envoyer
envidia envie, jalousie
envío envoi
envolver envelopper
epopeya épopée
equipaje bagage
equipo équipe (sport), équipement
equivocación méprise
equivocarse se tromper
era ère
error erreur
esbozo ébauche
escalar escalader, grimper
escalera escalier, échelle
escalón échelon, marche d'escalier
escándalo scandale
escapar de échapper
escaparate devanture, vitrine
escaparse s'enfuir
escasez pénurie
escaso rare
escena scène
escoba balai
escoger choisir, trier
escolar scolaire
escolaridad scolarité
escollera jetée
escribir écrire
escritor écrivain
escritura écriture
escuchar écouter
escuela école
escultura sculpture
escupir cracher
esencia essence (parfum, philo.)
esforzarse s'efforcer
esfuerzo effort
espada épée
espalda dos (homme)
espanto épouvante
espejo miroir

espera attente
esperar attendre, espérer
espeso épais
espía espion
espiar épier
espíritu esprit
esplendor éclat
esponja éponge
esposas menottes
esposo époux
espuma écume, mousse
esquí ski
esquina coin de rue
establecer établir
establo étable
estación gare ; saison
estado état
estancamiento stagnation (éco.)
estallar éclater, exploser
estanco débit de tabac
estanque bassin, étang
estaño étain
estar être
estatura stature
estatuto statut
este est (≠ ouest), **adj. dém.**
estepa steppe
estéreo chaîne stéréo
estilo style
estímulo stimulation
estofado cuit à l'étouffée
estómago estomac
estrecho étroit, détroit
estrella étoile
estricto strict
estropear abîmer, gâcher
estructura structure
estudiante étudiant
estudiar étudier
estudio étude, atelier, studio
estufa un poêle
estupefacto stupéfait
estupendo extraordinaire
estúpido stupide
ETA Euskadi ta Askatasuna (Pays Basque et Liberté), mouvement armé séparatiste
eterno éternel
evangelio évangile
excepto sauf
exceso excès, surplus
éxito réussite, succès
expediente dossier (documents)
experimentar éprouver, ressentir
explotar exploiter
exponer exposer
expresar exprimer (pensée)
exprimir presser (fruit)
extender étendre
extraer extraire
extranjero étranger
extraño étrange

F

fabada cassoulet
fábrica usine
fabricante un fabricant **m.**
fábula fable
fachada façade
faena travail
faja bande
fajo liasse (billets)
Falange Phalange
falda jupe
falso faux
falta faute (orthographe), manque
faltar faillir, manquer
fallar manquer (cible)
fallecer décéder
fallecimiento décès
fama célébrité, renommée, réputation
famoso célèbre, renommé
fantasía fantaisie
fantasma un fantôme
farmacia pharmacie
faro phare
farol lanterne, lampadaire (rue)
farsa farce (théâtre)
fascismo fascisme
fascista fasciste
fase phase
fastidiar ennuyer (ennui)
favor faveur, service
favorecer favoriser
fe foi
fealdad laideur
febrero février
fecha date
felicitaciones voeux (de Nouvel An)
felicidades
  muchas ~ meilleurs voeux
feliz heureux
fenicio phénicien
feo laid
feria foire
ferrocarril chemin de fer
festejar fêter
festivo férié
fideo vermicelle
fiebre fièvre
fiel fidèle
fiesta fête, jour de congé
figurarse s'imaginer
fijarse en remarquer
fin fin, but, motif
  al ~ à la fin
  por ~ enfin
  ~ de semana week-end
final terminus
finales de (a) à la fin de
firma signature
firme ferme
físico physique
flamenco flamant (animal), flamenco
flauta flûte
flecha flèche
flor fleur
florecer fleurir
follaje feuillage
folletín feuilleton
folleto brochure, prospectus
fondo fond
fontanero plombier
forastero étranger (d'une autre ville)
forma (en ~ de) sous forme de
foro forum
forro doublure (vêtement)
fortalecer fortifier
fortaleza forteresse
forzar forcer
fósforo allumette, phosphore
foto photo
fracasar échouer
fraile moine
franco franc
franqueza franchise (caractère)
frasco flacon
frase phrase
fregadero évier
freír frire
freno frein
frente front
frente a en face de
fresa fraise
fresco frais, fresque
frialdad froideur
frijol (am.) haricot
frío froid **a./ n.**
frontera frontière
fruta fruit (pomme)
frutal arbre fruitier
fuego feu
fuente fontaine
fuera dehors
fuera de hors de
fueros (privilèges, coutume propres à une ville)
fuerte fort
fuerza force
función fonction
funerales funérailles

Lexique

furia colère
fusión fonte (neige)
fútbol football
futbolista joueur de football

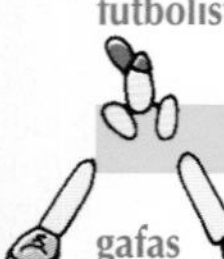

G

gafas lunettes
gallina poule
gallo coq
ganas envie
ganadería élevage, troupeau, bétail
ganado bétail
ganar gagner
garaje garage
garbanzo pois chiche
garganta gorge, gosier
garrafa carafe
gas le gaz
gaseosa boisson gazeuse, limonade
gasolina essence (moteur)
gastar dépenser, user
gasto dépense
gato chat
gazpacho soupe froide à la tomate
gemelo jumeau
gemelos gémeaux, jumelles (appareil)
género genre, article, marchandise
genio génie ; caractère
gente (la) les gens
germen germe
gestión démarche, gestion
gigante géant
gobierno gouvernement
goloso gourmand
golpe coup
golpear battre, frapper
goma caoutchouc, gomme
gordo gros
gorra casquette
gorrión moineau
gota goutte
gótico gothique
Goya oscar espagnol
gozar jouir
grabado (el) la gravure
grabar graver, enregistrer
gracias ; ~ a merci, grâce à
gracioso drôle, amusant
grado degré
gramática la grammaire
gramo gramme
granja la ferme
grano grain
grasa graisse
griego grec
grifo robinet
gritar crier, hurler
grito cri
grosero mufle **(fig.)**
grúa grue, remorque, dépanneuse
grueso gros
gruñir grogner
gruta grotte
guante gant
guapo beau
guardaespaldas garde du corps
guardameta gardien de but
guardar garder
guardia garde (militaire)
~ civil gendarme
guerrero guerrier
guía guide
~ telefónica annuaire
guiar guider
guión scénario, trait d'union
guiño clin d'œil
guisado ragoût
guisantes petits pois
guisar cuisiner
guitarra guitare
gusano asticot, ver
gustar aimer
gusto goût, plaisir

H

haber avoir (auxiliaire)
habichuela haricot
habitación pièce (maison), chambre
hablar parler
Habsburgo Habsbourg (dynastie)
hacer faire
hacer falta falloir
hacerse devenir
~ daño se faire mal
hacia environ, vers
hacienda domaine, propriété (maison + terres)
hada fée
hallar trouver
hambre faim
hamburguesa hamburger
harapo haillon, loque
harina farine
hartar rassasier
harto rassasié, trop
hasta jusque
hasta pronto à bientôt
hay ; ~ que il faut que
hazaña exploit, prouesse
hecho fait
helado (un) une glace (crème glacée)
helar geler
hembra femelle
heredar hériter
herencia hérédité
herida blessure
herirse se blesser
hermano frère
hermoso beau
héroe héros
herramienta outil
herrero forgeron
hidalgo gentilhomme, noble
hielo glace, verglas
hierba herbe
hierro fer
hígado foie
hijo(a) fils, fille
hijos enfant(s)
hilo fil
himno hymne
hipócrita un hypocrite
hipódromo champ de courses
hispano originaire d'un pays où l'on parle espagnol
hispanohablante hispanophone
hogar âtre, foyer (maison)
hoja feuille, lame (couteau)
hojear feuilleter
¡hola ! salut !
hombre homme
hombro épaule
homenaje hommage
hondo profond
honesto honnête
honra honneur, vertu
hora heure
horario emploi du temps
horchata boisson (≈orgeat)
horizonte horizon
hormiga fourmi
horno four
horrorizar horrifier
horroroso affreux
hospital hôpital
hoy aujourd'hui
~ en día actuellement
hoyo trou (dans la terre)
huelga grève
huelguista gréviste
huerta plaine irriguée
huerto jardin potager, verger
hueso noyau (fruit), os
huésped hôte
huevo œuf
huida fuite
huir fuir
humedad humidité
húmedo humide
humilde humble
humo fumée

I

íbero ibère
ida (una) un aller
idea idée
idioma langue
iglesia église
igual égal
igualar égaler
igualdad égalité
iluminar éclairer
Ilustración les Lumières (XVIIIe)
imagen image
impedir empêcher
imperdible épingle de sûreté
imperfecto imparfait
imperio empire
imponer imposer
imprenta imprimerie
impreso imprimé
impresora imprimante
impuesto impôt, taxe
incansable infatigable
incapaz incapable
inclinar(se) pencher
incluso même
increíble incroyable
incremento augmentation, hausse (des prix)
índice index (livre, doigt), taux
indígena indigène
indio indien
indulto grâce (d'un condamné)
inesperado inattendu
infiel infidèle
infierno enfer
infinito infini
informe rapport (compte-rendu) renseignement
ingeniero ingénieur
ingresar entrer
ingreso entrée, admission, recette (argent)
INI Instituto Nacional de Industria
innato inné
innumerable innombrable
inocentada poisson d'avril
inolvidable inoubliable
inscribir inscrire
instinto instinct
instituto collège, école secondaire, lycée
instrucciones para el uso mode d'emploi
intentar essayer, tenter
intercambio échange
introducir introduire
inversión investissement
invertir renverser (inverser)
investigar rechercher
invierno hiver
inyección injection (piqûre)
ir aller
  ~ **de compras** faire ses courses
ira colère
irse partir, s'en aller
isla île
istmo isthme
izquierda (a la ~) à gauche

J

jabón savon
jalea gelée (de fruits)
jamás jamais
jamón jambon
jarro pot (eau)
jaula cage
jefe chef
jerarquía hiérarchie
jerez xérès
jeroglífico hiéroglyphe
jersey pull-over, chandail
jinete cavalier
JJ.OO. Juegos Olímpicos
jornada journée, voyage, acte (théâtre)
joven jeune
joya bijou, joyau
joyería bijouterie
jubilación retraite (vieillesse)
jubilado retraité
judía haricot, juive
judío juif
juego jeu
jueves jeudi
juez juge
jugar jouer
jugo jus (viande), suc
juguete jouet
juicio jugement (raison)
julio juillet
junio juin
juntar assembler
junto ensemble
jurado juré, jury
juventud jeunesse
juzgar juger

L

labio lèvre
labor (la) labeur, travail
labrador laboureur
lado côté
ladrar aboyer, japper
ladrillo brique
ladrón voleur, larron
lago lac
lágrima larme
laguna lacune, lagon
laico laïque
lamentar déplorer
lámpara lampe
lana laine
langosta langouste
lanza lance
lanzamiento lancement
lápiz crayon
largo long
largo tiempo longtemps
lástima pitié
lástima ¡qué ~! quel dommage!
lata bidon
latido battement (du coeur)
latifundio grande propriété rurale
latifundista grand propriétaire foncier
látigo fouet
latinoamericano latino-américain
lavabo les toilettes
lavadora machine à laver
lazo lasso
leal loyal
lealtad loyauté
lección leçon
leche lait
lechería cremerie, laiterie
lechuga laitue
leer lire
legalidad légalité
legumbre légume
lejano lointain
lejos loin
lengua langue
lenguaje langage
lentitud lenteur
lento lent
león lion
letra lettre (caractère)
letrero écriteau
levantamiento le lever, soulèvement
levantar dresser, lever, soulever, relever
ley loi
leyenda légende
libertad liberté
libertador liberateur
libertar libérer
librería librairie
libro livre
liceo le lycée
licor liqueur
líder leader
liga ligue
ligero léger

Lexique

limón citron
limpiar nettoyer, faire le ménage
limpieza nettoyage, propreté
limpio net, propre
lince lynx
lindo joli, mignon
línea ligne
~ aérea compagnie aérienne
lírico lyrique
liso lisse, uni (couleur)
listo intelligent ; prêt
literatura littérature
lo demás le reste
lobo loup
localidad localité
loco fou
locomotora locomotive
locura folie
lógica la logique
lógico logique **a.**
lograr obtenir, réussir
lomo filet (porc), entrecôte (bœuf)
longitud longueur
loro perroquet
los celos **m. pl.** jalousie (amour)
luchar lutter
luego après, ensuite, puis
lugar lieu
lujo luxe
luna lune
lunes lundi
luz lumière

Ll

llaga plaie
llama flamme, lama (animal)
llamada appel
llamar appeler, nommer (donner un nom)
llano plat **adj.**
llanto pleur
llanura plaine
llave clef
llegada arrivée, venue
llegar arriver, parvenir
llegar a ser devenir
llenar remplir
lleno plein
llevar porter, mener
llevar (consigo) emmener
llevarse emporter, remporter
llorar pleurer
llover (a cántaros) pleuvoir (à verse)
lluvia pluie

M

maceta pot à fleurs
machacar broyer
macho mâle (animal)
madera bois
madre mère
madrina marraine
madrugada aube
madurez maturité
maduro mûr
maestro maître (enseignant)
magia magie
mahonesa mayonnaise
maíz maïs
majestad majesté
mala suerte malchance
maldad méchanceté
maldecir maudire
maldición malédiction
maldito maudit
malestar malaise
maleta valise
malo malade, mauvais, méchant
maltratar maltraiter
maltrato maltraitement
malva mauve
manada troupeau
manantial source
mancha tache
manchar salir, tacher
mandar commander, envoyer
manejar manier
manera façon, manière
manga une manche
manía lubie, manie
manifiesto un manifeste
maniobra manœuvre
maniobrar manœuvrer
manjar (un) mets
mano main
~ de obra main-d'œuvre
manta couverture (lit)
mantel nappe
mantener entretenir, maintenir
mantequilla beurre
manzana pomme ; paté de maison
mañana le matin, demain
mapa carte (géo)
máquina machine
maquinilla de afeitar rasoir électrique
mar mer
maravilla merveille
marca marque
marcha allure, marche
marcharse partir, s'en aller
marco cadre
margarita marguerite
marido mari
marinero un marin, un matelot
mariposa papillon
mariscos fruits de mer
marqués marquis
martes mardi
martillo marteau
marzo mars
más plus, davantage
más allá au-delà
masa masse, pâte (pain)
máscara masque
masón franc-maçon
matanza massacre
matar tuer
mate (am.) maté (infusion, Argentine)
materia matière
material matériel
matiz nuance
matrícula matricule, immatriculation
matrimonio mariage (sacrement)
maullar miauler
máxima une maxime
mayor aîné, majeur
mayoría majorité
mazapán massepain
mecánico mécanicien, mécanique
mecha mèche
medalla médaille
mediados (a ~ de) au milieu de (mois)
medianoche minuit
medias des bas (jambes)
medicina médecine, médicament
médico médecin
medida mesure
medio demi, milieu, moyen
~ ambiente environnement
mediodía midi
medir mesurer
mediterráneo méditerranéen, Méditerranée (Mer)
mejilla joue
mejillón m. une moule
mejor meilleur, mieux
mejora, mejoría amélioration
mejorar améliorer
melocotón m. pêche (fruit)
mendigo mendiant
menear remuer
menor moindre, mineur (âge)
menos moins
mensaje message
mente esprit (pensée)
mentira mensonge
mentiroso menteur
mercado marché

mercancía marchandise
merced (a la ~ de) à la merci de
mercenario mercenaire
merecer mériter
merendar goûter (enfants)
merienda le goûter
mermelada confiture
mes mois
mesa table
meseta plateau (géo.)
mesías messie
mesón auberge
mestizaje métissage
mestizo métis
metáfora métaphore
metalurgia métallurgie
meter mettre (introduire)
método méthode
metro mètre, métro
mezcla mélange, mortier
mezclar mélanger, mêler
mezquita mosquée
miedo peur
miembro membre
mientras pendant que
mientras que tandis que
miércoles mercredi
miga mie
mil mille
milagro miracle
milagroso miraculeux
milésimo millième
militar militaire, militer
millón million
millonario millionnaire
mimar dorloter, gâter
mina mine (crayon, gisement)
mineral minerai
minero mineur (ouvrier)
ministerio ministère
minuto (un) minute
miope myope
mirada regard
mirador belvédère
mirar regarder
misa messe
misionero missionnaire
mismo même
misterio mystère
mitad moitié
mito mythe
mobiliario ameublement
mochila sac à dos
moda (de) à la mode
modelo modèle, mannequin (un/une)
modo façon, manière, mode (de vie), air
mojar mouiller
molestar déranger, gêner, ennuyer, embêter, agacer qqu'un
molestarse se vexer
molestia gêne, dérangement
molino (de viento) moulin (à vent)
monarca monarque
monarquía monarchie
monasterio monastère
moneda monnaie
monja nonne
monje moine
monstruo monstre
montaje montage (film)
montaña montagne
montañoso montagneux
montar monter (cheval)
monte un mont
montón amas, tas
morado violet (couleur)
morcilla andouille
morder mordre
moreno brun, bronzé
morir mourir
morisco moresque, mauresque, morisque (maure baptisé)
mortero mortier (récipient)
mosaico mosaïque
mosca mouche
moscatel muscat
mosquito moustique
mostaza moutarde
mostrar montrer, manifester
motín émeute, mutinerie
motivo motif
mover mouvoir, remuer
móvil mobile
mozárabe (chrétien en territoire arabe au Moyen Age)
mozo garçon
muchacho jeune homme
mucho beaucoup
mudéjar musulman en territoire chrétien après la Reconquête
mudo muet
mueble meuble
muela dent, molaire
muelle quai (port), ressort
muerte la mort
muerto mort **a.**
mujer femme
mula, mulo mule, mulet
muladí enfant de père musulman et de mère chrétienne, rénégat
mulato mulâtre
multa contravention, amende
mundial mondial
mundo monde
municipio municipalité, commune
muñeca poignet, poupée
mural peinture murale
murales graffitis
muralla muraille, rempart
muro mur (ville)
músculo muscle
museo musée
música musique
muslo cuisse
muy très

N

nacer naître
nacimiento naissance
nacionalidad nationalité
nada rien
nadar nager
nadie personne
naipe carte (à jouer)
naranja orange
naranjo oranger (arbre)
narcotráfico trafic de drogues
nariz nez
narrador narrateur
nata crème (produit laitier)
naturaleza nature
naufragio naufrage
náufrago naufragé
náusea nausée
navaja canif, rasoir
nave vaisseau
navegante navigateur
Navidad Noël
necesidad besoin
negar nier
negarse a se refuser à
negativo négatif
negociante marchand, négociant
negocio affaire, marché (commerce)
negro noir, nègre
nervio nerf
nervioso nerveux
neto net
neumático pneu
nevar neiger
nevera refrigérateur, frigo, glacière
nido nid
niebla brouillard
nieto petit-fils
nieve neige
niñez enfance
niño enfant
nivel niveau
nobleza noblesse
noche nuit
nocivo nocif

Lexique

nodriza nourrice
nombramiento nomination
nombrar nommer (à un poste)
nombre nom
~ de pila prénom

nordeste nord-est
noroeste nord-ouest
norte nord
nota remarque
notar noter, remarquer
noticia (una) nouvelle (information)
novedad nouveauté
novela un roman
noviembre novembre
novio petit ami, fiancé
nube nuage
nuca nuque
nudo nœud
nueve neuf (le chiffre 9)
nuevo nouveau, neuf
nuez noix
nulo nul **adj.**
numerar numéroter
número nombre, numéro
numeroso nombreux
nunca jamais

O

o ou (= ou bien) **conj.**
o sea c'est-à-dire
obedecer obéir
obediencia obéissance
obediente obéissant
obispo évêque
objetivo objectif
objeto objet
obra œuvre, ouvrage, chantier, pièce (théâtre)
obra maestra chef-d'oeuvre
obrero ouvrier
ocio loisir
ocioso désœuvré, inactif, oisif
octubre octobre
ocurrir se produire, arriver, survenir
odiar haïr
odio haine
oeste ouest
ofender offenser
oferta offre
oficina bureau
oficinista un employé
oficio métier
ofrecer offrir
oído ouïe
oír entendre
ojo œil, trou (serrure)
ola vague
olfatear flairer
olivo olivier (arbre)
olor odeur
olvidar oublier
olla marmite, ragoût
ombligo nombril
omitir omettre
ONCE Organización Nacional de los Ciegos Españoles (connue pour ses loteries)
opinar donner son avis
oponer opposer
oportunidad oportunité, occasion
oprimir oppresser, opprimer
óptico opticien, optique
oración prière
oráculo oracle
orador orateur
orar prier (Dieu)
orden ordre
ordenador ordinateur
ordenar ordonner
oreja oreille (organe)
órgano organe, orgue
orgullo orgueil
origen (orígenes) origine(s)
orilla berge, rive
oro or (métal)
orquesta orchestre
oscurecer obscurcir
oscuro obscur
oso ours
otorgar octroyer, décerner
otoño automne
otro autre
oxígeno oxygène

P

padre père
padres les parents (père+ mère)
padrino parrain, témoin (mariage)
paga paye
pagar payer
página page
país pays
paisaje paysage
paja paille
pajarita noeud papillon
pájaro oiseau
pala pelle
palabra mot, parole
palabrota un gros mot
palacio palais (lieu)
pálido pâle
palma paume
palo bâton, mât
paloma colombe, pigeon
pan pain
panadería boulangerie
pantalla écran
pantano marais
panti un collant
pantorrilla mollet
pañal lange
paño drap, torchon
pañuelo mouchoir, foulard
Papa le Pape
papagayo perroquet
papel papier, rôle (théâtre)
paquete paquet
par pair
para pour
parada arrêt, une halte
paradoja paradoxe
parado chômeur
paraguas parapluie
paraíso paradis
parar arrêter, stopper
parecer paraître
parecerse a ressembler à
pared f. le mur, la paroi
pareja couple
parlamento tirade (théâtre)
paro chômage
párpado paupière
parque jardin public
parquímetro parcmètre
párrafo paragraphe
parte part
partida départ
partido match
partir diviser, partager
parto accouchement
pasado passé
pasado mañana après-demain
pasaje passage (ruelle, livre)
pasajero passager
pasaporte passeport
Pascua Pâques
¡Felices Pascuas! Joyeuses Pâques
pasear se promener
paseo allée, promenade
pasillo couloir
paso pas, démarche, allure passage, col (montagne)
pasta pâte
pastel gâteau
pastelería pâtisserie
pastor berger, pasteur
pastos pâturage
pata patte
patata pomme de terre
patinar déraper
patio cour (maison)
pato canard
pavoroso effrayant
paz paix
peaje péage
peatón piéton

Espagnol	Français
pecado	péché
pecho	gorge (de femme), poitrine
pedazo	morceau
pedido	commande (commerce)
pedir	demander
pegar	coller ; taper, frapper
peinar	coiffer, peigner
peine	peigne
pelea	dispute
película	film, pellicule
peligro	danger, péril
peligroso	dangereux
pelo	cheveux, poil
pelota	balle
peluquero	coiffeur
pena	peine
pendiente	boucle d'oreille ; (en) pente
penoso	laborieux, pénible
pensamiento	pensée
Pentecostés	Pentecôte
penúltimo	avant-dernier
peor	pire
pequeño	petit
pera	poire
percibir	apercevoir, percevoir
perdedor	perdant
perder	perdre, manquer (train)
pérdida	perte
perdón	pardon
perdonar	pardonner
perecer	périr
pereza	paresse
perezoso	paresseux
perfil	profil
periódico	journal
periodista	journaliste
período	période
perjudicar	léser, desservir **(fig.)**
perjuicio	dommage, préjudice
permanecer	demeurer, rester
permiso	permission
pero	mais
perogrullada	lapalissade
perpetuo	perpétuel
perro	chien
perseguir	persécuter, poursuivre
persona	personne
personal (el)	le personnel
pertenecer	appartenir
pesadilla	cauchemar
pesado	lourd, pesant
pésame	condoléances
pesar	chagrin, regret
pesar (a ~ de)	malgré
pescadero	poissonnier
pescado	poisson (pêché)
pescador	pêcheur
pescar	pêcher (poisson)
peso	poids
pestaña	cil
petróleo	pétrole
pez	poisson (vivant)
piadoso(a)	pieux(se)
picar	piquer, démanger, hacher (viande)
pícaro	vaurien, voyou, malin
pico	bec, pic
pie ; ~ de	pied ; debout debout
piedad	pitié
piedra	pierre
piel	peau, cuir, fourrure (manteau)
pierna	jambe
pieza	pièce
pila	auge, fonts baptismaux
píldora	pilule
pimienta	poivre
pincel	pinceau
pinchar	piquer
pinchazo	piqûre (aiguille)
pino	pin
pintar	maquiller, peindre
pintor	peintre
pintoresco	pittoresque
piña	ananas, pomme de pin
pirámide	pyramide
pisar	fouler
piso	étage, appartement
pizarra	ardoise, tableau noir
placer	plaisir
plancha	fer à repasser
plano	plat **adj.**
planta	plante, étage
planta baja	rez-de-chaussée
plantar	planter; laisser tomber
plantear	poser (un problème)
plata	argent (métal)
plátano	banane
plato	assiette, un plat, mets
playa	plage
plaza	place (ville)
plaza de toros	arène
plazo	délai
a corto ~	à court terme
plegar	plier
pleito	procès
plomo	plomb
pluriempleo	cumul d'emplois
plusvalía	plus-value
PNV (Partido Nacionalista Vasco)	parti politique basque
población	population
poblar	peupler
pobre	pauvre
pobreza	pauvreté
poco	peu
poder	pouvoir, le pouvoir
~ adquisitivo	pouvoir d'achat
podrir	pourrir
policía	la police, un policier
polo	pôle
polvo	poudre, poussière
pólvora	poudre à canon
polvorón	sablé (gâteau)
pollo	poulet
pomelo	pamplemousse
poner	mettre, placer, poser
ponerse	devenir
por consiguiente = por eso	c'est pourquoi
por favor	s'il vous plaît
por fin	enfin
por lo que	d'après ce que
por supuesto	certes
porque	car, parce que
portavoz	porte-parole
portería	loge (concierge)
portero	concierge, portier
porvenir	avenir
poseer	posséder
postal n.	carte postale
postre	dessert
postrero	dernier, ultime
potencia	puissance
pozo	puits
PP (Partido Popular)	parti politique de droite
practicar	pratiquer
pradera	prairie
prado	pré
Prado (el)	musée de Madrid
precio	prix
precioso	précieux, joli
preciso	précis
prefacio	préface
pregunta	question
prejuicio	préjugé
premiar	récompenser (prix)
premio	prix (Nobel), lot (loterie)
prensa	presse
presa	proie ; barrage
presentación	mise en scène
presentador	présentateur (télé)
presidio	bagne
preso	prisonnier
préstamo	prêt, emprunt
prestar	prêter
prestigio	prestige
presupuesto	budget, devis
prevenir	prévenir (une maladie)
prever	prévoir
previo	préalable
primavera	printemps
primero	premier, auparavant, d'abord
primo	cousin
príncipe	prince
principio	début ; principe
principio (al ~)	au début
principios (a ~de)	au début de

Lexique

prioridad priorité
prisionero prisonnier (guerre)
probar prouver, éprouver (test), goûter
procedente de en provenance de
proceder découler
procedimiento procédé
proceso procès
producir produire
producto produit, rapport
profecía prophétie
profundizar approfondir
programa programme, émission (télévision)
progreso progrès
prohibir interdire
promesa promesse
prometer promettre
pronto vite, bientôt, prompt
propio propre (à quelqu'un)
proponer proposer
proporcionar procurer
propósito (a ~ de) au sujet de
propósito dessein, intention
proseguir continuer
prospecto prospectus
próspero prospère
protesta protestation
provecho profit
¡ buen ~! bon appétit
proveedor fournisseur
proveer approvisionner
provisional provisoire
próximo prochain
proyecto projet
prueba preuve, épreuve, essai
psicología psychologie
psiquiatra psychiatre
PSOE (Partido Socialista Obrero Español) parti socialiste
publicar publier
publicidad publicité
público public
pueblo peuple, village
puente pont
puerco cochon, porc
puerta porte
puerto port
pues car, or, donc
puesta del sol coucher (soleil)
puesto un poste
puesto que puisque
pulir polir
pulmón poumon
pulpo pieuvre, poulpe
punta pointe
puntiagudo pointu
punto point
punto (tejido de) tricot, lainage
puñal poignard
puño poing
pureza pureté
puro pur **a.**, cigare
Pymes (pequeñas y medianas empresas) PME (Petites et Moyennes Entreprises)

Q

quedar(se) rester
queja plainte, doléance
quejarse plaindre (se)
querer aimer, vouloir
querido cher (aimé)
queso fromage
quiebra faillite, krach
quieto tranquille
quijotada extravagance
Quijote (un) un don Quichotte
química chimie
quince quinze 15
quinielas pari (au football)
quiosco kiosque
quiquiriquí cocorico
quirófano salle d'opération
quitar enlever, ôter, retirer
quitar la mesa desservir
quizá(s) peut-être

R

rabia rage
rabo queue (fruit)
racimo grappe
ración portion
radicar résider dans
radio rayon (géométrie)
ráfaga rafale
raíz racine
rallar râper (fromage)
rambla avenue, cours
Ramblas (las) avenue principale de Barcelone
ramo rameau
rana grenouille
rareza rareté
raro drôle, étrange
rascacielos un gratte-ciel
rasgo trait (visage, **fig.**)
rastro trace
Rastro (el) marché de Madrid
rata rat
rato moment
raya raie, rayure, ligne (main)
rayo rayon (soleil)
raza race
razón raison
reactivación reprise (économie)
real réel, vrai ; royal
reanimar ranimer
rebajar baisser, rabattre
rebajas soldes
rebanada tranche (pain)
rebaño troupeau
rebelarse se rebeller, s'insurger
rebelde rebelle
rebuscado précieux (style)
recado une commission
recambio cartouche (stylo)
recargo surcharge
receta ordonnance (médecin), recette (cuisine)
rechazo contrecoup, refus, rejet
recibir recevoir
recibo reçu
recoger ramasser, recueillir
reconocimiento reconnaissance (aller en ~)
reconquista reconquête
recordar rappeler (se)
recorrer parcourir
recortar découper
recreo amusement, récréation
rectitud droiture
recto droit
recuerdo souvenir
recuperación reprise (économique)
recurso recours, ressource
red filet, réseau
redacción libellé (un)
redactar rédiger, libeller
redondo rond
reducción village d'indiens convertis sous contrô le des jésuites en Amérique Latine avant l'indépendance
reducir réduire
reembolsar rembourser
reemplazar remplacer
reflejo reflet
reflexionar réfléchir (penser)
refrán proverbe
refrescar fraîchir
refresco rafraîchissement
regadera arrosoir
regadio irrigable, terres irriguées
regalar offrir, faire cadeau de
regalo cadeau
regar arroser, irriguer
régimen régime
regimiento régiment
registrar contrôler
radioyente auditeur (radio)
reglamento règlement
regresar rentrer retourner
regreso retour
regular régulier

rehén otage
reinado règne, royaume
reinar régner
reine reina
reír rire
reja grille (fenêtre)
rejuvenecer rajeunir
relámpago éclair
relatar relater
relato récit
relevar relever (relayer)
relieve relief
reloj horloge
~ (de pulsera) montre(-bracelet)
remar ramer
remedio remède, solution
remitente expéditeur
remo rame, aviron
remojar tremper (pain)
remolino remous
remordimiento remords
renacimiento renaissance
rendición reddition
rendimiento rendement
renegar renier
renovación renouvellement
renta rapport, revenu
renunciar abandonner, renoncer
reñir gronder un enfant, se disputer
repartir distribuer
reparto distribution
repente (de) soudain
réplica riposte
repostería pâtisserie
reportero un reporter
representante représentant
resbalar glisser
rescatar racheter, sauver (en payant une rançon), secourir
rescate rançon
reserva réservation
resfriado rhume
resolver résoudre
resorte ressort
respaldar appuyer **fig.**
respecto a en ce qui concerne
respeto respect
resplandecer rayonner (joie)
respuesta réponse
restablecerse se rétablir
restar déduire, soustraire
restos débris
restricción restriction
resulta que il se trouve que
resultado résultat
resumen résumé
retirada retraite (guerre)
retirar retirer (candidature)
retiro retraite vieillesse
reto défi
retrasar retarder (une montre)
retraso retard
retrato portrait
retroceder reculer, rétrograder
reuma rhumatisme
reunirse con rejoindre
revelado développement photo
revés (al) à l'envers
revista magazine, revue
rey roi
Reyes Magos Rois Mages
rezar prier (Dieu)
ribera berge, rivage
rico riche
riel rail
riesgo risque
rincón coin
riña querelle
riñón rein
río cours d'eau
~ abajo en aval
~ arriba amont (en)
riqueza richesse
risa le rire
ritmo rythme
rito rite
robar voler, dérober
robo vol (larcin)
roca roc
rocío rosée
rocoso rocheux
rodar rouler, tourner (un film)
rodear entourer
rodilla genou
rogar prier (quelqu'un)
rojo rouge
rollo rouleau (papier)
rompecabezas puzzle
romper casser
ron rhum
roncar ronfler
ronco rauque
ropa linge, vêtement
roscón de Reyes gâteau pour la fête des Rois
rostro visage
rozar frotter
rubio blond
rubor rougeur
ruborizarse rougir (**fig.**)
rudeza rudesse
rueda roue, meule (pierre)
ruido bruit

S

sábado samedi
sábana drap (lit)
saber savoir
sabiduría sagesse
sabio sage ; savant
sable sabre
sabor saveur
saborear déguster, savourer
sacacorchos un tire-boucon
sacapuntas taille-crayon
sacar ôter, prendre,
sacerdote prêtre
saciar assouvir
saco sac
sacrificio sacrifice, dévouement
sagrado sacré
sala salle
salar saler
salario salaire
salchicha saucisse
salero la salière
salida départ, débouché, issue de secours
salir partir (train), revenir (coûter)
salir bien réussir
salmón saumon
salón de estar salle de séjour
salpicar saupoudrer, éclabousser
salsa sauce
saltar gambader, sauter
salto saut
salud santé
saludable salutaire
saludar saluer
saludo salut, salutation
salvación salut (religion)
salvador sauveur
salvaje sauvage
salvar sauver
salvo sauf (vivant), excepté
salvo (a) en sûreté
sanar guérir
sandalia sandale
sanear assainir
sangrar saigner
sangre sang
sangriento sanglant
sanguinario sanguinaire
sanidad service de santé
sanitario sanitaire
sano sain
santidad sainteté
(san) santo saint
sartén une poêle
sastre tailleur (artisan)
Satanás Satan
satélite satellite
sátira une satire
satírico satirique
satisfacer satisfaire
saxofón saxophone
sea (o ~) c'est-à-dire
sea... sea soit... soit
secano terres non irriguées

Lexique

secar essuyer (assiettes)
secarse tarir
seco sec
secuestrar enlever, kidnapper, détourner un avion
secuestro enlèvement, saisie (journal)
sed soif
seguida (en ~) tout de suite
seguir suivre, continuer
según selon
segundo second, seconde
seguridad assurance, sûreté, sécurité
seguro assurance, sûr (certain), compagnie d'assurance
seis six
sello timbre, sceau
selva jungle
semáforo feu rouge
semanal hebdomadaire
sembrar semer
semejante semblable
semifinal demi-finale
semilla graine
sencillo simple
sentar asseoir
sentido sens
sentimiento sentiment
sentir regretter (déplorer), ressentir
señal indication, marque, repère
~ de tráfico panneau de signalisation
señalar indiquer
señas f. pl. adresse (domicile)
señor, señora monsieur, madame
señorita mademoiselle
ser être
serie une suite
serio sérieux
serrano montagnard
servicios (los) les toilettes
sesión séance
sí oui
sidra cidre
siempre toujours
sierra chaîne de montagnes, scie
siglo siècle
siguiente suivant
sílaba syllabe
silvestre sauvage (plante), sylvestre
silla chaise
sillón fauteuil
símbolo symbole
simpatía sympathie
sin sans
sin embargo cependant, pourtant
sindicato syndicat
sinfonía symphonie
sinónimo synonyme
síntesis synthèse
síntoma symptôme
sinvergüenza sans-gêne
sistema système
sitio lieu, endroit, place
sobaco aisselle
soberanía souveraineté
soberbio superbe **adj.**
soborno pot-de-vin
sobras restes (repas)
sobrasada saucisson
sobre enveloppe (lettre), sur, dessus
sobre todo surtout
sobresalir dépasser, ressortir, se distinguer, primer, être de premier ordre
sobrevivir survivre
sobrino neveu
socio associé, partenaire, membre
¡socorro! au secours
sofocar étouffer, suffoquer
soledad solitude
soler avoir l'habitude
solo seul
sólo seulement
soltar lâcher, lancer, libérer (liens)
soltero célibataire
solterón vieux garçon
sombra ombre
sombrero chapeau
sombrilla ombrelle
sonido son
soñar rêver
sopa soupe
soplar souffler
soportar subir, supporter
soporte béquille, support
sorprendente surprenant
sorprender étonner, surprendre
sorpresa surprise
sorteo tirage au sort
sortija bague
soso fade
sospechar suspecter, se douter
sostener entretenir, soutenir
sótano cave (sous-sol)
suave doux (toucher)
suavidad douceur (toucher)
suavizar assouplir
subida montée
subir monter (pente)
súbito subit
subjetivo subjectif
sublevación soulèvement
suburbio faubourg
suburbios banlieue
subversivo subversif
suceder succéder
sucesivo successif
sucesivo (en lo ~) désormais
suceso évènement
suciedad saleté
sucio sale
sudar suer
sudeste sud-est
sudoeste sud-ouest
sudor la sueur
suegro beau-père
sueldo salaire
suelo sol
suelto petite monnaie
sueño rêve
suerte chance, destinée, fortune (sort)
sufragio suffrage
sufrir subir
sugerir suggérer
suicidio suicide (quelque chose)
sujeto sujet
suma addition
sumamente extrêmement
sumergir submerger
suntuoso somptueux
superar (a) dépasser, surpasser, surmonter
superficie surface, superficie
superfluo superflu
supermercado supermarché
supersticioso superstitieux
superviviente rescapé, survivant
suplicio supplice
suponer supposer
sur sud
suscribir abonner
suspender interrompre
sustituir remplacer, substituer
susto frayeur, effroi
sútil subtil

T

tabaco tabac
tabla planche
tablero panneau
tabú tabou
tachar barrer (mot).
tacón talon (chaussure)
tajada tranche
tal vez peut-être
talonario de cheque carnet de chèque

talla taille (stature)
talle taille (ceinture)
taller atelier
tamaño taille (grandeur)
también aussi
tampoco non plus
tan pronto como dès que
tanque tank
tanto tant
tapa couvercle, couverture (livre), hors d'oeuvre accompagnant l'apéritif en Espagne
tapear prendre l'apéritif avec des tapas
tapiz tapisserie
taquilla guichet
tarde après-midi
tarea tâche (travail), devoir scolaire
tarifa tarif
tarjeta carte
tarro pot (confiture)
tarta tarte, gâteau
tasa taux, taxe
TAV (Tren de Alta Velocidad)
taxista chauffeur de taxi
taza tasse
té thé
teatro théâtre
tebeo bande dessinée (B.D.)
techo toit (voiture, **fig.**), plafond
tecla touche (piano, ordinateur)
técnico technicien
tejado toit
tejano blue-jean (tissu)
tejer tisser
tejido tissu
tela étoffe, toile
telediario actualités (les nouvelles, les informations télévisées)
telón rideau (théâtre)
temblar trembler
temer craindre, redouter
temor effroi
tempestad orage, tempête (mer)
templado tempéré, tiède (eau)
temporada saison (touristique)
temprano tôt, précoce
frutas tempranas primeurs
tender tendre
tenedor fourchette
tener avoir, tenir
~ ganas de avoir envie de
teniente lieutenant
teñir teindre
teoría théorie
tercermundista du tiers-monde
tercio tiers

término terme (mot)
ternero veau
ternura tendresse
terrateniente propriétaire foncier
terreno terrain
terrón morceau de sucre
terror terreur
terrorista un terroriste
tesoro trésor
testigo témoin
testimonio attestation
teta mamelle
tez teint
tía tante
tibio tiède
tiburón requin
tiempo temps
tienda tente
tierno tendre
tierra terre
tijeras f. pl. ciseaux
timbre sonnette
tinieblas ténèbres
tinta encre
tinto vin rouge
tío, tía oncle, tante
tipo type
tira cómica bande dessinée (B.D.)
tirano tyran
tirar jeter, lancer
tiro (chevaux) attelage, jet (pierre), tir
títere marionnette
titular gros titre
título titre
tiza craie
toalla serviette
tobillo cheville
tobogán tobogan, luge
tocar toucher, jouer (musique)
todavía encore
todo tout
toma prise (conquête, sang)
tomar prendre
tonelada tonne
tontería bêtise
tonto stupide
tópico cliché
toque touche (peinture)
torcer tordre, tourner (à droite)
tormenta orage, tempête (terre)
tormentoso orageux
tornarse devenir
torneo tournoi
toro taureau
torpeza maladresse
torre une tour
torta galette
tortilla omelette
tos toux

toser tousser
tostada tranche de pain grillé
tostar griller (pain)
trabajador travailleur
trabajar travailler
trabajo travail
traducir traduire
traer porter, amener
tragaperras (la) machine à sous
tragar avaler
traición trahison
traicionar trahir
traje costume, tailleur
traje de baño maillot de bain
traje de noche robe du soir
trámite m. formalité
trampa piège
trampas hacer tricher
tranvía tramway
trapo chiffon
tras derrière, après
traslado déplacement, transfert
trasplantar transplanter
tratado traité (accord)
tratar traiter
tratar de essayer
tratarse de s'agir
trayecto trajet
trece treize
tregua trêve
tren train
trenza natte, tresse
tribuna barre (témoins)
tributo tribut, rançon
tripulación équipage (bateau)
tristeza tristesse
triunfar triompher
triunfo triomphe
tronco tronc
trono trône
tropa troupe
tropezar achopper, trébucher
~ con heurter
trozo morceau
trueno tonnerre
tubo tuyau, tube
tumba tombeau
túnel tunnel
turbar troubler
turista touriste
turno tour
turrón sorte de nougat

U.E. (Unión Europea)
ubicar se trouver, être situé
Ud. = Usted vous
Uds. = Ustedes vous

Lexique

UGT (Unión General de Trabajadores)
último dernier
umbral seuil
único unique
unidad unité
unido uni
universidad université
uña ongle
urbano urbain
urgencia urgence
uso usage
utensilio outil
útil utile
utilidad utilité
uva raisin
uve le « v » (lettre)

V

vaca vache
vacaciones vacances
vaciar vider
vacío vide
vacuna vaccin
vado gué
vagabundo clochard, vagabond
vagar rôder
vago vague, fainéant
vagón wagon
vajilla vaisselle
valer valoir
validez validité
valiente vaillant
valor courage, valeur
valle vallée
vándalo vandale(s) (peuple barbare du haut Moyen Age)
vanguardia avant-garde
vanidad vanité
vanidoso vaniteux
vano vain
vapor vapeur
vaquero jean (blue-jean)
varios plusieurs
varón mâle (homme)
vasallo vassal
vasco basque
vascuence basque (langue)
vaso verre (à boire)
Vd., Vds. =ustedes vous
veces (a ~) parfois
veces (algunas ~) quelquefois
vecino voisin
veinte vingt
vejez vieillesse
vela voile, veille
velar veiller
velero voilier
velocidad rapidité, vitesse
vena veine (sang)
vencedor vainqueur
vencer vaincre
venda bandage
vendedor vendeur
vender vendre
vendimia vendange
veneno poison
venenoso vénéneux, venimeux
venganza vengeance
vengar venger
ventana fenêtre
ver voir
veraneo (el) les grandes vacances
verano été
verdad vérité
verdadero véritable, vrai
verde vert
verdura légume vert
vergüenza honte
verosímil vraisemblable
verso vers (poésie)
verter verser, déverser
vértigo vertige
vestido habit, robe
vestir habiller, vêtir
vez fois
vez (de ~ en cuando) parfois
vía voie
viaje voyage
viajero voyageur
víbora vipère
vicio vice
vicioso vicieux
vid vigne
vida vie
vidriera vitrail
vidrio verre (matière), vitre
vieira coquille Saint-Jacques
viejo vieux
viento vent
vientre ventre
viernes vendredi
vigente en vigueur
vigilancia surveillance
vigilar surveiller
vigoroso vigoureux
vino vin
vino (tinto) vin (rouge)
viña vigne
viñedo vignoble
violeta violette (fleur)
virgen vierge
virrey vice-roi
virtud vertu
visado visa
visigodos visigoth
víspera veille (jour précédent)
vísperas vêpres
vista vue
viudo veuf
víveres vivres
vivienda demeure, appartement
vivir habiter, vivre
vivo vif, vivant
volante volant (robe, voiture)
volar voler (ciel)
volcar renverser (un récipient)
voltear basculer
volumen volume
voluntad volonté
volver rentrer, retourner, revenir, tourner (la tête)
volverse devenir
vomitar vomir
voto vœu, vote
voz voix
vuelo vol (oiseau)
vuelta le tour, retour

Y

y et
ya déjà, bientôt
ya que puisque
yacimiento gisement
yegua jument
yema jaune d'œuf
yerba herbe
yerno beau-fils, gendre
yogur yaourt, yogourt
yugo joug
yunta (boeuf) attelage

Z

zambo métis (parents d'origine noire et indienne)
zanahoria carotte
zapatear claquer des pieds
zapatero cordonnier
zapatilla pantoufle
zapatillas tennis, baskets
zapato soulier, chaussure
zarzuela opérette, plat de poisson avec une sauce épicée
zorro renard
zumo jus (fruit)
zurdo gaucher **a. / m.**

Correspondencia

Sra. Dña Ana
Calle Flores, 5
Ronda - ANDALUCÍA
ESPAÑA

Ronda, 14 de julio de 1998
Querida amiga:

• **Enviar** una carta *envoyer une lettre,* **mandar** un telegrama *envoyer un télégramme,* **recibir** una postal *recevoir une carte postale.* **El corresponsal** *le correspondant.*

• **Dirigir** *adresser,* **fechar** *dater,* **redactar, firmar** *signer,* **colocar en un sobre** *placer dans une enveloppe,* **pegar** un sello *coller un timbre,* **franquear** *affranchir.*

• Echar al correo *poster.* **El buzón** *la boîte aux lettres.* **Apartado de correos** *boîte postale.*

LA DIRECCIÓN

L'adresse

• El apellido *le nom*

Señor *Monsieur...*
= Sr. López García *M. ...*
Señora *Madame ...*
= Sra. Fernández Montes *Mme ...*
Señores *Messieurs*
Señoras *Mesdames*

• El nombre de pila *le prénom*

Sr. Don **Jaime Mendoza**
= Sr. D. Mendoza
Sra. Dña **Juana Núñez**

• **La calle** *la rue* **y el número.** La población *la localité* **y la provincia. El país** *le pays.*

EL ENCABEZAMIENTO

L'en-tête

• **A personas desconocidas:**
Muy señor mío: *Monsieur,*
Muy Señora mía: *Madame,*

• **A personas conocidas:**
(Muy) Distinguido señor **(mío):**
Estimado señor: *Cher Monsieur,*

• **A los familiares:**
Querido amigo: *cher ami,*
Mi querida *ma chérie.*

ANTEFIRMAS Y DESPEDIDA

Formules de politesse et salutations finales

• Reciba la expresión de **mis más respetuosos saludos.** Reciba el testimonio de **mi respetuosa consideración.**

• Atentamente.
Agradeciéndole de antemano *en vous remerciant à l'avance,* **le saluda muy atentamente.**
Saludos atentos de ... (firma).

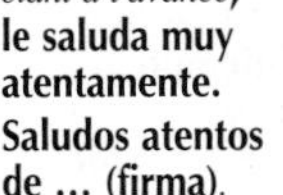

• **En espera de tus noticias** *dans l'attente de tes nouvelles,* sinceros saludos de ... **(firma).**
Reciba mi saludo afectuoso.
Reciba un cordial saludo.
Cariñosos saludos.
Un abrazo **...,** besos **...,** Recuerdos a *meilleurs souvenirs à*

INVITACIONES

• Tengo el gusto de **invitar a ustedes** *j'ai le plaisir de vous inviter ...* Nos complacemos en **celebrar** *nous avons le plaisir de fêter ...* **y de antemano** nos alegramos **mucho de su presencia** *et nous nous réjouissons à l'avance de votre présence ...* Nos complaceríamos **mucho** que **aceptaran** *nous serions très heureux si vous acceptiez ...*

• **Respuesta afirmativa**
Agradecemos **de veras su ...** *nous vous sommes vraiment reconnaissants de votre ...*
Encantados con **su invitación** *enchantés de votre invitation ...*
Muchísimas gracias por *merci beaucoup pour ...*
Te doy las gracias por *je te remercie de ...*

• **Respuesta negativa**
Lamento / lamentamos no poder **aceptar su invitación** *je regrette / nous regrettons de ne pouvoir accepter ...*
Siento / sentimos no poder ir *je regrette / nous regrettons de ne pouvoir aller ...*
Temo me sea imposible *je crains qu'il ne me soit impossible ...* **Ruego disculpe** *je vous prie d'excuser ...*

FELICITACIONES

Souhaits, félicitations

• Enhorabuena *félicitations,* **por tu éxito** *pour ton succès ...* **Felicitamos** *Nous souhaitons ...* **Nuestras más sinceras felicitaciones** *nos souhaits les plus sincères ...* **Muchas felicidades por tu santo** *beaucoup de bonheur pour ta fête ...*

• Felices Pascuas *Joyeux Noël* Próspero Año Nuevo *Bonne Année.* **Mi más cordial enhorabuena** *Tous mes voeux*

REVÉS DE FORTUNA

Revers de fortune

• **Estamos profundamente** apenados *nous sommes profondément peinés,* **conmovidos** *affectés,* **consternados** *consternés.*

• Mi más sentido pésame; **le acompaño en su sentimiento** *Toutes mes condoléances*

Redactar un texto

INTRODUCCIÓN

- **El tema central, el asunto principal** *le sujet central, principal*
- **Ante todo** *avant tout,* **al principio** *au début,* **primero, primeramente** *d'abord, tout d'abord* **en primer lugar** *en premier lieu,* **a primera vista** *à première vue*
- **Después** *après,* **luego** *ensuite,* **posteriormente** *par la suite*
- **Al final** *à la fin*

DESARROLLO

Développement

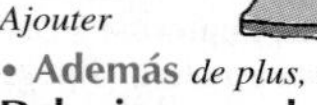

AÑADIR

Ajouter

- **Además** *de plus, en outre* **Del mismo modo = igualmente** *de même*
- **Por una parte** *d'une part* ≠ **por otra parte** *d'autre part* **Por un lado** *d'un côté* ≠ **por otro lado** *d'un autre côté*
- **También** *aussi* ≠ **tampoco** *non plus* **Todavía = aún** *encore*
- **A propósito de** *au sujet de* **respecto a = relativo a** *en ce qui concerne*

INSISTIR (EN)

Insister (sur)

- **Claro = desde luego = por supuesto = naturalmente** *bien sûr, bien entendu, naturellement* **Evidentemente = con toda evidencia** *évidemment, de toute évidence*
- **Hasta = incluso = aun** *même* ≠ **ni siquiera** *même pas, pas même* **Con mayor motivo** *à plus forte raison*
- **No sólo + verbe ... sino que + verbe** *non seulement ... mais* **No cabe duda que** *il n'y a pas de doute que*

MATIZAR

Nuancer

- **Pero = mas** *mais* **Sin embargo** *cependant, néanmoins* **De hecho** *en fait* **En cambio** *en revanche* **Por lo contrario** *au contraire*
- **Mientras que** *tandis que* **a pesar de** + nom *malgré* **a pesar de todo** *tout de même* **a despecho de** + nom *en dépit de* **a pesar de que** + ind. = **aunque** + ind. *bien que* **aunque** + subj. *même si* **a no ser que** + subj. *à moins que*
- **como si** + subj. imparfait *comme si*
- **Quizás = tal vez = a lo mejor** *peut-être*

SITUAR EN EL TIEMPO

- **ya** *déjà, maintenant, bientôt*
- **Cuando = al** + inf. *quand, lorsque*
- **Durante** + nom = **mientras** *pendant que* = **al mismo tiempo** *au même moment* **En cuanto** *dès que* = **tan pronto como** *aussitôt que* **Desde hace** + nom *depuis* **Conforme = a medida que** *à mesure que*
- **Siempre** ≠ **nunca, jamás** *jamais* **a veces** ≠ **a menudo** *parfois* ≠ *souvent* **Cada vez que** *chaque fois que*
- **Antes de que** + subj. *avant que* **después de** + inf. *après que* **hasta que** + subj. *jusqu'à ce que*

DEMOSTRAR

Démontrer

El origen y la finalidad

L'origine et le but

- **Al principio** *à l'origine* **Proceder de** *tirer son origine* **Radicar en** *résider dans, tenir à*
- **Para / por** + nom / inf. *pour* **Para que** + subj. = **a fin de que** + subj. = **con objeto de que** + subj. *afin que*

La causa y la consecuencia

La cause et la conséquence

- **En efecto** *en effet*
- **Pues** *car, donc* **Con motivo de** *en raison de* **Porque** *parce que* **Ya que** *puisque* **Dado que = puesto que = visto que** *étant donné que* **Gracias a** *grâce à* **Por culpa de** *à cause de* **Por falta de** *à défaut de* **Por** + inf. *pour (= parce que)* **A fuerza de** + nom / inf. *à force de* = **de tanto** + inf. **Por no** + inf. *faute de*
- **Por eso** *c'est pourquoi* = **es por eso que** = **por esta razón** **Entonces** *alors* **Desde entonces** *dès lors* **Pues** (2e position) *donc* **Así** *ainsi* **Conque** *ainsi donc* **Así es que** *c'est ainsi que* **Por lo tanto = por consiguiente** *par conséquent* **De manera que = de modo que, de suerte que** *de sorte que* **Tan** + adj. ou adv. **... que** *si, tellement ... que* = **tanto, a, os, as** + nom **... que**

CONCLUSIÓN

- **Por fin = por último** *enfin* **En último lugar** *en dernier lieu*
- **En resumen** *en résumé* **Al fin y al cabo** *en fin de compte*
- **En conclusión = para concluir = para terminar, diremos que** *pour finir, nous dirons que*

Comentar un texto

PRESENTACIÓN

El texto se titula *s'intitule ...* **Está sacado de una novela** *il est tiré d'un roman*, **de una obra teatral** *une pièce de théâtre.*

El género literario: una obra en prosa, un poema, un relato *un récit*, **un cuento** *une nouvelle, un conte*, **un artículo de prensa** *un article de presse*, **una ópera, una zarzuela** *opérette*, **una descripción, una conversación, un diálogo, un monólogo.**

El tema desarrollado *le thème, le sujet développé* **por el autor, la autora ... En este texto** se trata de *il s'agit de ...* **El interés de este pasaje** radica en *réside dans ...* **El problema, el dilema que** se plantea **es** *qui se pose est ...*

COMENTARIO

El título indica ... llama **la atención** *attire l'attention.*

• LA ESTRUCTURA Y EL MOVIMIENTO GENERAL

Este texto consta de *se compose de* **... párrafos** *paragraphes*, **partes** *parties.* **El poema se compone de ... estrofas.**
El autor empieza **evoc**ando *commence en évoquant ...*
El narrador sigue **precis**ando *poursuit en précisant ...* **El periodista** termina **añad**iendo *achève en ajoutant ...* **Es de** notar *il faut noter* **la progresión. Se suceden tres fases distintas** *3 phases différentes se succèdent.* **El enredo** *l'intrigue*, **el desenlace** *le dénouement*

• EN CUANTO AL FONDO
Quant au fond

La escena se sitúa, tiene lugar *a lieu* **en un jardín, en el siglo ...** Pasa = sucede = ocurre **un acontecimiento raro, curioso** *il se produit un événement bizarre, étrange.* **La equivocación** *le qui pro quo.* **El marco** pintoresco *le cadre pittoresque*, **las circunstancias extrañas** *les circonstances étranges* **hacen que** *font que ...*
El personaje desempeña un papel **importante** *joue un rôle important.* Personifica el bien *il personnifie le bien.* **La actitud del protagonista revela** *révèle ...* **El héroe lleva una vida monótona** *le héros mène une vie ...* **Reacciona** *il réagit* ≠ **se conforma con su suerte** *il se résigne à son sort.*
El mito *le mythe*, **la parodia, la polémica. Los aspectos originales, los puntos principales, la idea más interesante** ≠ **un tópico** *un lieu commun.*

• CON RESPECTO A LA FORMA
Quant à la forme

En esta frase *phrase*, **en este verso** *vers* se destaca **la palabra** *le mot ... est mis en relief.*
El estilo **es rebuscado** *le style est recherché.* **El tono** *le ton* **es alegre** *joyeux*, **enfático** *emphatique*, lírico, conmovedor *émouvant*, **serio** *sérieux*, **triste, patético,** desengañado *désabusé*, **irónico** *ironique*, **burlón** *moqueur.* El ritmo **lento, rápido. Hay muchas** metáforas, **comparaciones** = semejanzas ≠ contrastes; paradojas *paradoxes*, **perífrasis, eufemismos, hipérboles. Lo paradójico** *ce qui est paradoxal ...* procede de *vient de ...* Lo cómico, **lo trágico consiste en ...** El humorismo *l'humour* descansa en *repose sur...*
El símbolo *le symbole*, **el valor simbólico de la imagen ...** Una perogrullada *une lapalissade = évidence.*

• SEGÚN EL AUTOR
D'après l'auteur

El escritor **relata, analiza, critica, denuncia, celebra, alaba** *il loue*, **aboga por** *plaide pour*, **alude a** *fait allusion à*, **compara con, subraya** *il souligne*, **insiste en, justifica, desarrolla su teoría, pone en tela de juicio** *met en doute* **pone en ridículo** *tourne en ridicule*, **se olvida decir ...**
Es partidario de *il est partisan de.*
El novelista habla sin prejuicios *sans préjugés.* **Habla** de sí mismo *parle de lui-même* como si fuera *comme s'il était* **...** Se niega a que (+ subj.) *il refuse de* **... El poeta** pone de relieve, de manifiesto met en relief, no deja de *il ne cesse de ...* **El periodista lamenta** *le journaliste déplore*, echa de menos *regrette*, **llora la pérdida, la desaparición de** *pleure la perte, la disparition de* **...** Intenta, procura = trata de **demostrar** *il essaie de démontrer*, logra **convencernos ...** *il réussit à nous convaincre.*

• EN MI OPINIÓN = A MI PARECER *à mon avis*

Al leer el texto por primera vez se pregunta uno si *on se demande si* **... suponemos** *nous supposons*, nos damos cuenta de que *nous nous rendons compte que.* **Estamos de acuerdo con, estamos conformes con** *nous sommes d'accord avec.* Cuesta creer que (+ subj.) = parece mentira que (+subj.) *il est difficile de croire.*
Tenemos que recordar que *nous devons rappeler*, **tener en cuenta el hecho de que ...** *tenir compte du fait que.* Es una lástima que (+ subj.) *il est dommage que ...*
Nos parece necesario *il nous semble indispensable...* Suerte que *heureusement* ≠ desgraciadamente
Experimentamos **emoción** *nous sommes émus*, **simpatía** *nous éprouvons de la sympathie*, **antipatía, asco** *nous ressentons du dégoût*, **piedad** *de la pitié.* **Se desprende un ambiente de angustia** *il se dégage une atmosphère d'angoisse.*
Compartimos el punto de vista de *nous partageons le point de vue de...*

• EN RESUMIDAS CUENTAS
En fin de compte, bref

Para ensanchar el debate *pour élargir le débat*

Comentar una imagen,

PRESENTACIÓN

• La obra *l'œuvre*
La obra maestra *le chef-d'œuvre*, **la imagen** *l'image*, **una foto, el cuadro** *le tableau*, **el tapiz** *la tapisserie*, **el dibujo** *le dessin*, **el bosquejo** *l'esquisse*, **el grabado** *la gravure*.

• El tipo
La pintura religiosa, mitológica, histórica, el retrato *le portrait*, **el autorretrato** *l'autoportrait*, **el retrato de medio cuerpo** *le portrait en buste*, **de cuerpo entero** *le portrait en pied*, **un paisaje** *un paysage*, **un bodegón** *une nature morte*, **el desnudo** *le nu*, **una caricatura.**

Un tebeo (TBO) *une bande dessinée (BD)*, **una tira** *une suite de dessins de BD*, **un cómic** *un dessin de BD*, **el bocadillo** *la bulle*, **el pie** *la légende*. **Un logotipo** *un logo*.

• El tamaño *la taille*.
Una miniatura, un mural, un cartel *une affiche*, **un folleto** *un prospectus*.

• El pintor *le peintre*, **el muralista** *le muraliste*, **el dibujante** *le dessinateur*. **El siglo** *le siècle*, **el periodo, la época** *l'époque*.

• La escuela: **el arte abstracto, el arte figurativo, el clasicismo, el realismo, el superrealismo, el cubismo, lo sobrenatural** *le surnaturel*, **lo trágico**.

DESCRIPCIÓN

• En primer plano **(o término) está, se halla = se encuentra** *se trouve*, **se sitúa ...**
En segundo plano (o término) se alza = se levanta *s'élève, se dresse ...*
En tercer plano (o término) divisamos *nous apercevons*
• **Arriba** *en haut*, **abajo** *en bas*, **a la derecha** *à droite*, **a la izquierda** *à gauche*, **en el centro** *au centre*, **a lo lejos** *au loin*.

• El decorado *le décor*, el marco *le cadre*, **el paisaje** *le paysage*.

• La luz *la lumière*, **intensa ≠ difusa, la sombra** *l'ombre*, **el rayo** *le rayon*, **el reflejo** *le reflet*, **el claroscuro** *le clair-obscur*. **Bañar** *baigner*, **inundar** *inonder*. **Brillar, iluminar, deslumbrar** *éblouir*. **Saltar = brotar** *jaillir*. **Palidecer** *pâlir*, **oscurecer, ennegrecer** *noircir*.

• Los colores fríos o cálidos *froides ou chaudes* : **blanco** *blanc*, **negro** *noir*, **gris,** rojo = colorado *rouge*, **verde** *vert*, **azul** *bleu*, **amarillo** *jaune*, anaranjado *orangé*, **rosa** *rose*, **malva** *mauve*, **morado = violeta** *violet*.
Los tintes *les teintes* : **blanquecino** *blanchâtre*, **negruzco** *noirâtre*, **grisáceo** *grisâtre*, **rojizo** *rougeâtre*, **verdoso** *verdâtre*, **azulenco** *bleuâtre*, **amarillento** *jaunâtre*. Un tono vivo *un ton vif* **= un color** apagado *terne*, chillón *criarde* ; **claro, pálido ≠ sombrío, luminoso ≠ oscuro, intenso ≠ deslavado** *délavé*, **transparente ≠ opaco.**
El matiz *la nuance*, **el contraste. Suavizar** *atténuer*, **realzar** *rehausser*. **Reina cierta armonía** *il règne une certaine harmonie*.

• La grafía *le graphisme*.
El trazado *le tracé*, **el contorno** *le contour*, **el modelado** *le modelé* : **neto** *net*, **preciso** *précis*, **vigoroso** *vigoureux* **≠ vago** *vague*, **borroso** *flou*.
La línea *la ligne* : **recta** *droite*, **curva** *courbe*, **armoniosa, quebrada** *brisée*, **sinuosa.**
La diagonal, la arista *l'arrête*, **el ángulo** *l'angle*.

• El protagonista *le personnage principal*. **El conjunto** *l'ensemble* **de los personajes son activos ≠ pasivos. El retrato representa a un hombre** *représente un homme* de ojos negros *aux yeux noirs*, **de cara redonda** *au visage rond*, **de pelo castaño** *aux cheveux châtains ...* **con una camisa blanca** *avec une chemise blanche*. **Una silueta esbelta** *une silhouette svelte*, **un ser disforme** *un être difforme*, **monstruoso.** El ademán *le geste*, **la mirada** *le regard*, los rasgos *les traits du visage*, **la actitud ... del protagonista.**

• **La sobriedad, la pureza del trazado** *la pureté*, el equilibrio, **la unidad** *l'unité*, **la fuerza** *la force* **de** la composición.
La disposición *l'agencement* ordenada, caótica **en apariencia** *chaotique en apparence*, **de los diferentes elementos ...**

una foto, un cuadr

Los colores se armonizan con *s'harmonisent avec* ≠ **contrastan con** *contrastent avec*, **se oponen a** *s'opposent à*.
El esquema *le schéma*, la simetría *la symétrie* ≠ **la asimetría, las figuras geométricas** *les figures géométriques*, **la proporción,** el volumen *le volume*, **la relación entre los objetos** *le rapport entre les objets*, **la profundidad** *la profondeur*, **el vacío** *le vide*.
La perspectiva, el centro de perspectiva *le point de fuite*.
La cuadrícula *le quadrillage*, **la división vertical, mediana, horizontal.**
Las miradas **de los personnajes se dirigen hacia** *les regards des personnages se tournent vers*, **convergir** ≠ **divergir, cruzarse** *se croiser*, **dominar, destacarse** *se détacher*.

• La acción *l'action*, **la escena** *la scène* tiene lugar *a lieu* **...**
El panorama ..., el paisaje nos encanta ... *nous enchante*, **el espectáculo nos cautiva** *nous captive* **...**

ANÁLISIS

• Al mirar / mirando **el cartel** *en regardant l'affiche* **...**
Al ver / viendo la foto por primera vez *en voyant la photo pour la première fois* **...**
Al analizar / analizando el dibujo *en analysant le dessin ...*

• Podemos interpretar **...**
El decorado escogido por el pintor muestra, señala *montre*.
Los colores escogidos expresan *les couleurs choisies expriment*, **las líneas rectas sugieren** *suggèrent* **manifiestan** *montrent*, **la luz pone de relieve** *met en relief*, **confiere una magnitud trágica** *confère une dimension tragique*

• **Cuando examinamos los detalles** *quand nous examinons les détails ...*
nos fijamos en *nous remarquons*, notamos que *nous nous apercevons que ...*
Esto recuerda *ceci rappelle* **...**
Es de ver *il est intéressant de voir*
Lo que nos llama la atención *ce qui attire notre attention* **...**
El mensaje *le message* **del fotógrafo** ...

• Una impresión de **quietud** *tranquillité*, **tristeza, alegría** se desprende *se dégage*.
El ambiente **pesado que envuelve la escena** *l'atmosphère pesante qui enveloppe la scène* **...**

Nos da lástima, **pena las lágrimas del protagonista** *les larmes du personnage principal nous font de la peine*.
Lo que más nos gusta *ce qui nous plaît le plus* **...**

• **El talento** *le talent*, **el genio** *le génie*, **la habilidad** *l'habileté* **del artista, de la artista**

• **Las fuentes** *les sources*, **el origen** *l'origine* **de este mural ... La inspiración del pintora viene de ...**
Se puede comparar este retrato con otro del mismo pintor.
El símbolo **más evidente ... el simbolismo, la alegoría consiste en ...**

CONCLUSIÓN

Para acabar diremos que ... *pour terminer nous dirons que*

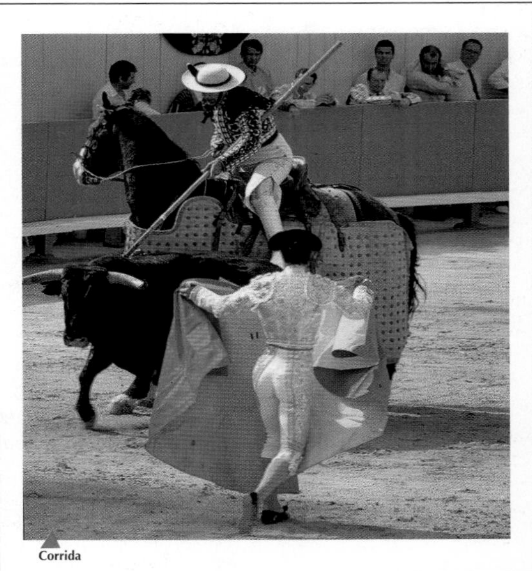

Corrida

Achevé d'imprimer
en septembre 2005
par Petrilli tipolitografia ligure - ITALIE

Dépôt légal 3e trimestre 2005